高等学校经营类专业系列教材

市场营销学

主　编　高孟立

副主编　吴俊杰　何　静

西安电子科技大学出版社

内 容 简 介

市场营销学课程是市场营销专业的核心课程，也是市场营销专业最基本、最综合的思维训练课程，是所有营销类岗位的理论和操作指南，同时也是工商管理大类专业的基础平台课程。

本书的编写坚持以应用型人才培养目标为导向，以学生探究式合作学习为主体，以教师课堂的分类教学为主导，以内容的模块化设计为载体，突出教材内容上的综合性、应用性和实践性。

本书通过对市场营销学学科领域理论知识进行全面、有效的整合，增强了教材的可读性和可理解性，满足高校应用型人才培养任务的要求。本书主要内容包括市场营销概述、市场营销环境分析、市场购买行为分析、市场营销调研与预测、市场竞争战略分析、目标市场战略、产品策略、价格策略、渠道策略和促销策略等。

本书可作为高等院校市场营销专业、工商管理大类专业相应市场营销学课程的教材，也可作为本科院校经济管理类专业相关课程的教辅用书。

图书在版编目(CIP)数据

市场营销学 / 高孟立主编. —西安：西安电子科技大学出版社，2018.9 (2025.7 重印)
ISBN 978–7–5606–5080–7

Ⅰ.① 市… Ⅱ.① 高… Ⅲ.① 市场营销学—教材 Ⅳ.① F713.50

中国版本图书馆 CIP 数据核字 (2018) 第 198561 号

策　　划　李　伟
责任编辑　雷鸿俊
出版发行　西安电子科技大学出版社 (西安市太白南路 2 号)
电　　话　(029)88202421　88201467　　　　邮　　编　710071
网　　址　www.xduph.com　　　　　　　　电子邮箱　xdupfxb001@163.com
经　　销　新华书店
印刷单位　河北虎彩印刷有限公司
版　　次　2018 年 9 月第 1 版　　2025 年 7 月第 11 次印刷
开　　本　787 毫米×1092 毫米　1/16　印张 21
字　　数　499 千字
定　　价　47.00 元
ISBN 978 – 7 – 5606 – 5080 – 7
XDUP 5382001-11
*** 如有印装问题可调换 ***

前　言

近年来，随着社会各界尤其是企业界对营销问题的日益关注，市场营销研究备受重视，市场营销学的发展与传播速度大大加快。如今，在西方各大学里，市场营销学不仅是市场营销专业学生的必修课，而且也受到管理、传播等专业学生的欢迎和重视。但是作为相对年轻的学科领域，市场营销学尚处于不断发展和变化之中。如何将该学科知识按照一定的逻辑结构系统、有机地整合起来，形成一个知识体系呈现给学生和读者，至今仍是仁者见仁、智者见智，尚未有统一的定论。目前国外各种市场营销学教材的版本很多，体系结构也是各有不同。

纵观国内外的市场营销学教材发现，国外原版翻译的教材，在内容上往往比较多、比较杂，行文逻辑上思维的跳跃性比较大，而所列举的实例基本上都是国外的案例，国内学生理解起来相对比较费力，大大影响了教材的可读性和可理解性。因此对于以培养应用型人才为目标的高等院校来说，急需一本既能介绍市场营销学学科领域主要理论知识，又能结合中国实际案例对这些理论进行应用性阐述的教材。本书即为满足此需求而编写的。

本书的编写坚持以应用型人才培养目标为导向，以学生探究式合作学习为主体，以教师课堂的分类教学为主导，以内容的模块化设计为载体，突出教材内容上的综合性、应用性和实践性。通过对市场营销学学科领域理论知识进行全面、有效的整合，增强了教材的可读性和可理解性，满足高校应用型人才培养任务的要求。全书共分为十章，具体包括市场营销概述、市场营销环境分析、市场购买行为分析、市场营销调研与预测、市场竞争战略分析、目标市场战略、产品策略、价格策略、渠道策略和促销策略。

本书编写的创新之处在于：

(1) 教材体系上，对市场营销学科领域的知识结构进行了重新设计和编排，以尽可能简练、清晰的逻辑呈现在学生面前，积极探索和构建具有应用性、实践性的教材体系结构，帮助学生快速把握市场营销学科的整体性架构。

(2) 教材内容上，加入近年来市场营销领域出现的众多新现象，提炼了市场营销学的课程内容，压缩甚至删除了以往在本门课程中不常讲授的内容，保留了核心完整的章节内容，更加突出了应用型人才培养的导向。

(3) 教学方法上，吸收国外较为流行的教学理念，尝试教学方法的改革和创新，侧重理论与实践的有效结合，加入大量的企业实践案例，以案例为导向，激发学生学习的积极性和主动性。

(4) 编写体例上，积极探索模块化教学，使学生容易厘清课程的知识体系，快速而系统地掌握本学科的知识整体；同时，强调了体例的新颖性和应用性，在各章中阐明了本章的"知识目标""能力目标"，设置了"关键术语""导入案例""案例"等栏目，且每章后均有"本章小结""课后习题"等栏目。

本书由浙江树人大学高孟立担任主编，浙江树人大学吴俊杰和江西工业贸易职业学院何静担任副主编。

在本书的编写过程中，编者参阅了一些同行编写的文献和书籍内容，借鉴了国内外市场营销学者的最新研究成果，在此向原作者表达深深的谢意！

由于时间和水平有限，书中难免有不妥之处，恳请广大读者批评指正。

编　者

2018 年 5 月

目　录

市场营销概述

////////////////////////////

知识目标 ✎

掌握市场和市场营销的核心概念；理解市场营销学的发展和传播历程；掌握不同类型市场营销观念的产生背景、基本思想以及发展过程；了解市场营销组合理论的发展过程。

能力目标 🗎

识别和把握市场营销的本质；初步掌握市场营销观念在企业实践中的运用，并结合案例准确分析和判断企业所采取的营销观念；运用市场营销组合理论，对不同企业营销组合要素展开深入分析。

关键术语 📖

市场、市场营销、市场营销者、需要、欲望、需求、交换、市场营销管理哲学、4P、6P。

导入案例 🖋

流水声音卖高价

费涅克是一名美国商人。在一次休假旅游中，小瀑布的水声激发了他的灵感。他带上立体声录音机，专门到一些人烟稀少的地方旅游。他录下了小溪、小瀑布、小河流水、鸟鸣等声音，然后回到城里复制出录音带，高价出售。想不到他的生意十分兴隆，尤其是买"水声"的顾客川流不息。费涅克了解到许多城市居民饱受各种噪声干扰之苦，却又无法摆脱。这种奇妙的商品，能把人带入大自然的美妙境界，使那些久居闹市的人暂时忘却尘世的烦恼，还可以使许多失眠者在水声的陪伴下安然进入梦乡。

第一节　市场和市场营销

一、市场

现代市场经济条件下，企业必须按照市场需求组织生产。所谓市场，是由一组具有买卖关系的经济实体构成的，这种买卖关系的性质通过买主和卖主的数量、规模以及双方的交易规则反映出来。要想准确理解营销，必须先理解市场。

(一) 市场概念

市场起源于古时人类对于固定时段或地点进行交易的场所的称呼，指的是买卖双方进行交易的场所。《周易·系辞下》中对市场这样描述："日中为市，致天下之民，聚天下之货，交易而退，各得其所。"发展到现在，市场具备了多种含义，不仅是商品交易的场所，比如传统市场、股票市场、期货市场等，更是交易行为的总称，即市场一词不仅仅指交易的场所，还包括了所有的交易行为。

经济学从揭示经济活动本质角度提出市场概念，认为市场是一个商品经济范畴，是商品内在矛盾的表现，是供求关系，是商品交换关系的总和，是通过交换反映出来的人与人之间的关系。市场是社会分工和商品生产的产物，是为完成商品形态变化，在商品所有者之间进行商品交换的总体表现。经济学家则把市场定义为："对某一特定产品或一类产品进行交易的买方与卖方的集合。"一般而言，往往把卖方的集合看成行业，而把买方看作市场。

营销学则侧重从具体的交换活动及其运行规律去认识市场，认为市场是供需双方在共同认可的条件下所进行的商品或劳务的交换活动。著名营销学家菲利普·科特勒(Philip Kotler)站在生产者角度指出："有关市场的传统观念认为，市场是买方和卖方聚集在一起进行交换的实地场所。"市场营销领域经常利用市场这个术语来指代各种各样的顾客。营销学中，市场是买方，企业自身是卖方，企业必须付出较大的努力才能实现自己的愿望。虽然营销学对市场的认知比经济学中的含义窄，但是在企业的经营活动中却有着较强的实用性，因为它找到了企业经营活动的重点，找到了营销工作的目标。

由此可见，人们可以从不同角度来界定市场。我们认为：市场是商品经济中生产者和消费者之间为实现产品和服务的价值，所进行的满足需求的交换关系、交换条件以及交换过程的统称。

首先，市场是建立在社会分工和商品生产，即商品经济基础上的交换关系，这种交换关系由一系列交易活动构成，并由商品交换规律所决定。其次，市场的形成必须具备若干基本条件，包括：① 存在可供交换的商品；② 存在着提供商品的卖方和具有购买欲望和购买能力的买方；③ 具备买卖双方都能接受的交易价格、行为规范及其他条件。最后，市场的发展本质上是一个由消费者(买方)决定，而由生产者(卖方)推动的动态过程。一般来说，在组成市场的双方中，买方需求是决定性的。

(二) 市场构成要素

市场营销学中的市场包括三个要素：有某种需要的人、为满足这种需要的购买能力和购买欲望。用公式来表示就是：

$$市场 = 人口 + 购买力 + 购买欲望$$

人口因素是构成市场的基本要素，人口越多，现实和潜在的消费需求就会越大。购买力是指人们支付货币购买商品和劳务的能力。购买欲望是指消费者产生购买行为的愿望和要求，它是消费者将潜在的购买力变为现实购买行为的重要条件。市场的这三个因素是相互制约、缺一不可的，只有三者结合起来，才能构成现实的市场，进而决定市场的规模和容量。例如，一个国家或地区人口众多，但收入很低，购买能力有限，那么这个国家或地区即使有很强的购买欲望，也不能构成容量巨大的市场；又如，购买力虽然很大，但人口非常少，那么也不能构成很大的市场。只有在人口众多、购买力强，且购买欲望旺盛的地方，有潜力的市场才能得以形成。所以，市场是人口、购买力和购买欲望三个因素的统一。

二、市场营销

(一) 市场营销概念

国内外学者对市场营销的定义有上百种，企业界对营销的理解更是各有千秋。美国学者基恩·凯洛斯曾将各种市场营销定义分为三类：① 将市场营销看作是一种为消费者服务的理论；② 强调市场营销是对社会现象的一种认识；③ 认为市场营销是通过销售渠道把生产企业同市场联系起来的过程。这从一个侧面反映了市场营销的复杂性。因此，可以从以下几个方面来理解市场营销的含义：

(1) 市场营销可以分为宏观和微观两个层面。

宏观层面的市场营销反映社会的经济活动，通过社会市场营销系统，引导产品或服务从生产者流转到消费者或最终用户，求得社会需要和社会生产之间的平衡，实现社会目标。它由三部分构成：① 国家、企业和政府三个参与者；② 资源和产品两个市场；③ 资源、货物、劳务、货币以及信息五个流程。微观层面的市场营销是一种企业(或组织)的经济活动过程，它是根据目标顾客的需要，生产和交付适销对路的产品，引导货物和劳务从生产者流转到目标顾客，其目的在于满足目标顾客的需要，实现企业(或组织)的经营目标。

在市场经济条件下，生产者与消费者之间客观上存在着以下七大矛盾：生产者与消费者在空间上的差异；生产者与消费者在时间上的差异；生产者与消费者的信息分离；生产者与消费者对产品价格估计的差异；生产者与消费者的所有权分离；生产者与消费者在产品供需数量上的差异；生产者与消费者在产品供需种类上的差异。上述矛盾可以通过卓有成效的市场营销活动来解决。

(2) 市场营销有别于销售或促销。

现代企业市场营销包括市场营销研究、市场需求预测、新产品开发、定价、分销、物流、广告、人员推销、促销、售后服务等一系列的经营活动，而销售仅仅是现代企业市场营销活动的一部分。著名管理学权威彼得·德鲁克(Peter Drucker)曾经指出："可以设想，某些推销工作总是需要的。营销的目的在于深刻地认识、了解顾客，从而使产品和服务完全适合顾客的需要而形成产品自我销售。理想的营销会产生一个已经准备来购买的顾客，剩下的事情就是如何便于顾客得到这些产品或服务。"

【案例1-1】　　　　　　　海尔集团公司总裁张瑞敏谈营销

海尔集团公司总裁张瑞敏指出："促销只是一种手段，但营销是一种真正的战略。"营销意味着企业应该"先开市场，后开工厂"。张瑞敏对企业管理常有与众不同的观点。对于普通企业的营销人员来说，做生意莫过于千方百计推销产品，扩大市场占有率。但在张瑞敏看来，营销的本质不是"卖"，而是"买"。这一见解真可谓惊世骇俗。张瑞敏的观点是："从本质上讲，营销不是'卖'而是'买'。买进来的是用户的意见，然后根据用户意见改进，使用户满意，最后才能得到用户的忠诚，企业才能获得成功。"此观点别具一格，独具匠心。不以"卖"求"买"，也不以"卖"强"买"，更不是"一锤子买卖"，而是以"买"促"卖"。

(3) 市场营销内涵的演变。

市场营销的含义不是固定不变的，会随着企业营销活动的发展而演进。美国市场营销协会(AMA)定义委员会在 1960 年给市场营销下的定义是："市场营销是引导货物和劳务从生产者流转到消费者或用户所进行的一切企业活动。"美国市场营销协会在 1985 年给市场营销下的定义是："市场营销是关于构思、产品和服务的设计、定价、促销和分销的规划与实施流程，目的是创造能够实现个人和组织目标的交换。在交换双方中，如果一方比另一方更主动、更积极地寻求交换，则前者称为市场营销者，后者称为潜在消费者。"1990 年，日本市场营销协会(JMA)根据变化了的市场营销环境和不断发展的市场营销实践，对市场营销的含义进行了进一步的阐释，指出："市场营销是包括教育机构、医疗机构、行政管理机构等在内的各种组织，基于与消费者、委托人、业务伙伴、个人、当地居民、雇员及有关各方达成的相互理解，通过对社会、文化、自然环境等领域的细致观察，而对组织内外部的调研、产品、价格、促销、分销、消费者关系、环境适应等进行整合、集成和协调的各种活动。"2004 年，美国市场营销协会对市场营销给出了新的定义："市场营销既是一种组织职能，又是组织为了自身利益相关者的利益而创造、传播和传递客户价值，进行客户关系管理的一系列活动过程。"

【案例 1-2】　　　　　　　　　　华 南 虎 悬 案

华南虎悬案，在媒体热炒下引发的争议和风波足以被评选为"2007 年十大新闻"。一时间，围绕"华南虎照片"真假的口水战一浪高过一浪：以"拍虎英雄"和其背后的陕西相关官员为首的"挺虎派"力争照片真实，沸沸扬扬地惊动了环保总局，甚至引发了美国《自然》科学杂志的关注；另一方面，以号称"慧眼"的网民和一些专家领军的"打虎派"却从光学、生物学等技术层面指出华南虎照片实为造假。

关于华南虎悬案的争吵如火如荼，一时难下定论，但围绕炒作却让另一个人群成了"板上钉钉"的赢家。

自 2007 年 11 月 16 日"华南虎年画"披露后，浙江义乌市某年画生产商就站出来称该年画为其厂生产，该厂负责人称，从 2002 年开始他们就开始印刷华南虎年画，但卖得并不好。但现在，没有卖出的库存已被一抢而空，近期又加印了近 5000 张"应急"。

同样受益的还有年画的批发商，在广东市场，华南虎红极一时，批发价从每张 2.5 元上涨到每张 15 元。据说，不少经营商还在囤货，抬高年画售价牟取暴利。

积极运作的还有许多旅游公司。继"神农架野人考察之旅"被世人忘却以后，华南虎似乎又成了香饽饽，"华南虎考察之旅"呼之欲出。

与此同时，各种围绕华南虎悬案的公关活动也在日益"创新"。某知名门户就巧设了主题，手把手教你"也能拍出和周正龙一样的华南虎"。首先，用某知名打印机喷绘出华南虎的照片，放置在树丛中，然后再用一款知名品牌的相机进行拍摄。当然，品牌以及型号都做了醒目处理，据说，被"公关"了的品牌和机型确实巧妙地获得了知名度，增加了销量。

俨然在大家的争吵中，不被"真假"斗气伤身却笑到最后的是这些"聪明"的商家，不得不让人感叹：谁才是真正的赢家？

本教材采用著名营销学家菲利普·科特勒的定义：个人和群体通过创造提供出售，并同他人自由交换产品和价值，以获得其所需所欲之物的一种社会和管理过程。

根据这一定义，市场营销概念的内涵主要包括以下几个方面：

(1) 市场营销的目的是获得所需所欲之物，即满足个人或集体的需要和欲望。

(2) 市场营销的核心是交换。交换是实现需要和欲望的手段和途径，而且是自由交换，意味着必须在买方自愿选择的基础上实现交换。

(3) 实现自由交换的关键是创造产品和价值。它强调了在向顾客销售某种商品或服务时传递真正价值的重要性，即双方交易有价值的东西，以使双方的状况在交易后都得到改善。

(二) 市场营销核心概念

1. 需要、欲望和需求

需要、欲望和需求是市场营销学研究最基本的概念，也是市场营销活动的前提和依据。这三个概念既密切相关又有明显的区别。

(1) 需要。

需要是市场营销最基本的概念，市场营销思考问题的出发点是消费者的需要和欲望，任何有生命的物体都会有需要，市场营销学中所讲的需要是指人类的需要，它是指人没有得到某些基本满足时的一种感受状态。比如，人们为了生活，对食品、住房、衣服、受人尊重、归属、安全等的需要。需要是人类行为的起点，马斯洛通过研究，将人类的需要分为五个层次：生理需要、安全需要、社交需要、尊重需要和自我实现需要。这些需要存在于人类自身生理和社会之中，企业可用不同的方式去满足它，但不能凭空创造它，它是人的内在基本构成。当一个人的基本需要没有被满足时，他有两种选择：一是努力寻找可以满足这种需要的东西；二是降低或压制这种需要的产生来实现自身的满足，如"知足常乐"。

(2) 欲望。

欲望是指对上述基本需要具体满足物的企求，是个人受不同社会生活环境及文化影响所表现出来的对基本需要的特定追求。比如，为满足"吃"的需要，中国人则有可能选择馒头、米饭或面条，西方人则可能选择意大利式烤饼或汉堡包。尽管人们的需要有限，但欲望却很多，企业虽无法创造需要，但可以影响欲望，开发以及销售特定的产品或服务来满足这种欲望。

(3) 需求。

需求是指人们有能力并愿意购买某种产品的欲望。即当一个人有能力且愿意购买他所期望的产品时，欲望就变成了需求。当有购买力支持时，欲望便变为产品需求——可见产品需求是建立在两个条件之上的：有购买能力且愿意购买。企业不仅要预测有多少人喜欢自己的产品，更重要的是了解到底有多少人愿意并能够购买本企业的产品。作为营销人员，最重要的任务就是分辨出消费者的购买力层次，帮助企业生产出相应的产品来最大限度地满足他们的需求。

将需要、欲望、需求加以区分，其重要意义就在于阐述这样一个事实：市场营销者并不能创造需要，因为需要早已存在于市场营销活动之前；市场营销者连同社会上的其他因素，只能影响消费者的欲望，并试图向消费者指出何种特定的产品可以满足其特定需要，进而通过使产品富有吸引力、适应消费者的购买能力并且使之容易被消费者获得，以此来影响消费者的需求。优秀的企业总是通过各种方式深入地了解顾客的需要、欲望和需求，并据此来制定自己的营销策略。

【案例1-3】　　　　　　　　没有人比妈妈知道得更多吗？

没有人比妈妈知道得更多，是吗？但是她知道你穿什么内裤吗？Jockey 公司就知道。她知道你在杯子里放几个冰块吗？可口可乐公司就知道。大公司都知道消费者的需求是什么，需要的时间、地点及方式，能指出许多甚至我们自己都不知道的事情。知道所有有关消费者需求的信息是有效营销的基石。可口可乐公司知道美国人平均在一个杯子里放 3.2 个冰块，在气温 39℃ 时喜欢喝自动售货机里的听装可乐，有 100 万美国人每天早餐都要喝可口可乐。生产吸尘器的胡佛公司发现美国家庭每周平均花 35 分钟吸尘，每年吸出 8 磅灰尘，要用 6 个吸尘袋。生产纸面巾的金伯利公司发现美国人每人每年平均要擤 256 次鼻子。这些非常琐碎的事实积累起来，就能为公司制定营销战略提供重要依据。

2．产品

市场营销学中所讲的产品，一般是指广义的产品。广义的产品是指能够满足人们的某种需要和欲望的任何东西，其价值在于它给人们带来对欲望的满足。产品除了商品和服务外，还包括人员、地点、活动、组织和观念等。比如，人们感到烦闷想要轻松时，可以到风景区旅游(地点)、可以到歌舞厅去观看演员表演节目(人员)、可以参加消费者假日俱乐部(组织)、可以参加希望工程的"百万行动"(活动)。就消费者而言，这些都可以作为能够满足其某种需要和欲望的产品。企业必须清醒地认识到，人们在选择购买产品的同时，实际上也在满足着某种愿望和利益。作为营销者，如果只重视研究和介绍产品本身，忽视对消费者利益的服务，就会犯"市场营销近视症"而失去市场。

商品：作为有形物品的商品是最普遍的营销对象，是国内生产和市场营销中的主要部分。

服务：是不可接触、无形的产品。随着经济的发展，服务在经济活动中所占的比例越来越大。服务业包括航空、酒店、汽车租赁、理发、美容，等等。企业内部或为企业服务的专业人员的工作，也可认为是服务，如会计和程序员等。服务具有无形性、不可分离性、差异性和不可储存性的特点，是一种特殊的营销对象。

地点：各个旅游景点，各大城市、省份乃至国家都会采取各种宣传、促销活动，以积极争取吸引国内外投资者和旅游者。

人物：创造名人效应的营销已经成为一种重要的商业活动。歌星、影星、笑星等各类明星和各界名人，都是企业关注和可以借力发挥的对象。

事件：利用事件的影响力和知名度为企业树立声誉或推介产品。常常被用来营销的事件，有大型商业展览、艺术表演、公司周年庆典、专题社会公益活动、奥运会或世界杯等。

【案例1-4】 **"事件营销"奏效 旅游会火多久**

湖南卫视真人秀节目《爸爸去哪儿》第二季收官新西兰，"爸爸们"持续火热，作为首次境外取景地的新西兰，在百度词条搜索中，数量暴增10倍以上。

据介绍，中国每年出境游的游客人数已经超过1亿人次，未来5年，预计将会达到5亿人次。面对潜在的市场、诱人的蛋糕，新西兰旅游局选择"事件营销"手段，独辟蹊径，屡试不爽。

2012年11月，中国女演员姚晨在新西兰南岛昆斯敦一所教堂举行婚礼，这是新西兰旅游局第一次大胆尝试"事件营销"吸引中国游客。这次新西兰旅游局赚得满堂彩，姚晨微博的千万"粉丝"和国内各大媒体娱乐版铺天盖地的各种报道成就了新西兰。

随后一年，《非诚勿扰》《中国好声音》接连登陆新西兰，中国成为新西兰第二大客源国。此次新西兰旅游局迎来《爸爸去哪儿》130多人的摄制团队，是击败澳大利亚、美国、法国等竞争对手才赢得的机会。

体验：为消费者提供创造、表演等各种营销体验。迪士尼的梦幻王国就提供这样一种体验，人们可以身临童话世界，登上海盗船或走进鬼屋猎奇。

所有权：指实物资产与金融资产(股票、债券等)的所有权，是一种无形权利。个人和组织可以通过房地产代理商、投资公司和银行的营销活动，买卖所有权。

组织：在公众中构建强大的、受人欢迎的独特形象。大学、博物馆等一些非营利性机构不断提高自身的公众形象，以获得社会的支持。

信息：信息的生产和销售已成为社会行业中重要的一部分。比如百科全书、网络课堂、中介服务、知识产权和专利、市场调查公司等提供的都是信息服务。

观念：信仰、见解、主张、点子等都可以成为买卖的对象。咨询顾问公司、各类策划公司出售的是各种类型的点子，希望工程、艾滋病宣传等公益事业都传播人文理念获得社会公众的认同和资金支持。

3. 效用、价值和满足

消费者通常要面临很多能够满足某一需要的产品，消费者在这些不同产品之间进行选择时，往往根据自己的价值观来评估各种产品的效用和价值，然后选择一个能极大满足自己需要的产品。如某人为解决其每天上下班的交通需要，他会对可能满足这种需要的产品选择组合(如自行车、摩托车、汽车、出租车、公交车、地铁等)和他的需要组合(如速度、安全、方便、舒适、节约等)进行综合评价，以决定哪一种产品能提供最大的满足。如果他主要对速度和舒适感兴趣，也许会考虑购买汽车。但是，汽车购买与使用的费用要比自行车高许多。若购买汽车，他必须放弃用其有限收入可购置的许多其他产品(服务)。因此，他将全面衡量产品的费用和效用，选择购买能使每一元花费带来最大效用的产品。

效用是指人们从某一个产品所获得的利益，这是消费者选择产品的重要依据。价值是消费者对产品满足其需要的整体能力的评价。一般情况下，消费者在获得利益的同时也要支付相应的费用，满足就是消费者通过使用产品对其效用和费用的综合评价而形成的一种心理状态，这往往与消费者的期望值有关。

4. 交换、交易和关系

交换是通过提供某种物品或服务作为回报，从他人处获得所需之物的行为。交换是市场营销的核心概念，营销的全部内容都包含在交换概念之中。交换的发生，必须符合以下5个条件：

(1) 至少有两个以上的买卖者。

(2) 交换双方都有被对方认为有价值的东西。

(3) 交换双方都有沟通信息和向另一方运送货物或服务的能力。

(4) 交换双方都有可以自由接受或拒绝对方产品的能力。

(5) 交换双方都觉得值得与对方交易。

交易是交换活动的基本单元，是由双方之间的价值交换构成的行为，涉及两种以上有价之物、协议一致的条件、时间和地点等。交换是一种过程，在这个过程中，如果双方达成一致，我们就称之为发生了交易。交易通常有两种方式：一是货币交易，如某人支付100元给小贩买肉，得到一块肉；二是非货币交易，包括以物易物、以服务易服务的交易等。

关系是指企业与顾客及其他利益相关者之间建立、维持并加强富有特定价值的牢固关系的过程。建立在交易基础上的营销可称为交易营销，为了使企业获得较之交易营销所得到的更多，就需要关系营销。关系营销是营销者与有价值的消费者、分销商、零售商、供应商以及广告代理、科研机构等建立、保持并加强长期的合作关系，通过互利交换及共同履行诺言，使各方实现各自目的的营销方式。与消费者建立长期合作关系是关系营销的核心内容，同各方保持良好的关系要靠长期承诺和提供优质产品、良好服务和公平价格，以及加强经济、技术和社会各方面联系来实现。关系营销可以节约交易的时间和成本，其营销宗旨从追求每一次交易利润最大化转向与顾客和其他关联方共同长期利益最大化，即实现"双赢"或"多赢"。企业建立起这种以战略结盟为特征的高效营销网络，也就使竞争模式由原来单个公司之间的竞争，转变为整个网络团队之间的竞争。

5. 市场营销者

在交换双方中，如果一方比另一方更主动、更积极地寻求交换，我们就将前者称为市场营销者，后者称为潜在消费者。换句话说，所谓市场营销者，是指希望从别人那里取得资源并愿意以某种有价值的东西作为交换的人。市场营销者可以是卖方，也可以是买方。当买卖双方都表现积极时，我们就把双方都称为市场营销者，并将这种情况称为相互市场营销。

(三) 市场营销管理

市场营销管理是指企业为实现其目标，通过创造、传递更高的消费者价值，建立和发展与目标市场之间的互利关系而进行的分析、计划、执行与控制过程。它的基本任务就是通过营销调研、计划、执行与控制来管理目标市场的需求水平、时机和构成，以达到企业目标。为了保证营销管理任务的实现，营销管理者必须对目标市场、市场定位、产品开发、定价、分销、信息沟通与促销做出系统决策。

市场营销管理的本质就是需求管理，其目标就是使企业推销工作成为多余。市场调查和研究是发现和创造市场需求，产品开发和设计是提供一种满足市场需求的手段和方法，而产品策略、价格策略、渠道策略及促销策略是一系列开展需求实现的活动。需求管理同其他任何管理一样存在计划、组织、领导、控制等基本职能，计划位于其他管理职能之前，而营销策划也是营销工作中最为重要的。

市场营销管理的任务就是为促进企业目标的实现而调节需求的水平、时机和性质。在不同需求情况下企业营销管理有着不同的任务。按照企业预期需求水平和实际需求情况的差异，一般会出现以下几种不同的需求情况。接下来就不同的需求情况，阐述相应的市场营销任务。

1．负需求

负需求是指绝大多数人对某个产品感到厌恶，甚至愿意出钱回避它的一种需求状况。在负需求情况下，市场营销管理的任务是改变营销，即分析市场为什么不喜欢这种产品，以及是否可以通过产品重新设计、降低价格以及更加积极促销的营销方案，来改变市场的信念和态度，将负需求转变为正需求。比如，改革开放初期，随着人们收入水平的提高，开始出现厌恶和忽视粗粮、杂粮的消费倾向，这主要是基于口味的改变，然而近年来，经营者强调宣传粗粮、杂粮营养价值的一面，并通过改变加工方法来改变口味，使得粗粮、杂粮制品重新进入消费者家庭。

2．无需求

无需求是指目标市场对产品毫无兴趣或漠不关心的一种需求状况。通常，市场对下列产品会产生无需求状况：人们一般认为无价值的废旧物资；人们一般认为有价值，但在特定市场无价值的东西；新产品或消费者平常不熟悉的物品等。在无需求情况下，市场营销管理的任务是通过刺激市场来创造需求，即通过大力促销及其他营销措施，努力将产品所能提供的利益与消费者的需要和兴趣联系起来。其主要途径是：一是改变价值标准，比如中药，在国人中毫无疑问是有价值的、有需求的，而在西方人眼中可能没有价值，自然也就没有需求，企业可以通过文化传播，改变西方人的价值观，使他们接受产品，而产生需求；二是营造需求环境；三是大力宣传新产品、新劳务或消费者不熟悉的物品，创造需求，引起消费者的注意和兴趣。

3．潜伏需求

潜伏需求与潜在需求不同，潜在需求是指消费者对某些产品和服务有消费需求而无购买力，或虽有购买力但并不急于购买的需求状况。而潜伏需求是指相当一部分消费者对于某物有强烈的需求，而现有产品或服务又无法使之满足的一种需求状况。在潜伏需求情况下，市场营销管理的任务是开发营销，即开展营销研究和潜在市场范围的测量，进而开发有效的物品和服务来满足这些需求，将潜伏需求变为现实需求。比如，20 世纪 90 年代起商品房的价格居高不下，造成大量商品房的积压，而消费者又有强烈的购房需求，这就需要改变商品房的类型、降低价格、提供按揭服务等方式加以解决。

4．下降需求

下降需求是指市场对一个或几个产品的需求呈下降趋势的一种需求状况。在下降需求情况下，市场营销管理的任务是重振营销，即分析需求衰退的原因。产品需求下降原因可以分为两大类：一类是趋势性的下降，如居民对煤饼炉需求的下降；另一类是暂时性需求的下降。前者的出路在于及时进行产品结构和行业结构的调整。后者则可以进行产品的重新定位来开拓新的目标市场，改进产品特色和外观，或采用更有效的沟通手段重新刺激需求，使老产品开始新的生命周期，并通过创造性的产品再营销扭转需求下降的趋势，进而谋求开拓新的市场。

5. 不规则需求

不规则需求是指某些物品或服务的市场需求在一年不同季节，或一周不同日子，甚至一天不同时间上下波动很大的一种需求状况。在不规则需求情况下，市场营销管理的任务是协调营销，即通过灵活定价、大力促销及其他刺激手段来改变需求的时间模式，使物品或服务的市场供给与需求在时间上协调一致。比如，电力供应就存在着季节需求波动和每天电力需求量的不平衡，那么电力部门可以采用以下营销努力：一是采用峰谷电价来调节需求；二是通过建立蓄能电站来调节需求；三是通过教育改变需求习惯来调节需求。

6. 充分需求

充分需求是指某种物品或服务的目前需求水平和时间等于预期的需求水平和时间的一种需求状况，这是企业最理想的一种需求状况。在充分需求情况下，市场营销管理的任务是维持营销，即努力保持产品质量，经常测量消费者满意程度，通过降低成本来保持合理价格，并激励推销人员和经销商大力推销，千方百计维持目前的需求水平。

7. 过度需求

过度需求是指某种物品或服务的市场需求超过了企业所能供给或所愿供给的水平的一种需求状况。在过度需求情况下，市场营销管理的任务是降低营销，即通过提高价格、合理分销产品、减少服务和促销等措施，暂时或永久地降低市场需求水平，或者是设法降低盈利较少市场的需求水平。需要强调的是，降低营销并不是杜绝需求，而是抑制需求水平。

8. 有害需求

有害需求是指市场对某些有害物品或服务的需求。对于有害需求，市场营销管理的任务是反营销，即劝说喜欢有害产品或服务的消费者放弃这种爱好和需求，大力宣传有害产品或服务的严重危害性，大幅度提高价格，甚至停止生产供应等。降低营销与反营销的区别在于：前者是采取措施减少需求，后者是采取措施消灭需求。

由于消费者是需求的载体，市场营销管理实际上也是消费者关系管理。建立和维系与消费者的互惠关系，是市场营销管理的基本目标。在传统营销中，企业往往更注重新客户的开发管理，以争夺更高的市场占有率。随着市场环境的变化，越来越多的企业已将营销管理的焦点转移到与有价值的老客户建立长期互惠关系上，从而追求更高的客户占有率。

在市场营销实践中，企业不仅可以适应需求，而且可以创造需求，改变人们的价值观念和生活方式。价值观念和生活方式是人们在特定的环境中所形成的，是由特定文化造就、决定的，在市场上表现为特定的需求。企业的产品投消费者之好，仅仅是适应需求，如果改变消费者所好，则可以创造需求。改变消费者所好也就是改变人们的价值观念和生活方式。比如宝洁公司赞助中华健康医学会，针对我国消费者洗发与护发周期长、频率低的现状，开展全国性健康洗发与护发的消费知识教育活动，使消费者养成正确洗发习惯，同时也使洗发水市场需求大幅度增加，实现了需求的创造。

第二节 市场营销管理哲学的演变

市场营销管理哲学是指企业对其营销活动及管理的基本指导思想，它是一种观念，一种态度，甚至是一种企业思维方式。确立正确的市场营销管理哲学，对企业经营成败具有决定性的意义。市场营销管理哲学是指导企业开展经营销售活动的态度、观点和思想方法，其核心是正确处理企业、消费者和社会三者之间的利益关系。随着生产和交换日益向纵深发展，社会、经济与市场环境的变迁，以及企业经营经验的积累，企业的市场营销管理哲学也发生着深刻的变化。这种变化的基本轨迹是由企业利益导向，转变为消费者利益导向，再发展到社会利益导向。图 1-1 显示了西方企业在处理企业、消费者和社会三者之间的利益关系上营销管理观念的变化趋势。

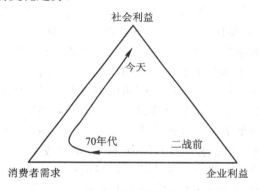

图 1-1 市场营销管理哲学的演变轨迹

市场营销管理哲学的演变可划分为生产观念、产品观念、推销观念、市场营销观念和社会营销观念五个阶段。前三个阶段的观念一般称之为旧观念，是以企业为中心的观念；后两个阶段的观念是新观念，又称之为消费者(市场)导向观念和社会营销导向观念。莱维特(Theodore Levitt)曾以推销观念与市场营销观念为代表，比较了新旧观念的差别(见图1-2)。

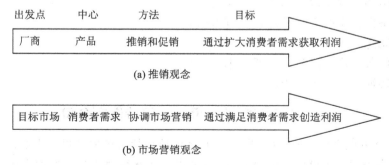

图 1-2 推销观念和市场营销观念的对比

下面分别就以企业为中心的观念、以消费者为中心的观念和以社会长远利益为中心的观念，讨论西方一百多年来企业市场营销管理观念的演变及其背景。

一、以企业为中心的观念

以企业为中心的市场营销管理观念，是以企业利益为根本取向和最高目标来处理营销问题的观念。它包括：

（一）生产观念(Production Concept)

生产观念是指导销售行为的最古老的观念之一。这种观念产生于20世纪20年代前。企业经营哲学不是从消费者需求出发，而是从企业生产出发，认为生产是最重要的因素，只要生产出有用的产品，就不愁没有销路，其主要表现是"我生产什么，就卖什么"。生产观念认为，消费者喜欢那些可以随处买得到而且价格低廉的产品，企业应致力于提高生产效率和分销效率，扩大生产，降低成本以扩展市场。比如，猎头专家认为美国皮尔斯堡面粉公司，从1869年至20世纪20年代，一直运用生产观念来指导企业的经营活动，当时这家公司提出的口号是"本公司旨在制造面粉"。美国福特汽车公司的创始人亨利·福特曾傲慢地宣称："不管消费者需要什么颜色的汽车，我只有一种黑色的。"这些都是生产观念的典型表现。显然，生产观念是一种重生产、轻市场营销的商业哲学。

事实上只有同时满足下面两个条件，我们才有理由相信消费者主要感兴趣的是产品可随处购得与产品价格低廉。第一个前提：产品供不应求，对于饥不择食的消费者，取得产品比产品本身的优点更感兴趣。于是企业致力于提高产品的质量。第二个前提：产品成本高，要通过提高生产力降低成本，使消费者买得起。在商品供不应求的卖方市场时代，这种"大量生产、降低价格"的思想尚有其生命力，也常常成为某些企业的策略选择。比如，一个企业可以以生产观念作为指导，大力推行批量的标准化生产，以提高生产效率，降低生产成本，最后达到以低价为竞争基础的市场扩张的策略目的。随着商品经济的发展，这种思想适应的环境和场合将会越来越少。

生产观念的致命之处在于轻视消费者。比如，许多公用事业、垄断行业、服务机构还依生产观念行事。又如，医院、学校、邮局、电力公司、煤气公司等，往往会受到老百姓缺乏人情味、冷冰冰待客的公开指责，但是随着垄断的打破和竞争的形成将会促使其转变营销观念。

我们不妨给生产观念做一个简单的描述：

(1) 适用条件：生产力水平低、卖方市场。
(2) 营销思想：生产什么、卖什么。
(3) 企业任务：增加产量、降低成本。
(4) 观念特征：生产中心论。

【案例1-5】　　　　生产观念的典范——福特汽车公司

福特汽车公司成立于1903年，第一批大众化的福特汽车因实用、优质、价格合理，生意一开始就非常兴隆。1908年初，福特公司做出了战略性的决策，致力于生产规格统一、品种单一、价格低廉、大众需要且买得起的汽车。10月，采用流水线生产方式的著名T型车被推向市场，当时售价只需要850美元，而同行其他汽车价位均在2500～7000美元。此后十多年，由于T型车适销对路，销量迅速增加，产品供不应求，福特在商业上取得了巨大的成功，1921年福特公司在美国汽车市场的占有率高达56%。

到20世纪20年代中期，随着美国经济的快速增长、百姓收入的增加和生活水平的提高，汽车市场发生了巨大的变化，买方市场在美国已经基本形成，道路及交通状况也发生了质的改变，简陋而又千篇一律的T型车虽然价廉，但已经不能满足消费者的消费需求。然而，面对市场的变化，福特仍然自以为是，置消费者的需求变化于不顾，顽固地坚持生产中心的观念，就像他宣称的"无论你需要什么颜色的汽车，我福特只有黑色的"，这句话也成为营销观念僵化的"名言"。

同时，通用汽车公司面对市场变化，及时地抓住了市场机会，推出了新的式样和颜色的雪佛兰汽车，雪佛兰一上市就受到消费者的追捧，福特T型车的销量剧降，1927年销售了1500多万辆的T型车不得不停产，通用公司也乘虚而入，一举超过福特，成为世界上最大的汽车公司直到今天。

(二) 产品观念(Product Concept)

在生产观念阶段的末期，供不应求的市场现象在西方社会得到缓和，产品观念应运而生。产品观念认为，在市场产品有选择的情况下，消费者会欢迎质量最优、性能最好的产品。因此，企业应致力于制造质量优良的产品，并经常不断地加以改善和提高。但事实上，这种观念与生产观念一样，忽视消费者的需求和欲望。所谓优质产品，往往是没有征求过消费者的意见，由工程师在实验室里设计出来的。美国通用汽车公司的总裁就曾说："在消费者没有见着汽车之前，他们怎么会知道需要什么样的汽车呢？"这种思想观念曾使日后通用公司在与日本汽车制造商的较量中陷入困境。

最容易滋生产品观念的场合，莫过于当企业发明一项新产品时，此时企业最容易陷入"市场营销近视症"(Marketing Myopia)，即不适当地把注意力放在产品上，而不是放在市场需求上，在市场营销管理中缺乏远见，只看到自己的产品质量好，看不到市场需求在变化，只知道责怪消费者不识货，而不反省是否根据需求提供了消费者真正想要的东西。而事实证明，物美价廉的产品不一定是畅销的产品。产品观念的致命之处在于把产品看成是需求的化身，把产品等同于需求，而忽视市场需求的变化。事实上，产品仅仅是满足需求的一种手段而已。闭门造车和故步自封是产品观念的温床。

【案例1-6】 莱维特——营销近视症

当你惊叹索尼这样一家曾领导影音与视听播放产品行业的公司，为何在苹果公司的冲击下风雨飘摇，风光不再时；或者，当你同样感慨于柯达公司在佳能、尼康等企业的强大竞争压力下，最终以破产重组方式收缩战线时，你会惊讶地发现，这两家公司，以及今后可能还会出现的更多类似这样的公司，其实忽视了早在20世纪60年代初，由哈佛大学教授西奥多·莱维特(Theodore Levitt)提出的一个经典理论——营销近视症的谆谆告诫。

想象一下，索尼公司出品的播放器产品曾一度占据行业的绝对优势，并引领行业的技术标准。柯达公司也曾获得过同样的殊荣——你能想象到的20世纪能代表美国，甚至国际企业形象的前10家公司，柯达绝对名列其中。

影音播放与索尼，相机胶卷与柯达，都是几乎可以画等号的名词。或许，这两家公司一直以来也是这么定义的。但是，根据莱维特的观点，抱有类似这种观点是致命的，因为，这种观点是站在公司产品的立场来定义产品，而非从用户需要角度定义产品——这就是营销近视症所提出的一个核心思想。

莱维特在《营销近视症》一文中说："每个重大行业都曾经是增长型行业。但一些目前为人们所追捧的增长型行业在很大程度上却被衰退的阴影所笼罩，其他一些被认为已经成熟的增长型行业其实已经停止了增长。事实上，增长受到威胁并出现减缓或停滞的状况，其原因都不是因为市场饱和了，而是因为管理的失败。""管理者不能认为自己是生产产品的，而要以提供价值满足、创造客户为己任。"

(三) 推销观念(Selling Concept)

推销观念产生于资本主义国家由"卖方市场"向"买方市场"过渡的阶段。大量生产使供给趋于饱和，而需求却增长缓慢，资本主义已处于严重的经济危机和不景气之中，市场问题十分尖锐。1929年，美国官方报告《美国经济新动向》指出："过去，企业比较关心满足需求的产量，现在企业所关心的是产品的销售活动。"推销观念在此市场背景下盛行开来。其具体表现为："我们卖什么，就让人们买什么。"皮尔斯堡公司的口号这时改为："本公司旨在出售面粉"，并在公司内设立了商情调研部门，派出大量推销员扩大销售。推销观念认为：消费者不会因自身的需求与愿望主动地购买商品，必须经由推销的刺激才能诱使其采取购买行为。产品是"卖出去的"，而不是"被买去的"，企业必须对现有产品努力推销，否则就不能增加销售和利润。在推销观念指导下，企业致力于产品的推广与广告活动，以期获得充分的销售量和利润。

推销观念的可取之处是厂商重视发现潜在的消费者，通过加强促销活动，使消费者对产品有所了解或者发生兴趣，进而实现交换。这里所谓的潜在消费者，是因不了解产品或其他原因尚未产生购买欲望的消费者。但从广义上说，推销观念也仍然是建立在"我们能生产什么，就卖什么"的基础上，同属于"以产定销"的范畴，着眼于现有产品的推销，对消费者只希望通过促销手段诱使其购买，至于消费者满意与否以及会不会重复购买，则比较忽视。推销观念在现代市场经济条件下被大量用于推销那些非渴求物品，比如保险、资金募集、政党竞选等，即购买者一般不会想到要去购买的产品或服务。

推销观念产生于现代工业高度发展时期，由于市场产品数量增加、花色品种增多、竞争加剧，所以大多数市场成为买方市场(即供大于求，买方更有发言权，卖方要费力争夺消费者的局面)。大多数企业就是在生产能力过剩时实行推销观念的，其目的是推销他们所制造的产品，而不是制造他们能推销、切合消费者需求的产品。

【案例1-7】　　　　　　　　保险投诉数量呈加速增长

保险消费者投诉渠道不断畅通，尤其是12378保险消费者投诉热线开通后，投诉案件呈阶梯增长。中国保监会披露数据显示，2014年国内前三季度接收保险消费者有效投诉超过2万件，同比上升34.58%，其中三个季度的投诉案件依次为5984件、6433件、7877件。

对于逐季度增加的投诉量，业内人士分析表示："这与相继开设的投诉平台和开通12378维权热线不无关系。消费者有了更有效的维权渠道，这将倒逼保险企业规范经营，减少纠纷发生。"

据了解，消费者投诉事项反映的问题主要集中在理赔纠纷、承保纠纷和销售误导引发退保纠纷等三方面。对此，保险专家分析表示，"保险公司过度追求业务规模，而忽略了销售的合规性，导致销售误导案件时有发生，而服务意识不强、惜赔拖赔及无理拒赔现象仍然严重。"

二、以消费者为中心的观念

市场营销观念(Marketing Concept)，又称以消费者为中心的观念。这种观念认为，企业的一切计划与策略应以满足消费者的需求为中心，正确确定目标市场的需要与欲望，比竞争者更有效地满足消费者需求。市场营销观念确立这样一种信念：企业的一切计划与策略应以满足消费者为中心；满足消费者的需求与愿望是企业的责任；在满足需要的基础上，实现长期的合理的利润。市场营销观念有四个主要支柱：目标市场、整体营销、消费者满意和盈利率。图 1-2 表明，与推销观念从厂商出发，以现有的产品为中心，通过大量推销和促销来获取利润不同，市场营销观念是从选定的市场出发，通过整体营销活动，实现消费者需求的满足和满意，来获取利润，提高盈利率。

市场营销观念形成于 20 世纪 50 年代。第二次世界大战后，随着第三次科学技术革命的兴起，西方各国企业更加重视研究和开发，大量军工企业转向民品生产，使新产品竞相上市，社会产品供应量迅速增加，市场竞争进一步加剧。同时，西方各国政府相继推行高福利、高工资、高消费政策，社会经济环境也出现快速变化。消费者有较多的可支配收入和闲暇时间，对生活质量的要求提高，消费需要变得更加多样化，购买选择更为精明，要求也更为苛刻。这种形势，迫使企业改变以卖方为中心的思维方式，将重心转向认真研究消费需求，正确选择为之服务的目标市场，以满足目标消费者的需要，即从以企业为中心转变到以消费者为中心。

执行市场营销观念的企业，称为市场营销导向企业。其具体表现为："消费者需要什么，我们就生产什么。"许多大公司的口号是："哪里有消费者需要，哪里就有我们的机会。"企业的主要目标已不是单纯追求销售量的短期增长，而是从长远出发，力求占领市场，抓住消费者。皮尔斯堡公司转向市场营销观念后，不仅深入地了解消费者的需求和愿望变化，而且主动地采取措施对这种变化施加影响。例如，第二次世界大战后生活方式有了变化，家庭主妇在采购食物方面逐渐以半成品和制成品(如饼干、点心、面包、蛋糕等)代替买面粉回家自己制作。皮尔斯堡公司的业务活动也立即转向适应这一变化。1950 年设立了市场营销部，作为公司职能部门的核心，要求生产、财务等活动都围绕这个核心统一部署，1968年又成立了皮尔斯堡销售公司。

市场营销观念相信，得到消费者的关注和消费者价值才是企业获利之道，因此必须将旧观念下企业"由内向外"的思维逻辑转向"由外向内"。它要求企业贯彻"消费者至上"的原则，将营销管理重心放在首先发现和了解"外部"的目标消费者需要，然后再协调企业活动并千方百计地去满足它，使消费者满意，从而实现企业目标。因此，企业在决定其生产、经营内容时，必须进行市场调研，根据市场需求及企业本身的条件，选择目标市场，组织生产经营。其产品设计、生产、定价、分销和促销活动，都要以消费者需求为出发点。产品销售出去之后，还要了解消费者的意见，根据消费者意见改进自己的营销工作，最大限度地提高消费者满意度。

总之，市场营销观念根据"消费者主权论"，相信决定生产什么产品的权力不在于生产者，也不在于政府，而在于消费者，因而将过去"一切从企业出发"的旧观念，转变为"一切从消费者出发"的新观念，即企业的一切活动都围绕满足消费者需要来进行。

【案例 1-8】　　　　　　　　苹果的营销哲学

《史蒂夫·乔布斯传》中，有一个段落描述了"苹果营销哲学"，是苹果公司 1977 年正式成立时制定的，到今天仍然能适用。当年乔布斯雇佣了迈克·马库拉，后者当时 33 岁，从事营销和金融方面的工作。乔布斯希望他能帮助刚刚起步的苹果公司准备一份商业计划书。

马库拉将自己的原则写在了一张纸上，标题为"苹果营销哲学"，其中强调了三点：第一点是共鸣(Empathy)，就是紧密结合消费者的感受："我们要比其他任何公司都更好地理解消费者的需求。"第二点是专注(Focus)，"为了做好我们决定要做的事情，我们必须排除所有不重要的机会。"第三点，也是同样重要的一点原则，名字令人困惑——灌输(Impute)。它强调人们会根据一家公司或一个产品传达的信号来形成对它的判断。"人们确实会以貌取物，"他写道，"我们也许有最好的产品、最高的质量、最实用的软件，等等；但如果我们用一种潦草马虎的方式来展示，那么消费者就会认为我们的产品同样马虎潦草；而如果我们以创新、专业的方式展示产品，那么优质的形象也就被灌输到消费者的脑中了。"

这三个原则也许可以概括为：① 比别人更好地了解和服务客户。② 忘记其他一切。③ 确保自己所做的每件小事都有效。企业要时时处处都遵循这三个原则。这是非常简单、明确、有针对性的远见，也许正因为如此，苹果公司在 30 年后的今天依然遵循着这些原则。乔布斯比其他任何企业领导者都更了解消费者的需求和渴望，他一直十分关注，有时甚至过度关注营销策略、产品形象乃至包装的细节。

三、以社会长远利益为中心的观念

社会市场营销观念(Social Marketing Concept)，又称为以社会长远利益为中心的观念。20 世纪 70 年代，在西方资本主义国家出现能源短缺、通货膨胀、失业增加、环境污染严重、消费者保护运动盛行的新形势下，市场营销观念却回避了消费者需要、消费者利益和长期社会福利之间隐含着冲突的现实。1971 年，杰拉尔德·蔡尔曼和菲利普·科特勒最早提出了"社会市场营销"的概念。营销学界还提出了一系列新的观念，如人类观念(Human Concept)、理智消费观念(Intelligent Consumption Concept)、生态准则观念(Ecological Imperative Concept)。其共同点都认为企业生产经营不仅要考虑消费者需要，而且要考虑消费者和整个社会的长远利益。这类观念可统称为社会市场营销观念。

社会市场营销观念认为，企业的任务是确定各个目标市场的需要、欲望和利益，并以保护或提高消费者和社会福利的方式，比竞争者更有效、更有利地向目标市场提供能够满足其需要、欲望和利益的物品或服务。社会市场营销观念要求企业为消费者提供产品和服务，不仅要以消费者为中心，以满足消费者需求和欲望为出发点，而且要兼顾消费者、社会和企业自身三方面利益，在满足消费者需求、增加社会福利的过程中获利。这就要求企业承担社会责任，协调企业与社会的关系，求得企业的健康发展。这种观念符合社会可持续发展的要求，应当大力提倡。

社会市场营销观念是对市场营销观念的补充与修正。市场营销观念的中心是满足消费者的需求与愿望，进而实现企业的利润目标。但往往出现这样的现象，即在满足个人需求时，与社会公众的利益发生矛盾，企业的营销努力可能不自觉地造成社会的损失。利润是企业生产的根本目的，市场营销观念虽也强调消费者的利益，但必须符合企业的利润目标，当二者发生冲突时，保障企业的利润是放在第一位的。社会市场营销观念则强调，要以实现消费者满意以及消费者和社会公众的长期福利作为企业的根本目的与责任。理想的市场营销决策应同时考虑到：消费者的需求与愿望；消费者和社会的长远利益；企业的营销效益。这是社会市场营销观念和市场营销观念的根本区别所在。

对于市场营销观念的三个重点(消费者导向、整体营销和消费者满意)，社会市场营销观念都做了修正。一是以消费者为中心，采取积极的措施，如供给消费者更多、更快、更准确的情报，改进广告与包装，增进产品的安全感和减少环境污染，增进并保护消费者的利益。二是整体营销活动，即视企业为一个整体，全部资源统一运用，更有效地满足消费者的需要。三是求得消费者的真正满意，即视利润为消费者满意的一种报酬，视企业的满意利润为消费者满意的副产品，而不是把利润摆在首位。上述修正同时要求企业改变决策程序。在市场营销观念指导下，决策程序一般是先确定利润目标，然后寻求可行的方法来达到这一目标；社会市场营销观念则要求，决策程序应先考虑消费者的利益，寻求有效地满足与增进消费者利益的方法，然后再考虑利润目标，看看预期的投资报酬率是否值得投资。这种决策程序的改变，并未否定利益目标及其价值，只是置消费者利益于企业利润目标之上。

社会市场营销观念的主要特征可以表述为：

(1) 市场背景：保护生态平衡，促进人类和整个社会的健康发展成为人们普遍关注的问题。

(2) 营销思想：社会观念，即企业应以有利于保护生态平衡，为人类和社会的健康发展做出贡献作为生产经营的指导思想。

(3) 企业任务：实现企业利益、消费者眼下需求，以及社会、消费者整体的长远利益三者之间的统一。

(4) 观念特点：社会中心论，即企业要从消费者长远利益和社会整体利益出发来从事生产经营活动。

上述企业经营观念，其产生和存在都有其历史背景和必然性，都是与一定的条件相联系、相适应的。当前，外国企业正在从生产型向经营型或经营服务型转变，企业为了求得生存和发展，必须树立具有现代意识的市场营销观念、社会市场营销观念。但是，必须指出的是，由于诸多因素的制约，当今市场经济发达国家的企业并不是都树立了市场营销观念和社会市场营销观念。事实上，还有许多企业仍然以产品观念及推销观念为导向。目前我国仍处于社会主义市场经济初级阶段，由于社会生产力发展程度及市场发展趋势、经济体制改革的状况及广大居民收入状况等因素的制约，我国企业的经营观念仍处于以推销观念为主、多种观念并存的阶段。

到 20 世纪 80 年代以后市场营销观念又有了新的发展，它们是对社会市场营销观念的一些新的补充和完善，主要有以下一些发展：关系营销观念、绿色营销观念、文化营销观念、整体营销观念、整合营销观念、合作营销观念、体验营销观念、网络营销观念等。

在《营销管理》(第13版·中国版)中，科特勒等提出了全方位营销(Holistic Marketing)的新概念。全方位营销认为"所有的事情都与营销相关"，因此需要有一种广泛的、整合的观念。全方位营销的四个组成部分是：关系营销、整合营销、内部营销和绩效营销。其中，绩效营销(Performance Marketing)被视为必要的部分，以了解从营销活动和营销方案所获得的商业回报，并更广泛地关注营销对法律、伦理、社会以及环境的影响效应。

【案例1-9】　　　　　　三井高利创办三越百货

三井高利是日本三重县人，从小立志要做布商。当他赤手空拳前往东京闯天下而长时间没有结果时，打算歇业回乡。一天，他在洗澡堂里听到几个手艺人在高声谈论，准备穿一条新丁字裤去参加庙会，可是却凑不齐人数合伙去买，为此烦恼不已。

凑齐人数合伙去买新的丁字裤，这是怎么回事？三井高利一边洗澡一边在想。

"啊，对了，原来是这样！"他拍了一下大腿。原来，在当时的商业习惯上，布料是以匹为单位出售。第二天，三井高利就在店门口贴上了这样一张纸条："布匹不论多少都可以剪下来卖。"头天在澡堂里遇到的手艺人看了这张纸条飞奔进来："买够做一条丁字裤的漂白布。"在接近庙会的日子里，有相同需求的人非常多。店里所有的漂白布，在那一天销售一空。

布店主要的消费者是女性，而女性买东西最多的时候，是女儿将出嫁的时间。她们不仅需要衣服，还要备齐放衣服的衣橱、包、绸缎以及包和服的纸、梳子、簪子、鞋箱、餐具等种种东西。为此，新娘和她的母亲必须东一家西一家地去选购。如果那些东西可以在一个地方一次买齐，对消费者来说该有多方便呀。于是三井高利马上将其付诸实施，这就是创办于1673年的日本第一家，也是世界第一家百货公司——"三越"。其经营宗旨是保证消费者满意，做消费者满意的助手，为他们设计合适的商品，保证全面供货以及退款制度。这些做法直到250年以后才出现在美国的西尔斯·罗巴克(Sears Roebuck)公司。据此，被誉为当代管理大师的美国学者彼得·德鲁克(Peter F Drucker)认为，这就是世界上最早的营销观念，市场营销的首次实践不是出自西方，而是来自日本。

【案例1-10】　　　　　　德国大众环保产品投资创新纪录

2013年德国大众汽车集团研发支出上升15%，创纪录地达到102亿欧元，研发投资的绝大部分用于"绿色"技术。集团强调，在2018年前不仅要成为世界领先的汽车制造企业，也要成为环保领域的领先者。

在成为环保领先的汽车企业道路上，大众汽车将始终如一地推进可持续发展，生产方面也取得了显著的进展。集团力争在2018年前实现能耗、水消耗量以及二氧化碳排放量降低25%的目标。同时，不满足于仅仅在环境友好型工厂内生产环保车型，大众汽车集团还从根本上影响交通出行方式，包括从电动汽车的研发、生产、销售以及投入使用，再到车辆回收，在各品牌、各地区都坚持可量化的环保战略。

第三节 市场营销学发展历程

市场营销是企业或其他组织以满足消费者需要为中心进行的一系列营销活动，市场营销学是系统地研究市场营销活动规律的一门科学。市场营销可以帮助消费者在购买某种产品或劳务时使双方利益都得到满足，能帮助企业认识目前未满足的需要和欲望，估量和确定需求量大小，选择和决定企业最好地为其服务的目标市场，并决定合适的产品，劳务和计划(或方案)，以便为目标市场服务。市场营销学于 20 世纪初期产生于美国。近百年来，随着社会及市场经济的发展，市场营销学发生了根本性的变化，从传统市场营销学演变为现代市场营销学，其应用从营利组织扩展到非营利组织。当今，市场营销学已成为同企业管理相结合，并同经济学、行为科学、人类学、数学等学科相结合的应用性学科。市场营销学的产生与发展同西方市场经济的发展和企业经营理念的不断演进有着密切的联系。

一、市场营销学的发展

市场营销学是一门新兴的学科，起源于 20 世纪初的美国，后来传播到欧洲、日本等国家。一个多世纪以来，市场营销的发展大致可以分为以下几个阶段：

(一) 起源阶段(19 世纪末至 20 世纪 20 年代)

在资本主义向垄断阶段过渡时，伴随着资本主义商品经济的发展，资本主义基本矛盾日益尖锐化。自从英国在 1825 年爆发第一次经济危机后，资本主义国家每隔若干年就要爆发一次经济危机。在经济危机期间，商品销售困难，资本主义企业不得不更加关心产品的销路。如同"魔鬼"一般的市场，迫使人们千方百计地去应付竞争，也鞭策人们去探索营销活动的规律。19 世纪末 20 世纪初，继英国产业革命之后，一些主要的资本主义国家，先后完成了产业革命。同时，由于生产和资本的高度集中以及庞大的垄断组织的建立，大企业要求对流通领域具有更大的影响，大企业内部变得更加有组织、有计划，从而也有可能运用现代化的调查研究方法(包括信息系统)预测市场变动，制订有效的生产计划和销售计划，控制和调节市场销售量。正如列宁所说："从前是各个业主自由竞争，他们是分散的，彼此毫不了解，他们进行生产都是为了在情况不明的市场上去销售，现在就完全不同了，集中已经达到了这样的程度，可以对市场的容量也进行大致估计，并且根据协定来'瓜分'这些市场。"

当然，这绝不意味着资本主义有可能在全社会范围内有计划地组织生产和流通，因为资本主义私有制不仅未改变，反而更加强了。所以，"从自由竞争中成长起来的垄断并不是消除竞争，而是凌驾于竞争之上，与之并存，因而产生许多特别尖锐，也特别剧烈的矛盾、摩擦和冲突"。在这种客观需要与可能条件下，市场营销学作为一门独立的经营管理学科诞生了。

早在 19 世纪，美国学者已经发表和出版了一些分别论述推销、广告、定价、产品设计、品牌、包装业务、实体分配等方面的论著，但是，一直到 20 世纪初期，美国一些学者才把上述问题综合起来，建立一门市场营销学科。在美国市场营销学界，对市场营销理论做出杰出贡献的爱德华·琼斯、西蒙·李特曼、乔治·M·费斯克和詹姆斯·E·海杰蒂，于 1902—1905 年分别在密歇根、加利福尼亚、伊利伊诺和俄亥俄州开设了市场营销课程。1910 年，拉尔夫·S·巴特勒在威斯康星大学任教，出版了《市场营销方法》一书，后更名为《市场营销》，在书中首先使用了"marketing"一词。1918 年，弗里德·E·克拉克编写了《市场营销原理》讲义，1919 年到西北大学任教，这份讲义也被密歇根大学和明尼苏达大学用作教材，并于 1922 年出版；L·S·邓肯于 1920 年出版了《市场营销问题与方法》。这时市场营销学的内容，仍限于流通领域的广告推销，真正现代市场营销的原理和概念尚未形成，营销理论尚不成熟。如拉尔夫·S·巴特勒认为，"市场营销应该定义为生产的一个组成部分"，"市场营销开始于制造过程结束之时"。然而，把商业活动从生产活动中分离出来作为专门的研究，这无疑是一个创举。

到 20 世纪 20 年代，已有若干市场营销学教科书问世，并初步建立了本学科的理论体系，市场营销受到了各方面的普遍关注。由著名大学的教授编写教科书，对市场营销学领域内的每一个专题，都由学生进行调查，形成了许多新的市场销售原理。此时，随着市场研究的发展，一个重要的特点是增加了有效的实际资料。这些资料经收集整理后，由美国商务部和农业部出版，因而能帮助商业人员以及农民解决许多市场问题，并向学习市场营销学的学生有力地证明其研究的价值。此后，美国户口调查局连续、系统地进行商业调查及市场调查，使市场研究建立在大量调查的基础上，有充分的数据资料支持。

这一阶段，市场营销学的主要特点是：① 研究内容具有较大的实用性，主要是商品销售实务方面的问题。② 研究领域局限在流通领域，理论上尚未形成完整的体系，真正的市场观念还没有形成。③ 研究活动主要局限于大学课堂和讲坛，还没有得到社会的广泛重视。

(二) 发展阶段(20 世纪 30 年代至第二次世界大战结束)

1929—1933 年，第一次世界性经济危机大爆发，震撼了整个资本主义世界，生产严重过剩，产品销售困难，直接威胁到许多企业的生存。从 20 世纪 30 年代开始，主要西方国家市场明显地出现供过于求的局面。这时，企业界广泛关心的首要问题已经不是扩大生产和降低成本，而是如何把产品销售出去。为了争夺市场、解决产品现实问题，企业家开始重视市场调查，提出了"创造需求"的口号，致力于扩大销路并在实践中积累了丰富的资料和经验。与此同时，市场营销学科研究大规模展开。一些著名大学的教授将市场营销研究拓展到众多领域，调查和运用大量实际资料，形成了许多新的原理。如弗莱德·克拉克和韦尔法在其 1932 年出版的《农产品市场销售》中，将农产品市场销售系统划分为集中(收购)、平衡(调节供求)和分散(化整为零销售)三个相互关联的过程，详细研究了营销者在其中执行的七种市场营销职能：集中、储存、融资、承担风险、标准化、销售和运输。拉尔夫·亚历山大(Ralph S·Alexander)等学者在 1940 年出版的《市场销售》一书中，强调市场营销的商品化职能包含适应顾客需要的过程，销售是"帮助或说服潜在顾客购买商品或服务的过程"。

作为市场营销学的发源地，美国在 1915 年正式成立全美广告协会(NATM)，1926 年改组为全美市场营销学和广告学教师协会，1931 年成立了专门讲授和研究市场营销学的美国市场营销学会(AMS)，1937 年上述两个组织合并成立美国市场营销协会(AMA)，并在全美设立几十个分会。这些组织的成立使市场营销学从学校到企业，从课堂到社会，理论与实践相结合，营销原理用于指导实践，营销实践经验的总结又丰富了营销理论，既显示了市场营销学的实践性、应用性特点，又加速了市场营销学的发展。

在这一时期，市场营销学的主要特点是：① 市场营销理论开始为企业界所重视。② 企业虽然引进了市场营销理论，但是所研究的内容仍局限于流通领域。③ 研究重点在于广告和推销技术等推销实务和技巧。④ 研究思路主要集中在推销产品这一狭窄领域。

(三) 变革阶段(20 世纪 50 年代初至 80 年代)

20 世纪 50 年代至 80 年代为市场营销学的变革阶段，传统市场营销学开始转变为现代市场营销学。第二次世界大战后，各国大量的军事工业转向民用，战后经济的恢复和科学技术的深入发展，极大地促进了各国劳动生产率的提高，商品供应数量空前增加，新产品、新品种不断涌现，市场竞争更加激烈。同时，西方各国汲取了 20 世纪 30 年代大危机的教训，推行了一整套高工资、高消费和高福利的社会经济政策，以刺激和提高居民的购买力，使消费者对于商品的购买选择性日益增强，买方市场形成，市场竞争愈演愈烈。原来的市场营销学理论和实务，已经不能适应企业市场营销活动的需要，形成了"以消费者为中心"的现代市场营销观念。

1960 年，美国密西根大学教授杰罗姆·麦卡锡(Jerome Mccarthy)的《基础市场营销学》出版，标志着市场营销学有了自己的核心理论体系。1967 年菲利普·科特勒的著作《营销管理——分析、计划和控制》出版，这是具有世界影响力的营销学教材。此时，美国市场营销学专家 W.艾德尔森与 R.考克斯提出："广义的市场营销学是促进生产者与消费者进行潜在商品或劳务交易的任何活动。"此观点使营销开始步入全新的阶段。原先认为市场是生产过程的终点，现在认为市场是生产过程的起点；原先认为市场营销就是推销产品，现在认为市场营销是通过调查、了解消费者的需求和欲望，生产符合消费者需求和欲望的商品或服务，进而满足消费者的需求和欲望，从而使市场营销学摆脱企业框架而进入社会视野，并有明显的管理导向。

日本于 20 世纪 50 年代初开始引进市场营销学，1957 年日本营销协会成立，这个组织对推动营销学的发展起了积极作用。20 世纪 50 年代，市场营销学也传播到法国，最初应用于英国在法国的食品分公司，60 年代开始应用于工业部门，继而扩展到社会服务部门，1969 年被引进法国国营铁路部门，70 年代初市场营销学课程先后在法国各高等院校开设。20 世纪 60 年代后，市场营销学被引入原苏联及东欧国家。中国则是自改革开放以后，才开始引进市场营销学的。

20 世纪 70 年代，市场营销学与心理学、行为科学、社会学、统计学等应用性科学相结合，发展成为一门新兴的综合性应用学科，为世界各国所接受。进入 20 世纪 80 年代，市场营销学在理论研究的深度上和学科体系的完善上得到了极大的发展，市场营销学的概念也有了新的突破。1986 年菲利普·科特勒提出了"大市场营销"概念，即在原来的 4P 组合的基础上，增加了两个 P："政治权力"(Political Power)和"公共关系"(Public Relations)。

在这一时期，市场营销学的主要特点是：① 以需求为导向的现代营销观念确立，"以消费者需求为中心"成为市场营销的核心理念。② 市场营销学的研究突破了流通领域，深入到生产领域和消费领域，形成了现代市场营销学体系。③ 市场营销学的地位空前提高，受到社会各界的普遍重视。

(四) 创新阶段(20 世纪 90 年代初至今)

20 世纪 90 年代，世界政治、经济环境发生了重大变化，国际经济与贸易正日益呈现出全球化和一体化的趋势，世界市场正向纵深开放和发展，国际竞争空前激烈，企业面临的挑战空前严峻。

在这一时期，市场营销学适应社会化大生产和市场经济高度发展的客观需要，随着科学技术的进步、社会的发展而不断发展和创新。其主要特点是：① 发展迅速，影响深广，深受重视。② 新的理念、新的理论不断涌现。比如绿色营销、定制营销、网络营销、4C 理论等。③ 市场营销学学科开始细分，出现服务市场营销学、国际市场营销学、非营利组织营销学等新的学科分支，市场营销学在协同发展和分化扩展中不断完善和创新。

二、市场营销学在中国的传播

20 世纪 30～40 年代，市场营销学在中国曾有一轮传播。营销学者发现，最早的教材，是丁馨伯编译的《市场学》，由复旦大学于 1933 年出版；1934 年，丁馨伯编译的《市场学原理》，又由世界书局出版；还有侯厚吉编的《市场学》，也于 1935 年由黎明书局出版。当时一些大学的商学院开设了市场学课程，教师主要是欧美留学归来的学者。但由于长期战乱以及半封建半殖民地政治经济条件的限制，其研究和应用并没有得到很好地展开。中华人民共和国成立后，从 50 年代到 70 年代末，由于西方的外部封锁和国内实行高度集中的计划经济体制，市场和商品经济在理论上遭到否定，在实践中没有基础，市场营销学的研究和应用在中国内地基本中断。在这段时间里，中国内地学术界对国外迅速发展的市场营销学知之甚少。

党的十一届三中全会后，中国确定实施以经济建设为中心，对外开放，对内改革的方针。经济学界努力为商品生产恢复名誉，改革开放的实践则不断冲击着计划经济体制，逐步明晰了以市场为导向，建立社会主义市场经济体制的改革目标，为我国重新引进和研究市场营销学创造了良好条件。

1978—1983 年是市场营销学再次被引进中国的启蒙阶段。期间，北京、上海和广州等地的学者率先从国外引进市场营销学，并为这一学科的宣传、研究、应用和人才培养做了大量工作。通过论著、教材翻译，到国外访问、考察和学习，邀请境外专家学者来华讲学等方式，系统引进了当代市场营销理论和方法。高等院校相继开设了市场营销课程，组织编写了第一批市场营销学教材。1980 年，外经贸部与设在日内瓦的国际贸易中心(ITC)合作，在北京举办了市场营销培训班。同年 8 月，中美两国合办的以国有企业厂长、经理为主要培训对象的大连培训中心第一期研究班开学，聘请美国著名的营销专家讲课，对营销理论和方法的实际运用起到了推动作用。在此期间，除高校图书馆从国外购买和通过交流获得外文原版教科书外，还翻印、翻译了多种多样的市场学教材。一些大学也组织编写出版了市场学教材，开设市场学课程的高校逐渐增多。

1984—1994 年是市场营销在中国迅速传播的时期。为适应国内深化改革、经济快速发展和市场竞争加剧的环境，企业界营销管理意识开始形成。市场营销理论与方法学习和运用的热潮从一机部、外贸部、商业部所属企业，暨南大学、哈尔滨工业大学，以及一机部、外贸部、中国人民银行等部、行所属院校逐步扩展到全国更多的企业和高等院校，不少企业开始接受市场营销理念，市场营销热也开始从沿海向内地推进，整个社会对市场营销管理人才出现了旺盛的需求。

1984 年 1 月，为加强学术交流和教学研究，推进市场营销学的普及与发展，全国高等财经院校、综合性大学市场学教学研究会在湖南长沙成立(1987 年改名为中国高等院校市场学研究会)。该研究会汇集了全国 100 多所高等院校的市场营销学者，每年定期交流研讨，对市场营销学的传播、深化和创新运用做出了积极的贡献。此后几年，许多省、市(区)也逐步成立了市场营销学会，广泛吸纳学者和有影响的企业家参加研讨活动。各类学会举办多种形式的培训班，通过电视讲座和广播讲座，传播营销知识。广东营销学会还定期出版《营销管理》会刊。

到 1988 年，国内高等院校已普遍开设了市场营销课程，专业教师超过 4000 人。不少高校增设了市场营销学专业，有 50 多所高校招收了市场营销方向的研究生。1991 年起，部分高校开始培养市场营销方向的博士生。与此同时，国内学者陆续编著出版了市场营销学教材 300 多种，销售量超过 1000 万册。国内最早编写的几本《市场学辞典》和篇幅达210 万字的《现代市场营销大全》，也在 1987—1990 年间出版。

1991 年 3 月，中国市场学会在北京成立。该学会成员包括高等院校、科研机构的学者，国家经济管理部门官员和企业经理人员。此后，中国高等院校市场学研究会、中国市场学会作为中国营销的主要学术团体，开展了一系列活动，促进了学术界和企业界、理论与实践的结合，并为企业提供营销管理咨询服务和培训服务、建立对外交流渠道做了大量卓有成效的工作。

1995 年后，是市场营销理论研究与应用深入拓展的时期。邓小平南巡讲话奠定了建立社会主义市场经济体制的改革基调。此后几年，改革全方位展开，国有企业加快改革步伐，民营企业茁壮成长，外资企业大举进入国内，开始角逐中国市场，使中国内地在迅速成为"世界工厂"的同时，买方市场特征逐步明显，市场竞争进一步加剧。在这种形势下，强化营销和营销创新成为企业的重要课题。

1995 年在北京召开的"第五届市场营销与社会发展国际会议"，标志着市场营销在中国的传播、研究与应用进入了一个新的阶段。中国营销学界一方面全方位加强国际学术交流，举办了一系列国际、国内市场营销学术会议；另一方面，抓住中国高层领导日益关注、重视市场营销的机遇，展开了以中国企业实现"两个转变"(从计划经济向市场经济转变，从粗放经营向集约化经营转变)为主题的营销创新研究，以及以"跨世纪的中国市场营销""中国市场的特点与企业营销战略""新经济与中国营销创新"等为专题的营销学术研究。在这一阶段，理论与实践结合更为紧密，出现了一批颇有价值的研究成果。不少学者在市场营销学的中国化方面也做了有益的探讨。

进入 21 世纪，中国内地已经形成庞大的营销教育与人才培养网络。全国有上千所高校和职业技术学校设立了市场营销专业，培养从中专、专科、本科到研究生层次的数以百万计的营销人才。至 2010 年，中国内地累计出版的市场营销学教材不下 1000 种，各类学校的营销专业任课教师逾万人。

第四节　市场营销学基本理论

　　古人言：“兵无常势，水无常形。”现如今企业所面临的市场是一个不断变化的环境，而随着环境的变化，市场营销理论也处在不断地更新、补充之中。市场营销理论是社会经济环境发展变化的产物，也是长期营销实践经验的升华。经济的飞速发展，专业化程度日益提高，人口急剧增长，个人收入日益增加，新市场日益扩大等，这些都为创新提供了良好的机会。人们对市场的态度也开始发生变化，比如市场规模和领域迅速扩大，全球市场战略的实施，对企业和消费者信息沟通提出了更高的要求；收入的提高和收入差距的扩大导致消费需求的差别化和个性化，进而导致了市场细分理论的诞生；面对贸易壁垒增加和地方保护主义盛行，大营销理论随之应运而生等。随着环境的变迁，一些营销理论已经过时，一些新的理论呼之欲出，从现状和环境变化的趋势出发，接下来对一些具有重要影响的市场营销理论进行简单阐述，深入、细致的介绍将在后续章节中进行。

一、市场营销组合理论

　　市场营销组合是现代市场营销理论的一个重要概念，1953 年，尼尔·波顿(Neil Borden)首先提出了“市场营销组合”(Marketing Mix)这一术语，意思是说市场需求在某种程度上会受到“营销变量(营销要素)”的影响，为了达到既定的市场营销目标，企业需要对这些要素进行有效地组合。此后，许多学者都围绕“市场营销组合”展开了深入的研究，纷纷从各自的角度提出了对“市场营销组合”的不同理解，形成了市场营销哲学发展史上市场营销组合的扩充与演变。

　　市场营销组合中所包含的可控变量很多，而迄今为止影响最大的关于市场营销诸要素的概括则是由麦卡锡于 1960 年在《基础营销》(Basic Marketing)一书中所提出的 4P 组合理论。此后，菲利普·科特勒将其扩充成大市场营销的 6P 组合理论和战略营销计划过程中的 10P 组合理论。此外，布姆斯与毕特那(Booms and Bitner)还提出过服务营销的 7P 组合理论。

(一) 4P 组合理论内容

　　市场营销组合的基本框架可以概括为 4P。在麦卡锡提出的 4P 组合中，将市场营销要素概括为 4 类：产品(Product)、价格(Price)、渠道(Place)和促销(Promotion)。由于这四个名词的英文字母开头都是 P，所以又称之为 4P 组合。

　　(1) “产品”代表消费者所购买的商品，包括产品的实体、产品品牌、产品组合、产品服务、产品包装等要素。

　　(2) “价格”代表消费者购买商品时的价格，包括价目表所列的价格(List Price)、折扣(Discount)、折让(Allowances)、支付期限、信用条件等要素。

　　(3) “渠道”代表企业为将其产品送达目标市场(或目标消费者)所进行的各种活动，包括中间商选择、渠道管理、仓储、运输以及物流配送等要素。

(4) "促销"代表企业为宣传介绍其产品的优点和为说服目标消费者购买其产品所进行的各种活动,包括人员推销、广告、营业推广、公共关系等要素。

(二) 4P 组合理论特点

(1) 市场营销组合要素对企业来说都是"可控因素"。企业根据目标市场的需要,可以决定自己的产品结构,制定产品价格,选择分销渠道(地点)和促销方案等。对这些市场营销手段的运用和搭配,企业有自主权。但这种自主权是相对的,不能随心所欲,因为企业市场营销过程不但要受到企业自身资源和目标的制约,而且还要受各种微观和宏观环境因素的影响和制约,这些是企业不可控制的变量,即"不可控因素"。因此,市场营销管理人员的任务就是适当安排市场营销组合,使之与不可控制的环境因素相适应,这是企业市场营销能否成功的关键。

(2) 市场营销组合是一个复合结构。四个"P"又各自包含若干要素,形成各个"P"的亚组合,因此,市场营销组合是至少包括两个层次的复合结构。企业在确定市场营销组合时,不仅要求四个"P"之间的最佳搭配,而且要注意安排好每个"P"内部的搭配,使所有要素达到灵活运用和有效组合。

(3) 市场营销组合又是一个动态组合。每一个组合要素都是不断变化的,是一个变量;同时又是互相影响的,每个要素都是另一个要素的潜在替代者。在四个大的变量中,又各自包含着若干小的变量,每一个变量的变动,都会引起整个市场营销组合的变化,形成一个新的组合。

(4) 市场营销组合要受企业市场定位战略的制约,即根据市场定位战略设计来安排相应的市场营销组合。

二、大营销理论——6P 组合理论

(一) 6P 组合理论内容

把企业的市场营销要素分为可控要素与不可控要素,并把可控要素概括为4P,这属于传统理论,在西方已经有近60年的历史。但是,随着国际市场竞争的日趋激烈,许多国家政府干预加强。在这种新形势下,市场营销理论又有了新的发展。菲利普·科特勒从1984年以来提出了一个颇具创新性的理论,他认为企业能够影响自己所处的市场营销环境,而不应单纯地顺从和适应环境。因此,在市场营销组合的4P之外,还应该再加上两个P,即政治权力(Political Power)与公共关系(Public Relations),成为6P。这就是说,要运用政治力量和公共关系,打破国际或国内市场上的贸易壁垒,为企业的市场营销开辟道路。他把这种新的战略思想称为"大市场营销"(Megamarketing)。从菲利普·科特勒提出"大市场营销"观念之后,中国学者很快将之引入国内,并且写进了教科书。但是,这一战略思想及其新发展在中国市场营销的实践应用却不甚理想。不过,自20世纪90年代以来,已经有越来越多的企业对大市场营销战略日渐重视并表现出浓厚的兴趣,尝试将其运用于企业的营销实践之中。

(二) 6P 组合理论特点

(1) 大市场营销的目的是打开市场之门，进入市场。在一般市场营销活动中，对于某一产品来说，市场已经存在，面临的首要问题是了解市场对这种产品需求的特点，以便根据市场需求特点开展有针对性的营销活动，满足市场需求，实现企业经营目标。在大市场营销条件下，企业面临的首要问题是如何进入市场，影响和改变社会公众、消费者、中间商等企业营销活动对象的态度和习惯，使企业营销活动能顺利开展。

(2) 大市场营销的涉及面比较广泛。在一般市场营销活动中，企业营销主要与消费者、经销商、广告代理商、资源供应者、市场研究机构发生联系。在大市场营销条件下，企业营销活动除了与上述方面发生联系外，还涉及更为广泛的社会集团和个人，比如立法机构、政府部门、政党、社会团体、工会、宗教机构等，企业必须争取各方面的支持与合作。

(3) 大市场营销的手段较为复杂。在一般市场营销活动中，企业市场营销的基本手段是 4P 要素及其组合；在大市场营销条件下，企业的营销组合是 6P 要素的组合。就政治权力而言，在开展大市场营销时，为了进入特定市场，必须找到有权打开市场之门的人，这些人可能是具有影响力的企业高级管理人员、立法部门或政府部门的官员等。营销人员要有高超的游说本领和谈判技巧，以便能使这些"守门人"采取积极合作的态度，达到预期目的。然而，单纯靠政治权力，有时难以使企业进入市场并巩固其在市场中的地位，而通过各种公共关系活动，逐渐在公众中树立起良好的企业形象和产品形象，往往能收到更广泛、更持久的效果。

(4) 大市场营销不仅采用积极的诱导方式，也采用消极的诱导方式。在一般市场营销活动中，交易各方遵循自愿、互利的原则，通常以积极的诱导方式促成交易。在大市场营销条件下，对方可能提出超出合理范围的要求，或者根本不接受积极的诱导方式。因此，有时要采用消极的诱导方式，"软硬兼施"，促使交易。但消极的诱导方式有悖于职业道德，有可能引起对方的反感，因此要慎用或不用。

(5) 大市场营销投入的资本、人力、时间较多。在大市场营销条件下，由于要与多个方面打交道，逐步消除或减少各种壁垒，企业必须投入较多的人力和时间，花费较大的资本。

三、市场营销战略分析框架——10P 组合理论

随着对营销战略计划过程的重视，菲利普·科特勒又提出了战略营销计划过程必须优先于战术营销组合(即 4P 组合)的制定，战略营销计划过程也可以用 4P 来表示，分别是：探查(Probing)、分割(Partitioning)、优先(Prioritizing)和定位(Positioning)。

(1) "探查"，是指市场营销调研，是在市场营销观念的指导下，以满足消费者需求为中心，用科学的方法，系统地收集、记录、整理与分析有关市场营销的情报资料，从而提出解决问题的建议，确保营销活动顺利进行。市场营销调研是市场营销的出发点。

(2) "分割"，是指市场细分，即根据消费者需要的差异性，运用系统的方法，把整体市场划分为若干个消费者群的过程。

(3) "优先"，是指对目标市场的选择，即在市场细分的基础上，企业选择所要进入的那部分市场，或要优先最大限度满足的那部分消费者。

(4) "定位"，是指市场定位，其含义是根据竞争者在市场上所处的位置，针对消费者对产品的重视程度，强有力地塑造出本企业产品与众不同的、给人印象鲜明的个性或形象，从而使产品在市场上，企业在行业中确定适当的位置。

菲利普·科特勒认为，只有在搞好战略营销计划过程的基础上，战术性营销组合的制定才能顺利进行。因此，企业首先必须做好探查、分割、优先和定位四项营销战略计划，并精通于产品、价格、渠道和促销四种营销战术。此外，企业还要善于运用公共关系和政治权力两种营销技巧。这样一个包含 10P 要素的全面的市场营销战略分析框架就清晰可见了。

四、服务市场营销组合——7P 组合理论

随着 20 世纪 70 年代以来服务业的迅速发展，越来越多的证据显示，产品营销组合要素构成并不完全适用于服务营销。因此，有必要重新调整营销组合以适应服务市场营销的新情况。于是，布姆斯和比特纳将服务业市场营销组合修改、扩充为七个要素：产品(Product)、定价(Price)、渠道(Place)、促销(Promotion)、人员(People)、有形展示(Physical Evidence)和过程(Process)。

(1) 产品。服务产品所必须考虑的是提供服务的范围、服务质量、服务水平、品牌、保证以及售后服务等。服务产品的这些要素组合上的差异较大，比如一家供应数样菜肴的小餐馆和一家供应各色大餐的五星级大饭店的要素组合就存在着明显差异。

(2) 定价。价格方面要考虑的因素包括：价格水平、折让和佣金、付款方式和信用。在区别一项服务和另一项服务时，价格是一种识别方式，消费者可从一项服务的价格感受其价值的高低。而价格与质量间的相互关系，也是服务定价的重要考虑因素。

(3) 渠道。服务提供者的所在地以及其他地缘的便利性都是影响服务营销效益的重要因素。地缘的便利性不仅是指实体意义上便利，还包括传导和接触的其他方式。所以分销渠道的类型及其涵盖的地区范围都与服务便利性密切相关。

(4) 促销。促销包括人员推销、广告、营业推广、公共关系等各种市场营销沟通方式。

(5) 人员。在服务企业担任生产或操作性角色的人员，在消费者看来其实就是服务产品的一部分，其贡献也和其他销售人员相同。大多数服务企业的特点是操作人员可能承担服务表现和服务销售的双重任务。因此，市场营销管理者必须和作业管理者协调合作。企业工作人员的任务极为重要，尤其是那些经营"高接触度"服务业务的企业，所以，营销管理者还必须重视雇员的挑选、培训、激励和控制。此外，对某些服务而言，消费者与消费者间的关系也应引起重视。因为某消费者对一项服务产品质量的认知，很可能会受到其他消费者的影响。

(6) 有形展示。有形展示会影响消费者对一家服务企业的评价。有形展示包含的要素有：实体环境(装潢、颜色、陈设、声音等)，服务提供时所需要用到的装备实体(比如汽车租赁公司所需要的汽车)以及其他实体性信息标志，比如航空公司所使用的标识、干洗店给洗好的衣物加上的"包装"等。

(7) 过程。在服务企业，人员的行为很重要，而过程，即服务的传递过程也同样重要。表情愉悦、专注和关切的工作人员，可以减轻排队等待服务的消费者的不耐烦感，还可以

平息技术上出问题时的怨言或不满。整个系统的运作政策和程序方法的采用、服务供应中机械化程度、员工决策权的适用范围、消费者参与服务操作过程的程度、咨询与服务的流动等，都是市场营销管理者需特别关注的问题。

五、以追求消费者满意为目标的 4C 组合理论

在一些学者将 4P 的理论框架不断进行扩充和完善的同时，也有一些学者认为，随着世界经济的发展，市场营销环境发生了较大的变化，消费个性化、人文化、多样化特征日益突出，传统的 4P 组合已经越来越不能够适应新的情况。因此，有学者分别提出了新的市场营销组合来变革 4P 组合。

(一) 4C 组合理论

20 世纪 90 年代，美国营销专家劳特朋教授提出用新的 4C 组合取代 4P 组合，其主要内容包括：

(1) 消费者(Customer)。4C 组合认为，消费者是企业一切经营活动的核心，企业重视消费者要甚于重视产品。这体现在两个方面：创造消费者比开发产品更重要；消费者需要和欲望的满足比产品功能更重要。

(2) 成本(Cost)。4C 组合将营销价格因素延伸为生产经营全过程的成本，包括：① 企业生产成本，即企业生产适合消费者需要的产品成本。价格是企业营销中值得重视的，但价格归根结底由生产成本决定，再低的价格也不可能低于成本。② 消费者购物成本。它不单是指购物的货币支出，还包括购物的时间耗费、体力和精力耗费以及风险承担(指消费者可能承担的因购买到质量不符或假冒伪劣产品而带来的损失)。值得注意的是，近年来出现了一种定价的新思维，以往企业对于产品价格的思维模式是"成本+适当利润=适当价格"，新的模式则是"消费者接受的价格-适当的利润=成本上限"。也就是说，企业界对于产品的价格定义，已从过去由厂商的"指示"价格，转换成了消费者的"接受"价格，我们可以把这看作一场定价思维的革命。新的定价模式将消费者接受价格列为决定性因素，企业要想不断追求更高利润，就不得不想方设法降低成本，从而推动产品技术、营销手段进入一个新的水平。

(3) 便利(Convenience)。4C 组合强调企业提供给消费者的便利比营销渠道更重要。便利，就是方便消费者，维护消费者利益，为消费者提供全方位的服务。便利原则应贯穿于营销的全过程：在产品营销前，企业应及时向消费者提供充分的关于产品性能、质量、使用方法及使用效果的准确信息；消费者前来购买商品，企业应给消费者以最大的购物方便，如自由挑选、方便停车、免费送货等；产品售完以后，企业更应重视信息反馈，及时答复、处理消费者意见，对有问题的商品要主动包退包换，对产品使用故障要积极提供维修方便，对大件商品甚至要终身保修。目前国外经营成功的企业，无不在服务上下大工夫，很多企业为方便消费者，还开办了热线电话服务、咨询导购、代购代送，遇到消费者投诉及时答复，并根据情况及时为消费者安排专人维修和排除故障。与传统的渠道策略相比，新的 4C 组合更重视服务环节，强调企业既出售产品，也出售服务；消费者既购买商品，也购买便利。

(4) 沟通(Communication)。4C 组合用沟通取代促销，强调企业应重视与消费者的双向

沟通，以积极的方式适应消费者的情感，建立基于共同利益之上的新型的企业-消费者关系。格朗普斯认为，企业营销不仅仅是企业提出承诺，单向劝导消费者，更重要的是追求企业与消费者的共同利益，"互利的交换与承诺的实现是同等重要的"；同时，强调双向沟通，应有利于协调矛盾，融合感情，培养忠诚的消费者，而忠诚的消费者既是企业稳固的消费者，也是企业最理想的推销者。

4C 组合是站在消费者的立场上重新反思营销活动的诸要素，是对传统 4P 理论的发展和深化。显然，4C 组合有助于营销者更加主动、积极地适应市场变化，有助于营销者与消费者达成更有效的沟通。

(二) 4C 组合理论存在的问题

然而，从企业的营销实践和市场发展的趋势看，4C 组合仍然存在以下不足：

(1) 4C 是消费者导向，而市场经济要求的是竞争导向。消费者导向与市场竞争导向的本质区别是：前者看到的是消费者需求并以此作为营销工作的核心；而后者不仅看到了需求，更注意到了竞争对手，客观分析自身在竞争中的优劣势，并采取相应的策略，在竞争中求发展。

(2) 随着 4C 组合融入营销策略和行为中，虽然推动了营销实践的发展和进步，但企业营销又会在新的层次上同一化，不能形成个性化的营销优势，保证企业市场份额的稳定性、积累性和发展性。

(3) 4C 以消费者需求为导向，但消费者需求有个合理性问题。消费者总是希望质量好、价格低，特别是在价格上需求是无界限的。只看到满足消费者需求的一面，企业必然付出更大的成本，久而久之，会影响企业的发展。所以从长远看，企业经营要遵循双赢的原则，这是 4C 组合需要进一步解决的问题。

(4) 4C 仍然没有体现既赢得客户，又长期地拥有客户的关系营销思想，没有解决满足客户需求的操作性问题，比如提供集成解决方案、快速做出反应等。

(5) 4C 总体上虽是 4P 的转化和发展，但被动适应消费者需求的色彩较浓。根据市场营销实践的发展，需要从更高层次以更有效的方式在企业与消费者之间建立起有别于传统的新型的主动性关系，比如互动关系、双赢关系、关联关系等。

六、以建立消费者忠诚为目标的 4R 组合理论

近年来，美国学者唐·舒尔茨(Don Shultz)教授提出了基于关系营销的 4R 组合，受到了广泛的关注。4R 阐述了一个全新的市场营销要素，即关联(Relevance)、反应(Response)、关系(Relationships)和回报(Returns)。

(1) 与消费者建立关联。在竞争性市场中，消费者具有动态性。消费者忠诚度是变化的，他们会转向其他企业。要提高消费者的忠诚度，赢得长期而稳定的市场，重要的营销策略是通过其他有效的方式在业务、需求等方面与消费者建立关联，形成一种互助、互求、互需的关系。

(2) 提高市场反应速度。在今天相互影响的市场中，对经营者来说最现实的问题不在于如何控制、制订和实施计划，而在于如何站在消费者的角度及时地倾听消费者的希望、渴望和需求，并及时给予答复，迅速做出反应，满足消费者的需求。

(3) 关系营销越来越重要了。在企业和客户的关系发生了根本性变化的市场环境中，抢占市场的关键已转变为与消费者建立长期而稳固的关系，从交易变成责任，从顾客变成朋友，从管理营销组合变成管理与消费者间的互动关系。

(4) 回报是营销的源泉。对企业来说，市场营销的真正价值在于其为企业带来短期或长期收入和盈利的能力。

总之，4R 理论以竞争为导向，在新的层次上概括了营销的新框架，体现并落实了关系营销的思想。即通过关联、反应和关系，提出了如何构建关系、长期拥有客户、保证长期利益的具体操作方式，这是一个具有里程碑意义的进步。反应机制为互动和双赢、建立关联提供了基础和保证，同时也延伸和升华了便利性。而回报则兼容了成本和双赢两方面的内容。这样，企业为消费者提供价值和追求回报相辅相成、相互促进，客观上达到了一种双赢的效果。

这里需要特别说明的是，从 4P、4C，再到 4R，反映了营销观念在融合和碰撞中不断深入、不断整合的趋势。因此，这三者不是简单的取代关系而是发展和完善的关系。由于企业情况千差万别，企业环境和营销还处于发展之中，所以至少在一个时期内，4P 还是营销的一个基础要素框架，4C 也是很有价值的理论和思路。4R 不是取代 4P 和 4C，而是在 4P、4C 基础上的创新与发展，所以不可把三者割裂开来甚至对立起来。根据企业的实际，把三者结合起来指导营销实践，有助于取得更好的营销效果。

✦✦✦✦✦ 本 章 小 结 ✦✦✦✦✦

市场营销的基础是市场，从不同的角度市场具有不同的含义，商品交易的场所、商品交换关系的总和、所有现实和潜在购买的总和等。市场营销学中的市场包括三个要素：有某种需要的人、为满足这种需要的购买能力和购买欲望。市场营销是指个人和群体通过创造提供出售，并同他人自由交换产品和价值，以获得其所需所欲之物的一种社会和管理过程。

市场营销的核心概念包括：需要、欲望和需求；产品；效用、价值和满足；交换、交易和关系；市场营销者；等等。市场营销管理是指企业为实现其目标，通过创造、传递更高的消费者价值，建立和发展与目标市场之间的互利关系而进行的分析、计划、执行与控制过程。

市场营销管理哲学是指企业对其营销活动及管理的基本指导思想，它是一种观念，一种态度，甚至是一种企业思维方式。确立正确的市场营销管理哲学，对企业经营成败具有决定性的意义。市场营销管理哲学的演变可划分为生产观念、产品观念、推销观念、市场营销观念和社会营销观念五个阶段。

市场营销学是一门新兴的学科，起源于 20 世纪初的美国，后来传播到欧洲、日本等国家。一个多世纪以来，市场营销的发展大致可以分为以下几个阶段：起源阶段(19 世纪末至 20 世纪 20 年代)、发展阶段(20 世纪 30 年代至第二次世界大战结束)、变革阶段(20 世纪 50 年代初至 80 年代)、创新阶段(20 世纪 90 年代初至今)。

随着市场环境和消费者需求的变化，有关市场营销的理论也在不断地变化和演绎着，从经典的营销 4P 组合理论、大营销理论 6P 组合理论、市场营销战略分析框架 10P、服务市场营销组合 7P,到以追求消费者满意为目标的 4C 理论,再到以建立消费者忠诚为目标的 4R 理论,无不体现出时代对企业营销活动的影响。

✦✦✦✦✦ 课 后 习 题 ✦✦✦✦✦

一、单项选择题

1. 市场发展的本质是一个由( )决定,并由生产者推动的过程。
    A. 中间商   B. 消费者
    C. 零售商   D. 政府

2. 市场的核心是( )。
    A. 生产   B. 分配
    C. 交换   D. 消费

3. 消费者未能得到满足的感受状态称为( )。
    A. 欲望   B. 需要
    C. 需求   D. 愿望

4. 市场营销管理的实质是( )。
    A. 刺激需求   B. 生产管理
    C. 需求管理   D. 销售管理

5. 在对企业营销管理哲学的发展演变阶段进行划分,一般把生产观念、产品观念和( )称为旧观念。
    A. 推销观念   B. 企业观念
    C. 市场营销观念   D. 社会营销观念

6. 针对负需求的市场状况,市场营销的任务是( )。
    A. 反市场营销   B. 刺激市场营销
    C. 同步市场营销   D. 改变市场营销

7. "酒香不怕巷子深"的经营理念属于典型的( )。
    A. 生产观念   B. 推销观念
    C. 产品观念   D. 市场营销观念

8. 在全社会产品供应能力相对不足的条件下,由于提高产量、降低成本便可获得丰厚的利润。因此,企业的中心问题是( )。
    A. 重视市场需求差异   B. 关注产品质量
    C. 考虑社会整体利益   D. 扩大生产规模

9. 某种具有良好市场前景的产品,因为生产成本很高,必须通过提高生产率和降低成本来扩大市场时,则会导致企业奉行( )。
    A. 产品观念   B. 市场营销观念
    C. 生产观念   D. 社会营销观念

10. 夏季"波司登"羽绒服通过打折等促销手段而出现了淡季热销的销售局面。可见,该企业深刻领悟到了夏天消费者羽绒服的需求属于( )。

A．充分需求　　　　　　　　　　B．潜伏需求

C．过度需求　　　　　　　　　　D．不规则需求

11．奉行"消费者需要什么，我们就生产什么"理念的企业是(　　)企业。

A．生产导向型　　　　　　　　　B．市场营销导向型

C．推销导向型　　　　　　　　　D．社会营销导向型

12．认为消费者最喜欢高质量、多功能和具有某种特色的产品，企业应致力于生产高附加值的产品，并不断加以改进的观念属于(　　)。

A．产品观念　　　　　　　　　　B．推销观念

C．生产观念　　　　　　　　　　D．市场营销观念

13．许多冰箱生产企业近年来高举"环保""健康"旗帜，纷纷推出了无氟冰箱。这所奉行的市场营销哲学是(　　)。

A．社会营销观念　　　　　　　　B．生产观念

C．市场营销观念　　　　　　　　D．推销观念

14．最容易导致企业出现市场营销近视症的经营思想是(　　)。

A．生产观念　　　　　　　　　　B．推销观念

C．产品观念　　　　　　　　　　D．市场营销观念

15．生产观念产生的条件是(　　)。

A．卖方市场　　　　　　　　　　B．工业品市场

C．买方市场　　　　　　　　　　D．消费品市场

16．产品观念适用的条件是(　　)。

A．产品供不应求　　　　　　　　B．产品更新换代快

C．产品供过于求　　　　　　　　D．企业形象良好

17．市场营销管理的考察范围(　　)。

A．只包括交易行为　　　　　　　B．是交换行为

C．只包括转让行为　　　　　　　D．既包括交易行为，也要研究转让行为

18．针对有害需求的市场状况，市场营销的任务是(　　)。

A．反市场营销　　　　　　　　　B．刺激市场营销

C．同步市场营销　　　　　　　　D．改变市场营销

19．针对无需求的市场状况，市场营销的任务是(　　)。

A．反市场营销　　　　　　　　　B．刺激市场营销

C．同步市场营销　　　　　　　　D．改变市场营销

20．从营销理论的角度而言，企业市场营销的最终目标是(　　)。

A．获取利润　　　　　　　　　　B．把商品推销给消费者

C．求得生存和发展　　　　　　　D．满足消费者的需求和欲望

二、多项选择题

1．在卖方市场条件下，企业一般容易产生(　　)。

A．推销观念　　　B．市场营销观念　　　C．生产观念

D．产品观念　　　E．社会营销观念

2. 营销观念与推销观念的主要区别在于(　　)。
　　A. 出发点不同　　　　　　B. 中心不同　　　　　　C. 手段不同
　　D. 技术不同　　　　　　　E. 目的不同

3. 现代市场营销管理哲学思想可以归纳为(　　)。
　　A. 生产观念　　　　　　　B. 产品观念　　　　　　C. 推销观念
　　D. 市场营销观念　　　　　E. 社会营销观念

4. 生产观念的表现是(　　)。
　　A. 企业能生产什么就卖什么
　　B. 企业卖什么消费者就买什么
　　C. 消费者需要什么企业就生产什么
　　D. 以生产为中心，以产品为出发点
　　E. 以生产为中心，以推销为重点

5. 交换的发生，必须(　　)。
　　A. 至少有交换双方
　　B. 每一方都有对方需要的有价值的东西
　　C. 每一方都有沟通和运送货品的能力
　　D. 每一方都可以自由地接受或拒绝
　　E. 每一方都认为与对方交易是合适的或称心的

6. 社会营销要求在制定营销战略时，统筹兼顾(　　)方面的利益。
　　A. 企业利润　　　　　　　B. 社会利益　　　　　　C. 竞争者动向
　　D. 上级指示　　　　　　　E. 消费者需要的满足

7. 市场营销活动的出发点是(　　)。
　　A. 需要　　　　　　　　　B. 欲望　　　　　　　　C. 需求
　　D. 交换　　　　　　　　　E. 产品

8. 市场的构成要素包括(　　)。
　　A. 人口　　　　　　　　　B. 价格　　　　　　　　C. 交换
　　D. 购买力　　　　　　　　E. 购买欲望

9. 传统以企业为中心的市场营销哲学包括(　　)。
　　A. 生产观念　　　　　　　B. 产品观念　　　　　　C. 社会营销观念
　　D. 市场营销观念　　　　　E. 推销观念

10. 大营销 6P 理论在传统 4P 理论的基础上增加了(　　)两个 P。
　　A. 促销　　　　　　　　　B. 公共关系　　　　　　C. 分销
　　D. 政治权力　　　　　　　E. 便利

三、名词解释

市场　　　　　　　　　交换　　　　　　　　　需求　　　　　　　　　市场营销
市场营销者　　　　　　市场营销观念　　　　　推销观念　　　　　　　4R 组合理论
6P 组合理论　　　　　　社会营销观念

四、简答题

1. 简述五种主要的市场营销观念。
2. 简述推销观念和市场营销观念的主要区别。
3. 市场营销的核心概念有哪些？
4. 简述市场营销观念的基本特征。
5. 简述市场需求的几种状况及相应的企业营销任务。

五、论述题

1. 论述市场营销观念、社会市场营销观念与传统市场营销观念之间的区别。
2. 论述一百多年来市场营销管理哲学的演变过程及其背景。

六、案例分析

TCL 的营销管理哲学

1998 年，TCL 集团以其总资产 58 亿元，销售额 108 亿元，实现了利润 8.2 亿元的业绩，在全国电子行业排行表上跃居前五名。回顾 17 年前由 5000 元财政贷款起家的成长历程，这个国有企业集团的高层决策者体会到，建立并贯彻一套适应市场经济要求的经营理念，是公司生存和发展的关键。TCL 的经营理念包括两个核心观念和四个支持性观念。

TCL 的经营理念包括两个核心观念：

(1) 为消费者创造价值的观念。他们认为，消费者就是市场，只有为消费者创造价值，赢得消费者的信赖和拥戴，企业才有生存和发展的空间。为此，公司明确提出"为消费者创造价值，为员工创造机会，为社会创造效益"的宗旨，将消费者利益摆在首位。其每上一个项目，都要求准确把握消费者需求特征及其变化趋势，紧紧抓住四个环节：不断推出适合消费者需要的新款产品；严格为消费者把好每个部件、每种产品的质量关；建立覆盖全国市场的销售服务网络，为消费者提供产品终身保修；坚持薄利多销，让利于消费者。

(2) 不断变革、创新的观念。他们认为，市场永远在变化，市场面前人人平等，唯有不断变革经营、创新管理、革新技术的企业，才能在竞争中发展壮大。为此，他们根据市场发展变化不断调整企业的发展战略和产品质量与服务标准，改革经营体制，提高管理水平。近几年来，集团除推出 TCL 电脑、手机、锂系列电池、健康型洗衣机和环保型电冰箱等新产品外，对电视机、电话机等老产品每年都有近 20 种不同型号新产品投放市场，无一例外几乎都受到广大消费者的青睐。

在具体的营销管理工作中，集团重点培育和贯彻了四项支持性观念：

(1) 品牌形象观念。将品牌视为企业的形象和旗帜，为消费者提供的服务和质量的象征，花大力气创品牌、保品牌，不断使品牌资产增值。

(2) 先进质量观念。以追求世界先进水平为目标，实施产品、工艺、技术和管理综合性的全面质量管理，保证消费者利益。

(3) 捕捉商机贵在神速的观念。他们认为，挑战在市场，商机也在市场，谁能及时发现并迅速捕捉到它，谁就能比竞争对手更好地满足消费者需要，谁就拥有发展的先机。

(4) 低成本扩张观念。他们认为，在现阶段我国家电领域生产能力严重过剩、有条件实行兼并的情况下，企业应以低成本兼并方式扩大规模，为薄利多销奠定坚实基础。

1996 年，TCL 以 1.5 亿港元兼并了香港陆氏集团彩电项目，以 6000 万元人民币与美乐电子公司实现强强联合。仅此两项，集团就获得需投资 6 亿元才能实现的 200 万台彩电生产能力，年新增利润近 2 亿元。

TCL 集团在上述观念指导下，建立了统一协调、集中高效的领导体制，自主经营、权责一致的产权机制，灵活机动、以一当十的资本营运机制，举贤任能、用人所长的用人机制，统筹运作、快速周转的资金调度机制。依据目标市场的要求，TCL 投入上亿元资金，有近千名科技人员建立了三个层次(TCL 中央研究院、数字技术研究开发中心、基层企业生产技术部)的战略与技术创新体系，增强了自有核心技术研究开发能力，以此抢占了制高点、拓展了新产品领域。20 世纪 90 年代初，TCL 集团在以通信终端产品为主拓展到以家电为主导产品的同时，强化了以"主动认识市场，培育市场和占有市场"为基本任务的营销网络建设。集团在国内建立了 7 个大区销售中心、31 家营销分公司、121 家经营部和 1000 多家特约销售商，覆盖了国内除西藏、台湾之外的所有省份，并在俄罗斯、新加坡、越南等国家建立了销售网络。近年来，TCL 集团快速成长，全集团销售额、利税年均增长速度分别为 50%和 45%。

案例思考题：

1. 企业奉行市场营销观念的主要特征是什么？
2. TCL 是如何把握市场的？

第二章 市场营销环境分析

////////////////////////////

知识目标 ✍

了解市场营销环境的概念和特点；理解影响企业营销的微观营销环境因素和宏观营销环境因素；掌握市场营销环境的分析和评价方法。

能力目标 📑

掌握市场营销环境的基本分析方法；学会如何适应环境的变化的方法并影响环境；能运用 SWOT 分析法对具体实例企业进行深入分析并提出企业具体的应对策略。

关键术语 📖

市场营销环境、微观营销环境、宏观营销环境、SWOT 分析法、市场机会、环境威胁。

导入案例 🖋

工业 4.0：信息化引爆制造业革命

清晨，当睡眼惺忪的你打开房门，你可能还没有意识到，一些细微的变革正在发生。因为门上那个精美的金属把手，正是我国沈阳新松公司新研制的国产研磨抛光智能机器人的"杰作"。

"全面感知+可靠通信+智能驾驶"的汽车；自主上菜、送餐、站一边听招呼的机器人服务员；顾客自我设计所需产品；自动实现生产、包装、运送的智能工厂……

近年来，随着网络信息技术、大数据、云计算等方面运用威力初显，互联网技术正在参与到生产过程中去，信息化与制造业不断深度交织，一种以智能制造为主导的新工业革命——工业 4.0 正在到来。

这种以智能制造为主导的新型工业形式，首先是德国人在 2011 年的德国汉诺威工业展览上提出，以实现资源、信息、物品和人相互关联的"虚拟网络—实体物理系统(Cyber-Physical System，CPS)"为标志。2013 年，德国政府将其上升为国家战略。

根据德国版"工业 4.0"描绘的美好前景，在现代智能机器人、传感器、数据存储和计算能力成熟后，现有工厂将能够通过工业互联网把供应链、生产过程和仓储物流智能连接起来，真正使生产过程全自动化，产品个性化，前端供应链管理、生产计划、后端仓储物流管理智能化。人类从此进入智能制造时代。

可以预见，在这一进程中，无数传统行业界限将被打破，产业链将分工重组，由此迸发的生产力将堪称颠覆性。面对这场工业变革，无论前途充满光明，还是充满了无数暗流，我们都无法逃避，只能勇敢面对。

第一节　市场营销环境概述

一、市场营销环境的含义

按照系统论观点，环境是指系统边界以外所有因素的集合。市场营销环境是存在于企业营销系统外部的不可控或难以控制的因素和力量，这些因素和力量是影响企业营销活动及其目标实现的外部条件。

任何企业都如同生物有机体一样，总是生存于一定的环境之中，企业的营销活动不可能脱离周围环境而孤立进行。企业营销活动要以环境为依据，主动地去适应环境，同时又要在了解、掌握环境状况及其发展趋势的基础上，通过营销努力去影响外部环境，使环境有利于企业的生存和发展，有利于提高企业营销活动的有效性。因此，重视研究市场营销环境及其变化，是企业营销活动的最基本课题。

究竟何为市场营销环境？不同的学者给出的定义不尽相同。我们引用美国著名市场营销学者菲利普·科特勒的解释。科特勒认为市场营销环境(Marketing Environment)是指在营销活动之外，能够影响营销部门建立并保持与目标消费者良好关系能力的各种因素和力量。很显然，我们从这个定义可以看出，市场营销环境是一种不以企业的意志为转移而客观存在的外部因素和力量，它对企业市场营销活动造成长远而又深刻的影响。这些因素由企业营销管理机构外部的行动者与力量所组成，他们影响着企业管理当局发展和维持为目标客户提供令其满意的产品或服务能力。

科特勒将环境分为微观环境和宏观环境两类。微观环境和宏观环境之间不是并列关系，而是主从关系，微观营销环境受制于宏观营销环境，微观环境中所有的因素都要受到宏观环境中各种力量的影响。微观环境与企业密切相关，是企业营销活动的参与者，直接影响与制约企业的营销能力，它与企业具有或多或少的经济联系，也称为直接营销环境，又称作业环境，包括市场营销渠道企业、消费者、竞争者以及社会公众。宏观环境一般以微观环境为媒介去影响和制约企业的营销活动，故被称为间接营销环境，在特定场合，也可以直接影响企业的营销活动。宏观环境因素和微观环境因素共同构成多因素、多层次、多变的企业市场营销环境综合体，如图2-1所示。

图 2-1　企业的市场营销环境

【案例2-1】　　　　**福特汽车——使汽车消费大众化**

　　20世纪初，汽车是由技术工人手工打造而成的，成本较高因而价格难以下降，拥有汽车是地位的象征，是少数人的特权。福特认为，高价位妨碍市场开拓，福特的贡献在于他把汽车变成了普通商品。福特用大规模生产实现了这一点，他们创造了第一条汽车装配流水线，大大节省了工人时间，有效地降低了成本与价格。

　　为了满足市场对汽车的大量需求，福特采用了当时颇具竞争力的营销战略，产品上只生产一种车型，即只生产T型车；只有一种颜色可供选择，那就是黑色。黑色的T型车几乎就是汽车的代名词。这样做的好处就是福特能以最低的成本生产，用最低的价格向消费者提供汽车。T型车几乎改变了日后美国人的生活方式，使美国变成了汽车王国。广大中产阶级大大增加了对汽车的需求，而福特成为美国最大的汽车制造商，到1914年的时候，福特汽车占有美国一半的市场份额。

　　当然，福特用流水线生产单一车型与颜色的汽车在后来被认为是无视消费者需求偏好的差异性，没有及时因消费者口味的变化而采取对策。于是，在19世纪20年代末期，福特在独霸廉价小汽车市场多年后，败给了对手通用汽车。通用汽车生产低价位的雪佛兰与福特竞争，除了具备福特没有的舒适感之外，雪佛兰产品质量更好，更加迎合消费者追求时髦和口味多样化的需求。但是福特固执不改变车型，后来售价下降到仅190美元。到了1926年，T型车销售量大幅下降，福特不得不承认T型车时代的结束，1927年正式关闭了T型车生产线。

二、市场营销环境的特征

（一）客观性

　　市场营销环境的客观性又可称为不可控性。企业总是在特定的社会经济和其他外部环境条件下生存、发展，这种环境并不以营销者的意志为转移，具有强制性与不可控性的特点。也就是说，企业营销管理者虽然能分析认识市场营销环境，但无法摆脱环境的约束，也无法控制营销环境，特别是间接的社会力量更难以把握。比如，企业不可能控制一个国家的政治法律制度，或者随意改变人口的增长、变化趋势，以及一些社会文化习俗等，而只能去适应它。"适者生存"既是自然界演化的法则，也是企业营销活动的法则。

（二）差异性

　　市场营销环境的差异性不仅表现在不同的企业受不同环境的影响，而且同样一种环境因素的变化对不同企业的影响也不相同。比如，不同的国家、民族、地区之间在人口、经济、社会文化、政治、法律、自然地理等各方面均存在着广泛的差异性。这些差异性对企业营销活动的影响显然具有很大的差异性。由于外界环境因素的差异性，因此，企业必须采取不同的市场营销策略才能应付和适应。

（三）相关性

　　市场营销环境是一个系统，在这个系统中，各个影响因素是相互依存、相互作用和相互制约的。这是由于社会经济现象的出现，往往不是由某个单一的因素所能决定的，而是受到一系列相关因素的影响。比如，企业研发新产品时，不仅要受到经济因素的影响和制约，更要受到社会文化因素的影响和制约。

(四) 动态性

市场营销环境是企业营销活动的基础和条件，这并不意味着市场营销环境是一成不变的、静止的。以中国所处的间接营销环境来说，今天的环境与十多年前的环境已经有了很大的变化。比如，国家产业政策，过去重点放在重工业上，现在已明显向农业、轻工业、服务业倾斜，这种产业结构的变化对企业的营销活动带来了决定性的影响。又如，我国消费者的消费倾向已从追求物质的数量化为主流正在向追求物质的质量及个性化转变，也就是说，消费者的消费心理正趋于成熟。这无疑对企业的营销行为产生最直接的影响。当然，市场营销环境的变化是有快慢大小之分的，有的变化快一些，有的则变化慢一些；有的变化大一些，有的则变化小一些。比如，科技、经济等因素的变化相对快而大，因而对企业营销活动的影响相对短且跳跃性大；而人口、社会文化、自然因素等相对变化较慢较小，对企业营销活动的影响相对长而稳定。因此，企业的营销活动必须适应环境的变化，不断地调整和修正自己的营销策略，否则，将会使其丧失市场机会。

(五) 不可控性

影响市场营销环境的因素是多方面的，也是复杂的，并表现出企业不可控性。比如，一个国家的政治法律制度、人口增长以及一些社会文化习俗等，企业不可能随意去掌控或改变。

(六) 可影响性

企业可以通过对内部环境要素的调整与控制，进而对外部环境施加一定的影响，最终促使某些环境要素向预期的方向转化。现代营销学认为，企业经营成败的关键，就在于企业能否适应不断变化的市场营销环境。"适者生存"既是自然界演化的法则，也是企业营销活动的法则，如果企业不能很好地适应外界环境的变化，则很有可能在竞争中失败，从而被市场所淘汰。强调企业对所处环境的反应和适应，并不意味着企业对于环境是无能为力或束手无策的，只能消极、被动地改变自己以适应环境，而是应从积极主动的角度出发，能动地去适应市场营销环境。或者说运用自己的经营资源去影响和改变市场营销环境，为企业创造一个更有利的活动空间，然后再使营销活动与营销环境取得有效的适应。美国著名市场学者菲利普·科特勒正是针对这种情况，提出了"大市场营销"理论。该理论认为，企业为了成功地进入特定市场或者在特定市场经营，应用经济的、心理的、政治的和公共关系技能，赢得若干参与者的合作。科特勒举例说，假设某家百货公司拟在美国某城市开设一家商店，但是当地政府的法律不许你开店，在这种情况下，你必须运用政治力量来改变法律，才能实现企业的目标。"大市场营销"理论提出企业可以运用能控制的方式或手段，影响造成营销障碍的人或组织，争取有关方面的支持，使之改变做法，从而改变市场营销环境。

第二节　微观营销环境

　　微观营销环境不仅受制于宏观营销环境，而且与企业营销形成协作、竞争、服务、监督的关系，直接影响与制约企业的营销能力。微观营销环境主要包括企业的供应商、营销中介机构、消费者、竞争者、社会公众以及企业内部参与营销决策的各部门，如图 2-2 所示。

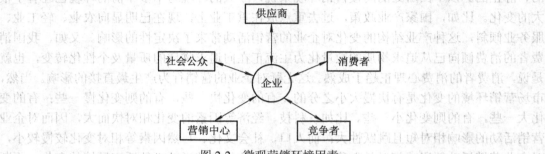

图 2-2　微观营销环境因素

一、企业自身

　　企业内部由各职能部门组成，是一个复杂的整体。企业内部设立了管理、行政、财务、研发、采购、生产、营销等诸多部门，营销部门又由品牌、营销研究人员、广告及促销专家、销售经理及销售代表等组成。各部门一方面独立地开展本职工作，即"各行其职"；另一方面，又不可避免地与其他部门发生联系。企业营销部门与企业业务部门之间既有多方面的合作，也存在着争夺资源方面的矛盾，所以在制订营销计划、开展营销活动时，必须考虑到企业内部各部门之间的合作与协调。

　　为了保证企业营销活动的顺利运行，实现营销目标，必须协调处理好企业内部各部门之间的关系及冲突。目前，越来越多的企业委派专职的营销副总裁或总经理来具体管理企业营销工作，全权负责协调和处理企业内部营销部门与其他部门间的关系。还有一部分实力雄厚的大企业设立独立的营销公司，全面负责企业的一切营销活动。从此可以看出，一个企业如果能够协调处理好营销部门与其他各职能部门的关系，就能为企业营销活动的成功奠定良好的基础。

二、供应商

　　供应商是向企业供应他们生产产品和劳务所需要的各种资源的企业。供应商是组织从外部获取投入的来源，对于一个企业来说，供应商可能是组织也可能是个人，企业从他们那里获得原材料、劳动力、信息、资金、服务等。供应商对企业的活动形成了直接的制约，其变化对营销活动有着重要的影响作用。企业营销部门必须密切关注供应商的供应能力——供应短缺或延迟、工人罢工、供货价格的变动以及供货的质量水平。这些因素在短期内会影响企业的销售，而在长期内会影响企业消费者的消费程度。因此，许多企业对供应商有许多要求，同时也给予长期稳定的供应商一定的支持。

三、营销中介

营销中介是指帮助企业推广、销售和分配产品给最终买主的企业或个人，包括中间商、物流机构、市场营销服务机构以及金融中介机构等。这些都是市场营销活动中不可缺少的环节，大多数企业的营销活动都必须通过这些环节的协助才能顺利进行。

(一) 中间商

中间商是协助企业寻找消费者或直接与消费者进行交易的商业企业，包括商人中间商和代理中间商。商人中间商(如批发商、零售商等)购买商品用以再销售，拥有商品所有权。代理中间商(如代理人、经纪人、制造商代表等)专门介绍客户或与客户协商交易合同，但并不拥有商品所有权。

由于中间商对企业产品从生产领域流向消费领域具有极其重要的影响，因此，必须选择使用合适的中间商。一方面要建立好渠道，即保持与中间商的良好关系，有效激励中间商，发挥其在产品分销方面的作用，增加产品的销售；另一方面要控制渠道，当某些中间商不能认真履行职责时，企业应该考虑更换不合格的中间商。

(二) 物流机构

物流机构是帮助企业储存、运输产品的专业组织，包括仓储公司和运输公司。企业从成本、速度、安全性和方便性等因素考虑选择合适的实体分配单位。实体分配单位的作用在于使市场营销渠道中的物流畅通无阻，为企业创造时间和空间的效益。近年来，随着仓储和运输手段的现代化，实体分配单位的功能变得越发明显和重要。

(三) 营销服务机构

我们通常所说的营销服务机构是个广义的范畴，主要包括市场调研公司、财务公司、广告公司、各种广告媒体和营销咨询公司等，其所提供的专业服务是企业营销活动不可缺少的。尽管有些企业自己设有相关的部门或配备了专业的人员，但很多企业，特别是中小企业，还是与专业的营销服务机构以合同委托的方式获得这些服务。值得注意的是，目前市场上此类的营销服务机构数量较多，但良莠不齐。因此，企业在选择这些营销服务机构时必须对其所提供的服务、质量、创造力等方面进行考核，最终选择适合本企业，并能提供有效营销服务的机构。

(四) 金融中介机构

金融中介机构是指协助企业融资或分担货物购销储运风险的机构，包括银行、信贷公司、保险公司以及其他对货物购销提供融资或保险的各种公司。这些机构不直接从事商业活动，但对企业的经营发展至关重要。企业之间的财务往来要通过银行结算，企业财产和货物要通过保险公司取得风险保障，而贷款利率与保险费率的变动也会直接影响企业成本，信贷来源如果受到限制更会使企业处于困境。

四、消费者

消费者是指购买商品的人，是商业服务或产品的采购者，他们可能是最终消费者，也有可能是中间商或供应链内的其他中间人。对于不同的企业或者是不同的产品，消费者类型有所差异。根据不同的消费者群体，可以分为消费者市场、生产者市场、政府市场、国际市场等。

消费者市场是指为满足自身需要而购买的一切个人和家庭构成的市场，这是最终市场。组织市场是指一切为了自身生产、转售、转租、甚至用于组织消费而采购的一切组织所构成的市场，主要包括生产者市场、中间商市场、政府市场和非营利组织市场。

消费者是企业产品和服务得以价值转换和实现的承接者，因此企业的一切营销活动都要以满足消费者的需要为中心，所以消费者是企业最重要的微观营销环境因素。一个企业想要成功，就必须注意倾听消费者的心声，不断适应消费者的需求变化，努力让消费者满意。比如，消费者对服装的色彩、款式偏好会经常改变。企业要做的是及时把握市场变化的脉搏，及时调整产品营销策略，以适应市场的需求变化。与此同时，企业还要研究不同消费者群体的需求特点、购买动机等消费者心理和市场需求发展趋势，研发新产品，以激发消费者新的需求。

五、竞争者

只要存在着商品生产和商品交换，就必然存在着竞争，竞争成为商品经济的一个典型特征。在市场营销实践中，从企业经营的角度来看，目标市场往往不可能由某一家企业所垄断，往往存在着大量的竞争者，形成一个竞争局面，使得市场成为买方、卖方和竞争者的集合。企业在目标市场进行市场营销活动的过程中，不可避免地会遇到竞争者或竞争对手的挑战。所以企业除了需要认真研究现实和潜在的消费者，还必须认真研究其竞争者。一个企业在市场中一般存在着以下几种竞争者：

(一) 欲望竞争者

欲望竞争者指的是提供不同产品、满足不同消费欲望的竞争者。消费者在同一时刻的欲望是多方面的，但很难同时满足，这就出现了不同的需要，即不同产品的竞争。比如，消费者在年终收入有较多增加后，为了改善生活，可以是添置家庭耐用消费品，可以是外出旅游，也可以是装修住宅等，出现了许多不同的欲望，但从时间与财力而言，消费者只能选择力所能及的项目，作为这一时期的欲望目标。

(二) 属类竞争者

属类竞争者是指满足同一消费欲望的不同产品之间的可替代性，是消费者在决定需要的类型之后出现的次一级竞争，又称为平行竞争。比如，消费者需要购买家庭耐用品，到底是购买家庭娱乐设备，还是购买新式家具，或是购买家庭健身器材，消费者要再选择其中的一类，以满足这一消费欲望。

(三) 产品竞争者

产品竞争者是指生产同种产品，但提供不同规格、型号、款式的竞争者。消费者在决定了需要的属类之后，还必须决定购买何种产品。比如，如果消费者决定购买家庭娱乐设备，那他还需要决定是购买大屏幕电视机，还是购买摄像机，或是购买高级音响设备。由于这些同种但形式不同的产品对同一种需要的具体满足上存在着差异性，同时消费者也有所偏好和选择上的不同，所以，这些产品的生产经营者之间便形成了竞争关系，互为产品竞争者。

（四）品种竞争者

产品还有许多品种，比如，消费者决定购买大屏幕彩电，那么市场上有背投彩色电视机、等离子彩色电视机、液晶彩色电视机等不同的电视机品种，他还需要决定到底选择其中的哪一种。

（五）品牌竞争者

品牌竞争是指满足相同需求的、规格和型号等相同的同类产品的不同品牌之间在质量、特色、服务、外观等方面所展开的竞争。品牌竞争者之间的产品相互替代性较高，因而竞争非常激烈，所以各企业均以培养消费者品牌忠诚度作为争夺消费者的重要手段。以电视机为例，索尼、长虹、夏普、海信等众多产品之间就互为品牌竞争者。

企业要成功，必须在满足消费者需要和欲望方面比竞争对手做得更好。企业的市场营销系统总是被一群竞争者包围和影响着。因此，企业必须加强对竞争者的研究，了解对本企业形成威胁的主要竞争对手及其策略，双方力量对比如何，只有知己知彼、扬长避短，才能在消费者心目中强有力地确定其所提供产品或服务的地位，以获取战略优势。

六、公众

公众是指对一个组织完成其目标的能力有着实际或潜在兴趣或影响的群体。公众可能有助于增强一个企业实现自身目标的能力，也可能妨碍这种能力。由于公众会对企业发展产生重要的影响，精明的企业会主动采取积极的措施来处理与主要公众之间的关系。大多数企业都建立了公共关系部门，专门筹划与各类公众的建设性关系。公共关系部门负责收集与企业有关的公众意见和态度，发布消息、沟通信息，以建立信誉。企业所面临的公众主要有以下几种：

（一）金融公众

金融公众是指影响企业融资能力的机构，比如银行、投资公司、证券经纪公司、保险公司等。企业可以通过发布真实而乐观的年度财务报告，回答关于财务问题的询问，稳健地运用资金，在金融公众中树立信誉。

（二）媒体公众

媒体公众主要指报社、杂志社、广播电台和电视台等大众传播媒体。这些组织对企业的声誉有举足轻重的作用，企业必须与媒体建立友善的关系，争取有更多、更好的有利于本企业的新闻、特写、社论等。

（三）政府公众

政府公众是指有关的政府部门。企业在制订营销计划时，必须充分考虑政府的政策，研究政府颁布的有关法规和条例。企业的发展战略与营销计划必须和政府的发展计划、产业政策、法律法规保持一致，注意咨询有关产品安全卫生、广告真实性等法律问题，倡导同业者遵纪守法，向有关部门反映行业的实情，争取有利于产业发展的立法。

(四) 群众团体

群众团体是指消费者组织、环境保护组织及其有关的群众团体。企业营销活动关系到社会各方面的切身利益，必须密切注意来自群众团体的批评和意见。

(五) 当地公众

当地公众是指企业所在地附近的居民和社区组织。企业在其营销活动中，要避免与周围公众的利益发生冲突，企业应指派专人负责处理这方面的问题，同时还应积极对公益事业做出贡献。

(六) 一般公众

一般公众是指上述各种公众之外的社会公众。企业需要了解公众对其产品及活动的态度，力争在他们心中建立良好的企业形象，这对企业发展具有十分重要的意义。

(七) 内部公众

企业的员工，包括高层管理人员和一般职工，都属于企业的内部公众。企业的营销计划需要全体员工的充分理解、支持和具体执行。企业应该经常向员工通报有关情况，介绍企业发展计划，发动员工出谋献策，关心员工福利，奖励有功人员，增强内部凝聚力。员工的责任感和满意度必然会传播并影响外部公众，从而有利于塑造良好的企业形象。

第三节　宏观营销环境

宏观营销环境是指间接影响企业经营活动的外部因素。宏观营销环境因素对所有在同一领域或地域范围中的企业是相同的，但不同企业受到的影响程度却不尽相同，需要企业进行认真识别。宏观营销环境可以划分为人口环境、经济环境、自然环境、科技环境、政治法律环境、社会文化环境。

一、人口环境

人口是构成市场的第一要素。人口数量直接决定了市场的规模和潜在容量，人口的性别、年龄、民族、婚姻状况、职业、居住分布等也会对市场格局产生深刻的影响，进而影响企业的市场营销活动。企业应重视对人口环境的研究，密切关注人口特性及其发展趋势，及时地调整市场营销策略以适应人口环境的变化。

(一) 人口数量

人口数量取决于人口的自然增长率。经济学家指出，人口的适度增长会自动促进经济的增长。如果一个国家的劳动年龄人口占总人口的比重较大，抚养负担比较轻，则为经济发展创造了有利的人口条件，这一现象称之为"人口红利"。反之，当人口下降时，经济就会衰退。俄罗斯、德国、日本等一些国家由于种种原因陷入了人口数量衰退的趋势，不仅导致人口老龄化和劳动力相对紧缺，而且使消费品市场缺乏活力，经济处于停顿或者衰退的状态。

(二) 年龄结构

不同年龄的消费者对商品和服务的需求是不一样的。不同年龄结构就形成了各自具有年龄特色的市场。企业了解不同年龄结构所具有的需求特点，就可以决定企业产品的研发方向，更加精准地寻找到目标市场。比如，一个老龄化的社会，其消费品必然更多地面向老年人，对医疗、护理、养老等行业的需求就会增加。而新生婴儿的增加或减少，也会影响婴幼儿商品、教育等产品的消费，并随着时间的推移，其影响具有一定的外扩效应。

(三) 性别结构

性别差异会给人们的消费需求带来显著的差别，反映到市场上就会出现男性用品市场和女性用品市场。企业可以针对不同性别的不同需求，生产适销对路的产品，制定有效的市场营销策略，开发更大的市场。

(四) 教育与职业结构

人口的教育程度与职业不同，对市场需求也会表现出不同的倾向。随着高等教育规模的扩大，人口的受教育程度普遍提高，收入水平也逐步增加。企业应关注人们对报刊、书籍、电脑这类商品需求的变化。

(五) 家庭结构

家庭是商品购买和消费的基本单位。一个国家或地区家庭单位的多少以及家庭平均人口的多少，可以直接影响到某些消费品的需求数量。同时，不同类型的家庭往往会有不同的消费需求。比如，两口之家的小夫妻会热衷于休闲旅游，而等到变成三口之家之后，以培养下一代为目标，消费重点就会转移到小孩身上，家庭的生活方式和消费内容会发生明显的改变，其中教育开支会占据越来越高的比重。

(六) 民族结构

我国是一个多民族的国家。民族不同，其文化传统、生活习性也不相同，具体表现在饮食、居住、服饰、礼仪等方面的消费需求都有自己的风俗习惯。企业营销要重视民族市场的特点，开发迎合民族特性、受其欢迎的商品。

二、经济环境

经济环境是影响企业营销活动的主要环境因素，它包括收入因素、消费支出、产业结构、经济增长率、货币供应量、银行利率、政府支出等因素，其中收入因素、消费结构对企业营销活动影响较大。

(一) 收入与支出状况

1. 收入

收入因素是构成市场的重要因素，甚至是极为重要的因素。因为市场规模的大小，归根结底取决于消费者的购买力大小，而消费者的购买力取决于他们收入的多少。企业必须从市场营销的角度来研究消费者收入，通常从以下四个方面进行分析：

(1) 国民生产总值。它是衡量一个国家经济实力与购买力的重要指标。国民生产总值增长越快，对商品的需求和购买力就越大，反之就越小。

(2) 人均国民收入。这是用国民收入总量除以总人口的比值。这个指标大体反映了一个国家人民生活水平的高低，也在一定程度上决定商品需求的构成。一般来说，人均收入增长，对商品的需求和购买力就大，反之就小。

(3) 个人可支配收入。这是指在个人收入中扣除消费者个人缴纳的各种税款和交给政府的非商业性开支后剩余的部分，可用于消费或储蓄的那部分个人收入，它构成了实际的购买力。个人可支配收入是影响消费者购买生活必需品的决定性因素。

(4) 个人可任意支配收入。这是指在个人可支配收入中减去消费者用于购买生活必需品的费用支出(比如房租、水电、食物、衣着等开支)后剩余的部分。这部分收入是消费需求变化中最活跃的因素，也是企业开展市场营销活动时所要考虑的主要对象。这部分收入一般用于购买高档耐用消费品、娱乐、教育、旅游等。

家庭收入的高低会影响很多产品的市场需求。一般来讲，家庭收入高，对消费品需求大，购买力也大；反之，需求小，购买力也小。另外，要注意分析消费者实际收入的变化，注意区分货币收入和实际收入。

2. 支出

随着消费者收入的变化，消费者支出会发生相应变化，继而一个国家或地区的消费结构也会发生变化。德国统计学家恩斯特·恩格尔于1857年发现了消费者收入变化与支出模式，即消费结构变化之间的规律性。恩格尔所揭示的这种消费结构的变化通常用恩格尔系数来表示，即

$$恩格尔系数 = \frac{食品支出金额}{家庭消费支出总金额}$$

恩格尔系数越小，食品支出所占比重越小，表明生活富裕，生活质量高；恩格尔系数越大，食品支出所占比重越高，表明生活贫困，生活质量低。恩格尔系数是衡量一个国家、地区、城市、家庭生活水平高低的重要参数。企业根据恩格尔系数可以大致了解当前市场的消费水平，也可以推知今后消费变化的趋势及其对企业营销活动的影响。

3. 储蓄

消费者的储蓄行为直接制约着市场消费量购买的大小。当收入一定时，如果储蓄增多，现实的购买量就会减少；反之，如果用于储蓄的收入减少，现实的购买量就会增加。居民储蓄倾向会受到利率、物价等因素变化的影响。人们储蓄目的也是不同的，有的是为了养老，有的是为未来的购买而积累，当然储蓄的最终目的主要也是为了消费。企业应关注居民储蓄的增减变化，了解居民储蓄的不同动机，从而制定相应的市场营销策略，以获取更多的商机。

4. 信贷

消费者信贷，也称信用消费，是指消费者凭信用先取得商品的使用权，然后按期归还贷款，完成商品购买的一种方式。信用消费允许人们购买超过自己现实购买力的商品，创

造了更多的消费需求。随着我国商品经济的日益发达，人们的消费观念大为改变，信贷消费方式在我国逐步流行起来，值得企业去深入研究。

(二) 经济发展状况

企业的市场营销活动要受到一个国家或地区经济发展状况的制约，在经济全球化的条件下，国际经济形势也是企业营销活动的重要影响因素。

1. 经济发展阶段

经济发展阶段的高低，直接影响企业市场营销活动。经济发展阶段高的国家和地区往往会表现出：着重投资于大型的、精密的、自动化程度高的、性能好的生产设备；在重视产品基本功能的同时，比较强调款式、性能及特色；大量进行广告宣传及营业推广活动，非价格竞争相对占优势；分销途径复杂且广泛，制造商、批发商与零售商的职能逐渐独立，连锁酒店的网点增加。美国学者罗斯托(W.W.Rostow)的经济成长阶段理论，把世界各国经济发展归纳为五种类型：① 传统经济社会。② 经济起飞前的准备阶段。③ 经济起飞阶段。④ 迈向经济成熟阶段。⑤ 大量消费阶段。凡属前三个阶段的国家称为发展中国家，处于后两个阶段的国家称为发达国家。

2. 经济形势

就国际经济形势来说，1997 年 7 月起，发生在中国周边国家和地区的金融风暴，席卷东南亚各国，并东进中国香港、中国台湾、北上韩国，以致撼动世界第二经济强国日本。这场金融危机影响了全世界，也给中国经济带来了许多负面影响。由于我国金融市场尚未完成开放，外汇储备丰富，加之政府采取了有效的扩大内需的措施，因而保持了人民币币值的稳定，使亚洲国家的货币免于新一轮的竞相贬值，对世界金融体系的稳定以及东南亚国家早日走出困境，做出了积极的贡献。进入 21 世纪，经济全球化不断深入，这已成为影响一国内部和国与国关系的重要因素。2007 年 8 月，一场由美国次级抵押贷款市场动荡引起的风暴，席卷美国、欧盟和日本等世界主要金融市场，使全球大多数国家都受到了严重的冲击。美国金融危机不断扩张，从次级贷到优级贷，从抵押贷款到普通商业贷款和消费信贷的风险迅速上升，主要投资银行亏损严重甚至破产，金融企业惜贷，短期资金异常紧张，实体经济受到重大冲击，经济下行风险加大。通过金融全球化，美国已经把次贷危机的风险转移到了世界的各个角落。这场百年罕见的金融危机，没有一个国家可以独善其身。我国经济已经深入地融入到了世界经济环流中，不可能全身而退：① 金融动荡导致了美国等发达国家消费降低，需求减少，势必影响出口。② 人民币面临新的升值压力。③ 降低外汇储备的价值。④ 可能导致生产过剩。2009 年到 2010 年之间，我国政府陆续出台了一系列进一步扩大内需的措施，维护经济、金融和资本市场稳定，促进经济平稳较快发展。这是我国应对这场危机最重要、最有效的手段，也是对世界经济最大的贡献。由于国际和国内经济形势是复杂多变的，机遇与挑战并存，企业必须认真研究，力求正确认识与判断，进而制定更加有针对性的市场营销战略和计划。

三、自然环境

自然环境是指自然界提供给人类各种形式的物质资料，如阳光、空气、水、森林、土地等。随着人类社会进步和科学技术发展，世界各国都加速了工业化进程，这一方面创造了更加丰富的物质财富，满足了人们日益增长的需求；另一方面也面临着资源短缺、环境污染等问题。从 20 世纪 60 年代开始，世界各国开始关注经济发展对自然环境的影响，成立了许多环境保护组织，促使国家政府加强环境保护的立法。对市场营销管理者来说，应该关注自然环境变化的趋势，并从中分析企业营销的机会和威胁，制定相应的市场营销对策。

(一) 自然资源日益短缺

自然资源可分为两类，一类为可再生资源，比如森林、农作物等，这类资源可以被再次生产出来，但必须防止过度采伐森林和侵占耕地。另一类资源是不可再生资源，比如石油、煤炭、银、锡、铀等，这种资源蕴藏量有限，随着人类的大量开采，有的矿产已经处于枯竭的边缘。自然资源短缺，使许多企业将面临原材料价格大涨、生产成本大幅度上升的威胁，但另一方面又迫使企业研究更合理地利用资源的方法，开发新的资源和代用品，这些又为企业提供了新的资源和营销机会。

(二) 环境污染日趋严重

工业化、城镇化的发展对自然环境造成了很大的影响，尤其是环境污染问题日趋严重，许多地区的污染已经严重影响到人们的身体健康和自然生态平衡。环境污染问题已引起各国政府和公众的密切关注，这对企业的发展是一种压力和约束，要求企业为治理环境污染付出一定的代价，但同时也为企业提供了新的营销机会，促使企业研究控制污染技术，兴建绿色工程，生产绿色产品，开发环保包装。

(三) 政府干预不断加强

自然资源短缺和环境污染加重的问题，使各国政府加强了对环境保护的干预，陆续颁布了一系列有关环保的政策法规，这将制约一些企业的营销活动。有些企业由于治理污染需要投资，影响扩大再生产，但企业必须以大局为重，要对社会负责，对子孙后代负责，加强环保意识，在营销过程中自觉遵守环保法令，担负起环境保护的社会责任。同时，企业也要制定有效的营销策略，既要承担环境保护所支付的必要成本，还要在营销活动中挖掘潜力，保证营销目标的实现。

四、科技环境

科技环境(Technological Environment)可能是目前影响人类命运的最引人注目的因素。科学技术创造了诸如抗生素、器官移植和笔记本电脑等这样的奇迹，但也带来了像原子弹、神经毒气和半自动武器这样恐怖的东西。每项新技术都会取代一项旧技术，晶体管的出现损害了真空管业，复印技术损害了复写纸业，汽车的出现损害了铁路业，光盘的出现损害了唱片行业。

多数情况下，科学技术的进步对整个人类社会的作用是正面的。但是对企业而言，如果一个企业没有能力或者没有办法赶上技术的潮流，那么技术的进步对它而言就是致命的，技术的进步将加速产品的更新换代，缩短产品的生命周期，加快产品的市场淘汰速度。

五、政治法律环境

政治法律环境是影响企业营销的重要宏观营销环境因素，包括政治环境和法律环境。政治环境引导着企业营销活动的方向，法律环境则为企业规定了经营活动的行为准则。政治与法律相互联系，共同对企业的市场营销活动产生影响和发挥作用。

(一) 政治环境

政治环境是指企业市场营销活动的外部政治形势。一个国家的政局稳定与否，会给企业营销活动带来重大的影响。如果政局稳定，人民安居乐业，就会给企业营销活动营造良好的环境。相反，政局不稳，社会矛盾尖锐，秩序混乱，就会影响经济发展和市场的稳定。企业在市场营销中，特别是在对外贸易活动中，一定要考虑到东道国政局变动和社会稳定情况可能造成的影响。政治环境对企业营销活动的影响主要表现为国家政府所制定的方针政策，如人口政策、能源政策、物价政策、财政政策、货币政策等，都会对企业营销活动带来影响。比如，国家通过降低利率来刺激消费的增长；通过征收个人收入所得税调节消费者收入的差异，从而影响人们的购买；通过增加产品税，对香烟、酒等商品的征税来抑制人们的消费需求。在国际贸易中，不同的国家也会制定一些相应的政策来干预外国企业在本国的营销活动。其主要措施有：① 进口限制。② 税收政策。③ 价格管制。④ 外汇管制。⑤ 国有化政策。

(二) 法律环境

法律环境是指国家或地方政府所颁布的各项法规、法令和条例等，它是企业营销活动的准则，企业只有依法进行各种营销活动，才能受到国家法律的有效保护。为适应经济体制改革和对外开放的需要，我国陆续制定和颁布了一系列法律法规，例如《产品质量法》《企业法》《经济合同法》《涉外经济合同法》《商标法》《专利法》《广告法》《食品卫生法》《环境保护法》《反不正当竞争法》《消费者权益保护法》《进出口商品检验条例》等。企业的营销管理者只有熟知相关的法律条文，才能保证企业经营的合法性，运用法律武器来保护企业与消费者的合法权益。对从事国际营销活动的企业来说，不仅要遵守本国的法律制度，还要了解和遵守国外的法律制度和有关的国际法规、惯例和准则。比如，日本政府曾经规定，任何外国公司进入日本市场，必须要找一个日本公司同它合伙，以此来限制外国资本的进入。只有了解、掌握了这些国家的有关贸易政策，才能制定有效的市场营销对策，以便在国际营销活动中争取主动。

六、社会文化环境

社会文化环境是指在一种社会形态下已经形成的价值观念、宗教信仰、风俗习惯、道德规范等方面的总和。任何企业都处于一定的社会文化环境之中，企业营销活动必然受到所在社会文化环境的影响和制约。为此，企业应了解和分析社会文化环境，针对不同的文化环境制定不同的营销策略，组织不同的营销活动。企业营销对社会文化环境的研究一般从以下几个方面展开：

（一）教育状况

受教育程度的高低，影响到消费者对商品功能、款式、包装和服务要求的差异性。通常文化教育水平高的国家或地区的消费者要求商品包装典雅华贵、对附加功能也有一定的要求。因此企业市场营销中的市场开发、产品定价和促销等活动都要考虑到消费者所受教育程度的高低，采取不同的策略。

（二）宗教信仰

宗教是构成社会文化的重要因素，宗教对人们消费需求和购买行为的影响较大。不同的宗教对节日礼仪、商品使用都有着特殊的要求和禁忌。某些宗教组织甚至会对教徒购买决策活动产生决定性的影响。因此，企业可以把影响大的宗教组织作为自己的重要公关对象，在营销活动中要注意到不同的宗教信仰，以避免由于矛盾和冲突给企业营销活动带来的损失。

（三）价值观念

价值观念是指人们对社会生活中各种事物的态度和看法。不同文化背景下，人们的价值观念往往有着很大的差异，消费者对商品的色彩、标识、式样以及促销方式都会有自己不同的意见和态度。企业必须根据消费者不同的价值观念来设计产品，提供服务。

（四）消费习俗

消费习俗是指人们在长期经济与社会活动中所形成的一种消费方式与习惯。不同的消费习俗，具有不同的商品要求。研究消费习俗，不但有利于消费用品的生产与销售，而且有利于正确、主动地引导健康的消费。了解目标市场消费者的禁忌、习惯、避讳等是企业进行市场营销活动的重要前提。

【案例2-2】　　　　　　星巴克"入驻"灵隐寺折射了什么？

星巴克，代表着美国典型的咖啡文化；灵隐寺，则承载着中国千年佛教文化。2012 年 9 月 22 日，当星巴克"入驻"杭州灵隐景区的消息一出，社会上一片沸腾。

网友"our80"的一句"进去这家星巴克店后，服务生会微笑地问：施主，您是大悲还是超大悲，或者是大瓷大悲？"的幽默吐槽，被上万网友转发。

2009 年，在故宫九卿值房"驻扎"7 年的星巴克在争议中正式告别故宫。而此次，星巴克入驻灵隐景区，网友"唐伯小虎"称：星巴克入不了皇城，只有遁入空门。

星巴克在争议中退出故宫，最重要的原因是作为"美国并不高级的饮食文化的载体和象征"，星巴克在故宫开店被认定为一种"文化侵略"，侵蚀了中国传统文化。在公众意识中，星巴克的文化格调与故宫的文化氛围依然格格不入。

星巴克在灵隐景区开店再次引发"文化入侵"之忧，也是因为"看简单了它是一杯咖啡，看复杂了它是一个文化符号"。星巴克与灵隐寺代表的文化意义有所冲突，公众一时难以接受。

第四节　营销环境分析

企业经营与周围环境息息相关，无时无刻不受到环境的影响。经营有方的企业往往能客观地分析环境，并从中正确地识别出有利的因素和不利的因素，并采用合适的应对性策略。因此，分析环境是企业制定战略和策略的基础，了解环境的各类因素就是为了寻找市场的创新点和企业的增长点，促进企业发展壮大。

一、营销环境分析方法(SWOT 分析)

环境中凡是对企业经营有利的因素，称为市场机会；而所有对企业经营不利的因素，称为市场威胁。机会和威胁不是绝对的，对一家企业的不利因素，可能是另外一家企业的有利因素。这需要企业根据自身经营状况、资源状况以及环境变化进行综合分析，寻找机会，回避威胁。

一般在环境分析中常用到 SWOT 分析法。SWOT 分析法是著名管理咨询公司美国麦肯锡公司发明的，用于分析企业环境和制定战略的定性分析方法。SWOT 分析法原理简单、操作方便，被广泛应用于企业管理的实践中。

SWOT(Strength Weakness Opportunity Threat)分析法，又称为态势分析法或优劣势分析法，用来确定企业自身的竞争优势(Strength)和竞争劣势(Weakness)，外部的机会(Opportunity)和威胁(Threat)，从而将公司的战略与公司内部资源、外部环境有机地结合起来。

二、SWOT 分析步骤

(一) 罗列环境因素和自身状况

罗列和分析营销环境因素的过程，也称之为环境扫描，即获取和利用外部环境信息的行为，以协助企业的高级管理层制定其未来行动方案。因此，企业首先需要组织相关专家和营销人员，让大家将所有已有的、可能的环境机会和威胁，以及企业自身所拥有的优势和劣势，全部罗列出来。这一步是制定策略的信息基础，应尽量做到不遗漏信息。

(二) SWOT 因素的识别和排序

对于已经罗列出来的影响因素和自身状况，需要逐一确定其对企业的重要程度。因为并非所有的机会都有吸引力，也并非所有的威胁都是严重的。企业可以用"环境威胁矩阵图"和"市场机会矩阵图"来加以分析和判断。

假如一家汽车公司，共罗列出了 10 条环境因素，其中威胁有 6 条，机会有 5 条。

根据"威胁实现的可能性"和威胁"潜在的严重性"两个指标，对全部威胁逐一进行梳理和定位，其结果如图 2-3 所示。

从图 2-3 中可以看出，第①和第⑥条信息最危险，其很可能实现而且潜在危害也大，是需要重点处理的内容。第③条信息可以忽略不计。第②条信息虽然实现的可能性大，但是问题不严重，属于缓后处理的内容。第④和第⑤条信息虽然危害严重，但是实现可能性小，属于需要关注的信息。由此可见，根据分析结果第①和第⑥条信息是最主要的威胁。

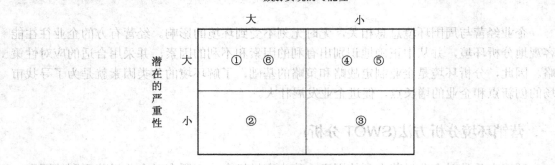

图 2-3　环境威胁矩阵图

根据"成功的可能性"和"潜在的吸引力"两个指标对机会进行逐一梳理和排序。潜在吸引力表示盈利能力。从图 2-4 可以看出，第⑧条信息最有利，其很可能成功而且潜在的盈利性最大，是需要重点开发的内容。第⑨条信息可忽略不计。第⑦条信息虽然成功的可能性大，但是盈利空间不大，属于观望待定的内容。第⑩条信息虽然盈利空间大，但是成功的可能性小，需要企业慎重决策。由此可见，第⑧条信息是最主要的机会。

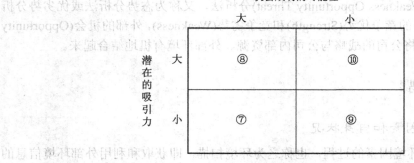

图 2-4　市场机会矩阵图

通过对机会和威胁因素的逐一分析，外部营销环境的评价结果可以描述为四种类型，如图 2-5 所示。

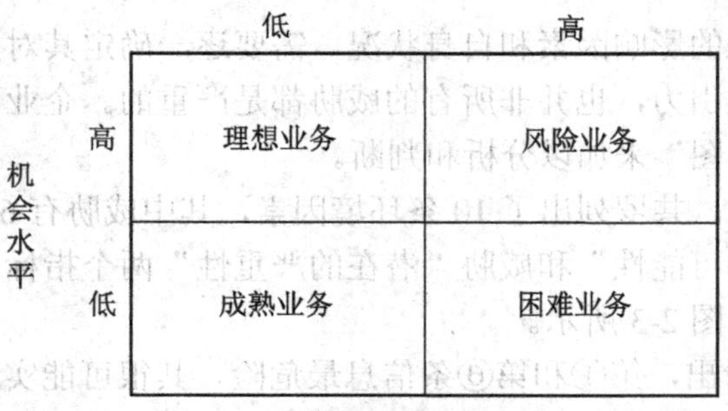

威胁水平

	低	高
机会水平 高	理想业务	风险业务
机会水平 低	成熟业务	困难业务

图 2-5　环境分析综合评价图

同理，通过对比竞争者的相关资料，对企业自身状况进行评价，分析其所拥有的优势和劣势。评价时，可以从以下四个角度考虑每一个因素：是否容易被复制？优势能够持续多久？能否真正在竞争中保持上乘价值？是否会被竞争对手的其他资源或能力所抵消？根据评价结果，将所有优势和劣势因素进行排序，将对企业发展比较重要、迫切的影响因素优先排列出来。

(三) 构建 SWOT 矩阵

根据各因素的评价结果，将优势、劣势分别与机会、威胁相组合，形成 SO、ST、WO、WT 战略，如图 2-6 所示。

内部环境⟍外部环境	优势-S 1.…… 2.…… ……	劣势-W 1.…… 2.…… ……
机会-O 1.…… 2.…… ……	SO策略 发挥优势 利用机会	WO策略 利用机会 克服劣势
威胁-T 1.…… 2.…… ……	ST策略 利用优势 回避威胁	WT策略 减少劣势 回避威胁

图 2-6 SWOT 分析矩阵

SO 策略是充分利用企业优势与外部机会的战略，是一种理想的战略模式。当企业具有特定方面的优势，而外部环境又为发挥这种优势提供有利机会时，是增长性的战略模式。

WO 策略是利用外部机会来弥补内部弱点，使企业改劣势而获取优势的战略。存在外部机会，但由于企业存在一些内部弱点而妨碍其利用机会，可采取措施先克服这些弱点，是一种扭转性的战略模式。

ST 策略是指企业利用自身优势，回避或减轻外部威胁所造成的影响，企业可以利用开发新技术产品等途径来回避威胁，体现多元化的经营思路。

WT 策略是旨在减少内部弱点，回避外部环境威胁的防御性技术。企业可采取目标聚集战略或差异化战略，来回避成本劣势及其带来的威胁。

(四) 选择应对策略

策略制定后，企业决策层需要对 SO、WO、ST、WT 策略进行甄别和选择，确定企业目前应该采取的具体战略与策略，一般要结合企业使命、价值观、经营战略、竞争态势、政策导向等多种因素进行综合考虑。

1. 威胁中的企业应对策略

环境威胁对企业的影响是客观存在的，企业必须引起足够的重视，制定适当的对策。

(1) 转移策略。

当企业面临环境威胁时，通过改变自己受到威胁的产品现有市场，或者将投资方向转移来避免环境变化对企业所带来的威胁。① 产品转移：将受到威胁的产品转移到其他市场。

② 市场转移：将企业的营销活动转移到新的细分市场上去。③ 行业转移：将企业的资源转移到更有利的新行业中去。

(2) 减轻策略。

当面临环境威胁时，企业力图通过调整、改变自己的营销组合策略，尽量降低环境威胁对企业带来的负面影响程度。比如，环境变化导致企业某些原材料价格大幅度上涨，致使本企业的产品成本增加，在企业无条件或不准备放弃目前主要产品的经营时，可以通过加强管理、提高效率、降低成本以消化原材料涨价带来的威胁。

(3) 对抗策略。

当面临环境威胁时，企业试图通过自己的努力限制或扭转环境中不利因素的发展。对抗策略通常被称为是积极、主动的策略，企业可以通过各种方式利用政府通过的某些法令或与有关权威组织达成某种协议，以用来抵消不利因素的影响。比如，我国贵州茅台酒厂发现市场上有许多厂家盗用和仿冒茅台酒商标，致使该厂的经营受到威胁。企业毅然拿起法律武器，捍卫自己的合法权益，来消除营销环境给自己带来的不利影响。

2. 机会中的企业应对策略

面临客观的市场机会，企业应给予足够的重视，制定正确的应对对策。

(1) 及时利用策略。

当市场机会与企业的营销目标一致，企业又具备利用市场机会的资源条件，应抓住时机，及时调整自己的营销策略，充分利用市场机会，求得更大的发展。

(2) 待机利用策略。

有些市场机会相对稳定，在短时间内不会发生变化，而企业暂时又不具备利用市场机会的必要条件，可以积极准备、创造条件，等待时机成熟时，再加以利用。

(3) 果断放弃策略。

尽管营销市场机会十分具有吸引力，但企业缺乏必要的条件，无法加以利用，此时企业应做出决策，果断放弃。因为任何犹豫和拖延都可能导致错过利用其他有利机会的时机，最终导致一事无成。

✦✦✦✦✦ **本 章 小 结** ✦✦✦✦✦

市场营销环境是存在于企业营销系统外部的不可控或难以控制的因素和力量，这些因素和力量是影响企业营销活动及其目标实现的外部条件，包括微观环境和宏观环境。市场营销环境特征包括：客观性、差异性、相关性、动态性、不可控性以及可影响性。

微观营销环境不仅受制于宏观营销环境，而且与企业营销形成协作、竞争、服务、监督的关系，直接影响与制约企业的营销能力。微观营销环境主要包括企业的供应商、营销中介机构、消费者、竞争对手、社会公众以及企业内部参与营销决策的各部门。

宏观营销环境是指间接影响企业经营活动的外部因素。宏观营销环境因素对所有在同一领域或地域范围中的企业是相同的，但不同企业受到的影响程度却不尽相同，需要企业进行认真识别。宏观营销环境可以划分为人口环境、经济环境、自然环境、科技环境、政治法律环境和社会文化环境。

学会环境分析很重要，可以采用 SWOT 分析法。SWOT 分析法应用较为广泛，其关键是对外部环境因素和内部优劣势进行综合评价，并提供增长性、扭转性、多元化和防御性战略思路以供企业营销部门决策。

✦✦✦✦✦ 课 后 习 题 ✦✦✦✦✦

一、单项选择题

1. 市场营销学理论认为，企业的市场营销环境可以分为(　　)。

    A. 自然环境和文化环境　　　　　　B. 微观环境和宏观环境

    C. 政治环境和法律环境　　　　　　D. 经济环境和人口环境

2. 根据恩格尔定律，随着一个家庭收入的逐渐增多，其用于购买食品的支出占家庭所有收入的比重将会(　　)。

    A. 下降　　　　　　　　　　　　　B. 大体不变

    C. 上升　　　　　　　　　　　　　D. 时升时降

3. 与企业紧密相连，直接影响企业营销能力的各种参与者，这是指(　　)。

    A. 宏观营销环境　　　　　　　　　B. 微观营销环境

    C. 营销环境　　　　　　　　　　　D. 营销组合

4. (　　)是向企业及其竞争者提供生产经营所需资源的企业或个人。

    A. 经销商　　　　　　　　　　　　B. 供应商

    C. 广告商　　　　　　　　　　　　D. 中间商

5. 市场营销环境是企业营销职能外部(　　)的因素和力量。

    A. 可控制　　　　　　　　　　　　B. 不可控制

    C. 可改变　　　　　　　　　　　　D. 不可捉摸

6. 影响汽车、住房以及奢侈品等商品销售的主要因素是(　　)。

    A. 消费者支出模式　　　　　　　　B. 消费者储蓄和信贷

    C. 个人可任意支配收入　　　　　　D. 个人可支配收入

7. 通过市场调查发现，保健品市场的兴起是由于人们的观念变化而引起的，这一因素属于宏观营销环境中的(　　)。

    A. 经济环境　　　　　　　　　　　B. 政治法律环境

    C. 社会文化环境　　　　　　　　　D. 科技环境

8. 来自消费者工资、奖金、红利、租金、退休金、股息等的收入称为(　　)。

    A. 可支配收入　　　　　　　　　　B. 名义收入

    C. 消费者收入　　　　　　　　　　D. 实际收入

9. 某位消费者在选购液晶电视机的时候，在夏普、松下、海信、创维、海尔等之间进行选择，最终选择了海信，则这些公司之间属于(　　)。

    A. 欲望竞争者　　　　　　　　　　B. 属类竞争者

    C. 品牌竞争者　　　　　　　　　　D. 产品竞争者

10. 国内市场可以分为消费者市场、生产者市场、中间商市场以及非营利组织市场，划分的依据是(　　)。

    A. 购买动机
                  B. 人口因素

    C. 商品用途
                  D. 购买心理

11. 影响消费需求变化的最活跃的因素是(　　)。

    A. 个人可支配收入
            B. 个人收入

    C. 个人可任意支配收入
        D. 人均国内生产总值

12. (　　)主要是指一个国家或地区的民族特征、价值观念、生活方式、风俗习惯、宗教信仰、伦理道德、教育水平、语言文字等的总和。

    A. 自然资源
                  B. 政治法律

    C. 科技技术
                  D. 社会文化

13. 购买商品和服务供自己消费的个人和家庭，称之为(　　)。

    A. 组织市场
                  B. 转售市场

    C. 消费者市场
                D. 生产者市场

14. 某人从城西去城东上班，选择了骑自行车而放弃了乘坐公共汽车，则自行车生产厂商和公共汽车公司之间属于(　　)。

    A. 品牌竞争者
             B. 属类竞争者

    C. 欲望竞争者
             D. 产品竞争者

15. 咖啡生产厂商和茶叶生产厂商之间的竞争关系是(　　)。

    A. 属类竞争者
             B. 品牌竞争者

    C. 欲望竞争者
             D. 产品竞争者

16. 旅游业、体育运动消费业、图书出版业以及文化娱乐业为争夺消费者一年内的支出而相互竞争，它们彼此之间是(　　)。

    A. 欲望竞争
              B. 属类竞争

    C. 品种竞争
              D. 产品竞争

17. 一位消费者为锻炼身体准备购买体育用品和选择运动场地，他在羽毛球和网球运动中选择了去体育馆打羽毛球，则这两种运动之间属于(　　)。

    A. 产品竞争者
             B. 欲望竞争者

    C. 属类竞争者
             D. 品牌竞争者

18. 威胁水平和机会水平都高的业务，被称为(　　)。

    A. 理想业务
                  B. 成熟业务

    C. 风险业务
                  D. 困难业务

19. 威胁水平高而机会水平低的业务，被称为(　　)。

    A. 理想业务
                  B. 成熟业务

    C. 风险业务
                  D. 困难业务

20. 威胁水平和机会水平都低的业务，被称为(　　)。

    A. 理想业务
                  B. 成熟业务

    C. 风险业务
                  D. 困难业务

二、多项选择题

1. 以下属于企业微观营销环境因素的是( )。
    A. 竞争者　　　　　　　　　B. 科技　　　　　　　　C. 公众
    D. 经济　　　　　　　　　　E. 营销中介

2. 以下属于企业宏观营销环境因素的是( )。
    A. 经济环境　　　　　　　　B. 政治法律环境　　　　C. 社会文化环境
    D. 供应商　　　　　　　　　E. 自然环境

3. 市场营销环境的特征有( )。
    A. 客观性　　　　　　　　　B. 差异性　　　　　　　C. 相关性
    D. 动态性　　　　　　　　　E. 不可控性

4. 营销中介是指为企业融通资金、销售产品给最终购买者，提供各种有利于营销服务的机构，包括( )。
    A. 中间商　　　　　　　　　B. 营销服务机构　　　　C. 证券交易机构
    D. 物流机构　　　　　　　　E. 金融中介机构

5. 对环境威胁的分析，一般着眼于( )。
    A. 威胁是否存在　　　　　　B. 威胁实现的可能性　　C. 威胁的征兆
    D. 预测威胁到来的时间　　　E. 威胁的潜在严重性

6. 从消费者做出购买决策的过程分析，企业在市场上所面对的竞争者，大体上可以分为( )。
    A. 欲望竞争者　　　　　　　B. 属类竞争者　　　　　C. 产品竞争者
    D. 品种竞争者　　　　　　　E. 品牌竞争者

7. 以下竞争形式中属于同行业竞争的是( )。
    A. 欲望竞争者　　　　　　　B. 属类竞争者　　　　　C. 产品竞争者
    D. 品种竞争者　　　　　　　E. 品牌竞争者

8. 宏观营销环境中的社会文化环境具体包括( )。
    A. 教育状况　　　　　　　　B. 宗教信仰　　　　　　C. 价值观念
    D. 消费习俗　　　　　　　　E. 信贷

9. 对市场机会的分析，一般着眼于( )。
    A. 机会是否存在　　　　　　B. 机会的大小　　　　　C. 机会发生的时间
    D. 机会成功的可能性　　　　E. 机会潜在的吸引力

10. 威胁中的企业应对策略，主要有( )。
    A. 转移策略　　　　　　　　B. 对抗策略　　　　　　C. 利用策略
    D. 减轻策略　　　　　　　　E. 果断放弃策略

三、名词解释

市场营销环境　　　　　微观营销环境　　　　宏观营销环境　　　　SWOT 分析法
市场机会　　　　　　　环境威胁　　　　　　公众　　　　　　　　营销中介
欲望竞争者　　　　　　产品竞争者

四、简答题

1. 简述市场营销环境的特征。
2. 简述微观营销环境的主要内容。
3. 简述宏观营销环境的主要内容。
4. 简述竞争者的类型。
5. 公众一般包括哪些？

五、论述题

1. 论述社会文化环境对企业市场营销活动的影响。
2. 阐述 SWOT 分析法的具体内涵和步骤。
3. 阐述企业对四种机会与威胁水平不同的营销业务应采取的对策。

六、案例分析

家乐福败走香港

　　1997 年底八百伴及 1998 年大丸百货公司在香港相继停业后，2000 年 9 月 18 日，世界第二大超市集团"家乐福"位于香港的 4 所大型超市全部停业，撤离香港。家乐福集团在全球共有 5200 多家分店，遍布 26 个国家和地区，全球的年销售额达 363 亿美元，盈利达 7.6 亿美元，员工逾 24 万人。家乐福在我国的台湾、深圳、北京、上海的大型连锁超市，生意均蒸蒸日上，为何独独兵败香港？家乐福声明其停业原因，是由于香港市场竞争激烈，又难以在香港觅得合适的地方开办大型超级市场，短期内难以在市场争取到足够占有率。家乐福倒闭的责任可以从两个方面来分析：

　　从它自身来看：第一，家乐福的"一站式购物"不适合香港地窄人稠的购物环境。家乐福的理念是购物场所地方宽大，这与香港寸土寸金的社会环境背道而驰，显然资源运用不当。这一点反映了家乐福在适应香港社会环境方面的不足和欠缺。第二，家乐福在香港没有物业，而本身需要数万至 10 万平方米的经营面积，背负了庞大租金的包袱，同时受租约限制，做成声势时租约已满，竞争对手觊觎它的铺位，以更高租金来夺取。第三，家乐福在台湾有 20 家分店，能够形成配送规模，但在香港只有 4 家分店，直接导致配送的成本相对高昂。

　　从外部来看：第一，在 1996 年进军香港的时候，正好遇上香港历史上租金最贵时期，经营成本高昂，这对于以低价取胜的家乐福来说，是一个沉重的压力，并且在这期间又不幸遭遇亚洲金融危机，香港经济也大受打击，家乐福受这几年通货紧缩影响，一直没有盈利。第二，香港本地超市集团百佳、惠康、华润、苹果速销等掀起的减价战，给家乐福的经营以重创。作为国际知名大超市集团，家乐福没有参加这场长达两年的减价大战，但几家本地超市集团的竞相削价，终于使家乐福难以承受，在进军香港的中途失败而归。

案例思考题：

1. 你认为家乐福败走香港的真正原因何在？
2. 家乐福败走香港对中国大陆零售业发展有何启示？

市场购买行为分析

//////////////////////////

知识目标 ✍

了解消费者市场的概念、内容与特征，消费者购买行为模式和类型以及消费者购买决策过程，并能简要分析消费者购买行为以及消费者的购买决策过程；了解组织市场的概念、特征，掌握组织市场类型及其具体的购买行为。

能力目标 📄

通过对市场购买行为分析相关理论的学习，能够对现实中消费者购买行为以及组织市场购买行为实例给出具体的解释，并在现实生活中做出正确的购买行为选择；会分析判断影响市场购买行为的具体因素，了解消费者的购买习惯和购物心理，提高利用相关理论分析市场购买行为的能力，并在此基础上制定出更加有针对性的市场营销策略。

关键术语 📖

消费者市场、消费者购买行为模式、消费者购买行为类型、知觉、学习、亚文化、社会阶层、相关群体、组织市场、生产者市场、中间商市场、政府市场。

导入案例 🖋

海天酱油开放工厂：品质能看见，消费者才能更放心

近日，海天酱油"和汪涵一起，参观海天阳光工厂"大型活动，引起了社会、媒体的高度关注和传播，整个活动参与人数超过 250 万人次，大受网友追捧。在消费者对食品质量和安全高度重视的今天，海天酱油开放工厂，让产品品质透明的做法，得到了消费者的认可。

品质要敢于"晒"出来

海天作为拥有 300 多年历史的老字号品牌，早已是中国亿万百姓家庭熟悉和信赖的味道。好酱油是依靠天然的阳光晒出来的，海天酱油不仅依靠天然的阳光发酵，真正晒出来，亦把自己的工厂开放性地"晒"在消费者的眼前，以透明的心态，让产品直面消费者和市场，让消费者真正了解海天的产品。正是海天人"诚信做产品、踏实做品质"的产品理念，和"永远为消费者提供放心美味的产品"的生产态度，铸就了海天产品的广受欢迎和中国

调味品领导品牌的地位。

酱油"迪士尼"，打造极具童话特色的调味王国

据了解，为了能让消费者在参观海天酱油工厂的过程中充满知识、趣味和观赏性，海天斥资3000多万元精心打造了"海天开放工厂大型工业旅游项目"，参观项目全长3千米、共17个景点。

整个参观过程充满创意、美味和惊喜，仿佛置身"美味的童话世界"。在景点中，结合生产场景雕塑的"酱园古风"再现三百年前"佛山古酱园"的传统工艺；独具童话色彩的"海天剧场"播放动漫传奇主题影片《美味向前冲》，讲述了"一颗黄豆变酱油的奇妙旅程"；"立体彩仓""旋转圆盘""沐浴之谷"，游人可透过空中参观走廊的巨大玻璃墙，零距离解密酱油制造过程。

和汪涵一起，参观海天酱油阳光工厂

今年海天首次启动了代言人战略，牵手湖南卫视当家主持人汪涵代言，在传播过程中，不仅通过电视及平面广告进行宣传，同时也试水网络，开展了"和汪涵一起，参观海天酱油阳光工厂"的大型网络及线下活动，一个半月，参与人数已超过250万人次，成为九、十月份最受关注的品牌网络活动之一。

据了解，12月底，前期网络海选的全国各地的消费者将与汪涵一起，走进海天酱油阳光工厂，亲眼见证真正晒出来的好酱油。

第一节　消费者市场购买行为分析

一、消费者市场及特征

(一) 消费者市场概念

消费者市场又称最终消费者市场、消费品市场或生活资料市场，是指个人或家庭为了满足生活消费而购买产品和服务的市场。在社会再生产的循环中，消费者的购买是通向最终消费的购买，这一市场庞大而分散，同时又是所有社会生产的终极目标。

(二) 消费者市场特征

(1) 广泛性。社会中的每一个人都不可避免地发生消费行为或消费品购买行为，成为消费者市场中的一员，因此，消费者市场人数众多、范围广泛。

(2) 分散性。消费者的购买单位是个人或家庭，家庭商品储藏地点小、设备少，买大量商品不易存放；家庭人口较少，商品消耗量不大。再者，现代市场商品供应丰富，购买方便，随时需要，随时购买，不必大量储存，使得消费者每次购买零星，购买次数频繁，易耗的非耐用消费品更是如此。

(3) 复杂性。消费者受到年龄、性别、身体状况、性格、习惯、文化、职业、收入、教育程度和市场环境等多种因素的影响而具有不同的消费需求和消费行为，所购商品的品种、规格、质量、花色和价格千差万别。

(4) 易变性。消费需求具有标新立异的特性，要求商品的品种、款式不断翻新，有新奇感，不喜爱一成不变的老面孔。随着市场商品供应的丰富和企业竞争的加剧，消费者对商品的挑选性增强，消费风潮的变化速度加快，商品的流行周期缩短。商品的千变万化，往往令人难以把握。

(5) 发展性。人类社会的生产力和科学技术总是不断进步，新产品不断出现。消费者收入水平不断提高，消费需求也就呈现由少到多、由粗到细、由低级到高级的发展趋势。"易变性"与"发展性"都说明消费需求的变化，区别在于："易变性"说明变化的偶然性和短期现象，"发展性"说明变化的必然性和长期趋势；"易变性"说明与科技进步无关的变化，"发展性"说明与科技进步有关的变化。

(6) 情感性。消费品有千千万万，消费者对所购买的商品大多缺乏专门的甚至是必要的知识，对质量、性能、使用、维修、保管、价格乃至市场行情都不太了解，只能根据个人好恶和感觉做出购买决策，多属非专家购买，受情感因素影响大，受企业广告宣传和推销活动的影响大。

(7) 伸缩性。消费需求受消费者的收入、生活方式以及商品价格和储蓄利率影响较大，在购买数量和品种选择上表现出较大的需求弹性或伸缩性。收入多增加购买，收入少则减少购买。商品价格高或储蓄利率高的时候减少消费，商品价格低或储蓄利率低的时候增加消费。

(8) 替代性。消费者市场产品种类繁多，不同产品往往可以相互替代，这与组织市场差异较大。比如，各种品牌牙膏之间的替代：高露洁、佳洁士、中华、黑人、冷酸灵、黑妹、田七、蓝天等。

(9) 地区性。同一地区的消费者在生活习惯、收入水平、购买特点和商品需求等方面有较大的相似之处，而不同地区消费者的消费行为则表现出较大的差异性。

(10) 季节性。季节性分为三种情况：一是季节性气候变化引起的季节性消费，如冬天穿棉衣、夏天穿单衣；二是季节性生产引起的季节性消费，如春夏季是蔬菜集中生产的季节，也是蔬菜集中消费的季节；三是风俗习惯和传统节日引起的季节性，如端午节吃粽子、中秋节吃月饼等。

(11) 非专业性。从购买行为看，消费者的购买行为具有很大程度的可诱导性。一是因为消费者在决定实施购买行为时，不像组织市场的购买决策那样要经历一套行之有效的审批手续或审批程序，而是具有自发性、感情冲动性；二是消费品市场的购买者大多缺乏相应的产品知识和市场知识，其购买行为属非专业性购买，她们对产品的选购受广告宣传的影响较大。因此，企业应做好宣传广告，明晰产品定位、产品特征，强化其在消费者头脑中的形象，这样既可以当好消费者的参谋，也能有效地引导消费者的购买行为。

【案例 3-1】　　　　　　"狗不理"包子杭州"失宠"

杭州"狗不理"包子店是天津狗不理集团在杭州开设的店，地处黄金地段。正宗的"狗不理"包子以其鲜明特色(薄皮、水馅、滋味鲜美、咬一口滋味横流)而享誉神州，但在杭州却出现了"狗不理"包子店将楼下三分之一的营业面积租让给服装企业，依然"门前冷落鞍马稀"的情景。

当"狗不理"一再强调其鲜明的产品特色时，却忽视了消费者是否接受这一"特色"，那么受挫于杭州也是必然的。

其一，"狗不理"包子馅比较油腻，不合以清淡食物为主的杭州市民的口味。

其二，"狗不理"不符合杭州人的生活习惯。杭州人将包子作为便捷性食品，往往边走边吃，而"狗不理"包子由于薄皮、水馅、容易流汁，不能拿在手里吃，只有坐下用筷子慢慢享用。

其三，"狗不理"包子多半是蒜一类的辛辣刺激物，这与杭州这个南方城市人的传统口味也相悖。

二、消费者购买行为模式及类型

(一) 消费者购买行为模式

消费者购买行为是指消费者为满足自身需要而发生的购买和使用商品或劳务的行为活动。其购买行为的产生，直接受到消费者内部因素(包括心理特征、个人特性、社会文化特性因素等)的影响，同时也受到一系列外部环境因素特别是企业市场营销活动的很大影响。消费者的购买行为实际上就是这些错综复杂的内、外部因素相互制约和相互作用的结果。因此研究消费者的购买行为，就要注意了解支配和影响消费者购买行为的各种因素，并将这些因素与消费者在购买过程中的各种活动结合起来进行分析。对此市场营销学专家归纳出以下 7 个主要问题，如表 3-1 所示。

表 3-1　消费者购买行为的 7O 模式

消费者市场由谁构成？(Who)	购买者(Occupants)
消费者市场购买什么？(What)	购买对象(Objects)
消费者市场为何购买？(Why)	购买目的(Objectives)
消费者市场的购买活动有谁参与？(Who)	购买组织(Organizations)
消费者市场何地购买？(Where)	购买地点(Outlets)
消费者市场何时购买？(When)	购买时间(Occasions)
消费者市场怎样购买？(How)	购买方式(Operations)

例如，某照相机厂生产和销售照相机，营销人员必须仔细分析研究以下问题：

(1) 目前消费者市场上购买这种照相机的是哪些人——Who(细分市场以及选择目标市场的过程)。

(2) 消费者购买什么类型的照相机——What(根据数码相机最常用的用途可以简单分为：单反相机、卡片相机、长焦相机、家用相机和旁轴相机)。

(3) 消费者为什么购买这种照相机——Why(购买的目的或动机是什么，即购买相机干什么用)。

(4) 哪些人会参与照相机的购买行为——Who(比如家庭相机的购买，谁会提议、谁会参与、谁会决策、谁去购买等)。

(5) 消费者在什么地方购买这种照相机——Where(专卖店、商场的专柜、网上商店等)。

(6) 消费者什么时候购买这种照相机——When(平时、周末、特殊节假日等)。

(7) 消费者怎样购买这种照相机——How(现场购买还是邮购等)。

为研究消费者的购买行为，霍华德和谢恩两位学者建立了一个刺激-反应模式来说明外界营销环境刺激与消费者反应之间的关系，即市场营销因素和市场环境因素的刺激进入购买者的意识，购买者根据自己的特性处理这些信息，经过一定的决策过程导致了购买行为，如图3-1所示。

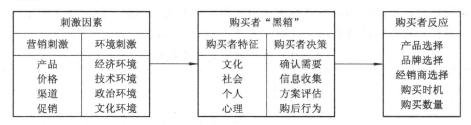

图 3-1　刺激-反应购买行为模式

图3-1中的消费者被看作一个"黑箱"。左边的刺激因素归为两种类型：一类是营销刺激因素，是指企业营销活动的各种可控因素，由4Ps组成，即产品、价格、渠道和促销，这是企业所能控制的影响因素；另一类是非营销因素即其他刺激因素，是指消费者所处的环境因素，由经济、技术、政治以及文化因素构成。消费者在购买过程中做出的是产品、品牌、经销商、购买时机及数量选择，这些都是对刺激因素的"反应"。现在的问题是，对于同样一个刺激因素，消费者做出的反应往往并不一样，这是因为对于各种刺激，不同的行为个体的心理反应不同，这样就产生了行为的差异。例如，当产品价格便宜时，有人会认为"一分价钱一分货，好货不便宜，便宜没好货"；也有人认为价廉物美，会立即购买。这个心理反应，就是一种"心理转换过程"。因为特定个体的心理，对于观察者来说，是不能完全了解的，因此，就将其称为"心理黑箱"。在消费者购买行为中，则将其称为"购买者黑箱"。

营销者的任务就是要了解在购买者黑箱中刺激是如何转化为反应的。购买者黑箱分为两部分：一部分是购买者的特征(影响因素)，它们影响着购买者对于刺激的认识和反应；另一部分是购买者的决策过程，这个过程是研究购买者如何做决策的指导原则。通过对消费行为中带有规律性的反应加以观察和分析，营销人员就有可能掌握消费者购买行为的形成与变化规律，有助于企业有针对性地开展营销活动。

(二) 消费者购买行为类型

在购买不同商品时，消费者决策过程的复杂程度有很大区别。一些商品的购买过程很简单，另一些则比较复杂，需要深入研究的是比较复杂的购买决策过程。因此，在考察购买决策的步骤之前，先要对购买行为进行分类。划分消费者的购买行为，主要依据以下两个标准：第一，购买者卷入购买的程度。① 消费者购买的谨慎程度以及在购买过程中花费的时间和精力的多少。如消费者对耐用消费品的购买、对以前不具有购买经验的产品或服务以及对社会可见度高的商品的购买等参与程度高、谨慎选择，决策过程较慢，购买时格外小心。② 参与购买过程的人数多少。有些商品的购买过程通常由一人完成，而另一些商品的购买过程则由充当发起者、影响者、决定者、购买者和使用者的各种不同角色的家庭成员、朋友等多人组成的决策单元完成。某一购买过程的发起者，是最先提出要购买某种商品的人；影响者，是对最后的购买决定具有某种影响的人；决定者，是最后决定部分或整个购买决策的人；购买者，是进行实际购买的人；使用者，是消费或使用这种商品的人。根据消费者卷入购买的程度，可以把消费者的购买行为分为高卷入的行为和低卷入的行为。第二，所购商品不同品牌之间的差别程度。品牌差别小的商品大多是同质或相似的商品，而品牌差别大的商品大多是在花色、品种、式样、型号等方面差异较大的异质商品。根据品牌差别的程度，可以把消费者的购买行为分为品牌差别大的购买行为和品牌差别小的购买行为。这样，可以将消费者购买行为分为四种类型，如表 3-2 所示。

表 3-2　消费者购买行为类型

卷入购买的程度 品牌差别程度	高	低
大	复杂型购买行为	多变型购买行为
小	和谐型购买行为	习惯型购买行为

1．复杂型购买行为

复杂型购买行为多发生在消费者初次购买价格昂贵，且现有各品牌、品种和规格之间具有显著差异的耐用消费品的场合。复杂型购买行为是消费者为审慎起见，需要经历大量的信息收集和全面的产品评估，最终形成对这一产品的信念，并做出购买决策的过程。当然，这种复杂的行为经常因工作繁忙、购买便利或者某种名牌商品即将脱销等原因而简化，促使消费者产生购买动机后立即决定购买。而且，消费者第二次购买这类商品的行为远不如初次购买那么复杂，他们经过初次购买和使用已对商品有了比较深入的了解，需要进一步寻找的信息是专门的和有限的。针对这种购买行为，营销人员应制定策略帮助购买者掌握产品知识，运用销售人员和媒体等宣传本品牌的优点，发动商店营业员和购买者的亲友影响最终购买决策，简化购买过程。

2．和谐型购买行为

和谐型购买行为常发生在卷入程度虽高但所购商品品牌差别不大的场合，比复杂型购买简单。由于品牌差别不明显，消费者一般不必花很多时间收集不同品牌商品的信息并进行评价，而主要关心价格是否优惠以及购买时间与地点是否便利，因此，从引起需要和动机到决定购买所用的时间是比较短的。但同复杂型购买行为相比，消费者购买后最容易出现因发现产品缺陷或其他品牌更优而心理不平衡的现象。为了追求心理上的平衡，消费者这时才注意寻找有关已购品牌的有利信息，争取他人支持，设法获得新的信心，以证明自己的购买选择是正确的。针对这种购买行为类型，营销人员应注意运用价格策略和人员推销策略，选择最佳销售网点，并向消费者提供有关产品评价的充分信息，使消费者相信自己的购买决策正确无误。

3．习惯型购买行为

习惯型购买行为常发生在价格低廉、经常购买、品牌差异小的产品购买场合。在购买这类商品时，消费者不需要花时间进行选择，也不需要经过收集信息、评价产品特点等复杂的过程，因而其购买行为最简单。消费者只是被动地接收信息，出于熟悉而购买，也不一定会进行购后评价。针对这种购买行为，营销人员可以用价格优惠、电视广告、独特包装、营业推广等方式鼓励消费者使用、购买和续购其产品。

4．多变型购买行为

多变型购买行为多发生在价值低、需频繁购买、品牌有差异的产品购买的场合。此时消费者购买产品有很大的随意性，没有深入收集信息和评估比较就决定购买某一品牌，在消费时才加以评估，但在下次购买时又转换其他品牌。转换的原因是厌倦原口味或想尝试新口味，是寻求产品的多样性而不一定有不满意之处。针对这种购买行为，营销人员或是力图通过占有货架、避免脱销和提醒购买的广告来鼓励消费者形成习惯性购买行为，或是以较低的价格、折扣、赠券、免费赠送样品和强调试用新产品的广告来鼓励消费者改变原习惯性购买行为。

【案例 3-2】　　　　　　　**按消费者的习惯陈列商品**

世界上最大的卖场沃尔玛在一次分析卖场销售资料时发现：婴儿纸尿裤与啤酒的销售增幅极为相近，增长曲线几乎完全吻合，而且发生时段也基本一致。营销人员很奇怪，这两个完全没有关联的产品，销售变化怎会如此相似呢？

他们为此做了很多分析，但都没有得到答案，最后卖场经理派人在卖场盯着，答案才最终揭晓。原来，很多年轻的父亲被妻子打发出来给孩子买纸尿裤，而这些年轻父亲都有喝啤酒的习惯，所以每次都会顺便买啤酒。于是卖场为了方便消费者，干脆将这两项产品陈列在一起。

根据统计，消费者在卖场闲逛时，一分钟会经过一百多种产品，被关注的产品会占用消费者五秒钟的时间，这就是所谓的"卖场黄金五秒时间"，所有商品在卖场的"肉搏战"，都会尽力争取这个五秒钟的关注。因此，为了让更多的产品受到关注，就必须讲究商品陈列。

三、消费者购买行为影响因素

（一）心理因素

消费者心理是指消费者在满足需要过程中的心理活动规律以及个性心理特征，其支配着消费者的购买行为。影响消费者购买行为的心理因素主要包括：消费者的需要与动机，消费者的感觉与知觉，消费者的学习以及信念和态度。研究消费者心理，对企业经营者来说，可以有效帮助企业提高经营效益。

【案例 3-3】　　　　　　　　**老鞋匠的智慧**

一次，一个老鞋匠正在和几个老人闲聊，走过来一名穿戴入时的妇女，送来一只皮鞋问老鞋匠："师傅，你看这鞋能修吗？"

老鞋匠看了一眼，说："您看我有活正忙着呢，您如果着急，里边还有几个修鞋的。"妇女的确不愿意等，就朝里走去了。

有人便不解地问老鞋匠："为什么有活来了，你却给支走了呢？"

老鞋匠笑着说："你看那只鞋做工精细、皮质又好，少说得上千元，如果修不好，弄坏了咱可赔不起。不是我夸口，我不敢接的话，别人也绝对不敢接，最后啊，她准回来。"果然，那妇女不大会儿工夫就回来了。老鞋匠把鞋拿到手里左瞧右瞧，说道："您这鞋得认真仔细地修，很费时间的，您明天来取吧。"妇女虽然不太情愿，但也只好应允。

等她走后，老鞋匠三下五除二，一会儿就把鞋给修好了。又有人问："你修得这么快，为什么非让人家明天来取？"老鞋匠笑了："看着你把鞋修好，顶多收三五块钱，等到明天，那么贵的鞋至少收十元。"

第二天，妇女取鞋时，看到鞋修得很好，高兴地给了 20 元走了。

1. 需要与动机

(1) 需要。

消费者需要是指消费者由于生理和心理上的匮乏状态而感到紧张，即感到缺少什么，形成与周围环境之间的某种不平衡的心理，从而产生想获得它们的状态。需要描述的是一种心理活动，其实质是个体为延续和发展生命，并以一定方式适应环境所必需的对客观事物的需求反应，这种反应通常以欲望、渴求、意愿的形式表现出来。一个人是否感到满足和满意并不完全取决于已经得到了多少，需要是"得寸进尺"的，甚至是"欲壑难填"的。需要是多层次的，这种需要层次理论已经被人们广泛认可，在各种需要层次理论中，美国的心理学家亚伯拉罕·马斯洛在《动机与人格》一书中提出的需要层次理论是迄今为止得到最广泛认可的人类需要理论。该理论把人的需要按由低级到高级的顺序分为五个不同的层次：生理需要、安全需要、爱与归属需要、自尊需要和自我实现需要，如图 3-2 所示。

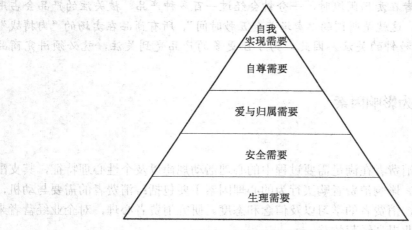

图 3-2　马斯洛需要层次理论

① 生理需要。生理需要是人类最原始最基本的需要，如吃饭、穿衣、住宅、医疗等，人们最基本的活动都集中在满足生理需要上。马斯洛认为，在人的需要都未得到满足之前，生理上的需要是压倒一切的、最为优先的需要。从这个意义上说，生理需要是强烈的、不可避免的、最底层的需要，是推动人们行动最强大的动力。只有这些最基本的需要满足到维持生存所必需的程度后，其他需要才能成为新的激励因素。对于一位处于极端饥饿的人来说，除了食物，没有别的兴趣，就是做梦也梦见食物。甚至可以说此时只有充饥才是独一无二的目标。

② 安全需要。当人们的生理需要得到基本满足后，就会产生为避免生理及心理方面受到伤害而所要求的保护和照顾，它包含对于安全感、稳定性、保护者(保护自己安全的人)、正常状况和摆脱恐惧焦虑的需要。现代社会中人们购买各种保险以及将钱存入银行等行为都是表达了人们希望得到安全保障的需要。

③ 爱与归属需要。爱与归属需要又称社交需要，这是人类希望给予或接受他人的友谊、关怀爱护、得到某些社会团体的重视与容纳的需要。人都有一种归属于某一群体的情感，个人由家庭培育而进入社会，在接触团体过程中与其他成员建立感情，久而久之便隶属于该团体，因归属而扩大了个人从事社会活动的范围。广义上的爱体现在成员之间相互信任、深深理解和相互给予上，包括给予爱和接受爱。爱与归属的需要促使人们致力于与他人感情的联络和建立社会关系，如朋友交往、参加某些团体或集会等。

④ 自尊需要。尊重需要来源于外部，即他人的尊重与自我的尊重。他人的尊重即以名誉、地位、威信或社会成就为基础，获得他人的敬重。自我的尊重即人们希望对自己的事物有一定的控制力，希望能独立生活而不依赖他人，以及不断增长知识与能力的需要。这类需要比前三种需要更进一层次，消费者选择名牌高档产品就是自尊需要的体现。

⑤ 自我实现需要。自我实现需要位于需要层次的最高层，它包括希望个人自我潜能和才能得到最大限度的发挥，取得一定的成就，对社会有较大贡献甚至获得与众不同的成果，需要他人对自己的努力成果给予肯定，受到社会的承认等。这是一种创造性的需要，有自我实现的人，似乎一直在竭尽所能，使自己趋于完美。自我实现意味着充分的、活跃的、忘我的、全神贯注的体验生活。马斯洛认为，满足自我实现需要所采取的途径是因人而异的，但是相同的是自我实现需要都是个体努力实现自己的潜力，使自己努力成为自己所期望的人。

需要层次理论最初应用于美国的企业管理中，分析如何满足企业员工的多层次需要以调动员工的工作积极性，后来又被运用到市场营销中，通过分析消费者的需求，来提供满足消费者需要的产品。比如，如果企业的目标消费者是有低层次需要的消费者，企业便可提供经济实惠的商品，满足其最基本的需要；如果目标消费者是有着较高层次需要的消费者，企业便可提供高档商品，显示其身份地位。

【案例3-4】 让顾客"自作自受"

自己在啤酒作坊里酿造啤酒，两个星期后从储藏室里搬出那一桶自己酿制的啤酒，或自饮或与众人分飨，这并非神话，也并非来自欧洲中世纪的一个传奇故事。位于中关村的北京猎奇门啤酒自酿场，可以让每个有兴趣的消费者体味到这一切。正由于此，北京猎奇门自酿场才生意兴隆。

无独有偶，美国有位商人开了家"组合式鞋店"。货架上陈设着6种鞋跟，8种鞋底，鞋面的颜色以黑、白为主，鞋带的颜色有80多种，款式有百余种。顾客可自由挑选出自己最喜欢的各种款式，然后交给职员进行组合，只需稍等十来分钟，一双称心如意的新鞋便可到手。而其售价，与批量成品的价格差不多，有的还更便宜。此举引来了络绎不绝的顾客，使该店销售额比邻近的鞋店高出好几倍。

(2) 动机。

动机是一种趋使人们满足需要、达到目的的内在动力，是一种升华到足够强度的需要。人的需要和动机是多种多样的，但人的需要总是反映着有机体内部环境和外部生活条件的某种要求，动机总是与需要及实现需要的行为相联系。需要与动机是一个较为复杂的问题，只有对其进行多角度的细致考察和具体分析才便于企业在营销工作中加以把握。

① 人们的购买动机总是和满足一定的需要相联系的，但在一定时期内，人们的诸多需要中只有那些被明确意识，迫切地想要实现，并且达到激发和推动人们朝着一定方向行动的程度时的需要才发展成为购买动机。因此，需要不等于动机，购买动机的形成是一个心理过程。市场营销人员不仅要善于了解人们的需要，而且要善于设计和运用适当的市场营销组合，刺激人们认识并将某种或某些需要转化为足以引起购买行为的动机，以促进本企业产品的销售。

② 在现实生活中，人们的各种需要和动机往往交织在一起，同一购买行为可能与多种需要和动机相联系。有些需要和动机决定着人们对某一事物的态度，企业要善于抓住主导需要和动机开展有针对性的营销活动，以提高营销工作的效率。

③ 人的某种需要和动机往往可以通过不同的产品形式、服务形式来满足，由于许多产品与服务之间具有相互替代性，导致相关产品和服务产生竞争，企业应加以识别。

④ 人的任何需要和动机都不会脱离一定的条件而产生，同时，需要的满足与动机的实现也不会脱离一定的条件而达到。因此，企业不仅要了解需要和动机本身，而且应对需要和动机产生、满足以及实现的条件做出具体分析，否则难以有效地开展市场营销工作。

【案例3-5】 "椰菜娃娃"——奥尔康公司的新产品 "攻心" 策略

奥尔康公司是美国一家知名的玩具生产商。通过市场调研，奥尔康公司经理罗勃了解到，欧美玩具市场的需求正由 "电子型" "益智型" 转向 "温情型"，他当机立断，设计出了别具一格的 "椰菜娃娃" 玩具。与以往的洋娃娃不同，以先进电脑技术设计出来的 "椰菜娃娃" 千人千面，有着不同的发型、发色、容貌，不同的鞋袜、服装、饰物，这就满足了人们对个性化商品的需求。另外，"椰菜娃娃" 的成功，还有其深刻的社会原因。离婚给儿童造成心灵创伤，也使得不到子女抚养权的一方失去感情的寄托。而 "椰菜地里的孩子" 正好填补了这个感情的空白。这使她不仅受到儿童的欢迎，而且也在成年妇女中畅销。

罗勃抓住了人们这一购买心理大做文章，他别出心裁地把销售玩具变成了 "领养娃娃"，把 "椰菜娃娃" 变成了人们心目中有生命的婴儿。奥尔康公司每生产一个娃娃，都要在娃娃身上附上出生证、姓名、手印、脚印，臀部还盖有 "接生人员" 的印章。顾客领养时，要庄严地签署 "领养证"，以确立 "养子与养父母" 关系。

经过对顾客心理与需求的分析，罗勃又做出了一个创造性的决定："配套成龙"——销售与 "椰菜娃娃" 相关的商品，包括娃娃用的床单、尿布、推车、背包，以至各种玩具。"领养" "椰菜娃娃" 的顾客既然把她作为真正的婴孩与感情的寄托，当然把购买娃娃用品看成必不可少的事情。这样，奥尔康公司的销售额大幅度增长。

2. 感觉与知觉

感觉是人脑对当前直接作用于感觉器官的客观事物的个别属性的反应。知觉是人脑对直接作用于感觉器官的客观事物的各个部分和属性的整体性反应。知觉是在感觉的基础上产生的，是感觉的有机组合。知觉对于消费者的购买决策、购买行为有较大的影响，消费者有了购买动机以后，就会采取相应的行动，但他究竟如何行动还要受到外界情境的影响，在外界情境相同的情况下，不同的消费者会有不同的知觉，这会导致他们有不同的购买行为。比如，张先生和吴先生去保险公司购买保险，面对同一个保险推销员的介绍，张先生可能感到这个推销员不够诚实，拒绝从他那里购买保险，而吴先生可能认为该推销员较为专业，接受其推销的保险业务。这其中的原因就在于消费者的知觉不同，知觉是一个选择性的心理活动过程，它包括以下几个方面的内容：

(1) 选择性注意。

选择性注意是指消费者更倾向于注意与自己相关或原有态度较为一致的信息，尽量回避那些与自己意见不合的信息。人们在日常生活中面对众多刺激物，不可能对所有刺激物都加以注意，绝大多数都会被筛选掉。研究表明，有三种情况较能引起人们的注意：一是与目前需要有关的；二是预期将出现的；三是变化幅度大于一般的、较为特殊的刺激物，如降价 50%比降价 5%的广告，会引起人们更大的注意。选择性注意意味着，在激烈的市场竞争中，营销的重点是调查研究人们会注意哪些刺激物。

(2) 选择性扭曲。

选择性扭曲是指消费者有选择地将某些信息加以扭曲，使之符合自己的意向。即使刺激引起了人们的注意也不一定能达到预期的目标。这是因为人们面对客观事物，有一种把外界输入的信息与头脑中早已存在的模式相结合的倾向。这种按人们已有的想法来解释信息的倾向，就是选择性扭曲。比如，某一商品在消费者心目中已树立起信誉，形成品牌偏好，即使一段时间该品牌的质量下降了，消费者也不愿意相信；而另一新的品牌即使实际质量已优于前者，消费者也不会轻易认可，总以为原先的那个名牌货更好些。总之，人们倾向于用自己已有的观念来解释信息，而非与自己的偏见做斗争。

(3) 选择性记忆。

选择性记忆是指消费者对信息的记忆也是有所选择的，消费者倾向于保留那些能够支持其态度和信念的信息，而可能忘掉与自己的信念不一致的信息。这一行为往往是出于潜意识的，所以人们很可能记住一个产品的优点而忘记了竞争对手同类产品的优点。选择性记忆对强势品牌往往较为有用。这也解释了为什么很多营销者都在不断地向目标市场传递信息——这是为了确保自己的品牌被消费者关注。

消费者购买活动是一个非常复杂的过程，企业在经营的过程中，要善于运用各种营销策略，保证其传播的商品或服务的信息能够被消费者真正注意并准确记忆。

3. 学习

学习是由于经验而引起的个体行为的改变。人们要行动就得学习，人类行为大多来源于学习。一个人的学习是通过驱使力、刺激物、诱因、反应和强化的相互影响而产生的。由于市场营销环境不断变化，新产品、新品牌不断涌现，消费者必须经过多方收集有关信息之后才能做出购买决策，这本身就是一个学习过程。因此，企业为了扩大某种商品的市场需求，可以反复提供强化诱发购买该商品的提示物，尽量使消费者购买后感到满意从而强化积极的反应。

人类的学习过程如图 3-3 所示。

图 3-3　学习过程

(1) 驱使力。它是指驱使人们产生行动的内在推动力，即内在需要。心理学家把驱使力分为原始驱使力和学习驱使力两种。原始驱使力指先天形成的内在推动力，如饥渴、逃避痛苦等；学习驱使力是指后天形成的内在刺激力，如恐惧、骄傲、贪婪等。

(2) 刺激物。它是指可以满足内在驱使力的物品。比如，人们感到饥渴时，饮料和食物就是刺激物。如果内在驱使力得不到满足，就会处于"紧张情绪"中，只有相应的刺激物才可使之恢复平静。当驱使力发生作用并找到相应的刺激物时，就变成了动机。

(3) 诱因。它也称为刺激物，是指刺激物所具有的能驱使人们产生一定行为的外在刺激。它决定着动机的程度和方向。所有营销因素都可能成为诱因，如刺激物的品种、性能、质量、商标、服务、价格、销售渠道、销售时间、人员推销、展销、广告等。

(4) 反应。它是指驱使力对具有一定诱因的刺激物所发生的反作用或反射行为。比如是否决定购买某商品以及如何购买等。

(5) 强化。它是指驱使力对具有一定诱因的刺激物发生反应后的效果。若效果良好，则反应被增强，以后遇到相同诱因的刺激物时就更容易发生相同的反应；若效果欠佳，反应则会被削弱，以后即使遇到诱因相同的刺激物也不会发生反应。

4. 信念和态度

通过行为和学习，人们获得了自己的信念和态度，而信念和态度反过来又会影响人们的购买行为。信念是指消费者对产品或服务所持的一种描述性的想法。生产者应关注消费者脑海中对产品或服务所持有的信念，即本企业产品和品牌的形象。因为信念会形成品牌形象，会影响消费者的购买选择。消费者根据自己的信念做出行动，如果一些信念是错误的，并妨碍了购买行为，生产者就要采取一定的策略去纠正这些错误信念。

信念的形成对消费者的态度有很大的影响，态度是指消费者对某些事物或观念持有的好与坏的认识上的评价、情感上的感受和行动上的倾向。态度会导致人们喜欢或厌恶，接近或远离特定事物，从而影响消费者的购买行为。消费者态度的形成一般受以下三个方面的影响：一是消费者自己与商品或服务直接接触；二是受其他消费者(如亲戚、朋友、同事等)的直接或间接影响；三是家庭教育与本人生活经历。营销人员研究消费者态度形成的目的，在于利用市场营销策略和手段，让消费者了解企业和商品，帮助消费者树立对企业的正确态度，培养消费者对企业的情感，让企业的产品或服务尽可能符合消费者的意向，使消费者的态度朝着企业所预期的方向发展。

【案例 3-6】　　　　　　　**2010 中国奢侈品消费特征**

由多家管理咨询公司联合发布的《2010 中国奢侈品报告》表明，中国奢侈品市场的竞争日益激烈，越来越多的国际品牌进入中国。奢侈品在象征人们身份地位的同时，其所提供的愉悦体验与品位象征正在被越来越多的消费者所看重。

多数受访者依然认为购买奢侈品可以凸显自己的尊贵身份，是他们热衷消费的原动力，但是"面子"已不再是推动奢侈品购买的唯一因素了。在调查过程中，人们对奢侈品享受与体验的关注度出乎意料地高。在所有受访者中，有65%的人表示，奢侈品所带来的尊崇享受与愉悦体验是驱使他们购买的一个重要因素。另外，对产品本身的鉴赏所体现的品位也被55%的受访者所注重。愉悦体验、身份及品位象征，似乎已构成当前中国奢侈品消费的三大驱动力。

(二) 个体因素

购买者决策活动也受其个人特征的影响，特别是受其年龄所处的生命周期阶段、职业、经济环境、生活方式、个性以及自我观念等方面的影响。

1. 年龄

消费者的年龄会对消费者的购买行为产生明显影响。消费者的年龄通常是决定其需求的重要因素。人从出生到死亡一般要经过婴儿期、儿童期、青年期、成年期、中年期和老年期六个阶段，处于不同年龄阶段的消费者有着不同的需求心理和行为，而产品和服务的提供者通常只吸引某一个特定年龄段的人群。例如，医疗和保健用品的消费者主要是老年人，而摩托车和体育用品的消费者主要是年轻人。此外，现代社会信息的扩散范围与影响力飞速增大，使不同年龄段的人群在信息获取、心态和行为上有趋同倾向，年龄界限逐渐模糊难分。因此，营销者除了需要注意消费者的生理年龄外，还要注意研究消费者的心理年龄。

2. 性别

男性和女性在生理上的先天差别导致了不同的心理和行为，使两性的消费产品及购买决策过程有着显著的差异。一般来说，女性消费者的购买行为容易受到外界因素的影响，注重价格和实际利益，具有浓厚的感情色彩；男性消费者购买的主动性较差，购买过程中较少会有耐心去精挑细选和询问商品细节，理性化较强，感情色彩较弱。例如，男性是烟、酒、茶等嗜好性商品的主要购买者，而女性则是化妆品、时装等产品的经常惠顾者。不过，随着社会经济的发展，性别之间的消费差异正在逐渐减少，许多企业已经开始研究如何把与性别有关的产品转变为对两性同样适用，从而扩大市场容量。

3. 职业与经济状况

不同职业的消费者扮演着不同的社会角色，承担并履行着各异的责任和义务，有着不同的价值观和行为准则，对商品的需求和兴趣也各不相同。比如，政府官员、企业家、教师、军人、工人、医生、农民等，职业不相同，需求也千差万别。经济状况的好坏、收入水平的高低对消费者的购买行为也有着直接的影响，人们的消费心理和购买模式往往随着其经济状况的变化而变化。收入水平决定了消费者的购买能力，也决定了需求层次和倾向。

4. 生活方式

生活方式是指人们生活、花费时间和金钱的方式的统称。目前，较为完善的细分生活方式的方法有两种：AIO 模式(Activity，Interest，Opinion)和 VALS 分类方法(Values and Lifestyles Survey)。

(1) AIO 模式。它指的是通过描述消费者的活动(Activity)、兴趣(Interest)和态度(Opinion)来度量生活方式的实际形式。AIO 方法属于心理描述法，它是目前用来测度生活方式的最常用的一种方法，其基本思想是通过消费者的活动、兴趣和态度来描述消费者的生活方式。研究人员一般设计一份 AIO 问题清单，简称 AIO 清单。一份 AIO 清单通常由三部分构成：

① 有关活动方面的问题，如消费者从事哪些活动、购买哪些产品以及如何分配时间等。

② 有关兴趣方面的问题，如消费者有什么偏好、对哪些食物特别关心等。

③ 有关态度方面的问题，如对世界和地方事务、人生、道德、经济发展等方面的看法和感受。

此外，在进行正式的问卷调查时，问卷中一般还会涉及人口统计特征方面的问题。一般的统计数据让营销人员知道谁去购买了，而 AIO 数据则可以帮助营销人员深入了解他们为什么去购买。因此，通过这种调查和分析，使企业的营销人员和广告人员可以大致地描绘出具有彼此相近的适用产品的行为和方式的消费者轮廓。

(2) VALS 方法。它指的是价值观与生活方式(Values and Lifestyles Survey)调查法的简称，是由斯坦福国际研究院于 1978 年提出的。它是系统地运用心理描述法对消费者的价值观和生活方式进行调查的一种方法。运用这种方法对美国消费者进行调查，根据他们的价值观和生活方式将消费者分为四大类，即需要驱动型、外在导向型、内在导向型和整合型。在这四种类型之下，又具体细分出九种不同的生活方式。1989 年斯坦福国际研究院引进了被称为 VALS2 的新系统，并据此划分出美国成人的八个消费群体。

① 现实者：成功的、复杂的、积极的、能挣会花的。他们偏向较上等的产品，其购买常常反映出文化素养。

② 完成者：成熟的、满意的、深思熟虑的。他们偏好耐用、功能性和有价值的产品。

③ 信奉者：保守的、习俗的和传统的。他们偏好熟悉的产品和一致的品牌。

④ 成就者：成功者、工作与职业导向的。他们偏好已确定、有威望的产品，以表示出他们的成功与高贵。

⑤ 奋斗者：年老的、退休的、消极的、关心的、受资源限制的。他们是小心谨慎的购买者，并忠实于自己喜爱的品牌。

⑥ 体验者：年轻、有生气、冲动和有反叛意识的。在衣着、快餐食品、音乐、电影和录像上的消费占了他们收入的很大一部分。

⑦ 制造者：实践的、自我满足的、传统的、家庭导向的。他们只偏好实用或功能型产品。

⑧ 挣扎者：不确定的、不安全的、寻求一致的、受资源限制的。他们偏爱有式样的产品。

5. 个性

个性是指一个人经常的、稳定的、本质的心理特征的总和。它是在个人生理素质的基础上，在一定社会历史条件下，通过社会实践活动形成和发展起来的。个性所表现的是个人的独特风格和基本精神面貌，如自信或自卑、冒险或谨慎、倔强或顺从、独立或依赖、合群或孤独、主动或被动、急躁或冷静、勇敢或胆小等。个性使人对环境产生比较一致和持续的反应，可以直接或间接地影响购买行为。直接与消费者的个性相联系的购买风格：有几乎不变换产品种类和品牌的习惯型；有经冷静、慎重思考后购买的理智型；有易受外来刺激影响而购买的冲动型；有感情和联想丰富的想象型；有缺乏主见或没有固定偏好的不固定型等。

6. 自我观念

自我观念是指人们由于自身特征而进行自我认知的一种方法。自我观念包括理想自我观念和现实自我观念。人的自我观念是从儿童时代开始形成的，并通过社会交流逐渐知道了现实中的自我观念，即形成了关于他们是什么人的想法。当他们往内心深处探索并进行自我评估时，他们可能想把自己的现实的自我观念改变成理想的自我观念，也就是说，他们想成为什么样的人。这在营销中的意义是为了追求理想的自我观念，人们购买(他们认为)能支持他们所期望的自我观念的品牌。

越来越多的研究支持自我观念的理论，研究包括不同的产品领域，如汽车、清洁用品、衣服、家用电器、家具以及休闲娱乐活动等。如对一些购买与拥有汽车的消费者的研究表明，绝大多数汽车主的形象与汽车品牌的形象是和谐一致的。

现实自我与理想自我观念之中，哪一个更能反映消费者的购买行为呢？在这一问题上，目前研究仍有分歧。但较为一致的观点是：现实自我观念与理想自我观念都对购买注意力有很大的相关性。这表明，两者同样都是选择好的品牌的重要指标。

然而，每个消费者的行为因其所处的环境而异。在家里看电视喝的饮料的品牌同周末晚上与朋友在酒吧喝的饮料的品牌可能是不同的。此时，有条件的自我形象即人们希望他们在某个特定场合时的形象是品牌选择的重要因素。消费者常常根据所处的境况来选择品牌，使自我形象与周围人群对他的期望相适应。例如，人们常常对将在某种场合见到的人先进行预测和评价，然后根据他们的自我形象来选择适合这种场合的自我形象。

(三) 文化因素

文化因素对于消费者的购买行为有着最广泛和最深远的影响。

1. 文化

文化指人类在生活实践中建立起来的价值观念、道德、信仰、理想和其他有意义象征的综合体。每一个人都在一定的社会文化环境中成长，通过家庭和其他主要机构的社会化过程，学到并形成了基本的文化观念。文化虽然不能支配人们的生理需要，但文化可以支配满足需要的方式，例如，文化虽然不能消除人们的饥饿感，但文化可以决定人们在何时何地用何种方式消除自己的饥渴感。

文化是决定人类欲望和行为的基本因素，几乎存在于人类思想和行为的每一方面。人们通过家庭、学校、组织等其他社会组织学习、规范和接收社会最基本的价值观、社会规范、宗教信仰、风俗习惯等一系列的行为准则。因此，文化对消费者的购买行为具有强烈而广泛的影响。文化的差异会引起消费者行为的差异，表现在婚丧、服饰、饮食起居、建筑风格、节日、礼仪等物质和文化生活等各方面的不同特点。因此，文化是理解消费者行为的一个重要因素，文化以多种方式作用于个人购买决策，不能离开文化背景去简单理解消费者的选择。

比如，一种文化认为集体的重要性胜过个人的重要性，而另一种文化则强调人与人之间的自由、平等、独立。文化看上去很抽象，但每个人都生活在一定的文化氛围中，并深受这一文化所蕴含的价值观念、行为准则和风俗习惯的影响。比如，尊重老年人是中国的传统文化美德，逢年过节适合老年人的保健品大量被年轻人买去馈赠长辈，而如果仅考虑老年人的收入水平，这些保健品的市场恐怕不会有这么大。

【案例3-7】　　　　　　　　　法国酿酒公司惹怒泰国人

泰国是一个佛教国家，90%的人信仰佛教。佛教提倡清心寡欲的生活，提倡素食，禁酒肉，在这方面，一家法国酿酒公司曾经惹怒过泰国人。这家公司将佛像和寺庙的图案印在酒瓶标签上，泰国人认为这是亵渎佛教的行为。泰国的留法学生在法国商店里发现了这种叫作"泰国鸡尾酒"的酒精饮料，便通知了泰国政府，并开始采取行动阻止这种酒的进一步销售。最终，这家酒厂不得不做出让步，修改标签。

2．亚文化

每种文化之间都存在着巨大的差异。一种文化内部会因为各种因素的影响，使人们的价值观念、风俗习惯及审美观表现出不同的特征，形成亚文化。同时，每一种文化都包含着能为其成员提供更为具体的认同感和社会化的较小的亚文化群体。研究亚文化的原因是许多亚文化构成了重要的细分市场，营销者经常根据消费者的需要设计产品和定制营销方案。

(1) 民族亚文化。

在漫长的历史发展过程中各个民族形成了自己独特的风俗习惯和文化传统，它就像一个标签，标识出自己和其他人。同一个种族的人拥有相似的思想、认知和消费行为，而在不同的民族间则会有较大差异。比如，有的民族对于某些动物、花鸟、图案敬若神明，视为高贵，而有些民族则可能相反，视其为晦气或禁忌。这种差异对市场分析、细分市场等企业营销活动都很有帮助。

(2) 宗教亚文化。

世界上存在许多不同的宗教，不同的宗教信仰有不同的文化倾向和戒律，从而形成对商品的不同偏好和禁忌。所以不同宗教群体的消费者在购买行为和消费习惯上往往会表现出各自的特征。宗教存在于现实的世界，所以宗教受世界的影响，也在受经济发展的影响，本身也需要消费，本身也在发生变化，所以在其教义的允许下很多商品是可以使用的，因此，也是一个具有购买能力的庞大群体。所以要顺应并尊重宗教仪式。比如，LG 在 2003年和 2004 年做过一些尝试，分别出了指南针手机和麦加手机。推出这两款产品主要是考虑到中东的沙漠大地上的方向判别和方便穆斯林的礼拜。

(3) 种族亚文化。

一个国家可能有不同的种族，各个种族都有自己的生活习惯和文化传统。如世界上有白种人、黑种人、黄种人、棕种人四个人种，他们的购买行为各不相同。比如向亚裔美国人提供产品时，文化敏感度对营销效果很关键，需要注意不同数字、颜色所代表的不同含义。

(4) 地理亚文化。

由于地理条件、经济发展水平的差异，人们也会形成不同的消费习惯。比如，我国北方人体格魁梧，性格豪爽，而南方人则相对身材灵巧，性格细腻。这种差异自然会在商品购买过程中表现出不同的消费决策模式。

3. 社会阶层

社会阶层是指一个社会中具有相对同质性和持久性的群体，它们是按等级排列的。每一阶层成员具有类似的价值观、兴趣爱好和行为规范。由于每个人的受教育机会、职业、收入、财富、个人的威望、政治权利等不同，所以在客观上形成了不同的阶层。不论在发达国家还是在发展中国家以及落后国家，都存在社会阶层。一般来说，社会阶层具有以下特征：第一，同一阶层的人群具有类似的行为。第二，人们以自己所处的社会阶层来判断各自在社会中地位的高低。第三，一个人所处的社会阶层并不是由单一因素决定的，而是职业、经济状况、教育等多种因素综合的结果。第四，个人能够在一生中改变自己所处的阶层，既可以向高阶层迈进，也可以跌至低阶层，然而，这种变化的变动程度因某一社会的层次森严程度的不同而不同。

社会阶层对消费者的影响主要体现在以下几个方面：

(1) 商店的选择。大部分消费者喜欢去符合自己社会地位的商店选购商品。

(2) 消费产品的品味。高阶层的消费者常常把购买活动看作是身份、地位的象征和标志。在食品消费上，阶层高的消费者更讲究档次、氛围和营养；阶层较低的消费者考虑更多的可能是味道、分量和价格。

(3) 娱乐和休闲方式。由于受时间、经济条件和精力的影响，高阶层的消费者从事较多的户外活动，一般会选择网球、高尔夫、滑雪或海滨游泳等休闲活动。

(4) 对价格的心态。很多时候，价格也是一种身份地位的象征。对于高阶层的消费者来说，他们可以以很高的价格买下某种商品以显示自己的身份，低阶层的消费者则购买价廉物美的商品。

因此，社会阶层观点可以被应用于市场细分和产品定位。企业在制定产品定位策略时，需要全面了解目标市场的特征以便在消费者心目中塑造对产品形象的看法。有研究表明，社会中想成为高级社会阶层的人总比实际处于这一阶层的人多，许多中产阶层都购买对高阶层有吸引力的产品。

【案例 3-8】　　　　　美籍亚裔人的购买模式

美国有 70％的亚洲人是移民，大多数年龄都在 25 岁以下。最近美国商务部统计局的统计数字表明，亚裔美国人是美国增长最快的种族亚文化群体。这一次文化群体由中国人、日本人、菲律宾人、朝鲜人、亚洲印第安人、东南亚各国及太平洋岛国的人所组成。由于亚裔亚文化如此多种多样，要将这一群体的购买模式加以概括非常困难。有关亚裔美国消费者的研究提出，这一次文化的个人和家庭可分为两个群体：

(1) "同化的"亚裔美国人。他们精通英语，受过高等教育，担任专家和经理职位，表现出的购买模式与典型的美国人非常相似。

(2) "未同化的"亚裔美国人。他们是新近的移民，仍保持自己原来的语言和风俗习惯。亚裔美国人这种多样化的语言、风格和口味的明显差别，要求营销者必须对亚洲各国有敏锐的认识。例如，美国安休斯-布希农场公司的农产品销售部所销售的 8 个不同品种的加州米，便各标以不同的亚洲标签，以覆盖一系列的民族和口味。该公司的广告还述及中国、日本、朝鲜对不同种类饭碗的各自偏好。

一些研究还表明，作为一个整体的美籍亚裔亚文化群体，具有一些共同的特征，如勤奋、家庭观念强烈、欣赏教育、中等家庭的收入超过白人家庭。而且这一次文化也是美国最具创业心的群体,这可从亚洲人企业成员的表现得到明证。根据这些特质,美国大都会人寿保险公司将亚洲人作为一个主要的保险目标市场。

(四) 社会因素

在社会生活中,人与人形成各种各样的关系,这些关系对人的消费行为产生了很大的影响。

1. 相关群体

相关群体又称参照群体,是指能够直接或间接影响消费者购买行为的个人或集体。消费者通过观察相关群体成员的消费方式来学习,并在他们自己的消费决策中使用同样的标准。按照消费者与相关群体的关系,可以把相关群体分为直接相关群体和间接相关群体,如图 3-4 所示。

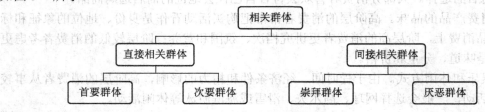

图 3-4 相关群体分类

(1) 直接相关群体又称为成员群体,是指消费者个体本身也是相关群体的成员,因此,成员群体对消费者个体的购买行为产生的影响作用是直接的、面对面的。对于直接相关群体,还可以根据其对消费者个体购买行为影响的程度和影响的方式分为首要群体和次要群体。① 首要群体是指人们以非正式的面对面的方式,较大程度上经常互相影响的群体,如家庭、朋友、同事或邻居。② 次要群体是指人们以正式的方式,较小程度上,但又是非持续的相互影响的群体,如俱乐部、职业团体、宗教团体等。

(2) 间接相关群体对消费者个体的购买行为所产生的影响是间接的、非面对面的。对于间接相关群体,可以根据消费者个体是否希望加入、渴望去从属而分为崇拜群体和厌恶群体。① 凡是一个人希望从属,渴望成为其成员的群体就称为崇拜群体,如球迷对球星的崇拜、歌迷对歌星的追逐。② 厌恶群体则是指其价值观和行为被一个人所拒绝接收的群体。

相关群体对消费者行为的影响表现在三个方面:一是示范性,即相关群体的消费行为和生活方式为消费者提供了可供选择的模式;二是仿效性,即相关群体的消费行为引起了人们仿效的欲望,影响人们的商品选择;三是一致性,即由于仿效而使消费行为趋于一致,影响消费者对产品品牌及商标的选择。相关群体对购买行为的影响程度还会受到产品类别的影响。据研究,相关群体对汽车、摩托、服装,香烟、啤酒、食品和药物等产品的购买行为影响较大,对家具、冰箱、杂志等影响较弱,对洗衣粉、收音机等几乎没有影响。

对受到相关群体影响大的产品和品牌制造商来说,必须想方设法去接触和影响有关群体中的意见领导者。意见领导者是对一个特定的产品或产品种类非正式地进行传播、提供意见或信息的人,如认为某种品牌是最好的或指出对一个特定产品可以如何使用等。意见领导者分散于社会各阶层，某人在某一产品方面可以是意见领导者，但在其他产品方面也许只是意见追随者。例如，某些企业花大价钱请明星为其产品代言，看中的其实就是明星对其相关群体的影响力和感召力。对许多人来说，明星代表了一种理想化的生活模式。研究发现，人们对用明星做支持的广告的评价更加正面和积极；但企业用明星做代言人也存在风险，如果明星出现负面新闻，便有可能损害企业产品形象。

【案例3-9】   中国当代阶层的划分

中国社会科学院数十位社会学学者深入中国社会，潜心调查研究，依据科学的分析方法，通过大量翔实的调查数据，对当代中国社会阶层进行了分析，划分出"十大阶层"，分别是：国家与社会管理者阶层，经理人员阶层，私营企业主阶层，专业技术人员阶层，办事人员阶层，个体工商户阶层，商业服务人员阶层，产业服务人员阶层，农业劳动者阶层，城市无业、失业和半失业人员阶层。

2. 家庭

家庭是指居住在一起，由拥有血缘、婚姻或者领养关系的两个人或更多人组成的群体。家庭是社会组织的一个基本单位，也是消费者的首要参照群体之一，对消费者购买行为有着重要影响。一个人在其一生中一般要经历两个家庭。第一个是父母的家庭，在父母的养育下逐渐长大成人；然后又组成自己的家庭，即第二个家庭。当消费者进行购买决策时，必然要受到这两个家庭的影响，其中，受原有家庭的影响比较间接，受现有家庭的影响比较直接。

(1) 家庭购买决策。

家庭购买决策是指由两个或两个以上家庭成员直接或间接做出购买决定的过程。作为一种集体决策，家庭购买决策在很多方面不同于个人决策。戴维斯等人在比利时做的一个研究识别了家庭购买决策的四种方式：

① 妻子主导型。在决定购买什么的问题上，妻子起主导作用。其购买行为带有女性消费者的心理特征，挑选商品认真仔细，对商品的色泽和款式比较挑剔，喜欢购买经济实惠、物美价廉的商品。

② 丈夫主导型。在决定购买什么的问题上，丈夫起主导作用。购买主要商品由丈夫做主，因此，往往根据自己的眼光、喜好以及自己所获取的信息评价商品，一般带有男性消费者的特征，注意商品的性能质量、使用价值，而对商品的外观造型、颜色等不太挑剔。

③ 自主型。即每个家庭成员对自己所需的商品可独立做出购买决策，其他人不加干涉。

④ 联合型。在无子女或子女很小的情况下，由夫妇两个决策购买，孩子长大以后，有些孩子的用品在三方共同协调的情况下购买。

该研究发现，人寿保险的购买通常属丈夫主导型决策；度假、孩子上学、购买和装修住宅则多由夫妻共同做出决定；清洁用品、厨房用具和食品的购买基本上是妻子做主，而像饮料、零食等产品的购买一般是由夫妻各自自主做出决定。该研究还发现，越是进入购买决策的后期，家庭成员越倾向于联合做决定。换言之，家庭成员在具体产品购买上确有分工，某个家庭成员可能负责收集信息和进行评价、比较，而最终的选择则尽可能由大家一起做出。

(2) 家庭生命周期。

家庭生命周期指的是一个人从年轻时离开父母家庭独立生活，到年老后并入其子女家庭或独居到去世为止的家庭生活全过程。家庭对购买行为的影响集中表现在家庭的不同发展阶段和不同的家庭类型两个方面，如表 3-3 所示。

表 3-3 家庭不同发展阶段及购买行为

家庭的不同发展阶段	购买行为模式
1. 单身阶段	几乎没有经济负担，新观念的带头人，追求自我表现 购买：新潮服装、休闲用品、度假
2. 新婚阶段： 年轻、无子女	经济状况良好、购买力强 购买：家用电器、汽车、耐用家具、度假
3. 满巢阶段Ⅰ： 年幼子女不到 6 岁	家庭用品的采购高峰期，更注重产品的实用价值，对广告宣传敏感，购买大包装商品 购买：婴儿食品、玩具、学习用品、日常用品
4. 满巢阶段Ⅱ： 最小子女 6 岁以上，多在读小学或中学	家庭各方面的支出比较节约，尽量压缩其他各种消费支出 购买：学校教育支出、课外兴趣班等产品
5. 满巢阶段Ⅲ： 年长的夫妇和尚未独立的子女同住，户主仍在工作	经济状况比较好，对耐用品及日常用品购买力强 购买：生活必需品、医疗保健、旅游用品、度假
6. 空巢阶段： 年长的夫妇，无子女同住，户主仍在工作	经济状况良好且有储蓄，对旅游、娱乐、自我教育感兴趣 购买：旅游用品、奢侈品、度假
7. 解体阶段： 一方过世或生活能力极大下降	收入减少，经济状况一般，对身体健康更加关注 购买：有助于健康、睡眠和消化的医用护理保健品，家庭劳务、度假

3. 社会角色和地位

社会角色是指个人在群体、组织及社会中的地位和作用。一个人在其一生中会参加许多群体，如家庭、工作单位及其他各种组织。每个人在各个群体中的位置可用角色和地位来确定，其地位随着不同阶层和地理区域而变化。例如，某人在女儿面前是父亲，在妻子面前是丈夫，在公司是经理。在不同的场合中，由于角色不同，因而地位也就不同。社会角色的不同在某种程度上会影响消费者购买行为。即使是同一个消费者，由于承担着多种不同角色，并在特定时间里具有特定的主导角色，且每种角色都代表着不同的地位身份，因此消费者做出购买选择时往往会考虑自己的社会角色和地位，企业把自己的产品或品牌变成某种身份或地位的标志或象征，将会吸引特定目标市场的消费者。当然，人们以何种产品或品牌来表明身份和地位会因社会阶层及地理区域的不同而不同。

综上所述，消费者的购买行为是心理、个体、文化、社会因素之间相互影响和作用的结果。其中很多因素是市场营销者无法改变的，但这些因素在识别那些对产品有兴趣的购买者方面颇有用处。其他因素则受到市场营销者的影响，市场营销者借助有效产品、价格、分销和促销管理可以诱发所预期的消费者反应。

四、消费者购买决策过程

消费者购买决策过程，实质就是消费者解决问题的过程，是指消费者在购买产品或服务过程中所经历的过程。在复杂的购买行为中，消费者的购买决策过程通常经历五个阶段：认识问题、搜集信息、评价方案、购买决策及购后行为，如图 3-5 所示。

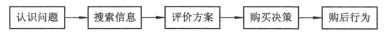

图 3-5　消费者购买决策过程

消费者购买产品或服务时，一般情况下，需要经历购买决策的全部过程，但并不是所有的消费者决策都会严格按照次序经历这个过程的所有步骤。在有些情况下，消费者可能跳过或颠倒某些阶段。图 3-5 所示的消费者购买决策过程，是假定消费者最终做出购买产品或服务行为的。事实上，消费者在购买决策过程的任何阶段都可能决定不购买，决策过程因此而终结。

(一) 认识问题

消费者的需要往往由两种刺激引起，即内部刺激和外部刺激。内部刺激是人体内在的驱动力，如饥、渴、冷等；外部刺激是外界的"促发诱因"。人的需要被唤起后可能逐步增强，最终驱使人们采取购买行为，也可能逐步减弱以致消失。

在这个阶段营销人员的主要任务是：

(1) 了解与本企业产品有关的现实的和潜在的需要。在价格和质量既定的情况下，一种产品如果能满足消费者多种需要或多层次需要就能吸引更多的消费者购买。

(2) 了解消费者需要随时间推移以及外界刺激的强弱而波动的规律性，以设计诱因、增强刺激、唤起需要，最终唤起人们采取购买行动。

【案例 3-10】　　　　　　　　**街道上的菜香**

刘先生由于付不起繁华路段租金，只在较偏僻的地方开了一家中餐馆。刚开始生意很清淡，分析原因后，他认为是大街上的行人不知道相距大街道 20 米远的小街道中有家中餐馆，市容管理部门又不允许打太显眼的路牌广告。刘先生决定用小型鼓风机通过管道把炒菜的香气往大街上吹，每天一到中午 11:00 或晚上 6:00，大街上弥漫着淡淡的菜香，许多路人循着香气找来，从此餐馆生意兴隆。

(二) 搜集信息

消费者产生了某种需要并引发购买某种商品的动机后，如果对这种商品不熟悉，往往就要先搜集有关信息。而被唤起的需要立即得到满足必须具备三个条件：第一，这个需要很强烈；第二，满足需要的物品很明显；第三，该物品可立即得到。这三个条件具备时，消费者满足被唤起的需要无须经过信息收集阶段，也可理解为这个阶段很短、很快，接近于零。在很多情况下，被唤起的需要不是马上得到满足，而是先存入记忆中作为未满足的项目，成为累积需要。

营销人员在这一阶段的任务如下：

(1) 了解消费者信息来源，一般有四种来源途径：① 个人来源。个人来源指家庭成员、朋友、邻居、同事和其他熟人所提供的信息，这方面来源的信息对消费者的购买决策影响很大。② 公共来源。公共来源指社会公众传播的信息，如消费者权益组织、政府部门、新闻媒介传播的信息等，这方面来源的信息极具客观性和权威性。③ 商业来源。商业来源指营销企业提供的信息，如广告、销售人员介绍、商品包装的说明、商品展销会等，这方面来源的信息量最大。④ 经验来源。经验来源指消费者个人购买和使用商品的经验以及对产品的认知等，这方面来源的信息对决策初期和最后是否做出购买决策具有决定性影响。

(2) 了解不同信息来源对消费者的影响程度。一般来说，经由商业来源获取的信息最多，其次为公共来源和个人来源，最后是经验来源。但是，从消费者对信息信任的程度来看，经验来源和个人来源最多，其次是公共来源，最后是商业来源。研究认为，商业来源的信息在影响消费者购买决定时只起"告知"的作用，而"个人来源"则起评价作用。比如消费者购买空调，他从广告中得知调查了解消费者的信息来源以及何种来源最具有决定作用。

(3) 设计信息传播策略。除利用商业来源传播信息外，还要设法利用公共来源、个人来源和经验来源，也可多种渠道同时使用，以加强信息的影响力度或有效性。

(三) 评价方案

消费者根据从各种渠道获得的所需产品的信息，对各种备选产品进行对比、评价和初步选择，这是消费者购买决策过程中的重要环节，消费者的评价行为一般要涉及以下五个问题：

(1) 产品属性。产品属性，即产品能够满足消费者需要的特性。例如，计算机的存储能力、图像显示能力、软件的适用性等，手表的准确性、式样、耐用性等，都是消费者感兴趣的产品属性。但消费者不一定将产品的所有属性都视为同等重要。市场营销人员应分析本企业产品应具备哪些属性，以及不同类型的消费者分别对哪些属性感兴趣，以便进行市场细分，对不同需求的消费者提供具有不同属性的产品。

(2) 属性权重。属性权重，即消费者对产品有关属性所赋予的不同的重要性权数。消费者被问及如何考虑某一产品属性时立刻想到的属性，叫作产品的特色属性。但特色属性不一定是最重要的属性。在特色属性中，有些可能被消费者遗忘，而一旦被提及，消费者就会认识到它的重要性。市场营销人员应更多地关心属性权重，而不是属性特色。

(3) 品牌信念。品牌信念，即消费者对某品牌优劣程度的总的看法。由于消费者受个人经验、选择性注意、选择性曲解以及选择性记忆的影响，其品牌信念可能与产品的真实属性并不一致。

(4) 效用函数。效用函数，即描述消费者所期望的产品满足感随产品属性的不同而有所变化的函数关系。它与品牌信念的联系是，品牌信念指消费者对某品牌的某一属性已达到何种水平的评价，而效用函数则表明消费者要求该属性达到何种水平他才会接受。

(5) 评价模型。评价模型，即消费者对不同品牌进行评价和选择的程序与方法。

(四) 购买决策

经过对供选择品牌的评价，消费者形成了对某种品牌的偏好和购买意向。但是，受以下三个因素的影响，消费者不一定能实现或立即实现其购买意向：

(1) 其他人的态度。如果与消费者关系很密切的人坚决反对购买，消费者就很可能改变购买意向。

(2) 一些不可预料的情况。如果出现家庭收入减少、急需在某方面用钱或得知准备购买的品牌令人失望等意外情况，消费者也可能改变购买意向。

(3) 预期风险的大小。在所购商品比较复杂、价格昂贵因而预期风险较大的情况下，消费者可能采取一些避免或减少风险的习惯做法，包括暂不实现甚至改变购买意向。

因此，根据消费者对品牌的偏好和购买意向来推测购买决定并不十分可靠。决定了购买意向的消费者往往还要做出以下一些具体的购买决策：购买哪种品牌、在哪家商店购买、购买量、购买时间，在某些情况下还要取决于支付方式。

(五) 购后行为

消费者购买产品后，购买决策过程还在继续，他会根据自己的感受进行评价，评价的结果有满意或不满意两种。假如所购买的商品完全符合消费者的期望，甚至比预期的还要好，消费者会产生满意，不仅自己会重复购买，还会积极地向他人宣传和推荐；相反，假如所购买的商品不符合消费者的期望，消费者会产生不满意，消费者不仅自己不会再购买，还会发泄对商品的不满情绪，竭力阻止他人购买。

企业可以采取两种方法提高消费者满意度：一是提高产品质量、增加产品功能，以提高产品的品质；二是实事求是甚至打折扣地宣传产品，避免消费者形成过高的期望值。

上述购买决策过程的五个阶段说明，购买过程早在实际购买行为发生之前就已开始，其结束不是在实现购买之时，而是在实际购买之后仍会持续一段时间。因此，企业的营销活动应注重消费者购买决策的整个过程，而不是仅仅局限于购买决定。购买决策过程的五个阶段是一种基本行为模式，但并不是所有的购买行为都需要经历这五个完整的阶段。

【案例3-11】 <center>**王先生的银婚游前奏**</center>

王先生和王太太结婚整整 25 年了，孩子已经工作了。两个人在过去的 25 年里，不是忙工作，就是忙孩子，忙忙碌碌的就过来了。今年终于有空闲的时间，两口子商量着庆祝庆祝。怎么庆祝呢？王先生提议出去旅行。

可是，两口子这么多年都没出去旅行了，最近的一次旅行还是孩子刚高考完，为了庆祝孩子高考成绩不错，带孩子去了离天津仅有 3 小时行程的北戴河。所以，王先生夫妇对旅行知识的了解实在是有限，对那些名山大川的知识也只停留在电视、杂志上。怎么办呢？那就问呗！这么重要的旅行当然不能马虎了。

首先他们打算向各自单位的同事、朋友征询意见。王先生到单位一说自己要去旅行，而且意义不凡，同事们都围过来七嘴八舌地提建议：

"去桂林吧，桂林山水甲天下，而且你们夫妻俩坐在船上，荡漾在桂林山水间，多浪漫啊！"这是小梅的建议，小梅是个刚毕业的大学生。

"去敦煌吧，那个地方可是我向往已久的，那里有中国的 5000 年文化，还可以漫步在古丝绸之路，不知多来劲呢！"这位啊，可不得了，是单位有名的旅行者。

"别听他们年轻人的，去苏杭好了，看看苏州园林、逛逛西湖，又不累，又惬意。我看你们就去那儿好了。"这是和王先生同龄的刘先生。

"对啊，"此时，一旁的李太太跳起来，"我先生去过的，他说附近还有什么乌镇、桐庐这样的古镇，很有韵味的。"

"我看干脆就双飞海南三亚，多潇洒，在海滩晒晒太阳。"此时，边上的年轻人忍不住了。

......

真是，你一言我一语，可把王先生说蒙了。这七八张嘴说了半小时，把这中国都快说遍了。回到家，一问妻子，才知道妻子也遭遇了同样的轰炸。怎么办呢？夫妻俩正犯愁呢，女儿小倩回来了，只好把这烦恼道给小倩听。小倩一听乐了，"爸、妈怎么不早问我啊？我帮你们到网上找啊，网络上有很多旅游网站，有很多的介绍，可以帮你们选择。"啊，这下夫妻俩豁然开朗，连忙让小倩上网搜索。小倩上了几个旅游网，还在百度上搜索 4 月最合适的旅游去处，而且体贴的女儿还不断地和他们讨论这次旅行的天数、经费预算等问题，在考虑到他们的身体状况，将旅行的范围大大缩小了。夫妻俩看着网站上精美的图片，虽然他们还不能完全相信这些信息，但是对自己的旅行终于理出了一点头绪。

这时，电视里正在播报新闻，新闻中的三个字蹦入全家人的耳朵：旅游热。仔细一听，原来新闻正在播报这段时间出国旅游的热潮，像新马泰、巴厘岛、曼谷、香港等一些东南亚地区的旅游热潮兴起，而且在费用上也不比国内高多少。王先生在此时有点动心，心想：活了大半辈子了，妻子跟自己这么多年无怨无悔的，要不这次就好好地玩一次，出去看看。他偷偷地看了妻子一眼，发现妻子也是一脸向往的样子。小倩早看透了父母的心事，早已在网上搜起境外游的一些信息来了。经过几个小时的网上遨游，全家人终于确定了三个方案：三亚、桂林、新马泰。

确定了这三个地方，可最终去哪里呢？还是小倩有经验，建议他们第二天去旅行社咨询一下。夫妻俩为了有充裕的时间做咨询，周末结伴去了离家半小时路程的鼓楼，听说那里有很多家旅行社聚集。下了车，果然看到一条街都是旅行社，可是究竟进哪一家呢，夫妻俩又犯难了。突然王太太想起自己的一位朋友曾经接触过这里的旅行社，连忙打电话咨询。朋友向他们推荐的是街角那家神州旅行社，说价格公道、服务也可以。朋友还叮咛他们不要去那家春秋旅行社，听说那里的报价高，而且经常承诺的事情做不到，比如说好了是三星级宾馆，他们会找二星级糊弄；说好是十菜一汤一桌的餐饮，他们总是偷工减料变成九菜一汤。在朋友的千叮咛万嘱咐下，王先生夫妻俩决定先去神州旅行社看看。

神州旅行社的接待员热情地接待了夫妻俩，根据夫妻俩的旅游时间、天数，为每个目的地又推荐了不同级别的食宿方案，并且热情地推荐了境外游的线路。夫妻俩得到了不少关于目的地的宣传资料和旅行常识资料。

当然，习惯了货比三家的夫妻俩决定再寻找其他旅行社进行比较。于是两人从神州旅行社出来，顺着路往前溜达，不经意间看到一家"金龙旅行社"，王先生总觉得这个名字似曾相识，心想反正也不知道哪家好，就找这家吧，名字熟。于是拉上老伴进了这家旅行社。就这样跑了一天，王先生夫妻俩走了四家旅行社，拿到了四家旅行社的报价单和宣传资料，美美地回家了，准备和小倩一起商讨最终的方案。

第二节 组织市场购买行为分析

一、组织市场概述

(一) 组织市场概念

组织市场是指生产企业、中间商、政府机构及非营利组织为购买单位的购买者所组成的市场。它们购买商品或服务的目的不是为了满足个人或家庭的生活需要，而是为了生产或转卖以获取利润，以及其他非生活性消费。组织市场是一个规模巨大、范围广泛的销售市场。组织市场具体包括生产者市场、中间商市场、非营利组织市场和政府市场。

(二) 组织市场特征

(1) 购买者少，购买规模大。

组织市场上的购买者比消费者市场上的购买者要少得多。例如，美国固特异轮胎公司的订单主要来自通用、福特、克莱斯勒三大汽车制造商，但当固特异公司出售更新的轮胎给消费者时，它就要面对全美 1.71 亿汽车用户组成的巨大市场了。组织市场不仅买主人数少而且其购买次数也少。一家生产企业的主要设备要若干年才购买一次，原材料与零配件也大都只签订长期合同，而文具纸张等日用品也常常是几个月集中购买一次。购买次数少就决定了每次采购量将十分巨大。特别是在生产比较集中的行业里更为明显，通常少数几家大企业的采购量就占该产品总销售量的大部分。

(2) 供需双方关系密切。

组织市场的购买者每次购买数量都比较大，有时一位买主就能买下一个企业较长时期内的全部产量，有时一张订单的金额就能达到数千万元甚至数亿元。

(3) 购买者在地域上相对集中。

由于资源和区位条件等原因，各种产业在地理位置的分布上都有相对的集聚性，所以组织市场的购买者往往在地域上也是相对集中的。例如，中国的重工产业大多集中在东北地区，石油化工企业集中在东北、华北和西北的一些油田附近，金融保险业在上海相对集中，而广东、江苏、浙江等沿海地区集聚着大量轻纺和电子产品的加工业。这种地理区域集中有助于降低产品的销售成本，这也使得组织市场在地域上形成了相对的集中。

【案例3-12】　　　　　　华东地区五金机电市场区域特点

我国五金行业经过 20 多年的努力，已成为名副其实的五金大国，但不是五金强国。目前，我国五金产业带形成了以浙江产业、广东产业、江苏产业为主要中心，进行全国覆盖发展的战略，并集中各大五金区的优势资源，进行大力整合，提升产区整体的竞争力。

中国地域广阔，各地区发展经济的条件有较大区别，五金产业也具有明显的区域性，这与我国的国情有关，也是我国五金行业的特色。目前长三角、珠三角地区已成为中国经济增长最快的地区，近年来，长三角经济区已成为外商投资增长最快的地区。华东地区的五金机电城主要集中在江浙沪，并逐渐形成了大批以制造业集群为基础的五金机电产品生产集散地型的专业市场。

江苏是中国五金制造业大省，近几年随着"长三角"经济发展的不断推进，江苏省成本优势凸现，其工业化、城市化进程快速提升，五金需求非常庞大，年产值达 500 亿元。以姜堰为代表的江苏五金产业发展也相当迅猛，是全国五金生产基地之一，周边有"不锈钢之镇"戴南、"车件之乡"九龙、"工具之乡"启东等近 40 个五金产业集群，200 多种五金产品产销居全国同行前列。

浙江省是全国五金机电产品的生产、销售大省，并拥有中国五金之城、锁具之都等称号，涌现出一大批五金企业。永康是中国最大的五金出口供货基地、最大的电动工具生产基地、最大的滑板车生产基地、最大的保温杯生产基地。永康已连续成功举办多届中国五金博览会，依托"中国五金名城"的独特产业优势，致力于打造现代化五金制造业基地。杭州新世纪锁具市场借浙江三大锁具制造基地之一的影响力，尤其是有"中国锁都"之称的温州制锁业的背景，打造单类产品特色市场，亦大受青睐。

上海五金商贸城，依托上海国际大都市的号召力，挟长江三角洲的五金制造业优势，以及开放的经营理念，抢占制高点，声誉鹊起。上海机电城以品牌建设为重点，吸引更多知名品牌、著名企业入驻经营，集聚商气，提升档次，快速繁荣市场，扩大行业影响。上海机电城注重科学管理，注重诚信经营、规范交易，一切以市场繁荣为中心，一切以客户利益为中心，为经营者提供更舒适的经营环境、更完备的综合功能。上海五金城区位优势明显，周边制造业发达，本着"立足上海、走向世界"的发展理念，"诚信、共赢"的经营原则，将逐步成为五金企业走向世界的最佳贸易平台。

(4) 着重人员销售。

由于仅存在少数大批量购买的客户，企业营销部门往往倾向于通过人员销售，宣传其优惠政策而不是通过广告。一个好的销售代理可以演示并说明不同产品的特性、用途以吸引买方的注意力。根据及时得到的反馈，立即调整原有的政策，自然这种快速反馈是不可能通过广告获得的。

(5) 进行直接销售。

消费品的销售通常都要经过中间商，但组织市场的购买者大多直接向生产者购买。这是因为购买者数量有限，而且大多数属于大规模购买，直接购买的成本显然低得多。同时，组织市场的购买活动在售前、售后都需要由生产者提供技术服务。因此，直接销售是组织市场常见的销售方式。

(6) 实行专业购买。

相应地，组织机构通常比个人消费者更加系统地购买所需要的商品，其采购过程往往是由具有专门知识的专业人员负责。例如，采购代理商。这些代理商将其一生的工作时间都花在学习如何更好地进行采购方面。他们的专业方法和对技术信息的评估能力导致他们的购买建立在对商品价格质量、售后服务及交货期的逻辑分析基础之上。这意味着组织营销者必须具有完备的技术知识，并能提供大量的有关自身及竞争者的数据。

(7) 衍生需求，需求波动大。

对组织市场上的购买需求最终来源于对消费品的需求，企业之所以需要购买生产资料，归根结底是为了用来作为劳动对象和劳动资料以生产出消费资料。例如，由于消费者购买皮鞋、皮包，才导致生产企业需要购买皮革、钉子、切割刀具、缝纫机等生产资料。因此，消费者市场需求的变化将直接影响组织市场的需求。有时消费品需求仅上升 10%，就可导致生产这些消费品的企业对有关生产资料的需求增长 200%；相反，如果需求下降 10%，则可导致有关生产资料需求的全面暴跌。这种现象在经济学上被称为"加速原理"，这导致许多企业营销人员促使其产品线和市场多样化，以便在商业波动周期中实现某种平衡。

(8) 需求缺乏弹性。

组织市场的需求受价格变化的影响不大。皮鞋制造商在皮革价格下降时，不会打算采购大量皮革，同样，在皮革价格上升时，他们也不会因此而大量减少对皮革的采购，除非他们发现了某些稳定的皮革替代品。需求在短期内特别无弹性，因为厂商不能对其生产方式做许多变动。对占项目总成本比例很小的用品来说，其需求也是无弹性的。例如，皮鞋上的金属鞋孔价格上涨，几乎不会影响其需求水平。

(9) 互惠购买原则。

另外，一种在消费营销过程中不会发生但在组织营销过程中常见的现象是互惠现象。也就是"你买我的产品，那么我也就买你的产品"。更通俗地讲，叫互相帮忙。由于生产资料的购买者本身总是某种产品的出售者，因此，当企业在采购时就会考虑为其自身产品的销售创造条件。但这种互惠购买的适用范围是比较狭窄的，一旦出现甲企业需要乙企业的产品，而乙企业并不想购买甲企业的产品时，就无法实现互惠购买了。这样互惠购买会演进为三角互惠甚至多角互惠。例如，甲企业向乙企业提出，如果乙企业购买丙企业的产品，则甲企业就购买乙企业的产品，因为，丙企业以甲企业推销其产品作为购买甲企业的产品的条件。这就是三角互惠。虽然这类现象极为常见，但大多数经营者和代理商却反对互惠原则，并视其为不良现象。

(10) 租售现象。

一些组织购买者乐于租借大型设备，并不愿意全盘购买。租借对于承租方和出租方有诸多好处。对于出租方，当客户不能支付购买其产品的费用时，他们的优惠出租制度为其产品找到了用武之地。对承租方，租借为他们省下了大量资金，又获得了最新型的设备。租期满后可以购买折价的设备。这种方式目前在工业发达的国家有日益扩大的趋势。特别适用于电子计算机、包装设备、重型工程机械、运货卡车、机械工具等价格昂贵、精度磨损迅速或并不经常使用的设备。在美国，租赁方式已扩大到小型次要设备，甚至连办公室家具、设备也都可以租赁。

(11) 谈判和投标。

组织机构在购买或出售商品时，往往会在价格和技术性能指标上斤斤计较，如果营销人员能预先获知客户正在研究之中的新产品的有关信息，他们就可在谈判开始之前修改某些技术参数；卖方得知买方愿意接受耐用性较差和服务一般的商品时，就会提出一个较低的价格。当双方在价格上都有较大的回旋余地时，而且此次交易对双方都是至关重要的，谈判就成为双方交涉中最重要的部分。谈判的风格或对抗或合作，但绝大多数买方倾向于后者。

有远见的买方通常在诸多投标卖方之间进行精挑细选。美国联邦政府将它所有买卖的40%建立在投标的基础上。在公开投标的基础上，可以参阅其他投标商的标书。然而在保密投标的情况下，标书的条款是不公开的。所以，供方会尽量提供好的设备和较低的价格。政府购买设备往往用保密投标的方式。

在研究组织市场购买行为一般特征的基础上，在具体的营销活动中还应当注意对特定时点上特定购买者行为特定的研究和分析。这是由于对相对数量众多的个人消费者而言，数量有限的组织购买者行为特征的个性更为明显。

(12) 专业人员采购。

组织市场的采购人员大都经过专业训练，具有丰富的专业知识，清楚地了解产品的性能、质量、规格和有关技术要求。供应商应当向他们提供详细的技术资料和特殊的服务，从技术的角度说明本企业产品和服务的优点。

(13) 影响购买的人多。

与消费者市场相比，影响组织市场购买决策的人较多。大多数企业有专门的采购组织，重要的购买决策往往由技术专家和高级管理人员共同做出，其他人员也直接或间接地参与，这些组织和人员形成事实上的"采购中心"。供应商应当派出训练有素的、有专业知识和人际交往能力的销售代表与买方的采购人员和采购决策参与人员打交道。

(14) 销售访问多。

由于需求方参与购买过程的人较多，供应商也较多，竞争激烈，因此需要更多的销售访问来获得商业订单，有时销售周期可达数年。调查表明，工业销售平均需要 4～4.5 次访问，从报价到产品发送通常以年为单位。

(15) 直接采购。

组织市场的购买者往往向供应方直接采购，而不经过中间商环节，价格昂贵或技术复杂的项目更是如此。

(三) 组织市场类型

1. 生产者市场

生产者市场又称为产业市场、工业品市场或生产资料市场，它主要由这样一些个体和组织构成：它们采购商品和劳务的目的是为了加工生产出其他产品以供出售、出租，以从中获利，而不是为了个人消费。生产者市场是一个庞大的市场，其购买者分布在各个行业中，包括农林牧渔业、采矿业、制造业、建筑业、运输业、通信业、金融保险业以及服务业。生产者市场的交易内容主要为生产资料和各项生产要素(资金、劳动力、技术、信息、房地产等)，以生产者市场为服务目标的企业，必须深入研究这些市场的特点，并分析其购买行为，才能取得营销成功。

【案例 3-13】 **对生产者市场推销失败的原因**

推销员李宾销售一种安装在发电设备上的仪表，工作非常努力，不辞劳苦地四处奔波，但是收效甚微。李宾得悉某发电厂需要仪表，就找到该厂的采购部人员详细介绍产品，经常请他们共同进餐和娱乐，双方关系相当融洽，采购人员也答应购买，却总是一拖再拖，始终不见付诸行动。李宾很灰心，却不知原因何在。

在一次推销中，李宾向发电厂的技术人员介绍说，这是一种新发明的先进仪表。技术人员请他提供详细技术资料并与现有同类产品做一个对比。可是他所带资料不全，只是根据记忆大致做了介绍，对现有同类产品和竞争者的情况也不太清楚。

李宾向发电厂的采购部经理介绍现有的各种仪表，采购部经理认为都不太适合本厂使用，说如果能在性能方面做些小的改进就有可能购买。但是李宾反复强调本厂的仪表性能优异，认为对方提出的问题无关紧要，劝说对方立刻购买。

某发电厂是李宾所在公司的长期客户，需购仪表时就直接发传真通知送货。该电厂原先由别的推销员负责销售业务，后来转由李宾负责。李宾接手后采用许多办法与该公司的采购人员和技术人员建立了密切关系。一次，发电厂的技术人员反映有一台新购的仪表有质量问题，要求给予调换。李宾当时正在忙于同另一个重要的客户洽谈业务，拖了几天才处理这件事情，认为凭着双方的密切关系，发电厂的技术人员不会介意。可是那家发电厂以后购买仪表时，又转向了其他供应商。

李宾去一家小型发电厂推销一种受到较多用户欢迎的优质高价仪表，可是说破了嘴皮，对方依然不为所动。

某发电厂同时购买了李宾公司的仪表和另一品牌的仪表，技术人员、采购人员和使用人员在使用两年以后对两种品牌进行绩效评价，列举事实说明李宾公司的仪表耐用性不如那个竞争性品牌。李宾听后认为事实如此，无话可说，听凭该电厂终止了同本公司的生意关系而转向购买竞争者的产品。

2．中间商市场

中间商市场又称转卖者市场，是指那些通过购买商品和服务用于转售或出租给他人，以获取利润为目的的购买者的集合。中间商包括批发商和零售商两个部分。批发商是指那些购买商品和劳务并将其转卖给零售商和其他组织用户的商业组织；零售商则是主要把商品卖给最终消费者。中间商不提供产品形式效用，只提供产品的时间、地点和占用效用。

【案例3-14】　　　　为什么会在中间商市场推销失败

推销员王军负责向中间商市场推销一种家用食品加工机，不辞劳苦四处奔波，但却收效甚微。你能从他对中间商市场推销失败的过程中找出原因吗？

第一，王军连续数次去一家商场推销，采购经理每次都详细了解产品的性能、质量、价格、维修和各项保证，但是拖了月余不表态是否购买，总是说：再等等，再等等。王军认为采购经理无诚意购买便放弃了努力。

第二，王军经过事先调查，了解到某超级市场的购买决策者是采购经理和商品经理。他先找到采购经理，采购经理详细了解了产品性能、质量、价格和服务后同意购买。王军很高兴，又找到商品经理介绍商品。商品经理听后沉吟未决，王军为了尽快促成交易，就告诉商品经理，采购经理已同意购买。不料商品经理听后就说："既然采购经理已经同意就不用再找我了。"这笔眼看就要成功的生意又泡汤了。

3．非营利组织市场

非营利组织市场也称机构市场，它是指维持正常运作和履行职能而购买产品和服务的非营利组织所构成的市场。它们可以是现有的政府事业单位和教育机构、注册的民办科技机构等。非营利组织既不同于企业，也不同于政府机构，它是具有稳定的组织形式和固定的成员，独立运作，发挥特定的社会功能，以推进社会公益而不以营利为宗旨的事业单位与民间团体。

4. 政府市场

政府市场是指为了执行政府职能而购买或租用产品和服务的各级政府和下属各部门组成的采购市场。各国政府通过税收、财政预算掌握了相当部分的国民收入，为了开展日常政务，政府机构要经常采购物资和服务，从而形成潜力巨大的政府采购市场，成为非营利组织市场的主要组成部分。

二、生产者市场购买行为分析

(一) 生产者市场购买特征

在某些方面，生产者市场与消费者市场具有相似性，都是有人为了满足某种需要而担当购买者角色、制定购买决策等。然而，生产者市场在市场结构与需求、购买单位性质、决策类型与决策过程以及其他各方面，与消费者市场有明显差异。

(1) 购买者数量少，购买规模大。

在消费者市场上，购买者是消费者个人或家庭，必然购买者数量众多，规模很小。在生产者市场上，购买者绝大多数是企业单位，其数量必然比消费者市场的购买者数量少得多，但购买规模大得多。而且，由于资本和生产集中，一些行业的生产者市场由少数几家或一家大公司的大买主所垄断。在地理位置上也往往集中在少数地区。

(2) 生产者市场的需求是引申需求，被动性较大，缺乏弹性。

生产者市场产品和服务的需求是从消费者对消费品的需求引申出来的。生产者市场对于产品和服务的需求比消费者的需求更容易发生变化。消费者需求的少量增加能导致生产者市场需求的大大增加。在生产者市场上，生产者市场对用品和服务的需求受价格变动的影响不大。生产者市场的需求在短期内尤其缺乏弹性，因为生产者不能在短期内使其生产方法有很大的改变。此外，如果原材料的价值很小，这种原材料成本在制成品的整个成本中所占的比重很小，那么这种原材料的需求也就缺乏弹性。

(3) 专业人员购买。

由于产品特别是主要设备的技术性强，企业通常都会雇用经过培训的、内行的专业人员负责采购工作。企业采购主要设备的工作比较复杂，参与决策的人员也比消费者市场多，决策过程更为规范，通常由若干技术专家和最高管理层组成采购委员会领导采购工作。

(4) 租赁方式广泛存在。

机器设备、车辆、飞机等产品单价高，用户通常需要融资才能购买，而这些设备更新快，因此企业所需的机器设备有很多是不采取完全购买方式的，而是通过租赁方式取得。

(5) 互惠。

生产者市场往往这样选择供应商："你买我的产品，我就买你的产品。"互惠有时表现为三角形或多角形。

(二) 生产者市场购买行为影响因素

生产者市场购买人员在做出购买决策时受到许多因素影响。当然，其中基础性因素是经济，即产品的质量、价格和服务，在不同供应商产品的质量、价格和服务差异较大的情况下，采购人员会高度重视这些因素，仔细收集信息和分析资料，进行理性地选择。如果差异性较小，则其他因素就会对购买决策过程产生重大影响。影响生产者市场购买行为的主要因素分为四大类：环境因素、组织因素、人际因素和个人因素，如图3-6所示。

环境因素			
	组织因素		
需求水平	营销目标	人际因素	
经济前景	采购政策		个人因素
货币成本	工作程序	职权	
技术革新速度	组织结构	地位	年龄、教育
政治法律情况	管理体制	感染力	职位、性格	购买者
		说服力	风险态度等	

图 3-6　影响生产者市场购买行为的主要因素

1. 环境因素

这是制约生产者购买行为的不可控因素。生产者需要采购的工业用品及其数量，首先要考虑当时的客观环境及将来变动的趋势。环境因素泛指影响企业开展营销活动的一切外部因素，主要包括政治法律、经济形势、文化、技术进步、市场竞争以及产品的供应条件等。在生产者市场上，购买者受当时和预期经济环境因素的影响极大，如需求水平、经济前景、货币成本、技术革新速度、政治法律情况等。例如，在经济衰退时期组织购买者会减少对厂房设备的投资，并设法减少存货。组织营销人员在这种环境下刺激采购是无能为力的，只能在增加或维护市场份额上做出艰苦的努力，必须密切关注所有这些环境作用力，测定这些力量将如何影响采购的有效性和经济性，并设法使问题转化为机会。

2. 组织因素

组织因素是指生产者企业内部的各种因素，主要包括企业的营销目标、采购政策、工作程序、组织结构和管理体制等。这些因素从组织内部的利益、营运和发展战略等方面影响生产者的购买决策，营销人员必须尽量了解这些因素，并采取适当的措施。例如，有的地方规定只许采购本地区的原材料；有的国家规定只许买本国货，不许买进口货，或者相反。有的购买金额超过一定限度就需要上级主管部门审批。组织内部采购制度的变化也会对采购决策带来很大影响。如对于大型百货商厦来说，是采用集中采购的进货方式还是将进货权下放给各个商品部或柜组，采购行为就会有很大差别。又如，许多制造商建立了精益生产系统，即适量及时进货、零库存、供应100%合格的生产系统，这就会大大影响组织的采购政策。

3. 人际因素

一般来说，生产者购买活动具体由企业的采购中心执行，采购中心通常又包括使用者、影响者、采购者、决定者和信息控制者。这五种成员共同参与购买决策过程，因其在组织中的地位、职权、说服力以及他们之间的关系不同而对购买决策产生不同作用。一些决策行为会在这些参与者中产生不同的反应，意见是否容易取得一致，参与者之间的关系是否融洽，是否会在某些决策中形成对抗，这些人际因素会对组织市场的营销活动产生很大影响。营销人员应当了解每个人在购买决策过程中扮演什么角色，相互之间的关系如何，若能掌握这些情况并有的放矢地施加影响，将有助于消除各种不利因素，获得订单。

4. 个人因素

购买决策过程中每一个参与者都带有个人动机、感知、直觉和购买偏好等，这些因素取决于参与者的年龄、教育、职位、性格以及对风险意识的态度。采购中心成员是在企业内外各种因素的约束下发生具体的购买行为，因此，这些个人因素必然对生产者的购买决策产生潜移默化的作用，会影响各个参与者对要采购的产品和供应商的感觉、看法，从而影响购买决策和购买行动。营销人员应了解客户采购决策人的个人特点，并处理好个人之间的关系，这将有利于营销业务的开展。此外，在个人因素中应特别关注文化因素，不同国家与地区的文化差异很大，在其他国家和地区开展业务，要了解当地的社会和文化标准。

【案例3-15】 **夫妇俩逛街**

夫妇俩逛街时，女士爱看服装与化妆品，男士却关心音响、图书与设备。购买商品时，男士不挑不选，拿了就走；而女士则要反复挑选，并且还要讨价还价。夫妇俩所需的商品与服务也不尽相同，对同一商品或服务的评价、选择的角度及价值观念等也会存在很大的差异。这是为什么呢？

简单地说，个人因素是消费者购买决策过程最直接的影响因素。消费者购买决策受其个人特性的影响。年龄与性别是消费者最为基本的个人因素，不同年龄层次和不同性别的消费者，客观上存在生理和心理上的差别。因此，所需的商品与服务也不尽相同，对同一商品或服务的评价、选择的角度及价值观念等也会存在很大差异。

只有了解不同年龄层次和不同性别消费者的购买特征，才能对不同的商品和消费者制定正确的营销方案。

(三) 生产者市场购买决策类型

生产者市场购买往往不做单一的购买决策，而在购买前做一系列的购买决策。其所做购买决策结构的复杂性，取决于生产者购买行为类型的复杂性。

1. 直接重购

直接重购是指用户按过去的订货目录、购买方式和条件重新订购。通常是需要重复购买的产品，买方选择熟悉并满意的供应方，持续购买，且对购买方式及其他订货条款都不做任何修正，甚至建立自动订购系统。供应方的努力重点在保持产品和服务的质量，竞争对手要想夺取这个市场很困难，但仍可从提供一些新产品或消除买方的不满入手，设法先获得少量订单，再逐渐扩大影响。这是最简单的购买行为类型。

2. 修正重购

修正重购是指购买方虽打算重复购买同种产品，但想变更产品的规格、数量、价格或其他条款，或重新选择供应商。这类购买要复杂些，需要进行一些新的调查和决策，通常也需要更多的人参与决策。在这种情况下，原供应者不得不采取有力行动以保住这个客户，而竞争对手则把其视为扩大销售、增加生意的机会。

3. 新购

新购是指第一次购买某种产品或服务。如购置新设备或新办公楼。由于买方对新购买的产品心中无数，往往要求获得大量有关信息，且购买成本越高，风险越大，参加制定购买决策的人数也越多。显然，这种购买为市场营销者提供了最好的机会，同时也是最有力的挑战。许多企业派出最优秀的推销小组，尽可能广泛地接触买方有关人员，为买方提供各种有用的信息和帮助，消除其顾虑，以促成交易。这是最复杂的购买行为类型。

(四) 生产者市场购买决策过程

生产者市场购买者做出采购决策的过程与消费者有相似之处，但又有其特殊性。当然，不是所有的组织会做出一模一样的选择，正如没有两个消费者做出无差别的选择一样。一般认为，生产者市场购买决策过程可分为八个购买阶段，如图3-7所示。

图 3-7　生产者市场购买决策过程

1. 认识需求

认识需求是指企业在某些内部或外部因素的刺激下，认识到需要购买某种产品或服务，以解决某一问题或满足某一需求。其内部因素主要包括：① 企业开发新产品，需要新设备和原材料。② 更新设备，需要替换或增加新部件。③ 想购买物美价廉的商品，需要寻找新的供应商。外部因素主要是指供应商的广告宣传、上门推销等。营销人员一方面要及时了解买方内部存在哪些问题，有哪些购买需求；另一方面要通过广告或上门访问等方法来刺激买方认识需求。

2. 确定购买要求

确定购买要求是指确定所需产品的性能和数量。对标准化的产品比较容易确定，但对复杂的产品，往往要由技术人员、使用者和采购者等相关人员来共同确定产品的可靠性、耐用度、价格及其他属性。营销人员应主动向买方介绍产品的特性，协助买方确定购买要求。

3. 确定产品规格

确定产品规格是指确定所需产品具体的品种、型号和规格等，以作为采购的依据。这一阶段多采用价值分析的方法，对所需产品做进一步的分析，将产品应具有的各种属性变成详细的技术说明。营销人员也应采用价值分析的方法，向买方强调本企业的产品品质好、特性优良、价格便宜，从产品的优越性方面来说服买方。

4. 寻找供应商

寻找供应商是指寻找可能提供所需产品的供应商。这可通过工商企业名录、电话黄页簿、广告和展销会等各种途径来寻找。营销人员应通过各种途径宣传介绍产品，扩大企业的知名度，并要注意发现正在寻找供应商的买方。

5. 征求报价

征求报价是指请供应商提供产品说明书和报价单。这一过程中，买方会剔除一些报价不当的供应商，然后请余下的供应商做进一步的说明。营销人员必须重视说明书的编写和报价单的填写工作，准确地把企业形象和产品的优点表达出来，力求有较强的说服力，使买方接受本企业的报价。

6. 选择供应商

选择供应商是指通过审查报价单，选出几个有吸引力的供应商，再通过谈判，最终确定供应商。在考察供应商时，不仅要考察供应商的技术能力，还要考虑供应商能否及时交货，能否提供售后服务等方面的因素。营销人员应主动配合买方的考察，在谈判中灵活运用营销策略，并做出有诚意的承诺，使自己成为最具有吸引力的供应商。

7. 正式采购

正式采购是指向最终选定的供应商发出采购订单。采购订单详细列出所购产品的规格、数量、交货时间、退货办法及售后服务条款等。营销人员可与买方签订长期供货合同，建立起稳定的供货关系，阻止竞争者加入其中。

8. 绩效评估

绩效评估是指对所购产品的适用情况和供应商履行合同情况进行检查和评估。评估的结果会导致买方决定是继续重购还是重新选择供应商。营销人员要密切注视采购者和适用者的评价，并了解两者的评价标准是否一致，以确保本企业提供的产品能使买方更满意。

当然，并不是每个客户都要经过这八个阶段，而要根据不同类型的采购业务和决策来决定取舍。一般来说，上述过程主要适用于新购，对其他类型的购买可省去其中某些步骤。例如，直接重购只需购买过程的最后两个阶段，其他阶段则根据实际情况决定取舍。

三、中间商购买行为分析

(一) 中间商购买类型

中间商市场的购买类型与生产者市场购买类型大同小异，主要包括全新购买、直接再购买和修正再购买三种类型。但就其购买行为过程而言，有三种较为特殊的购买类型。

1. 购买全新品种

购买全新品种，即中间商第一次购买某种从未采购过的新品种。一般要根据市场前景的好坏、买主的需求强度和产品的获利可能性等多方面因素决定是否购买。购买决策过程的主要步骤与生产者市场大致相同，即由认识需求、确定需求、详述产品规格、物色供应商、征求供货信息、选择供应商、签订合同和履行合同评估等八个阶段构成。

2. 选择最佳供应商

选择最佳供应商，即中间商对将要购买的品种已经确定，但需考虑从哪家卖主进货，从众多的供应商中选择最优者。这种购买类型的发生往往与以下情况有关：① 各种品牌货源充裕，但是中间商缺乏足够的经营场地，只能选择经营某些品牌。② 中间商打算用自创的品牌销售产品，选择愿意为自己制造定牌产品的生产企业。如国外很多大型零售商场都有自己的品牌。

3. 寻求更佳条件

寻求更佳条件，即中间商不仅试图从原有供应商那里获得更为有利的供货条件，同时也在寻求符合自己利益的新的供应商，以提高盈利水平。通常情况下，如果同类产品的供应增加或其他供应商提出了更有诱惑力的价格和供货条件，中间商就会要求现有供应商加大折扣、增加服务、给予信贷优惠等。有时，他们并不想更换供应商，但会借以作为一种施加压力的手段。

(二) 中间商购买风格

中间商的购买行为同生产者市场一样，也会受到环境因素、组织因素、人际因素和个人因素的影响。此外，采购者个人的购买风格也具有不可忽视的影响。为此，狄克森(Roger A. Dickinson)在 1967 年写的《购买者决策》一书中，曾经就将采购者个人的购买风格分为七类，以说明他们在选择供应商时所采取的不同态度。

1. 忠实型采购者

忠实型采购者是指长期忠实地从某一供应商处进货的采购者。这种采购者对供应商是最有利的，供应商应当分析能够使采购者保持"忠实"的原因，采取有效的措施使现有的忠实采购者保持忠实，将其他采购者转变为忠实型采购者。采购者忠实于某一渠道的原因有很多种：首先是利益因素，对供应商的产品质量、价格、服务和交易条件感到满意或未发现更理想的替代者；其次是情感因素，长期合作，感情深厚，有过在困难时期互相帮助的经历，即使对方偶有不周之处也不计较，即使其他供应商的产品质量和交易条件与之相同或略优，也不轻易更换；最后是个性因素，该采购者认识稳定，习惯于同自己熟悉的供应商打交道，习惯于购买自己熟悉的产品。

2. 随机型采购者

这类采购者事先选择若干符合采购要求、满足自己长期利益的供应商，然后随机地确定交易对象并经常更换。他们喜爱变换和不断地尝试，对任一供应商都没有长期的合作关系和感情基础，也不认为某一供应商的产品和交易条件优于他人。对于这类采购者，供应商应在保证产品质量的前提下提供理想的交易条件，同时增进交流，帮助解决业务和个人的有关困难，加强感情投资，使之成为忠实的采购者。

3. 最佳交易型采购者

最佳交易型采购者是指力图在一定时间和场合中实现最佳交易条件的采购者。这类采购者在与某一供应商保持业务关系的同时，还会不断地收集其他供应商的信息，一旦发现产品或交易条件更佳的供应商，就立刻转换购买。这类采购者一般不会成为某一供应商的长期顾客，除非该供应商始终保持着其他竞争者无法比拟的交易条件。这类采购者的购买行为理智性强，不太受情感因素支配，关注的焦点是交易所带来的实际利益，供应商若单纯依靠感情投资来强化联系则难以奏效，最重要的是密切关注竞争者的动向和市场需求的变化，随时调整营销策略和交易条件，提供比竞争者更多的利益。

4. 创造型采购者

创造型采购者是指经常对交易条件提出一些创造性的想法并要求供应商接受的采购者。这类采购者有思想、爱动脑、喜创新，常常提出一些新的尝试性的交易办法，在执行决策部门制定的采购方案时，最大限度地运用自己的权限，按照自己的想法去做。对于交易中的矛盾分歧能提出多种解决方案以使双方接受，如果实在无法调和，则更换供应商。对于这类采购者，供应商要给予充分尊重，好的想法给予鼓励和配合，不成熟的想法也不能讥笑，在不损害自己根本利益的前提下尽可能地接受他们的意见和想法。

5. 追求广告支持型采购者

追求广告支持型采购者是指把获得广告补贴作为每笔交易的一个组成部分甚至是首要目标的采购者。这类采购者重视产品购进后的销售状况，希望供应商给予广告支持，以扩大影响，刺激需求。这种要求符合买卖双方的利益，在力所能及或合理的限度内，供应商可考虑给予满足。

6. 斤斤计较型采购者

斤斤计较型采购者是指每笔交易都反复地讨价还价而力图得到最大折扣的采购者。这类采购者自认为非常精明，每笔交易都要求对方做出特别的让步，一些蝇头小利也不放过，只选择价格最低或折扣最大的供应商。与这类采购者打交道是比较困难的，让步太多则无利可图，让步太少则丢了生意。供应商在谈判中要有耐心和忍让的态度，以大量的事实和数据说明自己已经做出了最大限度的让步，争取达成交易。

7. 琐碎型采购者

这类采购者每次购买的总量不大，但品种繁多，重视不同品种的搭配，力图实现最佳产品组合。与这类采购者打交道会增加许多工作量，如算账、开单、包装和送货等，供应商应当提供细致周到的服务，不能有丝毫厌烦之意。

四、政府市场购买行为分析

(一) 政府市场购买行为特征

同私人或企业采购相比，政府市场购买行为具有行政性、社会性、法制性和广泛性等主要特征。

(1) 行政性。政府采购决策是一种行政性的运行过程，要严格遵守行政决策的程序和过程，要代表政府的意志，遵循组织原则，不能仅仅将经济利益作为唯一的评价标准。

(2) 社会性。政府要承担社会责任和公共责任，其包括采购行为在内的所有行为不能只对政府机构负责，而必须对全社会负责。所以其采购行为必然要综合考虑对诸如环境、就业以及国家安全等各方面的影响。同时，政府采购行为的本身也要接受社会的监督。相比私人采购要接受董事会和股东的监督而言，其接受监督的范围要大得多。

(3) 法制性。在法制国家中，政府行为的基本特征是必须在法律的范围内运行，所有行为必须符合法律的规范和原则。所以政府采购的对象、程序和操作都必须用法律的形式加以规定并严格执行。

(4) 广泛性。政府对国家和社会实行管理和服务的机构，其涉及的事务范围及其广泛，政治、经济、军事、教育、医疗卫生、资源开发、环境保护，几乎无所不包。所以其采购的领域必然也十分广泛，涉及的货物、工程和服务会和众多产业有关，从而也给各行各业创造了市场机会。

(二) 政府市场购买行为影响因素

政府市场与生产者市场和中间商市场一样，也会受到环境因素、组织因素、人际因素和个人因素的影响，但是在以下方面有所不同。

(1) 受到社会公众的监督。

虽然各国的政治经济制度不同，但是，政府采购工作都受到各方面的监督。其主要的监督者有：① 国家权力机关和政治协商会议。国家权力机关和政治协商会议即国会、议会或人民代表大会、政治协商会议。政府的重要预算项目必须提交国家权力机关审议通过，经费使用情况也受到监督。② 行政管理和预算办公室。有的国家成立专门的行政管理和预算办公室，审核政府的各项支出并试图提高使用的效率。③ 传播媒体。报纸、杂志、广播、电视等传播媒体密切关注政府经费的使用情况，对于不合理之处予以披露，起到了有效的舆论监督作用。④ 公民和民间团体。国家公民和各种民间团体对于自己缴纳的税赋是否切实地用之于民也十分关注，通过多种途径表达自己的意见。

(2) 受到国际国内政治形势的影响。

如果国家安全受到威胁或出于某种原因发动对外战争时，军备开支和军需品需求就大。如果国与国经贸往来增多，援助项目增加，就会扩大政府采购力度。在和平时期，基础建设投资和社会福利投资加大。

(3) 受到国际国内经济形势的影响。

经济疲软时期，政府会缩减支出；经济高涨时期则增加支出。国家经济形势不同，政府用于调控经济的支出也会随之增减。我国出现"卖粮难"现象时，政府按照最低保护价收购粮食，增加了政府采购支出。美国前总统罗斯福在经济衰退时期实行"新政"，由国家投资加大搞基础设施建设，刺激了经济增长。

(4) 受到自然因素的影响。

各类自然灾害会使政府用于救灾的资金和物资大量增加。

✦✦✦✦✦ 本 章 小 结 ✦✦✦✦✦

消费者市场又称最终消费者市场、消费品市场或生活资料市场，是指个人或家庭为了满足生活消费而购买产品和服务的市场。在社会再生产的循环中，消费者的购买是通向最终消费的购买，这一市场庞大而分散，同时又是所有社会生产的终极目标。消费者市场具有广泛性、分散性、差异性、多变性、替代性、非专业性等特点。消费者购买行为是指消费者为满足自身需要而发生的购买和使用商品或劳务的行为活动。其影响因素有：心理因素、个体因素、文化因素、社会因素。消费者在进行购买决策时，特别是在复杂购买行为中，通常经历五个阶段：认识问题、搜集信息、评价方案、购买决策和购后行为。

组织市场是指生产企业、中间商、政府机构及非营利组织为购买单位的购买者所组成的市场。它们购买商品或服务的目的不是为了满足个人或家庭的生活需要，而是为了生产或转卖以获取利润，以及其他非生活性消费。组织市场是一个规模巨大、范围广泛的销售市场。组织市场具体包括生产者市场、中间商市场、非营利组织市场和政府市场。组织市场具体具有以下特征：购买者少，购买规模大；供需双方关系密切；购买者在地域上相对集中；着重人员销售；进行直接销售；实行专业购买；衍生需求，需求波动大；需求缺乏弹性；互惠购买原则；租售现象；谈判和投标；专业人员采购；影响购买的人多；销售访问多；直接采购。

◆◆◆◆◆ 课 后 习 题 ◆◆◆◆◆

一、单项选择题

1. 影响消费者购买行为模式的基本因素是( )。
　　A. 经济收入水平　　　　　　　　　B. 文化因素
　　C. 社会因素　　　　　　　　　　　D. 心理因素

2. ( )不是人类社会主要的亚文化群。
　　A. 国际亚文化群　　　　　　　　　B. 种族亚文化群
　　C. 地域亚文化群　　　　　　　　　D. 宗教亚文化群

3. 根据马斯洛的"需要层次理论"，( )层次的需要是最高的。
　　A. 安全需要　　　　　　　　　　　B. 生理需要
　　C. 自我实现需要　　　　　　　　　D. 尊重需要

4. 消费者认知度低、价格昂贵、购买频率不高的大件耐用消费品的购买行为属于( )。
　　A. 复杂型购买行为　　　　　　　　B. 多变型购买行为
　　C. 和谐型购买行为　　　　　　　　D. 习惯型购买行为

5. 以下属于消费者市场特点的是( )。
　　A. 市场较集中　　　　　　　　　　B. 购买人数多而散
　　C. 专用型较强　　　　　　　　　　D. 购买决策常为集体决策

6. 某种相关群体的有影响力的人物称为( )。
　　A. "意见领袖"　　　　　　　　　　B. "道德领袖"
　　C. "精神领袖"　　　　　　　　　　D. "经济领导者"

7. 个人为了人身安全和财务安全而对防盗设备、保安用品、保险产生的需要是( )。
　　A. 生理需要　　　　　　　　　　　B. 社交需要
　　C. 尊重需要　　　　　　　　　　　D. 安全需要

8. 消费者购买过程是消费者购买动机转化为( )的过程。
　　A. 购买心理　　　　　　　　　　　B. 购买意志
　　C. 购买行动　　　　　　　　　　　D. 购买意向

9. ( )是购买活动的起点。
　　A. 消费动机　　　　　　　　　　　B. 需要
　　C. 外在刺激　　　　　　　　　　　D. 触发诱因

10. 一般说来，消费者经由( )获得的信息最多。
　　A. 公共来源　　　　　　　　　　　B. 个人来源
　　C. 经验来源　　　　　　　　　　　D. 商业来源

11. 消费者的购后评价主要取决于(　　)。
　　A. 心理因素　　　　　　　　　　B. 产品质量和性能发挥状况
　　C. 付款方式　　　　　　　　　　D. 他人态度

12. 批发商和零售商共同组成了(　　)。
　　A. 组织市场　　　　　　　　　　B. 产业市场
　　C. 中间商市场　　　　　　　　　D. 非营利市场

13. 下列说法有错误的是(　　)。
　　A. 与消费者市场相比，组织市场需求持续稳定而且市场规模巨大
　　B. 与消费者市场相比，组织市场的购买者数量比较少，且购买数量大，频率低
　　C. 与消费者市场相比，组织市场的需求多样化程度高
　　D. 与消费者市场相比，组织市场的需求弹性较小

14. 组织市场需求的波动幅度(　　)消费者市场需求的波动幅度。
　　A. 小于　　　　　　　　　　　　B. 大于
　　C. 等于　　　　　　　　　　　　D. 都不是

15. 生产者用户初次购买某种产品或服务称为(　　)。
　　A. 直接重购　　　　　　　　　　B. 修正重购
　　C. 重购　　　　　　　　　　　　D. 新购

16. (　　)是组织市场购买类型中最复杂的类型。
　　A. 直接购买　　　　　　　　　　B. 新购
　　C. 二次购买　　　　　　　　　　D. 修正购买

17. 影响生产者市场购买决策的基础性因素是(　　)。
　　A. 经济因素　　　　　　　　　　B. 组织因素
　　C. 个人因素　　　　　　　　　　D. 环境因素

18. 影响组织市场购买的经济因素不包括(　　)。
　　A. 产品的质量　　　　　　　　　B. 产品的价格
　　C. 服务　　　　　　　　　　　　D. 组织结构

19. 对于机器设备、车辆等昂贵产品，许多企业无力购买或需融资购买，采用(　　)的方式可以节约成本。
　　A. 互惠购买　　　　　　　　　　B. 租赁
　　C. 直接购买　　　　　　　　　　D. 修正重购

20. 组织市场购买者往往这样选择供应商：你买我的产品，我也买你的产品，这种习惯做法称之为(　　)。
　　A. 直接购买　　　　　　　　　　B. 冲动购买
　　C. 往返购买　　　　　　　　　　D. 互惠购买

二、多项选择题

1. 影响购买行为的心理因素主要包括(　　)。
　　A. 动机　　　　　　B. 知觉　　　　　　C. 学习
　　D. 态度　　　　　　E. 信念

2. 人们对外界刺激的选择性接受反映在( )。
  A. 选择性注意   B. 选择性查找   C. 选择性扭曲
  D. 选择性保留   E. 选择性遗忘

3. 一般来说，参与购买决策的成员大体可形成( )几种角色。
  A. 发起者   B. 影响者   C. 决策者
  D. 购买者   E. 使用者

4. 根据购买活动中消费者的介入程度和商品品牌间的差异程度，可将消费者的购买行为分为( )几种类型。
  A. 复杂型购买行为   B. 多变型购买行为   C. 和谐型购买行为
  D. 习惯型购买行为   E. 比较型购买行为

5. 消费者的购买决策过程一般可分为( )几个阶段。
  A. 认识问题   B. 搜集信息   C. 评价方案
  D. 购买决策   E. 购后行为

6. 消费者一般会通过( )这几种途径去获取其所需要的信息。
  A. 个人来源   B. 商业来源   C. 公共来源
  D. 一般来源   E. 经验来源

7. 组织市场一般包括( )。
  A. 生产者市场   B. 中间商市场   C. 非营利性组织市场
  D. 政府市场   E. 消费者市场

8. 下列说法正确的是( )。
  A. 组织市场的购买者往往向供应方直接采购
  B. 组织市场的购买者在选择供应商时往往还会要求供应商同样选择自己的产品
  C. 许多企业购买者日益转向设备租赁，以取代直接购买
  D. 组织的购买一般都是专家采购
  E. 在组织市场的购买中，冲动性购买和受个人偏好影响均比较少

9. 组织市场的主要特点有( )。
  A. 购买者较少   B. 购买量大   C. 供需双方关系密切
  D. 采购者地理位置较分散   E. 情感型购买

10. 直接重购需要经历以下( )过程。
  A. 认识需求   B. 征求报价   C. 选择供应商
  D. 绩效评估   E. 正式采购

三、名词解释

消费者市场   消费者购买行为   选择性注意
消费者购买决策过程   知觉   强化   相关群体
直接重购   组织市场   修正重购

四、简答题

1. 简述消费者市场的特点。
2. 简述影响消费者购买行为的因素。

3. 简述相关群体对消费行为的影响。

4. 简述消费者购买决策过程五个阶段的主要内容。

5. 简述生产者市场购买决策类型。

五、论述题

1. 论述生产者市场购买决策过程。

2. 中间商购买行为中的中间商购买风格具体有哪些？

六、案例分析

北京"现代"是如何进入政府采购市场的？

作为一种流行的汽车消费模式，汽车批量采购多年来被政府机关所采用，以前批量采购的品牌仅局限于红旗、奥迪、桑塔纳等品牌，但现在北京现代的索纳塔等中高档型轿车不但在家庭购车领域风光无限，在批量采购领域也受到政府部门和出租行业的热捧，在国内市场中的竞争地位日益提升，市场份额逐步扩大。我们知道，政府公务车虽不局限于某个品牌，但也有严格的限制和具体的规定。相关部门统计表明，价格在 25 万元以内、排量在 2.0 左右的中档轿车占政府采购车辆总数的 95%以上。不仅如此，政府用车在性能、外观、内饰、安全等方面的要求也十分严格。一直以来，在公务车市场中，奥迪、红旗等中高档 2.0 升轿车都有良好的表现。要从政府采购这一市场分一杯羹也不容易。

北京现代自其成立之初，就根据中国的市场情况，结合韩国现代"产品技术全球同步"的产品策略，推出了全球畅销的成功车型——索纳塔。这种车型是在韩国现代索纳塔第六代基础上改造而来，是目前世界流行的车型之一，这相对一些欧美品牌把本土将淘汰的车型引入中国市场的做法，北京现代可谓把韩国车的精髓奉献给了中国消费者。同时，更从消费者实际需求出发，结合中国实际路况等具体情况，对引进产品进行改进、完善工艺、提高品质、强化服务，努力创造精品和用户满意的品牌价值，而绝不是照抄照搬，或者追大求全，投放多种品牌的车型。在外观上，其独特超前的边缘设计，巧妙地融合了多种鲜明的设计元素，赋予索纳塔一种稳重、大气的感觉，体现公务用车身份者的尊贵，同时也代表了充满创新精神、与时俱进的新时代的政府和企业形象；在内饰上，索纳塔精雕细刻每一个细节，满足显赫和华贵的渴望；在空间上，依据唯美主义和人体工程学原理，给驾乘者提供一个舒适的空间，后备箱容积 398 升的超大容量足以傲视同侪；在要求苛刻的制动技术和安全方面，索纳塔更是非同凡响，如前后部内置防撞区，加固了顶、底、门、内外侧的防撞杠等，更侧重对驾乘者全方位的安全保护。这些极具人性化的设计，完全满足了政府公务用车的需求。

与此同时，北京现代利用在北京的优势，利用关系营销、体育营销等方式，积极同政府等工作单位联系公关，并积极参与中国的各项公益事业，投巨资赞助了北京国安足球俱乐部，成立了北京现代足球队，赞助"女足世界杯"、中超联赛、"迷你"足球世界杯、亚洲杯足球锦标赛，投资与相关部门联合主办了"携手北京现代，共创绿色未来——2004 北京现代大学生绿色环保夏令营"活动等，进一步提升了北京现代的品牌知名度与美誉度。这些活动也得到了回报，早在 2002 年 12 月新车投产之际，政府采购就开始看好北京现代索纳塔，当时共接受订单 5000 多份。

北京现代推出了"零距离"售后服务,免费为索纳塔车提供多达 5 大项 20 小项的汽车检查和工时等方面的优惠。同时,北京现代还推出了一年 4 次的免费检测活动,于每季交替的时候进行,并且长年执行。这些优惠活动,就为车主们节省了一大笔费用。

北京现代公司通过认真地分析市场需求,清晰的市场定位赢得了市场,赢得了广大消费者的信任,因此在 2004 年有如此的成绩是必然的。

案例思考题:

1. 组织市场中政府市场的主要特征是什么?
2. 北京"现代"采取了哪些具体有效措施成功打开政府市场?

市场营销调研与预测

////////////////////////////

知识目标 ✍

了解营销信息系统的概念与结构要素；掌握营销信息的利用方法；认识营销信息管理的重要性及管理方法；了解市场营销调研所需要解决的问题及其特点。

能力目标 📄

掌握市场营销调研的内容和操作流程；熟练掌握市场营销调研中的各类调研方法和问卷设计技巧；能熟练运用市场需求预测的方法。

关键术语 📖

市场营销调研、专家预测法、德尔菲法、观察法、实验法、探索性调研、解释性调研、预测性调研、描述性调研、时间序列法。

导入案例 ✒

德系设计启示录：寻找市场需求

2014 年，受诸多因素影响，日系车销量大幅下滑，而德系车则成为最受中国消费者青睐的汽车品牌。越来越多的中国车主成为德系车的"铁粉"，究竟是其可靠的品质，还是别具一格的设计吸引了中国消费者？

近日，德国驻华大使馆举办"德国在华汽车设计成功之秘诀"研讨会，邀请了大众中国设计总监罗西蒙、奔驰全球设计中心总负责人斯蒂芬·科尔和宝马上海设计总监石磊 3 位资深设计师，与中国艺术家马军一起探讨德系汽车设计在华成功之道。

"何为德国设计的特征？实际上就是功能主义，在设计中体现出精简，少即是多。"石磊认为，德系车在设计方面，包豪斯主义(Bauhaus)占到了很大比重。"包豪斯设计学院的影响力还是无处不在的，德国学派系统学习的学生遍布全球。"这一点也获得了罗西蒙的认可。"没有包豪斯，就没有大众，这是几乎所有德国设计的基本价值观，设计也是有历史元素影响的。"

包豪斯是位于德国魏玛的一所艺术设计类大学，是世界现代设计的发源地，对世界艺术与设计的推动有着巨大的贡献，它也是世界上第一所完全为发展设计教育而建立的学院。其有 3 个基本观点：艺术与技术的新统一；设计的目的是人而不是产品；设计必须遵循自然与客观的法则来进行。

中国车主之所以"钟情"于德系车，与其产品的可靠性能有很大关系，崇尚技术至上的德系车在操控性能以及安全性能方面的好口碑是众所周知的。而且，德系车在进入中国市场后，在车型方面进行了必要的本土化调试。比如，大众现在越来越好地在学习中国消费市场发展的趋势，努力打造专门为中国市场量身定制的产品。

产品本土化开发成为越来越多汽车厂商市场角逐的一大利器。罗西蒙表示："虽然3家都有一些影响力的设计因素，但是在进入中国市场之前也要了解中国的市场，而且要知道中国与欧洲有哪些不同，不仅要知道不同，还要知其然知其所以然，了解为什么不同。同时，知道中国市场对汽车在艺术上和使用功能上的要求，了解了这种不同的审美诉求以及用户需求后，在设计的过程中才能明确要帮助客户建立起的适应性东西。要把这些要求融入到各自的设计中来，要在品牌特质以及区域审美之间做出一个平衡。"

科尔表示，如果真的想了解一个市场的话，方式可以说是多种多样的，3家企业除了在中国有设计中心，还有一些旗下公司在中国，还有营销部门对中国市场做市场分析，他们的意见也是中国消费者需求的一个缩影。"3家公司的设计工作并不是仅仅单凭他们3个单独的力量来完成的，其背后有强大的团队共同支撑，中国这么重要的市场，我们要获得信息有很多渠道。"

对中国消费者来说，汽车产品的外观和性能以及配置是缺一不可的，车型的审美又呈现出区域差异化的特点，这也就是德系设计师为什么要了解中国市场，了解中国消费者喜好，要考虑中国市场最新趋势的原因，他们试图融入更多的中国元素，使产品更能受到本土市场的热捧。

同时，设计师们也注意到中国市场的喜好正在出现变化。纵观中国汽车市场消费，消费者更愿意选择一些内部空间较大的车型，例如SUV。这与日本、美国汽车消费市场发展过程有相似之处，而随着经济的发展，中国消费者选择可能会有所变化，日渐趋于理性，对于乘用车的消费趋势也由大变小。

科尔表示，汽车设计首先有时尚的因素在，但也要考虑变化的东西。例如当地的环境、交通状况等，这些都可能改变人们的购车需求。罗西蒙认为设计师在设计过程中不应该是问客户"现在需要什么或者未来需要什么"，要发现的应该是先机，在刚有苗头时就要发现有什么样的问题，设计师来给这些问题找到解决方案，然后由设计师在动态中找到未来态势，更像是一个引路人的角色。

第一节　市场营销信息系统

一、信息及其功能

信息是事物运动状态以及运动方式的表象。广义的信息由数据、文本、声音和图像四种形态组成，主要与视觉和听觉密切相关。数据通常是指数字，但实际上包括计算机所能处理和产生的任何数字、文字、符号等；文本是指书写的语言，可用手写，也可用机器印刷；声音主要是指可听到的说话的声音和音乐，无线电、电话、唱片、录音机等是用以处理这类信息的产品；图像是看得见的形态，包括照片和图画等，可以是艺术性的，也可以是实用性的。文本、声音和图像在计算机中被简化为"0"和"1"的原始单位时，它们就变成了数据。因此，数据是信息的基础。

信息按内容可以分为三类：信息、资料和知识。信息是变化中新近出现的事实记录，包括人类活动与自然现象的变异，在社会生活中存在较为普遍；资料是事物的静态描述和事物变化过程与社会现象的原始记录，信息的积累就是资料；知识是人们对客观世界及其自身的理性认识，人们在对资料去伪存真、去粗求精，即经过思维加工和概括之后，就能获得一定的知识。知识是信息升华的结果。

信息对人类社会具有三大功能：一是中介功能。作为认识主体的人，要通过对认识事物的中介体(即信息)的接收和加工，才能认识到客观对象的本来面目。二是联结功能。由于客观事物表露信息的一致性，使人们对客观事物有了共同的看法，检验客观事物有了共同的标准，信息把个人联结为社会。三是放大功能。信息与知识的第一次产生，需要投入雄厚的财力和超人的智慧，信息一旦产生，便可以学习，可以复制，从而大大节约社会资源。

二、营销信息系统的内涵与作用

菲利普·科特勒认为：每个公司都必须为营销经理组织和输送持续的信息流。营销信息系统由人员、设备和程序构成，这个系统对信息进行收集、分类、分析、评估和分发，为决策者提供所需的、及时的和精确的信息。

营销信息系统是从了解市场需求情况、接受消费者订货开始，直到产品交付消费者使用，为消费者提供各种产品或服务为止的整个市场营销活动过程中有关的市场信息搜集和处理的过程。企业营销信息系统是企业管理信息系统的一个重要的子系统，它的基础任务是搜集消费者对产品质量、性能方面的要求，分析市场潜力和竞争对手情况，及时地、准确地提供信息，用于企业营销决策。这些信息应能满足以下要求：

(1) 目的性。在营销活动产出大于投入的前提下，为营销决策及时提供相关联的必要信息，尽量减少杂乱无关的信息。

(2) 及时性。在激烈的竞争中，信息传递的速度越快就越有价值。频率也要适宜，低频率的报告会使管理者难以应付急剧变化的环境，而频率过高又会使管理者面临数不清的大量数据。

(3) 准确性。要求信息来源可靠，收集整理信息的方法科学，信息能反映客观实际情况。

(4) 系统性。营销信息系统是若干具有特定内容的同质信息在一定时间和空间范围内形成的有序集合。其在时间上具有纵向的连续性，是一种连续作业的系统；在空间上具有最大的广泛性，内容全面、完整。

(5) 广泛性。营销信息反映的是人类社会的市场活动，是营销活动中人与人之间传递的社会信息，渗透到社会经济生活的各个领域。伴随市场经济的发展和经济全球化，市场营销活动的范围由地方市场扩展为全国性、国际性市场，信息搜集的范围也应逐渐扩大。

营销信息系统是企业进行营销决策和编制计划的基础，也是监督、调控企业管理活动的依据。一个四通八达的营销信息网络，可把各地区、各行业的营销组织连接成多结构、多层次的统一的大市场。因此，营销信息系统关系到企业营销的顺利开展乃至有效的社会营销系统的形成。

一个理想的市场营销信息系统应能解决以下问题：① 它能向各级管理人员提供从事其工作所必需的一切信息。② 它能够对信息进行选择，以便使各级管理人员获得与他们能够且必须采取的行为有关的信息。③ 它提供信息的时间限于管理人员能够且应当采取行动的时间。④ 它提供所要求的任何形式的分析、数据与信息。⑤ 它所提供的信息，一定是最新的，并且所提供信息的形式都是有关管理人员最易了解和消化的。

三、营销信息系统的构成

营销决策所需的信息一般来源于企业内部报告系统、营销情报系统、营销调研系统，再经过营销分析系统，由此共同构成企业的营销信息系统。

(一) 内部报告系统

内部报告系统的主要功能是向市场营销管理者及时提供有关交易的信息，包括订货数量、销售额、价格、库存状况、应收账款、应付账款等各种反映企业营销状况的信息。

内部报告系统的核心是订单——收款循环，同时辅之以销售报告系统。订单——收款循环涉及企业的销售、财务等不同的部门和环节的业务流程：订货部门接到销售代理、经销商和顾客发来的订货单后，根据订单内容开具多联发票并送交有关部门。储运部门首先查询该种货物的库存，存货不足则回复销售部缺货；如果仓库有货，则向仓库和运输单位发出发货和入账指令。财务部门得到付款通知后，做出收款账务，并定期向主管部门递交报告。在剧烈的竞争中，所有企业都希望能迅速而准确地完成这一循环的各个环节。

销售报告系统应向企业决策制定者提供及时、全面、准确的生产经营信息，以利于掌握时机，更好地处理进、销、存、运等环节的问题。新型的销售报告系统的设计应符合使用者的需求，力求及时、准确，做到简单化、格式化，实用性、目的性很强，真正有助于营销决策。

(二) 营销情报系统

内部报告系统的信息是企业内部已经发生的交易信息，主要用于向管理人员提供企业运营的"结果资料"。市场营销情报系统所要承担的任务则是及时捕捉、反馈、加工、分析市场上正在发生和将要发生的信息，用于提供外部环境的"变化资料"，帮助营销主管人员了解市场动态并指明未来的新机会及问题。

市场营销情报信息不仅来源于市场与销售人员，也可能来自于企业中所有与外部有接触的其他员工。收集外部信息的方式主要有下面四种：

(1) 无目的的观察。无既定目标，在和外界接触时留心收集有关信息。

(2) 有条件的观察。并非主动探寻，但有一定目的性，对既定范围的信息做任何性接触。

(3) 非正式的探索。为取得特定信息进行有限的和无组织的探索。

(4) 有计划的收集。按预定的计划、程序或方法，采取审慎严密的行动来获取某一特定信息。

营销情报的质量和数量决定着企业营销决策的灵活性和科学性，进而影响企业的竞争力。为扩大信息的来源和提高信息的质量，企业通常采取以下措施改进信息收集工作。

(1) 提高营销人员的信息观念，并加强其信息收集、传递职能。

(2) 鼓励与企业有业务关系的经销商、零售商和中间商收集和提供营销信息。

(3) 积极购买特定的市场营销信息。

(4) 多渠道、多形式地了解竞争对手的营销活动情况，包括参加有关展销会、协会、学会、阅读竞争者的宣传品和广告，购买竞争品，雇用竞争者的前职工等。

(5) 建立内部营销信息中心，改进信息处理、传递工作。

(三) 营销调研系统

市场营销调研系统，也可称之为专题调研系统，它的任务是系统地、客观地搜集和传递有关市场营销活动的信息，提出与企业所面临的特定营销问题有关的调研报告，以帮助管理者制定有效的营销决策。

市场营销调研系统和市场营销信息系统在目标和定义上大同小异，研究程序和方法具有共性。斯坦顿(W.Stanton)认为，两者之间的区别如表 4-1 所示。

表 4-1 营销调研系统与营销信息系统的区别

市场营销调研系统	市场营销信息系统
1. 着重处理外部信息	1. 处理内部及外部信息
2. 关心问题的解决	2. 关心问题的解决与预防
3. 零碎的、间歇的作业	3. 系统的、连续的作业
4. 不以电脑为基础的过程	4. 以电脑为基础的过程
5. 营销信息系统的信息源之一	5. 包含营销研究及其他系统

(四) 营销分析系统

营销分析系统是企业用一些先进技术分析市场营销数据和问题的营销信息子系统。完善的营销分析系统，通常由资料库、统计库和模型库三部分组成。

(1) 资料库。有组织地收集企业内部和外部资料，营销管理人员可随时取得所需资料进行研究分析。内部资料包括销售、订货、存货、推销访问和财务信用资料等；外部资料包括政府资料、行业资料、市场研究资料等。

(2) 统计库。统计库指一组随时可用于汇总分析的特定资料统计程序。其必要性在于：实施一个规模庞大的营销研究方案，不仅需要大量原始资料，而且需要统计库提供的平均数和标准差的测量，以便进行交叉分析。营销管理人员为测量各变数之间的关系，需要运用各种多变数分析技术，如回归、相关、判别、变异分析以及时间序列分析等。统计库分析结果将作为模型的重要投入资料。

(3) 模型库。模型库是由高级营销管理人员运用科学方法，针对特定营销决策问题建立的，包括描述性模型和决策模型的一组数学模型。描述性模型主要用于分析实体分配、品牌转换、排队等候等营销问题；决策模型主要用于解决产品设计、厂址选择、产品定价、广告预算、营销组合决策等问题。

第二节 市场营销调研概述

一、市场营销调研概念

市场营销调研信息系统是由人员、设备和程序所构成的一个互相作用的连续复合体。其基本任务是及时、准确地收集、分类、分析、评价和提供有用的信息，供市场营销决策者用于制定或修改市场营销计划，执行和控制市场营销活动。

二、市场营销调研作用

市场营销调研是企业营销活动的出发点，其作用非常重要。

(一) 有利于制定科学的营销规划

市场营销调研可以帮助营销人员准确评估市场潜力和市场份额，根据市场需求及其变化、市场规模和竞争格局、消费者意见与购买行为以及营销环境的基本特征，科学地制定和调整企业营销规划。

(二) 有利于优化营销组合

企业根据营销调研的结果，度量定价、产品、分销和促销行为的效果，分析研究产品的生命周期，开发新产品，制定产品生命周期各阶段的营销策略组合。比如，根据消费者对现有产品的接受程度，以及对产品及包装的偏好，改进现有产品，开发新用途，研究新产品的创意、开发和设计；测量消费者对产品价格变动的反应，分析竞争者的价格策略，确定合适的定价；综合运用各种营销手段，加强促销活动、广告宣传和售后服务，增进产品知名度和消费者满意度；尽量减少不必要的中间环节，节约储运费用，降低销售成本，提高竞争力。

(三) 有利于开拓新的市场

通过市场营销调研，企业可以发现消费者尚未满足的需求，测量市场上现有产品及营销策略满足消费者需求的程度，从而不断开拓新的市场。营销环境的变化，往往会影响和改变消费者的购买动机和购买行为，给企业带来新的机会和挑战，企业可据此来确定和调整发展方向。

【案例 4-1】　　　　　　衰退时期的市场调研

领教了经济衰退的消费者们变得越来越精明了，他们不光买得少了，还要买得合算。市场营销人员面临着缩减调研开支和寻求高质量数据及市场信息的双重压力。

建议市场总监(CMO)采取以下七个步骤来缓解开支，缩减所带来的冲击：

第一，集中火力，重点出击。集中调研投入，主攻对其市场策略起关键作用的产品、品牌和市场。在经济衰退时期，对现有核心客户的清晰认识是重中之重。

第二，网罗可信赖的合作伙伴。已经建立了长期良好关系的市场营销人员和调研供应商们，可以联合起来，彼此信任，共同策划如何在经费紧缩的前提下发掘更多的信息和市场机会。

第三，重视经验和判断力。一些经理人和研究人员经历过以前的经济衰退，他们的知识和直觉应该引起 CMO 们的重视。

第四，抓住海外市场机遇。相对于那些发达的经济体，用于新兴经济体的调研开支要低廉得多，而回报却要高得多。

第五，慎用网上调研。网上调研费用低廉而快捷便利，它将是未来的趋势。但是，一分钱一分货，它的效果恐怕也不尽如人意，那些网上品牌的坚定支持者并不一定能代表所有用户的意见。

第六，不要全盘缩减。在市场调研费用的统筹安排中，理清哪些费用该减与哪些费用不该减的思路同样重要，加强试验力度，优中选优。

第七，密切关注新客户。没有人能够准确无误地预测未来，经济衰退使得消费者对预见和说清自己的需求都平添了难度。即便如此，精明的商家依然能够顶住预算的压力，将一部分市场调研投入到对未来消费者行为变迁的把握上。

危机终将过去，可靠的调研所带来的正确决策将是未来成功的基础。

三、市场营销调研类型

市场营销调研，按其研究的问题、目的、性质和形式的不同一般分为以下四种类型：

(一) 探索性调研

探索性调研一般是在调研专题的内容与性质不太明确，为了了解问题的性质，确定调研的方向与范围而进行搜集初步资料的调研。通过这种调研，可以了解情况，发现问题，从而得到关于调研项目的某些假定或新设想，以供进一步调研。

(二) 描述性调研

描述性调研的任务在于客观反映市场各个要素及其相关关系的现状。它是通过详细的调研和分析，对市场营销活动的某个方面进行客观的描述，对已经找出的问题做如实的反映和具体回答。多数的市场调研都为描述性调研。例如，调研消费者购买力、竞争者状况、产品市场占有率等。在调研中，收集与市场有关的各种资料，并对这些资料进行分析研究，揭示市场发展变化的趋势，其特点是回答市场现状是什么，其意义为企业的市场调研决策提供科学的依据。

(三) 解释性调研

解释性调研的目的在于检验某种假设，或说明解释某类客观现象，寻求现象关系存在的条件。由于因果关系是建立理论解释的主要方法之一，因此解释性市场调研也常常被称为"因果性市场调研"。在市场调研中凡是要回答"为什么"的时候都是解释性市场调研。

例如，某公司尽管调低了产品的销售价格，但产品的销量依然下降，公司不能确定究竟是广告支出减少所致、还是大量竞争对手加入所致、或者是公司产品不能满足客户需求，解决这一问题，就需要解释性市场调研活动。解释性市场调研的特点在于，在一定的理论指导下，全面收集有关因素的实际资料，在此基础上通过对资料的科学性分析，检验原有的理论或假设，从而对客观现象给予理论解释和证明。这种调研的意义在于，调研人员可以向决策部门提供较完整的市场信息，并提出有科学依据的具体建议。

(四) 预测性调研

预测性调研的目的在于对市场发展趋势及变动幅度做出科学估计。它的特征是在科学理论的指导下，通过运用科学方法对过去、当前市场信息的综合进行分析研究，预测未来的市场走势，预测性市场调研是企业制度、市场决策和方法的重要依据和基础，它对企业制定有效的营销计划避免较大的风险和损失，有着特殊的意义。

上述四类市场营销调研是相互联系的。尽管在特殊时期，为解决某个特定问题会强调或突出某一市场调研营销类型，但是从市场营销调研的基本目的看，回答市场现状是什么、为什么以及将来是什么，是现代市场营销调研的基本职能和任务。

四、市场营销调研内容

市场变化的因素很多，因而市场营销调研的内容十分广泛，一般来说涉及企业市场营销调研活动的方方面面都可以调研，其主要内容大体如下：

(一) 消费者的调研

消费者的需求和欲望是企业营销活动的中心和出发点。因此，对消费者需求的调研，应成为市场调研的主要内容之一。消费者调研内容包括：现有消费者需求情况的调研；现有消费者对本企业产品的满意程度的调研；现有消费者对本企业产品的信赖程度的调研；对影响消费者需求的各种因素变化情况的调研；对消费者购买动机和购买行为的调研；对潜在消费者需求情况的调研。

(二) 产品的调研

产品是企业赖以生存的物质基础。一个企业要在竞争中求得生存和发展，就必须始终如一地生产出消费者需要的产品来。产品调研的内容包括：产品设计的调研(功能设计，用途设计，使用方法和操作安全设计、产品品牌设计和商标设计以及产品的外观和包装设计等)；产品系列和产品组合的调研；产品生命周期的调研；对老产品改进的调研；对新产品开发的调研；对于如何做好销售技术服务的调研等。

(三) 价格的调研

价格对产品的销售和企业的获利情况有着重要的影响，积极开展产品价格的调研，对于企业制定正确的价格策略有着重要的作用。价格调研的内容包括：市场供求情况及其变化趋势的调研；影响价格变化各种因素的调研；产品需求价格弹性的调研；替代产品价格的调研；新产品定价策略的调研；目标市场对本企业品牌价格水平反应的调研。

(四) 促销的调研

促销调研的主要内容是对企业的各种促销手段、促销政策的可能性，促销效果等方面的调研。其中一般企业较为重视的有广告和人员推销的调研。比如：广告的调研(广告媒体、广告效果、广告时间、广告预算等的调研)；人员推销的调研(销售力量大小、销售人员素质、销售人员分派是否合理、销售人员报酬、有效的人员促销策略的调研)；各种营业推广的调研；公共关系与企业形象的调研。

(五) 销售渠道的调研

销售渠道的选择是否合理，产品的储存和运输安排是否恰当，对于提高销售效率、缩短交货期和降低销售费用有着重要的作用。因此销售渠道的调研也是市场调研的一项重要内容。销售渠道调研的内容包括：各类中间商(包括批发商、零售商、代理商、经销商)应该如何选择的调研；仓库地址应该如何选择的调研；各种运输工具应该如何安排的调研；如何既满足交货期的需要，又降低销售费用的调研等。

(六) 竞争的调研

竞争对于企业的市场营销有着重要的影响。因此，企业在制定各种市场营销策略之前必须认真调研市场竞争的动向。竞争的调研包括：竞争对手的数量及其分布、市场营销能力；竞争产品的特征、市场占有率、覆盖率；竞争对手的优势与劣势、长处与短处；竞争对手的市场营销组合策略；竞争对手的实力，市场营销战略及其实际效果，竞争发展的趋势等。

五、市场营销调研步骤

市场营销调研是一项既复杂又细致的工作，涉及面广、对象不稳定，为了使整个调研工作更有节奏，高效率地进行，进而取得良好的预期效果，必须加强组织工作，合理安排调研步骤。

(一) 明确调研目的

明确调研目的，是市场营销调研首先要解决的问题。当然，市场营销调研从总的方面来看，它的目的是提供市场信息，研究市场发展和经营策略中的问题，进而为市场预测和决策服务。每一次市场营销调研的具体目的又不完全相同。明确市场营销调研目的，是为正式市场营销调研做准备，有时又称为预测调研期。所以在市场营销调研初期阶段要明确以下内容：① 为什么要做这次调研？② 通过调研了解哪些情况？③ 调研结果有什么具体用途？

经验证明，市场调研人员设想的市场营销调研，往往开始涉及面很广，提出的问题也比较笼统。因此，宜先进行初步调研，通过初步调研，找出市场的主要问题，即明确调研的目的，了解市场调研的类型。初步调研，是明确经营管理问题的症结，选定调研问题的主题。初步调研通常以下三种形式进行：

(1) 收集间接资料进行分析。

(2) 邀请有关管理决策者和专业人员，听取他们对市场问题的分析，开拓思路，寻找市场主要问题。

(3) 组织小规模的探测性调研，以探测性调研资料为依据进行分析。

(二) 制定调研方案

这是市场营销调研中最复杂的阶段，它主要包括选择和安排调研项目、调研方法、调研组织形式、调研人员、调研费用、调研计划的实施等内容。

1. 调研项目

调研项目是为了取得资料而设置的，它通常根据调研目的分解为调研提纲和调研细项。调研提纲表明实现市场调研的目的需要解决的主要问题有哪些？调研细项表明实现调研提纲必须取得的资料有哪些？调研项目可以有很多种选择，选择的原则取决于调研目的的主题和调研结果的作用。所列项目不必过多，每个项目要有确切、具体的说明，并注意项目之间的相互联系。

2. 调研方法

调研方法是指取得资料的方法。市场营销调研有四种基本的资料收集方法：访问法、观察法、实验法和态度测量表法。在具体调研中决定选择哪些调研方法时，要根据调研的项目、资料的来源时间紧迫程度和收集资料的费用来做取舍；另外，还需要考虑每一种调研方法的管理方面的问题，以保证最佳的选择。

3. 调研组织形式

调研组织形式的选择包括在什么地点调研，调研对象是什么，用什么形式组织调研等。市场营销调研中，调研者从所需了解其特征或行为的总体中选择出来的一部分，称为样本。如何从总体中选取样本、设计样本、容量大小和抽样方法，通常要根据市场营销调研目的、范围、时间等综合因素考虑而定。明确调研地点、调研对象条件、调研组织形式都不能独立进行，它们与调研目的和想达到的调研目标有着密切的联系。

4. 调研人员

由于市场营销调研对象是各阶层的生产者和消费者，其思想认识、文化水平有着一定的差异。如果调研者准备不足或者思想水平、工作能力、业务技能有一定的差距，将会对调研工作产生极大的不利影响。

5. 调研费用

在制订计划时，应编制调研费用预算，合理估计调研的各项开支，申请划拨经费。在保证实现调研目的的前提下，力求使调研费用最省，有效地使用调研费用。

6. 调研计划的实施

其主要是针对调研计划涉及的工作，比如工作进度日程、工作进度监督检查、对人员考核等方面的具体安排。

(三) 收集资料

此为调研执行阶段，根据前面所确定的调研计划方案着手进行资料的收集。一般从公开的出版物、信息咨询机构、国家有关部门或者其他一些途径均可获得二手资料。而一手资料则需通过市场调研人员亲自观察、询问、登记取得，主要包括：

1．组织实地调研

实地调研需要调研人员直接参与，调研人员的素质影响着调研结果的正确性。因此，首先必须对调研人员进行必要的技术和理论训练，其次还应该加强对调研活动的规划和监控，针对调研中出现的问题及时进行相应的调整和补救。

2．进行观察实验

在调研结果不足以揭示既定目标要求和信息的广度与深度时，还应采取实地调研和实验法，组织有经验的市场营销调研人员对调研对象进行公开和秘密的跟踪观察，或是进行对比实验，以获得更有针对性的信息。

(四) 整理分析资料

对市场营销调研获得的资料进行整理分析、归纳以及给出市场调研报告是调研工作的结束阶段。市场调研所获得的资料，大多数都是零散的，某些资料还可能是片面的、不准确的。有时，参与调研人员多，工作分散，收集资料千头万绪。要反映市场特征和本质，必须对资料进行加工，使之系统化、条理化，符合一定的逻辑规范。这样才能揭示事物的本质和内在联系，反映市场的客观规律。资料的整理主要是进行资料的编校、分类和分析工作。在系统进行资料汇总统计的基础上，要进行资料统计分析。

(五) 撰写调研报告

资料整理分析以后，调研者应该在规定时间内向调研决策者说明调研结果。调研报告撰写应该认真准确，着重用资料数字说明问题，文字表达要准确简明，以便管理者了解所要报告的重点是什么。完成调研报告并不是一次调研过程的终结，还有对调研结果进行追踪和反馈这一任务。即通过市场活动实践，检验报告反映的问题，提出的建议是否可行、实用、效果如何，并总结市场营销调研的经验教训，不断提高工作能力和认知水平。值得注意的是，调研人员不应当把调研报告看成是市场调研的结束，而应继续注意市场情况变化，发现问题及时反馈，以检验调研结果的准确程度，并发现市场新的趋势，为改进以后的调研打好基础。

第三节　市场营销调研方法

一、一手资料调研

(一) 访谈法

访谈法从定量和定性的角度分类，可以分类为定量访谈法和定性访谈法。以下主要对定量访谈法进行介绍。

定量访谈法，是指通过设计调研问卷，要求被访者按照事先预设好的问题属类进行选择回答，有计划地通过填写、询问等方式向被调研者提出问题，根据他们的回答内容，获得量化数据进行数据统计分析，进而获得有价值信息的一种调研方式。这也是市场营销调研中最常用、最基本的调研方式。在实际调研中，定量访谈有很多种形式，主要有面谈调研法、电话调研法、邮寄调研法、留置调研法、网络调研法等。

面谈调研法，是指通过调研人员和受访者之间面对面地交谈从而获得所需资料的一种调研方法。根据访问场所的不同，又可以分为入户访问和拦截访问。下面对常用的入户访问法进行简单的介绍。

入户访问，是指有访问人员对被抽到的样本逐一进行访问，一般是在被访者家中或单位进行。访问时，访问人员严格按照问卷的题目顺序向被访者询问并做好记录。入户访问被认为是最佳的访谈方式，它能够确保受访者感受到在一个熟悉、舒适、安全的环境里轻松地接受访谈。

为了提高数据的质量，在入户调研中我们应该注意以下几点：

(1) 规范抽样的控制。如果要求根据调研数据对总体的推论，则抽取完全代表总体的样本是非常重要的。这些规范包括抽样的确定原则、起点原则、家庭户抽取原则、敲门入户原则、家庭成员甄选原则等。

(2) 标准的问卷设计。入户访问时一般是由访问员独立访问，访问员对于问卷的理解不可能达到研究人员的水平，因此如何设计问卷，能够帮助访问人员尽可能有效地收集到足够的数据，要做到这一点是非常不容易的。

(3) 严格的实地访问控制与质量监控制度，包括陪访率、回访率、新旧访问员的抽检率、复合率等。

(4) 完善的访问员培训制度。随机入户访问是最困难的访问方式，对访问人员的基础培训、访问技巧培训、项目培训等都显得非常重要。

(5) 入户访问的优缺点。优点：问卷回答的完整率高；培训结果较为准确；可获得较多资料；易于回访复述。缺点：成本高、时间长。访问员的劳务费、交通费，受访者礼品等费用，是一笔不菲的支出。

在访谈调研中，入户访问费用是最高的。另外，与电话调研比，入户访问速度比较慢，一个调研员在周末的一天也许最多只能完成 6 个成功的入户访问，而在平常的工作日，一天也许最多只能访问一两个，大量时间会花在途中和寻找访谈对象上。

【案例 4-2】　　　　　强生公司的一次市场调研活动

强生公司是一家国际知名的婴儿用品生产公司。该公司想利用其在婴儿用品市场的高知名度来开发婴儿用的阿司匹林，但不知市场的接受程度如何。由于强生公司有一些关系较好的市场调研样本群体，而且问题比较简单，但是需由被调研者做出一定的解释，故公司决定采用费用较低的邮寄方法进行市场调研。通过邮寄方法的调研分析，强生公司得出了这样一个结论：该公司的产品被消费者一致认为是温和的(这种反应与强生公司所做广告的宣传效果是一致的)，但温和并不是人们对婴儿阿司匹林的期望。相反，许多人认为温和的阿司匹林可能不具有很好的疗效。为此，强生公司认为如果开发这种新产品，并做出适合于该产品的宣传就会损坏公司的整体形象，公司多年的努力也将付之东流。如果按以往的形象做出宣传又无法打开市场。因此强生公司最终决定放弃这种产品的开发。

(二) 观察法

观察法是指调研者在现场对被调研者的情况进行直接的观察、记录，以取得市场信息资料的方法。其主要是凭调研人员的直接感觉或是借助于某些摄录设备和仪器来跟踪、记录和考察被调研者的活动和现场事实，以此来获取某些重要的市场信息。

1．观察法的特点

观察法不直接向被调研者提问，而是从旁观察被调研者的行动、反应和感受。其主要特点有：

(1) 观察法所观察的内容是经过周密考虑的，不同于人们日常生活中的出门看看天气、到公园观赏风景等个人的兴趣行为，而是观察者根据某种需要，有目的、有计划地搜集市场资料、研究市场问题的过程。

(2) 观察法要求对观察对象进行系统、全面的观察。在实地观察前，应根据调研目的对观察项目和观察方式设计出具体的方案，尽可能避免或减少观察误差，防止以偏概全，提高调研资料的可靠性。因此，观察法对观察人员有着严格的要求。

(3) 观察法要求观察人员在充分利用自己感觉器官的同时，还要尽量运用科学的观察工具。人的感觉器官特别是眼睛，在实地观察中能获取大量的信息。而照相机、摄像机、望远镜、显微镜、探测器等观察工具，不仅能提高人的观察能力，还能将观察结果记录下来，增加了资料的翔实性。

(4) 观察法的观察结果是当时正在发生的、处于自然状态下的市场现象。市场现象的自然状态是各种因素综合影响的结果，没有人为制造的假象。在这样的条件下取得的观察结果，可以客观真实地反映实际情况。

2．观察法的分类

观察法有直接观察和测量观察两种基本类型。

直接观察，就是观察人员直接到商店、家庭、街道等处进行实地观察。一般是只看不问，不使被调研者感觉到在接受调研。这样的调研比较自然，容易得到真实情况。这种方法可观察消费者选购商品时的表现，有助于研究购买者行为。

测量观察，也称之为机器观察法，是指借助于电子仪器或机械工具进行记录和测量。比如，广告公司为调研电视节目的收视率，可以在用户同意的前提下，在家庭电视机上安装电子记录器，与公司总部相连，当观众收看电视节目时，就能把所看的电视频道、节目记录下来，确定广告播出的黄金时间。

3．观察法的应用范围

(1) 商品资源和商品库存观察。市场调研人员通过观察了解工农业生产状况，判断商品资源数量，提出市场商品供应数量的报告。比如，通过观察农作物的田间生长情况，判断收成情况，提出农副产品资源报告。通过对库存市场的观察、库存商品的盘点数，来判断商品的分类结构，观察商品的储存条件，从而了解存货货源及销售数量，计算储存成本，检查分析热销商品的情况等，为企业购销决策提供依据。

(2) 消费者行为观察。通过观察消费者在营业场所的活动情况，了解消费者的构成、消费者的行为特征、偏好及成交率等重要信息市场资料。消费者行为观察包括消费者购物的偏好、消费者对商品价格的反映、消费者对商品性能的评价、消费者对商标的选择等。

消费者情况是市场营销调研的重要内容。通过观察消费者活动的情况及其进出营业场所的客流情况，如消费者购物的偏好，对商品价格的反映，对商品性能的评价，对商标的选择等，一方面可以观察消费者在营业场所的活动情况，对比了解消费者的构成、消费者的行为特征、服务方式及成交率等重要市场信息资料；另一方面，观察不同时间消费者进出商店的客流情况，进行汇总统计分析，研究客流规律，使企业能不断改进服务方式，改进商品的经营结构，合理调整劳动组织结构，加强经营管理，提高服务质量和劳动效率。

(3) 营业状况观察。其主要是提高观察营业现场的情况，综合分析判断企业的经营管理水平、商品供求情况。营业状况观察包括商品陈列、橱窗布置、商品价格的变动、促销活动、消费者流量等。比如，通过观察营业场所商品陈列、橱窗布置、消费者付款是否方便、商品价格的变动和消费者流动状况等，综合分析判断企业的经营管理水平、商品供求情况等，从中找到问题的症结，并提出相应的改进建议。

(4) 人流量观察。即通过记录某一地段、街道在一定时间内道路上的行人或车辆的数目、类型及方向，借以评定、分析该地域的商业价值或交通情况。人流量观察包括行人流量观察、非机动车流量观察、机动车流量观察、道路特征观察。比如，新开商店的选址就需要观察一定地段的消费者流量。

4. 观察法的记录技术

观察法的记录技术是指观察人员实施观察时所运用的一些技能手段，主要包括卡片、符号、速记、记忆和机械记录等。适当的观察技术对提高调研工作的质量有很大的帮助。

观察卡片是一种标准化的记录工具，其记录结果即形成观察的最终资料。制作卡片时，应先列出所有观察项目，经筛选后保留重要项目，再将项目根据可能出现的各种情况进行合理的编排。符号和速记是为了提高记录工作的效率，用一套简便易写的线段、圈点等符号系统来代替文字，迅速地记录观察中遇到的各种情况。记忆则是采取事后回忆的方式进行记录的方法，通常用于调研时间紧迫或不宜现场记录的情况。机械记录是指在观察调研中运用录音、录像、照相、各种专用仪器等手段进行的记录。

5. 使用观察法的注意事项

观察法的运用是观察人员的主观活动过程。为使观察结果符合客观实际，要求观察人员必须遵循以下原则：

(1) 客观性原则。即观察者必须持客观的态度对市场现象进行记录，切不可按其主观倾向或个人好恶，歪曲事实或编造情况。

(2) 全面性原则。即必须从不同层次、不同角度进行全面观察，避免出现对市场片面或错误的认识。

(3) 持久性原则。市场现象错综复杂，且随着时间、地点、条件的变化而不断发生变化。市场现象的规律性必须在较长时间的观察中才能被发现。

6. 观察法的优缺点

观察法的主要优点有：

(1) 直观、可靠。观察调研是在被观察者没有察觉到自己的行动正在被观察的情况下进行的，被观察者能够保持正常的活动规律，从而可以客观地搜集、记录观察现场实况，搜集第一手资料，调研资料真实可靠、调研结果更接近实际。

(2) 简单、易行、费用低廉。观察灵活性较强，只要选择好合适的时间和地点随时进行调研，而且不需要特别的费用。

观察法的主要缺点有：

(1) 观察法只能观察被观察对象的外部动作和表面现象，其内在因素和动机则观察不到，有些时候需要投入大量的人员，长时间观察方可发现某些规律性。

(2) 限制性比较大。观察法在实施时，常会受到时间、空间和经费的限制，一般需要大量人员到现场长时间观察，调研费用支出较大，比较适用小范围的微观市场调研。而且，一旦特定的时空条件发生变化，便无法控制。比如，在调研中遇到突发事件，使原来的调研计划无法进行等。

【案例 4-3】　　　　　　　观察调研法的应用案例

观察调研法在日本深受重视，例如东芝在推广家电产品给日本国内的消费者时，就曾经使用观察法来观察市场变化。东芝新产品的设计者在观察中发现，越来越多的日本家庭主妇进入就业大军，洗衣机不得不在早上或晚上进行，这样噪音就成为一个问题。为此东芝设计出一种低噪音的洗衣机进入市场。在开发这种低噪音产品时，他们还在观察中发现，当时的衣服已经不像以前那么脏了，许多日本人洗衣的观念也改变了。以前是衣服脏了才洗，而后来是衣服穿过了就要洗，以获得新鲜的感觉。由于洗得勤，衣服有时难以晾干。由于他们在观察中认识到妇女生活风格的这种转变，便推出烘干机，后来又发现大多数消费者的生活空间有限，继而发明了洗衣烘干二合一的洗衣机，结果产品销量大增。这就是一个典型的直接观察法的应用。

(三) 实验法

实验法(Experiment Survey)是指在既定条件下，通过实验对比，对市场现象中某些变量之间的因果关系及其发展变化过程加以观察分析的一种调研方法。在市场营销调研中，通过实验对比来取得市场情况第一手资料。实验法是将自然科学中的实验求证理论移植到市场营销调研中来，在给定的条件下，对市场经济活动的某些内容及其变化，加以实际验证、调研分析，从而获得市场资料。实验法应用范围非常广，凡是某一种商品需改变包装、设计、价格和广告策略时都可以应用。

1. **实验法的特点**

市场实验是调研人员选择某一特定市场，控制一个或数个营销自变量，研究其他营销因变量的因果关系。虽然市场上不能控制的因素很多，例如消费者的偏好、政府的政策等，但探索因素关系这个特点是访问法和观察法所不具备的。实验法的最大特点就是把调研对象置于非自然的状态下开展市场营销调研。

2. **实验法的种类**

(1) 事前事后对比实验。

这是最简便的一种实验调研形式。采用这一方法是在同一个市场内，实验期前在正常的情况下进行测量，收集必要的数据；然后进行现场实验，经过一定的实验时间以后，再测量收集实验过程中(或事后)的资料数据。从而进行事前事后对比，通过对比观察，了解实验变数的效果。

(2) 控制组同实验组对比实验。

控制组，是指非实验单位(企业、市场)，它是与实验组做对照比较的，又称对照组；实验组，是指实验单位(企业、市场)。控制组同实验组对比实验，就是以实验单位的实验结果同非实验单位的情况进行比较而获取市场信息的一种实验调研方法。采用这种实验调研方法的优点在于实验组与控制组在同一时间内进行现场销售对比，不需要按时间顺序分为事前事后，这样可以排除由于实验时间不同而可能出现的外来变数影响。

(3) 有控制组的事前事后对比实验。

有控制组的事前事后对比实验，是指控制组事前事后实验结果同实验组事前事后实验结果之间进行对比的一种实验调研方法。这种方法不同于单纯的在同一个市场的事前事后对比实验，也不同于在同一时间的控制组同实验组的单纯的事后对比实验。这一实验方法，是在同一时间周期内，在不同的企业、单位之间，选取控制组和实验组，并且对实验结果分别进行事前测量和事后测量，再进行事前事后对比。这一方法实验的变数多，有利于消除实验期间外来因素的影响，从而可以大大提高实验变数的准确性。

(4) 随机对比实验。

随机对比实验，是指按随机抽样法选定实验单位所进行的实验调研。事前事后对比实验、控制组同实验组对比实验、有控制组的事前事后对比实验等三种方法，尽管它们的特点不同，但是在选择实验单位上都有一个共同点，即都是按照判断分析的方法选出的。

3. 实验法的优缺点

实验法的优点主要有：① 可以有控制地分析、观察某些市场现象之间是否存在着因果关系，以及相互影响程度。② 通过实验取得的数据比较客观，具有一定的可信度。当然，优点是相对的，实践中影响经济现象的因素很多，可能由于非实验因素不可控制，而在一定程度上影响着实验效果。

实验法的缺点主要有：运用有一定的局限性并且费用较高。实验法只适用于对当前市场现象的影响分析，对历史情况和未来变化则影响较小。所需的时间较长，又因为实验中要实际销售、使用商品，因而费用也较高。

【案例 4-4】 某公司准备改进咖啡杯的设计市场实验

美国某公司准备改进咖啡杯的设计，为此进行了市场实验。首先，他们进行咖啡杯选型调研，他们设计了多种咖啡杯子，让 500 个家庭主妇进行观摩评选，研究主妇们用干手拿杯子时，哪种形状好；用湿手拿杯子时，哪一种不易滑落。调研结果显示，选用四方长腰果型杯子较好。然后对产品名称、图案等，也同样进行造型调研。接着他们利用各种颜色会使人产生不同感觉的特点，通过调研实验，选择了颜色最合适的咖啡杯子。他们的方法是，首先请了 30 多人，让他们每人各喝 4 杯相同浓度的咖啡，但是咖啡杯的颜色，则分别为咖啡色、青色、黄色和红色 4 种。试饮的结果，使用咖啡色杯子的人都认为"太浓了"的占 2/3，使用青色杯子的人都异口同声地说"太淡了"，使用黄色杯子的人都说"不浓，正好"，而使用红色杯子的 10 人中，竟有 9 个说"太浓了"。根据这一调研结果，公司咖啡店里的杯子以后一律改用红色杯子。该店借助于颜色，既可以节约咖啡原料，又能使绝大多数消费者感到满意。结果这种咖啡杯投入市场后，与市场上的通用公司的产品开展激烈竞争，以销售量比对方多两倍的优势取得了胜利。

二、二手资料调研

二手资料调研，是指查询并研究与调研项目有关资料的过程，这些资料是经他人收集、整理的，有些是已经发表过的。通过对二手资料的调研，市场营销调研人员可以把注意力集中到那些应该着重调查的某些特定的因素上，如果有许多市场摆在面前要去选择，二手资料调研可以帮助调研人员排除不理想的市场而认准最有前途的市场，并为进一步的实地调查奠定基础。

二手资料的来源主要有两个：一是内部资料；二是外部资料。内部资料包括企业营销信息系统中积累的各种数据，比如企业历年的销售额、销售增长状况、利润率、竞争者的销售额、利润状况、有关市场的各种数据等。外部资料主要是公开发表的各种数据。一般而言，市场营销调研人员可以以较快的速度和较低的费用得到二手资料，而收集原始资料则成本相对较高，并且需要较长的时间才能完成。

第四节　市场调研问卷设计

一、调研问卷设计原则

(1) 合理性。合理性指的是问卷必须与调研主题紧密相关。违背了这一点，再漂亮或精美的问卷都是无益的。而所谓问卷体现调研主题，其实质是在问卷设计之初要找出与调研主题相关的要素。

(2) 一般性。一般性，即问题的设置是否具有普遍意义。应该说，这是问卷设计的一个基本要求，如果我们仍然能够在问卷中发现带有一定常识性的错误。这一错误不仅不利于调研成果的整理分析，而且会使调研委托方轻视调研者的水平。

(3) 逻辑性。问卷的设计要有整体感，这种整体感指的是问题与问题之间要具有逻辑性，独立的问题本身也不能出现逻辑上的错误。问题设置紧密相关，因而能够获得比较完整的信息。调研对象也会感到问题集中、提问有章法。相反，如果问题是发散的、带有明显意识流痕迹的，问卷就会给人以随意性而不是严谨性的感觉。因此，逻辑性的要求与问卷的条理性、程序性分不开。在一个综合性的问卷中，调研者将差异较大的问卷分块设置，从而保证了每个"分块"的问题都密切相关。

(4) 明确性。所谓明确性，事实上是问题设置的规范性。这一原则具体是指：命题是否准确、提问是否清晰明确、被访者是否能够对问题做出明确的回答等。

(5) 非诱导性。不成功的记者经常会在采访中使用诱导性的问题。这种提问方式如果不是刻意地要得出某种结论而甘愿放弃客观性的原则，就是彻头彻尾的职业素质的缺乏。在问卷调研中，因为有充分的时间做提前准备，这种错误大大地减少了。但这一原则之所以成为必要，是在于高度竞争的市场对调研业的发展提出了更高的要求。

非诱导性指的是问题要设置在中性位置，不参与提示或主观臆断，完全将被访问者的独立性与客观性摆在问卷操作的限制条件的位置上。如果设置具有了诱导和提示性，就会在不自觉中掩盖了事物的真实性。

(6) 便于整理和分析。成功的问卷设计除了考虑到紧密结合调研主题与方便信息收集外，还要考虑到调研结果的容易得出和调研结果的说服力。这就需要考虑到问卷在调研后的整理与分析工作。首先，这要求调研指标是能够累加和便于累加的；其次，指标的累计与相对数的计算是有意义的；再次，能够通过数据清楚明了地说明所要调研的问题。只有这样，调研工作才能达到预期的效果。

二、调研问卷结构和内容

问卷的一般结构有标题、说明、甄别、主体、编码号、背景资料和致谢语七项内容：

(1) 标题。每份问卷都有一个研究主体。调研者应该开宗明义确定题目，反映这个研究主题，使人一目了然，增强填答者的兴趣和责任感。比如，中国互联网状况及趋势调研，这个标题简明扼要，既明确了调研对象，又突破了研究主题。

(2) 说明。问卷前面应有一个说明。这个说明可以是一封告知调研对象的信，也可以是指导语，说明这个调研的目的意义。填答问卷的要求和注意事项，下面同时附上调研单位名称和年月日。问卷的说明是十分重要的，对采用发放和邮寄方法使用的问卷尤其不可缺失。

(3) 甄别。甄别也叫过滤，主要是为了选择符合调研要求的被调研者而设立的。通过甄别，一方面可以筛掉与调研事项没有关联的人，另一方面也可以确定哪些人是符合要求的被调研者。

(4) 主体。这是研究主题的具体化，是问卷的核心部分。它包含了需要调研的全部内容，主要由问题和答案组成。从形式上看，问题可分为开放式问卷和封闭式问卷两种。

(5) 编码号。并不是所有问卷都需要这个项目。规模较大又需要运用电子计算机统计分析的调研，要求所有资料数据化，与此相应的问卷就要增加一项编码号的内容。也就是在问卷主题内容的右边留统一的空白，编上 1、2、3、4……的号码用于填写答案的代码。

(6) 背景资料。背景资料通常放在问卷的最后，主要是一些有关被调研者的一些背景资料。该部分所包含的各项问题，可使研究者根据背景资料对被调研者进行分类和比较分析。比如，被调研者的性别、年龄、婚姻情况、家庭人数、收入、职业、教育程度等信息。

(7) 致谢语。为了表达对调研对象真诚合作的谢意，研究者在最后应当写上感谢的话，不过不同问卷的感谢语略有不同，如邮寄问卷的致谢语可能是"再次感谢您的参与，麻烦您检查一下是否还有未回答的问题，将问卷放入随附的回邮信封并投入信箱"。而拦截访问中的感谢语可能会是"访问到此结束，谢谢您的合作，这里有一份小礼品送给您，注意签收，谢谢，再见"。

三、调研问卷提问形式

(一) 开放式

开放式问卷又叫无结构型问卷，是问卷设计者提供问题，由被调研者自行构思、自由发挥，从而按自己意愿答出问题，主要以问答题型为主。

开放式问卷的主要特点是：项目的设置和安排没有严格的结构形式，所调研的问题是开放式的，被调研者可以根据自己的意愿发表意见和观点。但开放式问卷并非真的完全没有结构，只是结构较松散或较少。这种类型的项目较少作为单独的问卷使用，往往是在对某些问题需要做进一步深入调研时与结构型问卷配合使用，或用在研究者对某些问题尚不清楚的探索性研究之中。

开放式问卷的主要优点：开放式问卷可以收集到范围比较广泛的资料；可以比较深入地发现和探究一些特殊问题，探询到特殊群体的意见和观点。开放式问卷的主要局限性：收集到的资料很难量化，难以进行统计分析；要求研究者有较强的分析问题能力；不适合文化程度不高、文字表达有困难的调研对象。

(二) 封闭式

封闭式问卷是指对问题事先设计出了各种可能的答案，由被调研者从中选择。封闭式问题的答案是标准化的，有利于被调研者对问题的理解和回答，同时有利于调研后资料的整理。封闭式问题对答案的要求比较高，对一些比较复杂的问题，有时很难准确把握对问题答案的周全性。因此在实际调研中，两种形式的问题往往结合在一起使用，在同一个问卷中，既有开放式又有封闭式，甚至在同一问题中将两种形式组合设计。

四、调研问卷设计注意事项

(1) 要通俗易懂。设计问题时应避免应答者可能不明白的缩写、俗语或生僻的用语。

(2) 要具体。含糊的提问得到含糊的答案。比如，您的家庭收入是多少？当应答者给出此问题的数字答案时，其答案是各式各样的，如是 2018 年的税前收入，还是 2018 年的税后收入。

(3) 不要过头。当问题的要求过多时，人们是不会回答的，他们或者拒绝或者乱猜。比如，2018 年您读了多少本书？这就需要给出一个范围：① 无；② 1～10 本；③ 11～25 本；④ 26～50 本；⑤ 多于 50 本。

(4) 确保问题易于回答。要求过高的问题也会导致拒答或猜想。比如，请您以购买新车时考虑因素的重要性将以下 20 项排序。这相当于让应答者做一次相当大的计算工作。不要让被调研者为 20 项排序，相反可以让他们挑选出前 5 项。

(5) 不要过多假设。这是一个相当普遍的错误。问题撰写者默认了人们的一些知识、态度和行为。比如，您对总统关于枪支控制的立场倾向于同意还是反对？这一问题假设了应答者知道总统对枪支控制有一个立场且知道立场是什么。

(6) 注意双重问题和相反观点的问题。将多个问题结合起来或运用相反观点的问题会导致模棱两可的问题和答案。

(7) 检查误差。带有误差的问题会引导人们以某一方式回答，但这种方式不能准确反映其立场。

(8) 预先测试。正式调研之前进行试调研。事先测试的基本目的是保证问卷提供给应答者以清晰、容易理解的问题，这样的问题将会得到清晰、容易理解的回答。

第五节　市场需求预测

一、市场需求预测概念

科学的营销决策，不仅要以市场营销调研为出发点，而且要以市场需求预测为依据。市场需求预测是在营销调研的基础上，运用科学的理论和方法，对未来一定时期的市场需求量及影响需求的诸多因素进行分析研究，寻求市场需求发展变化的规律，为营销管理人员提供未来市场需求的预测性信息，作为营销决策的依据。

全面而正确地理解市场需求预测的定义，应把握以下几点：

(1) 市场需求预测是探索市场发展规律的一种行为。

(2) 市场需求预测要有充分依据，要在掌握系统、准确的信息资料的基础上进行，要在充分的市场营销调研的基础上进行。

(3) 市场需求预测要运用科学的、先进的方法。

(4) 预测过程一般要经历三个阶段：一是详尽地占有信息资料，并进行去粗取精、去伪存真的加工整理；二是运用科学方法进行加工计算和科学分析，去寻找事物发展的客观规律，并用适当方式去表述这种规律，即我们常说的建立预测模型；三是利用反映客观规律的各种模型去预测未来。

【案例4-5】　　　　宝洁公司对婴儿一次性尿布的市场预测

1956年，宝洁公司开发部主任维克·米尔斯在照看其出生不久的孙子时，深切感受到一篮篮脏尿布给家庭主妇带来的烦恼。洗尿布的责任给了他灵感。于是，米尔斯就让手下几个最有才华的人研究开发一次性尿布。

一次性尿布的想法并不新鲜。事实上，当时美国市场上已经有好几种牌子了。但市场调研显示：多年来这种尿布只占美国市场的1%。原因首先是价格太高；其次是父母们认为这种尿布不好用，只适合在旅行或不便于正常换尿布时使用。调研结果：一次性尿布的市场潜力巨大。美国和世界许多国家正处于战后婴儿出生高峰期。将婴儿数量乘以每日平均需换尿布次数，可以得出一个大得惊人的潜在销量。

宝洁公司产品开发人员用了一年的时间，最初样品是在塑料裤衩里装上一块打了褶的吸水垫子。但在1958年夏天现场试验结果，除了父母们的否定意见和婴儿身上的痱子以外，一无所获。

1959年3月，宝洁公司重新设计了它的一次性尿布，并在实验室生产了37 000个样品，拿到纽约州去做现场试验。这一次，有三分之二的试用者认为该产品胜过布尿布。降低成本和提高新产品质量，比产品本身的开发难度更大。到 1961 年 12 月，这个项目才进入了能通过验收的生产工序和产品试销阶段。

公司选择地处美国最中部的城市皮奥里亚试销这个后来被定名为"娇娃"(Pampers)的产品，发现皮奥里亚的妈妈们喜欢用"娇娃"，但不喜欢 10 美分一片尿布的价格。在其他 6 个地方进行的试销进一步表明，定价为 6 美分一片，就能使这类新产品畅销。宝洁公司把生产能力提高到使公司能以该价格在全国销售娇娃尿布的水平。

娇娃尿布终于成功推出，直至今天仍然是宝洁公司的拳头产品之一。

二、市场需求预测类型

市场需求预测的种类很多，可以用不同的指标来划分。

(一) 按照预测期划分

预测期是指预测时间的长短，按照预测期划分，市场需求预测可分为长期预测、中期预测和短期预测。

(1) 长期预测。长期预测一般是指预测期在 5 年和 5 年以上的预测。长期预测是企业制定长远规划的科学依据。

(2) 中期预测。中期预测一般是指预测期在 1 年以上、5 年以下的预测。它将为实现 5 年规划或长远规划编制的实施方案提供依据。

(3) 短期预测。短期预测一般是指年度、季度或月度的预测。它是为近期安排生产、制定营销决策、解决近期市场出现的突出问题而采取的措施提供依据。

(二) 按照预测范围规划

按照预测范围划分，预测可分为国际市场预测、国内市场预测和地区市场预测。

(1) 国际市场预测。国际市场预测是对国际营销环境的发展趋势及国际市场潜力等做出的预测。

(2) 国内市场预测。国内市场预测是对某一类产品的国内需求及市场竞争态势等的预测。

(3) 地区市场预测。地区市场预测是对企业在某个地区的目标市场的预测，包括地区的市场潜力、企业产品的销售趋势等的预测。

(三) 按照预测性质划分

按照预测性质划分，预测可分为定性预测和定量预测。

(1) 定性预测。定性预测是对未来市场的发展趋势在性质上或程度上给出的预测。

(2) 定量预测。定量预测是利用历史统计数据，建立预测模型，对未来市场的发展趋势在数量上予以估计。

三、市场需求预测步骤

市场需求预测的一般步骤大致可以分为以下几方面：

(1) 确定市场需求预测的目的。这是进行市场需求预测的首要问题，确定市场需求预测的目的就是明确市场需求预测所要解决的问题是什么，只有确定了预测的目的，才能进一步落实预测的对象、内容，选择适当的预测方法，调研或搜集必要的资料，才能决定预测的水平和所能达到的目标。确定市场需求预测的目的，主要是根据商品生产和营销决策的要求，针对不同的需要进行不同的市场预测，要求做到具体明确。

(2) 调研、收集、整理市场需求预测所需资料。市场需求预测所需资料的调研、收集和整理是市场需求预测的一个非常重要的步骤。市场需求预测能否完成、预测结果准确程度的高低、预测是否符合市场现象的客观实际表现等，在很大程度上取决于预测者是否占有充分的、可靠的历史和现实的市场资料。因此市场需求预测必须以充分的历史和现实资料为依据：① 历史资料，是指预测期以前的各种有关的市场资料，这些资料是反映市场或影响市场的各种重要因素的历史状况和发展变化规律的。② 现实资料，是指进行预测时或预测期内市场及各种影响因素的资料。它一般是预测者根据需要对市场进行调研的结果，也可以是各种调研机构的已有资料。市场预测必须搜集有关现实资料，才能使市场预测的结果既不脱离市场现象的长期发展规律，又能对市场的现实变化做出及时的反应，使市场预测结果更加符合客观实际。

(3) 对资料进行周密分析，选择适当的预测方法。对市场需求预测的资料进行周密分析，主要是分析研究市场现象及各种影响因素是否存在相关关系，其相关的紧密程度、方向、形式等如何，还要对市场现象及各种影响因素的发展变化规律和特点进行分析。在市场需求预测中，只有根据对资料的周密分析、选择适当的方法，才能正确地描述市场现象的客观发展规律，才能发挥各种预测方法的特点和优势，对市场现象的未来表现做出可靠的预测。

(4) 根据市场预测模型确定预测值，并测定预测误差。在建立了适当的预测模型后，就可以运用这一模型来计算某预测期的预测值。需要注意的是这一预测值是一个估计值，因此它与实际值之间会出现一定误差，因而我们在计算预测值的同时，还要测定预测值与实际值之间的误差。

(5) 检验预测成果，修正预测值。市场需求预测者必须根据市场现实情况的变化，适当地对预测值加以修正，使之更加符合市场发展变化的实际。

四、市场需求预测方法

市场需求预测方法主要有定性预测方法和定量预测方法。

定性预测方法就是依靠熟悉业务知识，具有丰富经验和综合分析能力的人员或专家，根据已经掌握的历史资料和直观材料，运用知识、经验和分析判断能力，对事物的未来发展趋势做出性质和程度上的判断。然后，再通过一定的形式，综合各方面的判断，得出统一的预测结论。定性预测方法主要包括经验估计法和调研预测法。定性预测偏重于事物发展性质上的分析，主要凭知识、经验和人的分析能力，是一种很实用的预测方法，也是市场预测中应用较广泛的基本方法。

定量预测方法是利用已经掌握的比较完备的历史统计数据，凭借一定的数理统计方法和数学模型，寻求有关变量之间的规律性联系，用来预计和推测市场未来发展变化趋势的一种预测方法。在历史统计数据比较完备、准确，市场发展变化的环境和条件比较稳定，产品处于生命周期的成长期或成熟期，预测对象与某些相关因素之间呈现比较明显的趋势性变化等情况下，运用定量预测方法是比较适宜的。当然，需要注意的是，定性预测方法一定要与定量预测方法配合使用。

(一) 定性预测方法

1. 专家预测法

专家预测法是指由专家来进行预测的一种方法。它可以分为两种方式：一是组织有关专家，进行调研研究，然后通过座谈讨论得出预测的结论。二是德尔菲法。运用这种方法时，由协调者以函件形式，向互相不见面的有关专家发出问题表，要求专家对问题表所列示的问题做出明确回答，收回的答卷经协调者归纳整理和分析后，再将结果以函件形式发送给有关专家。如此反复几次。在此期间，专家可以根据上轮归纳的结果，修改或坚持自己的意见，并提出坚持或修改的理由。采用这种方法需运用特制的调研表格和综合、归纳、整理的科学方法。

德尔菲法实际上就是专家小组法，或专家意见征询法。这种方法是按一定的程序，采用背对背的反复函询的方式，征询专家小组成员的意见，经过几轮的征询与反馈，使各种不同的意见渐趋一致，经汇总和用数理统计方法进行收敛，得出一个比较合理的预测结果供决策者参考。这种方法是由美国兰德公司在 20 世纪 40 年代首创和使用的，最先用于科技预测，后来在市场需求预测中也得到广泛应用。德尔菲法具有匿名性、反馈性、收敛性特点。实施德尔菲法的步骤：

(1) 成立预测课题小组，确定预测目标。

(2) 选择和邀请专家。

(3) 设计征询表。

(4) 逐轮咨询和信息反馈。

(5) 采用统计分析方法对预测结果进行定量评价和表述。

2. 销售人员意见综合预测法

这里所指的销售人员除了直接从事销售的人员，还包括管理部门的工作人员和销售主管等人员。销售人员意见综合法在实施中要求每一位预测者给出各自销售额的最高预测值、最低预测值、最可能预测值，并且就预测的最高、最低、最可能出现的概率达成共识，进而加权预测的一种方法。

3. 购买意向调研预测法

购买意向调研预测法是在市场研究中最常用的一种市场需求预测方法。这种方法以问卷形式征询潜在的购买者未来的购买量，由此预测出市场未来的需求量。由于市场需求是由未来的购买者实现的，因此，如果能征询到潜在的购买者如实反映购买意向的话，那么据此所做出的市场需求预测将是相当有价值的。

(二) 定量预测方法

1. 时间序列法

时间序列，也叫时间数列、历史复数或动态数列。它是将某种统计指标的数值，按时间先后顺序排列所形成的数列。时间序列预测法就是通过编制和分析时间序列，根据时间序列所反映出来的发展过程、方向和趋势，进行类推或延伸，借以预测下一段时间或以后若干年内可能达到的水平。其内容包括：收集与整理某种社会现象的历史资料；对这些资料进行检查鉴别，排成数列；分析时间数列，从中寻找该社会现象随时间变化而变化的规律，得出一定的模式；用此模式去预测该社会现象将来的情况。

时间序列预测法可用于短期、中期和长期预测。根据对资料分析方法的不同，又可分为简单序时平均数法、加权序时平均数法、简单移动平均法、加权移动平均法、指数平滑法、季节性趋势预测法、市场寿命周期预测法等。

(1) 简单序时平均数法，也称为算数平均法，即把若干历史时期的统计数值作为观察值，求出算术平均数作为下期预测值。这种方法基于以下假设："过去这样，今后也将这样"，把近期和远期数据等同化和平均化，因此只能适用于事物变化不大的趋势预测。如果事物呈现某种上升或下降的趋势，就不宜采用此法。

(2) 加权序时平均数法，就是把各个时期的历史数据按近期和远期影响程度进行加权，求出平均值，作为下期预测值。

(3) 简单移动平均法，就是相继移动计算若干时期的算术平均数作为下期预测值。

(4) 加权移动平均法，即将简单移动平均数进行加权计算。在确定权数时，近期观察值的权数应该大些，远期观察值的权数应该小些。

上述几种方法虽然简便，能迅速求出预测值，但由于没有考虑整个社会经济发展的新动向和其他因素的影响，所以准确性较差。应根据新的情况，对预测结果做必要的修正。

(5) 指数平滑法，即根据历史资料的上期实际数和预测值，用指数加权的办法进行预测。此方法实质是由加权移动平均法演变而来的一种方法，优点是只要有上期实际数和上期预测值，就可计算下期的预测值，这样可以节省很多数据和处理数据的时间，减少数据的存储量，方法简便，是国外广泛使用的一种短期预测方法。

(6) 季节性趋势预测法，即根据经济事物每年重复出现的周期性季节变动指数，预测其季节性变动趋势。推算季节性指数可采用不同的方法，常用的方法有季(月)别平均法和移动平均法两种：① 季(月)别平均法，就是把各年度的数值分季(或月)加以平均，除以各年季(或月)的总平均数，得出各季(月)指数。这种方法可以用来分析生产、销售、原材料储备、预计资金周转需要量等方面的经济事物的季节性变动。② 移动平均法，即应用移动平均数计算比例，求典型季节指数。

(7) 市场寿命周期预测法，就是对产品市场寿命周期的分析研究。例如对处于成长期的产品预测其销售量，最常用的一种方法就是根据统计资料，按时间序列画成曲线图，再将曲线外延，即得到未来销售发展趋势。最简单的外延方法是直线外延法，适用于对耐用消费品的预测。这种方法简单、直观、易于掌握。

2．因果分析法

因果分析法，是从事物变化的因果关系的规定性出发，用统计方法寻求市场变量之间依存关系的数量变化函数表达式的一类预测方法。这类预测方法，在市场需求预测中常用的方法有两种：回归分析法和经济计量法。

(1) 回归分析法。当预测目标变量(称因变量)由于一种或几种影响因素变量(称自变量)的变化而发生变化，根据某一个自变量或几个自变量的变动，来解释推测因变量变动的方向和程度，常用回归分析法建立数学模型。回归方程是指在掌握大量观察数据的基础上，利用数理统计方法建立因变量与自变量之间的回归关系函数表达式，来描述它们之间数量上的平均变化关系，这种函数表达式称回归方程式。回归分析中，当研究的因果关系只涉及因变量和一个自变量时，称为一元回归分析；当研究的因果关系涉及因变量和两个或两个以上自变量时，称为多元回归分析。回归分析中，又依据描述自变量与因变量之间因果关系的函数表达式是线性的，还是非线性的，分为线性回归分析和非线性回归分析。线性回归分析是最基本的方法，也是市场需求预测中的一种重要预测方法。

(2) 经济计量法。在市场经济条件下，市场作为社会经济活动的基本场所，它一方面是企业营销活动的环境，另一方面也将社会经济系统视为其环境。这种市场现象间的系统关系，使市场变量间的某些因果关系不能只研究自变量对因变量的影响，而忽视因变量对自变量的逆向影响或各种自变量之间的相互影响。这样一种市场变量间相互依存的复杂关系，回归分析法往往就不能对其做出系统描述。经济计量法就是揭示这类市场变量间复杂因果关系、数量变化关系的方法。经济计量法，是在以经济理论和事实为依据的定性分析基础上，利用数理统计方法建立一组联立方程式，来描述预测目标与相关变量之间经济行为结构的动态变化关系。这组联立方程式称为经济计量模型。

因果分析法预测应用的基本思路是：首先，通过对市场经济现象之间因果关系的分析探讨，说明现象之间相互联系的规律性；然后，选择恰当数学模型描述因果关系主要变量间的关系形态；最后，根据数学模型预测市场发展前景及可能达到的水平。因果关系分析应用步骤大致如下：

第一，利用资料分析市场现象之间的因果关系、确定预测目标以及因变量和自变量。分析市场现象因果关系必须做到：① 凭借人们拥有的经验、知识以及思维判断能力，对预测问题在质的分析基础上，明确表征预测目标的运动规律以及影响其变化的因素等诸多市场变量。② 选定因变量和自变量。通常情况下：表征预测目标的变量称因变量(如卷烟零售量或额)；表征影响预测目标变化的各种因素的变量称自变量。从市场需求预测过程来讲，明确预测目标选定因变量是首要任务，但能从众多影响预测目标的因素中选定参与预测的自变量，是保证预测结果可信度的关键。

第二，根据变量之间的因果关系类型，选择数学模型，并经过运算，求出有关参数，通过统计检验建立预测模型。

第三，预测分析，确定预测值市场的客观经济现象是十分复杂的，数学预测模型只能明确、形象地显示出市场从过去至现在发展过程中有关事件观察数据中呈现的因果关系，而如何确定符合市场需要及其变化客观实际的预测值，还需要预测者掌握丰富的市场信息，依靠个人的经验和分析判断能力，最后做出科学判断。运用定量分析中的因果分析法进行市场预测时，同时还需要与质的分析相结合，把各种主要因素考虑进去，参照已经出现和正在出现的可能性，综合分析判断，对预测模型计算出来的预测值做适当的调整，确定最终预测值，使预测结果更接近实际。

✦✦✦✦✦　本 章 小 结　✦✦✦✦✦

信息是事物运动状态以及运动方式的表象。广义的信息由数据、文本、声音和图像四种形态组成，主要与视觉和听觉密切相关。营销信息系统是从了解市场需求情况、接受消费者订货开始，直到产品交付消费者使用，为消费者提供各种产品或服务为止的整个市场营销活动过程中有关的市场信息搜集和处理的过程。营销决策所需的信息一般来源于企业内部报告系统、营销情报系统、营销调研系统，再经过营销分析系统，由此共同构成企业的营销信息系统。

市场营销调研信息系统是由人员、设备和程序所构成的一个互相作用的连续复合体。其基本任务是及时、准确地收集、分类、分析、评价和提供有用的信息，供市场营销决策者用于制定或修改市场营销计划，执行和控制市场营销活动。市场营销调研类型包括：探索性调研、描述性调研、解释性调研和预测性调研。市场营销调研内容包括：消费者的调研、产品的调研、价格的调研、促销的调研、销售渠道的调研、竞争的调研。市场营销调研步骤可以分为：明确调研问题和目的、制定调研方案、收集资料、整理分析资料、撰写调研报告。

市场营销调研方法主要有一手资料调研法和二手资料调研法，其中一手资料调研法包括：访谈法、观察法和实验法。调研问卷设计原则有：合理性、一般性、逻辑性、明确性、非诱导性、便于整理和分析。调研问卷的一般结构包括标题、说明、甄别、主体、编码号、背景资料和致谢语七项内容。市场营销调研问卷提问形式有开放式和封闭式两种。

市场需求预测是在营销调研的基础上，运用科学的理论和方法，对未来一定时期的市场需求量及影响需求的诸多因素进行分析研究，寻求市场需求发展变化的规律，为营销管理人员提供未来市场需求的预测性信息，作为营销决策的依据。市场需求预测的一般步骤大致可以分为以下几方面：① 确定市场需求预测的目的。② 调研、收集、整理市场需求预测所需资料。③ 对资料进行周密分析，选择适当的预测方法。④ 根据市场需求预测模型确定预测值，并测定预测误差。⑤ 检验预测成果，修正预测值。

市场需求预测方法主要有定性预测方法和定量预测方法。定性预测方法包括：专家预测法、销售人员意见综合预测法、购买意向调研预测法。定量预测方法有时间序列法和因果分析法。

✦✦✦✦✦ 课 后 习 题 ✦✦✦✦✦

一、单项选择题

1. 可以作为一种非正式的，建立在二手资料的基础上，小范围的调查方式是(　　)。

    A. 描述性调查 　　　　　　　　　　B. 探测性调查

    C. 因果调查 　　　　　　　　　　　D. 预测性调查

2. 本次调查为了了解某市上网人口数、上网人口的特性、上网方式、上网使用时间与时段及相关网络使用行为，以了解目前网络使用人口的组成特性与使用状况，这属于(　　)。

    A. 解释性调研 　　　　　　　　　　B. 预测性调研

    C. 探索性调研 　　　　　　　　　　D. 描述性调研

3. 找出关联现象或变量之间的因果关系的市场营销调研，称为(　　)。

A．解释性调研 　　　　　　　　B．预测性调研

C．探索性调研 　　　　　　　　D．描述性调研

4．进行(　　)，方法要尽量简单，时间要短，关键是发现问题。

A．描述性调查 　　　　　　　　B．探索性调查

C．预测性调查 　　　　　　　　D．解释性调查

5．(　　)可以节省调查的费用和精力。

A．一手资料的收集 　　　　　　B．采用普查方法收集资料

C．采用个人访谈法收集资料 　　D．二手资料收集

6．用于验证因果关系，发现内在规律主要采用的市场营销调研方法是(　　)。

A．实验法 　　　　　　　　　　B．观察法

C．询问法 　　　　　　　　　　D．案头调研法

7．适用于调研市场营销策略、销售方法、广告效果以及各种营销因素的变动对销售的影响的方法是(　　)。

A．案头调研法 　　　　　　　　B．观察法

C．询问法 　　　　　　　　　　D．实验法

8．调查某城市6000户居民购买电脑的需求，按照居民的家庭收入分为5类，然后在每一类中按照比例抽取相应样本的方法称为(　　)。

A．简单随机抽样 　　　　　　　B．分群抽样

C．等距离抽样 　　　　　　　　D．分层抽样

9．在非随机抽样方法中最为简单的一种方法是(　　)。

A．判断抽样法 　　　　　　　　B．配额抽样法

C．分层抽样法 　　　　　　　　D．任意抽样法

10．以下不属于营销系统的子系统的是(　　)。

A．内部报告系统 　　　　　　　B．营销情报系统

C．营销调研系统 　　　　　　　D．营销评价系统

11．下列不属于企业收集一手资料的主要方法的是(　　)。

A．访谈法 　　　　　　　　　　B．观察法

C．实验法 　　　　　　　　　　D．文案调研法

12．问卷设计中如果出现"大家普遍认为A牌子的卷烟口感好，您的印象如何？"这样的问题，你觉得(　　)。

A．问题具有诱惑性 　　　　　　B．使用了含糊不清的句子

C．问题没有很好的界定 　　　　D．没有不妥

13．下列说法错误的是(　　)。

A．任意抽样一般适宜非正式的探测性调查，当调查总体中的每一个个体都同质时才会采用

B．判断抽样法受调查者自身的经验和能力影响比较大

C．配额抽样也存在调查者的主观影响的问题

D．任意抽样经常在正式调研中被采用

14．问卷设计中，如果出现"您是否经常购买烟卷？"这样的问题，你觉得(　　)。

  A．没有不妥   B．用词不确切

  C．问题具有引导性   D．问题没有很好的界定

15．"你认为现在 A 产品要增加促销力度还是减小促销力度？"这个问句存在( )问题。

  A．问题具有引导性   B．使用了含糊不清的句子

  C．缺少选项   D．没有不妥

16．下列不属于封闭式问题特点的是( )。

  A．答案标准化、方便回答

  B．易于进行各种统计处理和分析

  C．回答者只能在规定的范围内被迫回答

  D．方便调查人员收集足够全面的答案

17．封闭式问题的答案不宜超过( )。

  A．5 个   B．10 个

  C．4 个   D．15 个

18．( )是一种无结构的、直接的、个人的访问，在访问过程中，一个掌握高级技巧的调研员深入访谈一个被调研者，以揭示对某一问题的潜在动机、信念、态度和感情。

  A．专家调研法   B．德尔菲法

  C．深度访问法   D．电话访问法

19．聘请一批专家以相互独立的匿名形式就预测内容各自发表意见，并反复多次修改各自意见，最后由预测者综合确定市场预测的结论，这是( )。

  A．因果分析法   B．德尔菲法

  C．时间序列法   D．经济计量法

20．( )的最大缺陷是回收率低。

  A．电话访谈问卷   B．小组讨论问卷

  C．邮寄访问问卷   D．个人访问问卷

二、多项选择题

1．信息按照内容可以划分为三类，分别是( )。

  A．传闻   B．消息   C．隐私

  D．资料   E．知识

2．下列关于市场调研叙述正确的是( )。

  A．探索性调研的目的是解决"存在的是什么问题"

  B．描述性调研大多作为一个大型市场营销调研项目的前奏

  C．描述性调研的目的是解决"存在的问题是什么情况"

  D．描述性调研与探索性调研相比，研究的问题更加具体

  E．解释性调研的目的在于寻求现象关系存在的条件

3．市场营销信息系统由( )所构成。

  A．内部报告系统   B．外部报告系统   C．营销调研系统

  D．营销情报系统   E．营销分析系统

4. 市场营销调研根据调研的目的可以分为(　　)。
   A．探索性调研　　　　　　B．描述性调研　　　　　　C．临时性调研
   D．解释性调研　　　　　　E．预测性调研
5. 问卷设计中最基本的原则是(　　)。
   A．要使被调查者容易并且能充分理解问句的含义
   B．要使被调查者能够并且愿意回答问题
   C．要对问句确定界限，避免混淆
   D．问句要尽量获得具体或事实的答案
   E．问句要克服偏差，追求精确
6. 以下属于定性预测法的是(　　)。
   A．专家预测法　　　　　　B．购买意向调研预测法　　C．时间序列法
   D．销售人员意见综合预测法　　　　E．因果分析法
7. 以下属于定量预测法的是(　　)。
   A．专家预测法　　　　　　B．购买意向调研预测法　　C．时间序列法
   D．销售人员意见综合预测法　　　　E．因果分析法
8. 以下属于时间序列法的是(　　)。
   A．回归分析法　　　　　　B．趋势预测法　　　　　　C．指数平滑法
   D．经济计量法　　　　　　E．移动平均法
9. 以下属于因果关系分析法的是(　　)。
   A．回归分析法　　　　　　B．趋势预测法　　　　　　C．指数平滑法
   D．经济计量法　　　　　　E．移动平均法
10. 市场调研法中属于一手资料法的是(　　)。
   A．实验法　　　　　　　　B．访问法　　　　　　　　C．内部资料
   D．外部资料　　　　　　　E．观察法

三、名词解释

市场营销调研　　　　专家预测法　　　　德尔菲法　　　　观察法
实验法　　　　　　　探索性调研　　　　解释性调研　　　预测性调研
描述调研　　　　　　时间序列法

四、简答题

1. 简述市场营销调研的步骤。
2. 简述问卷设计的主要步骤。
3. 简述问卷设计的原则。
4. 简述市场营销信息系统的构成。
5. 简述市场需求预测的步骤。

五、论述题

1. 论述一份完整问卷的结构内容和基本要求。
2. 论述市场营销调研报告的基本结构。

六、案例分析

广州 A 酒业公司的一次市场营销调研活动

广州 A 酒业公司是澳洲 B 集团在亚太地区的代理商。A 公司运作之初的业务模式为：从澳洲进口品牌瓶装酒，请一个业务团队，寻找经销商，寻找销售终端。但是经营效果并不明显，业务开展异常艰难。这就是 A 酒业公司委托专业调研机构调研公司所处困境的原因。

调研机构首先对广东红酒市场做了一次系统的市场营销调研。调研包括对红酒销售终端、红酒销售商的问卷调研、专家访谈等。最后对市场上成功的进口酒企业进行业务模式的总结：有自己可控的销售渠道，如龙城酒业的金蝴蝶，可以掌控自有分销网络渠道；有自己可控的销售终端，如俊德酒业连锁；有足够的资金流和品牌度，如上海建发酒业，集团足够强大，代理产品基本都是国外一线品牌。调研机构在调研中发现澳洲的品牌酒在内地基本是一个新品牌，品牌知名度不高。在随后对 A 公司现状进行的调研中了解到 A 公司上述三点都不完全具备。为此，想要突破业务瓶颈，需要对业务模式进行重建和创新。调研中得知澳洲 B 集团拥有自己的葡萄基地，年产葡萄原浆可达 2000 万吨以上。根据上面的信息，调研公司进行二次调研，发现中国内地的原浆进口异常巨大，而且增长迅速，但是目前中国内地缺乏专业的原浆进口商。

鉴于以上市场调研的结果，A 公司的业务模式如下：企业战略定位为专业葡萄原浆供应商；客户精准定位为葡萄酒生产营销企业。同时，也对客户的地理分布进行了精准定位——中国十大葡萄生产地附近的葡萄酒厂和沿海发达城市的进口酒营销企业。

通过市场调研，A 公司重建企业的业务模式，精准地锁定了目标客户群体，为企业未来的发展指明了道路。

案例思考题：

1. 常用的市场营销调研方法主要有哪些？
2. 广州 A 酒业公司的这次市场营销调研活动成功之处在哪些方面？

市场竞争战略分析

知识目标 ✍

理解市场竞争者分析的重要性，掌握识别市场竞争者的方法；理解总成本领先战略、差异化战略以及集中化战略概念，并掌握三种战略之间的差异性；熟悉市场领导者、市场挑战者、市场追随者、市场补缺者概念，并掌握各自的特点和相应的营销策略。

能力目标 📄

明确企业对竞争对手分析的必要性；明确如何确定企业竞争对手的具体竞争战略，掌握企业如何根据自身在市场所处的竞争地位，制定自身对应的竞争战略和市场策略。

关键术语 📖

完全垄断、寡头垄断、垄断竞争、完全竞争、总成本领先战略、差异化战略、集中化战略、市场领导者、市场挑战者、市场追随者、市场补缺者。

导入案例 🖋

弗纳斯："夹缝里求生存"

在世界软饮料市场，也许人们所熟悉的就只是可口可乐和百事可乐，它们似乎成了这一行业的代名词。即便是美国人也可能从来没有听说过弗纳斯(Vernor's)姜汁酒，但是弗纳斯不仅生存了下来，而且繁荣兴旺。对许多与弗纳斯一道长大的底特律人来说，弗纳斯姜汁酒无与伦比。他们凉着喝，热着饮；早晨喝，中午喝，晚上还喝；夏天喝，冬天也喝；喝瓶装的，也在冷饮柜台喝。他们喜欢气泡冒到鼻尖上痒痒的感觉。他们还说，如果没尝过上面浮有冰淇淋的弗纳斯姜汁酒就算白活了。对许多人来说，弗纳斯姜汁酒甚至还有少许疗效，如他们用暖过的弗纳斯姜汁酒治小孩吃坏的肚子或者缓解喉咙的疼痛。对绝大多数底特律成年人来说，弗纳斯那种熟悉的绿黄相间的包装带给他们许多童年时的美好记忆。

当你在比较弗纳斯和可口可乐时，禁不住要问：弗纳斯是如何生存的？可口可乐每年花掉近 3.5 亿美元做软饮料广告，而弗纳斯只花 100 万美元。可口可乐有一系列品牌和派生品牌，如可口可乐经典、可口可乐Ⅱ、樱桃可口可乐、低卡可口可乐、无咖啡因可口可乐、雪碧、特伯、甘美黄、小姐人苏打水等。而弗纳斯只有两种形式：原汁的和低卡的。

可口可乐巨大的销售商推销力量以大幅折扣和促销折扣来摆布零售商；而弗纳斯只有小额市场营销预算，并且对零售商没有多少影响。如果你能幸运地在当地超市里找到弗纳斯姜汁酒，它通常和其他特殊饮料一起被放在货架的最底层。甚至在公司有很大把握的底特律市场，零售店通常也只给弗纳斯少些货架面，而许多可口可乐品牌会有50%~100%的货架面。

但是，弗纳斯不仅生存了下来，而且繁荣兴旺。这是怎样办到的呢？弗纳斯没有在主要软饮料细分市场与较大的企业直接较量，而是在市场中"见缝插针"。它集中力量满足弗纳斯忠实饮用者的特殊需要。弗纳斯明白它永远不可能真正挑战可口可乐以获得软饮料市场较大的占有率。但它同样明白可口可乐也永远不可能创造另一种弗纳斯姜汁酒，至少在弗纳斯饮用者的心目中是这样。只要弗纳斯继续满足这些特殊消费者，它就能获得一个虽小但能获利的市场份额。而且，对这个市场中的"小"是绝对不能嗤之以鼻的，因为1%的市场占有率就等于5亿美元的零售额。因此，通过选择合适的目标市场，弗纳斯在软饮料巨人的阴影下茁壮成长。

第一节　市场竞争者分析

竞争是市场经济的基本特性。市场竞争所形成的优胜劣汰，是推动市场经济运行的强制力量，它迫使企业不断研究市场、开发新产品、改进生产技术、更新设备、降低经营成本、提高经营效率和管理水平，获取最佳效益并推动社会的进步。在发达的市场经济条件下，任何一个企业都处于竞争者的重重包围之中，竞争者的一举一动对企业的营销活动和效果具有决定性的影响。企业必须认真研究竞争者的优势与劣势、竞争者的战略与策略，明确自己在竞争中所处的地位，有的放矢地制定竞争战略，才能在激烈的竞争环境中求得生存和发展。

一、竞争者识别

"知己知彼"是竞争市场的重要原则，一个企业参与市场竞争，不但要了解谁是自己的目标消费者，而且还要弄清楚谁是自己的竞争对手。识别竞争对手看起来似乎是企业的一项简单任务，然而，企业的竞争者范围极其广泛，如果不能正确地加以识别，企业往往就会患上"竞争者近视症"。企业甚至有可能"葬送"在潜在竞争者，而不是现有竞争对手的手里。找出企业真正的竞争对手并不是一件容易的事，因为企业面临的是一个错综复杂的环境。市场的发展状态具有一定的客观性，企业必须尊重现实，要有长远的眼光，从行业竞争和业务范围的角度识别竞争对手。

(一) 从行业方面识别企业的竞争者

不同的行业中，竞争特点和竞争者行为是不同的。决定行业结构的主要因素有竞争者的数量、企业规模、产品的差异性等。根据这些因素，行业结构可以分为完全垄断、寡头垄断、垄断竞争和完全竞争四种类型。

1. 完全垄断

完全垄断是指在一定地理范围内，某一行业只有一家企业供应产品或服务，不存在替代品生产企业。从理论上讲，企业可以自由决定产品的供给数量和价格。形成完全垄断的原因主要有：独家企业控制了生产某种产品的全部资源或基本资源的供给；独家企业拥有生产某种产品的专利权或有政府的特许；自然垄断。但在现实的经济生活中，绝对符合完全垄断条件的市场几乎是不存在的。完全垄断也是理论分析中的一种极端行业结构。例如，公用事业(如水、电等)可以近似看作完全垄断类型。

2. 寡头垄断

寡头垄断是指某一行业内少数几家大企业提供产品或服务，占绝大部分市场并相互竞争的行业结构。它可以分为完全寡头垄断和不完全寡头垄断。

完全寡头垄断也称为无差别寡头垄断，是指某一行业内少数几家大企业提供的产品或服务占据大部分市场，并且消费者认为各企业的产品没有差别，对不同品牌的产品无特殊偏好。比如钢铁、水泥、铝、轮胎、石油等行业可以看成是无差别寡头垄断。在这种情况下，寡头垄断企业变动产品价格，会引起竞争者的强烈反应。寡头企业之间的相互牵扯导致每个企业只能按照行业的现行价格水平定价，不能随意变动，竞争的手段主要是改善管理、降低成本、增加服务。

不完全寡头垄断也称为差别寡头垄断，是指某一行业内少数几家大企业提供的产品或服务占据绝大部分市场，并且消费者认为各企业的产品在质量、性能、款式或服务等方面存在差异，对某些品牌形成特殊偏好，其他品牌不能代替。比如冰箱、汽车、飞机、计算机、手机等行业多为差别寡头垄断，消费者愿意以高于同类产品的价格购买自己喜爱的品牌。在这种情况下寡头垄断企业对自己的产品具有垄断性，可以制定较高的价格以增加利润。寡头企业之间竞争的焦点不是价格，而是在产品的特色上寻求差异化。

3. 垄断竞争

垄断竞争是指一个行业中，许多卖方生产和销售有差别的同种产品，但这些有差别的产品之间又具有一定的替代性。比如，牛肉面和鸡丝面是有差别的同种产品，二者具有较密切的替代性。该种行业结构的特点是：存在着大量的卖方；提供的产品不是同质的，存在着一定的差别，并且存在一定的替代性；卖方可以在一定程度上控制价格；进出行业的壁垒几乎不存在，比较容易进入和退出。在这种情况下，企业竞争的焦点是扩大本企业品牌和竞争品牌的差异，突出特色，更好地满足目标市场的需求以获得溢价。在现实生活中，垄断竞争是一种普遍存在的行业结构，尤其在日用消费品市场、零售业和服务行业中广泛存在。

4. 完全竞争

完全竞争是指某一行业内有许多卖主且相互之间的产品没有差异。完全竞争大多存在于均质产品市场，如大多数农产品。在这种情况下，没有一家企业能够影响和控制市场的价格水平，所有企业都只能是市场价格的接受者，买卖双方也只能按照供求关系确定的现行市场价格来进行交易。企业竞争的焦点是降低成本、增加服务来保持竞争优势。

(二) 业务范围导向与竞争者识别

每个企业都要根据内部和外部条件确定自身的业务范围，并随着实力的增加而扩大业务范围。企业在确定和扩大业务范围时都自觉或不自觉地受到一定导向支配，导向不同，竞争者识别和竞争战略就会不同。

1．产品导向与竞争者识别

产品导向是指企业业务范围限定为经营某种定型产品，在不从事或很少从事产品更新的前提下设法寻找和扩大该产品的市场。

企业的每项业务包括四个方面的内容：① 要服务的消费者群。② 要迎合的消费者需求。③ 满足这些需求的技术。④ 运用这些技术生产出的产品。根据这些内容可知，产品导向指企业的产品和技术都是既定的，而购买这种产品的消费者群体和所要迎合的消费者需求却是未定的，有待于寻找和发掘。在产品导向下，企业业务范围扩大指市场扩大，即消费者增多和所迎合消费者的需求增多，而不是指产品种类或花色品种增多。表 5-1 是产品导向的一些例子。

表 5-1 企业业务范围的产品导向定义

公司名称	产品导向定义
铅笔公司	我们生产学生铅笔
自行车公司	我们生产加重自行车
灯具公司	我们生产白炽灯泡
酒厂	我们生产低档白酒

实行产品导向的企业仅仅把生产同一品种或规格产品的企业视为竞争对手。产品导向的适用条件是：市场的产品供不应求，现有产品不愁销路；企业实力薄弱，无力从事产品更新。当原有产品供过于求而企业又无力开发新产品时，主要营销战略是市场渗透和市场开发。市场渗透是设法增加现有产品在现有市场的销售量，提高市场占有率；市场开发是寻找新的目标市场，用现有产品满足新市场的需求。

2．技术导向与竞争者识别

技术导向是指企业业务范围限定为经营用现有设备或技术生产出来的产品。业务范围扩大指运用现有设备和技术或对现有设备和技术加以改进而生产出新的花色品种。对照企业业务的四项内容看，技术导向指企业的生产技术类型是确定的，而用这种技术生产出何种产品、服务于哪些消费者群体、满足消费者的何种需求却是未定的，有待于根据市场变化去寻找和发掘。表 5-2 列举了一些技术导向的例子。

表 5-2 企业业务范围的技术导向定义

公司名称	技术导向定义	产品种类
铅笔公司	我们生产铅笔	学生铅笔、绘画铅笔、绘图铅笔、办公铅笔、彩色铅笔……
自行车公司	我们生产自行车	加重车、轻便车、山地车、赛车……
灯具公司	我们生产灯具	白炽灯、日光灯、吊灯、壁灯、落地灯、医用灯……
酒厂	我们生产白酒	低档酒、中档酒、高档酒、家用酒、礼品酒、宴会酒……

技术导向把所有使用同一技术、生产同类产品的企业视为竞争对手。适用条件是某具体品种已供过于求，但不同花色品种的同类产品仍然有较好的市场前景。与技术导向相适

应的营销战略是产品改革和一体化发展，即对产品的质量、样式、功能和用途加以改革，并利用原有技术生产与原产品处于同一领域的不同阶段的产品。

技术导向未把满足同一需要的其他大类产品的生产企业视为竞争对手，容易发生"竞争者近视症"。比如，钢笔的竞争者包括圆珠笔、铅笔、墨水笔、毛笔和掌上电脑等；打字机生产企业的主要威胁不是来自其他同类企业，而是迅速普及的家用电脑和手提电脑；激光照排的普及淘汰了铅字印刷业。当满足同一需要的其他行业迅猛发展时，本行业产品就会被淘汰或严重供过于求，继续实行技术导向就难以维持企业的生存。

3. 需求导向与竞争者识别

需求导向是指企业业务范围确定为满足消费者的某一需求，并运用可能互不相关的多种技术生产出分属不同大类的产品去满足这一需求。对照业务范围的四项内容来看，需求导向指所迎合的需求是既定的，而满足这种需求的技术、产品和所服务的消费者群体却随着技术的发展和市场的变化而变化。表 5-3 列出了一些需求导向的例子。

表 5-3　企业业务范围的需求导向定义

公司名称	需求导向定义	产 品 种 类
书写用品公司 (原铅笔公司)	我们满足书写需求	铅笔、钢笔、圆珠笔、墨水笔、毛笔、打字机……
短程交通工具公司 (原自行车公司)	我们满足短程交通需求	自行车、助力车、摩托车……
照明用品公司 (原灯具公司)	我们消除黑暗	灯具、发光涂料、夜视镜……
佐餐饮料公司(原酒厂)	我们提供佐餐饮料	白酒、啤酒、红酒、黄酒、果汁、可乐……

根据需求导向确定业务范围时，应考虑市场需求和企业实力，避免过窄或过宽。过窄则市场太小，无利可图；过宽则力不能及。比如，铅笔公司如果将自身业务范围定义为满足低年级学生练习硬笔字的需求则太窄，其他的铅笔市场会被忽视；如果定义为满足人们记录信息的需求则太宽，衍生出许多力不能及的产品，如电脑、录音机等。

实行需求导向的企业把满足消费者同一需求的企业都视为竞争者，而不论他们采用何种技术、提供何种产品。适用条件是市场商品供过于求，企业具有强大的投资能力、运用多种不同技术的能力和经营促销各类产品的能力。如果企业受到自身实力的限制而无法按照需求导向确定业务范围，也要在需求导向指导下密切关注需求变化和来自其他行业的可能的竞争者，在更高的视野上发现机会和避免危险。

需求导向的竞争战略是新产业开发，进入与现有产品和技术无关但满足消费者同一需求的行业。

4. 消费者导向和多元导向

消费者导向是指企业业务范围确定为满足某一群体的需求。业务范围扩大指发展与原先消费者群体有关但与原有产品、技术和需求可能无关的新业务。对照企业业务的四项内容看，消费者导向指企业要服务的消费者群体是既定的，但这一群体的需求有哪些，满足这些需求的技术和产品是什么，则要根据内部和外部条件加以确定。表 5-4 是一些消费者导向的例子。

表 5-4　企业业务范围的消费者导向定义

公司名称	消费者导向定义	产 品 种 类
学生用品公司 (原铅笔公司)	我们满足中小学学习需求	铅笔、钢笔、圆珠笔、墨水笔、毛笔、打字机、学生电脑、练习簿、其他用具……
婴幼儿用品公司 (原玩具公司)	我们满足婴幼儿成长需求	玩具、连环画、服装、食品、日用品……

消费者导向的适用条件是企业在某类消费者群体中享有盛誉和销售网络等优势，并且能够转移到公司的新增业务上。换句话说，该消费者群体出于对公司的信任和好感而乐于购买公司增加经营的与原产品生产技术上有关或无关的其他产品，公司也能够利用原有的销售渠道促销新产品。消费者导向的优点是能够充分利用企业在原有消费者群体中的信誉、业务关系或渠道来销售其他类型产品，减少进入市场的障碍，增加企业销售和利润总量；缺点则是要求企业有丰厚的资金和运用多种技术的能力，并且新增业务若未能获得消费者信任和满意将会损害原有产品的声誉和销售。

多元导向是指企业通过对各类产品市场需求趋势和获利状况的动态分析来确定业务范围，新发展业务可能与原有产品、技术、需求和消费者群体都没有关系。比如宝洁公司经营婴幼儿食品，菲利浦·莫里斯公司经营啤酒、饮料和冷冻食品等。适用条件是企业有雄厚的实力、敏锐的市场洞察力和强大的跨行业经营的能力。多元导向的优点是可以最大限度地发掘和抓住市场机会，撇开原有产品、技术、需求和消费者群体对企业业务发展的束缚；缺点则是新增业务若未能获得市场承认将会损害原成名产品的声誉。

二、竞争者战略和目标判断

识别出竞争者后，还要进一步弄清楚每个竞争者在市场上追求的目标是什么？其竞争战略又是什么？

(一) 分析竞争者的战略

战略群体指在某特定行业内推行相同战略的一组企业。企业最直接的竞争者是那些处于同一行业同一战略群体的企业。区分战略群体有助于认识以下几点：

(1) 进入各个战略群体的难易程度不同。一般小型企业适合于进入投资和声誉都较低的群体，这类群体较容易打入；而实力雄厚的大企业则可以考虑进入竞争性强的群体。

(2) 当企业决定进入某一战略群体时，该群体的成员就成为它的主要竞争对手。因此，它在进入时就必须具有一定的竞争优势，否则很难吸引相同的消费者。

(3) 同一战略群体内的竞争最为激烈。处于同一战略群体的企业在目标市场、产品类型、质量、功能、价格、分销渠道和促销战略等方面几乎无差别，任何一个企业的竞争者战略都会受到其他企业的高度关注，并在必要时做出强烈反应。

(4) 除了在统一战略群体内存在激烈竞争外，在不同战略群体之间也存在竞争。比如，一些战略群体可能具有相同的目标消费者；消费者可能分不清不同战略群体之间的产品区别，如分不清高档产品与中档产品的区别；属于某个战略群体的企业可能会改变战略，进入另一个战略群体。

由于市场环境在不断地变化，企业应该不断审视竞争者的战略，并相应调整自己的战略。

(二) 判断竞争者的目标

所有竞争者的最终目标都是利润，但是每个公司对短期利润和长期利润的重视程度不同，对利润满意程度也不同。有的企业追求利润"最大化"目标，而有些企业追求的是"满意"的利润而不是"最大"的利润，达到预期水平就不再付出更多努力，即使其他战略和努力能够赢得更多的利润也不愿考虑。每个竞争者都有不同的侧重战略目标：获利能力、市场占有率、现金流量、低成本、技术领先、服务领先等。竞争者的目标由许多因素确定，比如，企业的规模、历史、经营管理状况、经济状况等。

分析每个竞争者的战略目标，可以了解它对目前市场地位和利润水平的满意程度，从而推断出竞争者对不同竞争行为的反应。比如，一个以低成本领先为目标的企业对竞争企业在降低成本方面取得突破的反应，要比竞争企业增加广告投入的反应强烈得多。

三、竞争者优势和劣势分析

在市场竞争中，企业需要分析竞争者的优势与劣势，做到知己知彼，才能有针对性地制定正确的市场竞争战略，以避其锋芒、攻其弱点、出其不意，利用竞争者的劣势来争取市场竞争的优势，从而实现企业营销目标。

企业需要估计竞争者的资源和能力，以判断是否能执行和实现自己制定的战略目标，以及对市场竞争的反应程度。企业评估竞争者的实力，可以发现竞争者的优势和劣势。对竞争者的优势，企业可以学习、模仿和改进，力争超过竞争者；对竞争者的劣势，企业可以发起攻击，削弱其市场地位。企业需要收集过去市场中关于竞争者的情报和数据，如销售额、市场份额、毛利润、投资收益、现金流量等，实事求是地对竞争者做出评估。

四、竞争者反应模式假设

当企业采取某些竞争措施和行动后，不同的竞争者往往会有不同的反应。竞争者的反应模式主要有以下几种类型：

(1) 从容型竞争者。一些竞争者反应较弱、行动迟缓，其原因或是认为消费者忠实于自己的产品无须做出反应，或是因重视不够没有发现对手的新措施，或是因缺少资金无法做出反应。

(2) 选择型竞争者。一些竞争者可能会对某些竞争措施反应强烈，而对某些竞争措施不加理会，因为他们认为这些竞争措施对自己威胁不大。

(3) 凶猛型竞争者。一些竞争者可能对任何形式的挑战都迅速而强烈地做出反应。

(4) 随机型竞争者。有些竞争者的反应模式难以捉摸，他们在特定场合可能采取也可能不采取行动，而且无法预料他们将会采取何种行动。

五、选择要攻击或回避的竞争者

对竞争者进行细致全面的分析之后，企业应选择竞争者作为攻击对象或回避的对象，

企业就能集中精力,有效作战。选择竞争者的根据有以下几个方面:

(1) 竞争者的强弱。以较弱的竞争者为攻击目标,在提高市场占有率的每个百分点方面所耗费的资金和时间较少,可以节省时间和资源,事半功倍,但是获利较少;以比较强的竞争者为进攻目标,则可以提高自己的竞争能力并且获利较大。

(2) 竞争者与本企业的相似程度。多数企业主张与相近似的竞争者展开竞争,但又同时认为应避免摧毁相近似的竞争者,因为竞争获胜可能招来更难对付的竞争者。比如,美国博士伦眼镜公司在 20 世纪 70 年代末与其他同样生产隐形眼镜的公司竞争,大获全胜,导致竞争者完全失败而相继并入竞争力更强的大公司,使博士伦公司面对更强大的竞争对手。

(3) 竞争者表现的好坏。波特认为,每个行业都包含"良性"和"恶性"的竞争者。表现良好的竞争者遵守行业规则,按合理的成本定价,有利于行业的稳定和健康发展。它们把自己限制在行业的某部分或某一细分市场中,激励他人降低成本,提高差异化,保持合理的市场份额与利润水平。而具有破坏性的竞争者则不遵守行业规则,它们常常不顾一切地冒险投资,或用不正当手段(如收买、贿赂买方采购人员等)扩大市场份额等,从而扰乱行业的均衡。企业应支持良性竞争者,攻击恶性竞争者。

第二节 竞争战略分析

一、总成本领先战略

总成本领先战略是指企业通过实现规模经营,提高劳动生产率,尽一切可能降低和控制总成本,使企业的全部成本低于竞争对手的成本,达到平均总成本最低化,从而成为行业中的成本领先者的战略。波特认为,规模经济的存在迫使行业新加入者必须以大的生产规模进入,并冒着现有企业强烈反击的风险,或者以小的规模进入,但要长期忍受产品成本高的劣势。

要做到总成本领先,企业必须建立起高效、规模化的生产设施,全力以赴地降低成本,严格控制成本、管理费用及研发、服务、推销、广告等方面的成本费用。为了达到这些目标,企业需要在管理方面对成本给予高度的重视,确保总成本低于竞争对手。

【案例 5-1】　　　　　　**格兰仕的总成本领先战略**

格兰仕无疑是总成本领先战略实施者的典范。广东格兰仕集团是全球最大的规模化、专业化微波炉生产企业,全球市场占有率达 30%,国内市场占有率达到 70%,格兰仕的电气已经覆盖了近 70 个国家和地区,在全球范围内享有极高的声誉。格兰仕的成功与其"全球制造中心"的模式是分不开的,这一模式使得格兰仕很容易实现规模经济效益。例如,在法国,一周生产只有 24 小时,而在格兰仕可以根据需要三班倒,一天可以 24 小时连续生产,美国的企业生产一台微波炉的成本为 800 元,而生产同类型的微波炉格兰仕仅需400~500 元。正是凭借着这种成本优势,格兰仕自 1996 年起就一次又一次挥舞着"价格快刀"，格兰仕生产规模每上一个台阶，价格就大幅下调。例如，当企业生产规模达到 125 万台时，就把出厂价定在规模为 80 万台的企业成本价以下；当规模达到 300 万台时，出厂价则比 200 万台生产规模的企业的成本价还低；目前格兰仕的年生产规模已经达到 1200 万台，出厂价则在 800 万台的规模成本价上。即便这样，企业还有利润，而规模低于 800 万台的企业，多生产一台就多亏损一台。即便有的企业花费巨资获得规模，但整个产业的微利也使竞争对手没有多少利润。因此，格兰仕凭借总成本领先战略，发动历次价格战"清理门户"，并使更多想进入的企业望而却步。

二、差异化战略

所谓差异化战略，是指为使企业产品与竞争对手产品有明显的区别，形成与众不同的特点而采取的一种战略。差异化战略的核心是取得某种对顾客有价值的独特性。差异化战略的方法多种多样，比如产品差异化、服务差异化和形象差异化等。实现差异化战略，可以培养用户对品牌的忠诚。因此，差异化战略是使企业获得高于同行业平均水平利润的一种有效的竞争战略。实现差异化战略可以有许多方式：品牌形象(Mercedes Benz 在汽车业中)、技术特点(Coleman 在野营设备业中)、外观特点(Jenn-Air 在电器领域中)、客户服务(Crown Cork 及 Seal 在金属罐产业中)、经销网络(Caterpillar Tractor 在建筑设备业中)及企业其他方面的独特性。最理想的情况是公司使自己在几个方面都有差异化。比如，卡特彼勒推土机公司(Caterpillar Tractor)不仅以其经销网络和优良的零配件供应服务著称，而且以其极为优质耐用的产品享有盛誉，所有这些对于大型设备都至关重要，因为大型设备使用时发生故障的代价是昂贵的。应当强调的是差异化战略并不意味着公司可以忽略成本，但此时成本不是公司的首要战略目标。

【案例5-2】　　　　　　　苹果公司在差异化战略中涅槃

在企业实施差异化战略上，苹果公司无疑是成功者的典范。20 世纪 90 年代，由于对市场的一系列错误应对和内部组织问题，苹果公司的经营一败涂地。"苹果"这个曾经令众人崇拜的偶像品牌在 1997 年年初，其 PC 市场占有率仅剩 3%，沦为挣扎求生的局面。但当 1997 年具有传奇色彩的乔布斯重新执掌危机四伏的苹果后，实行了大刀阔斧的改革，一切发生了改变。为了彻底改变苹果公司的不良形象，乔布斯决定加大公司的广告投入，1998 年公司的广告预算提高到 1 亿美元，"Think Different"(不同凡想)系列广告的问世将乔布斯对于苹果公司走差异化战略的思想表现得淋漓尽致。该方案是由广告人克劳构思，将"与众不同的思考"(Think Different)的标语，结合许多在不同领域的"创意天才"，包括爱因斯坦、甘地、拳王阿里、查理·布兰森、约翰·蓝侬和大野洋子等人的黑白照片。在各种大型的广告路牌、墙体广告和公交车的车身等随处可见该方案的平面广告。当这个广告刺激消费者去思考苹果计算机的与众不同时，也同时促使人们思考自己的与众不同，以及通过使用苹果电脑，而使得他们成为创意天才。1998 年，乔布斯差异化战略的秘密武器 iMac 尚未正式推出之前便接到 15 万份订单，沉寂了多年的"苹果"重放异彩。其后多种新颜色及加强功能的 iMac 陆续推出，使原本对"苹果"彻底失望的用户们又回来了，"苹果"再次成为 IT 界的焦点。而这款 iMac 计算机上市仅 6 个星期，就销售了 27.8

万台，以至《商业周刊》把 iMac 评为 1998 年的最佳产品。iMac 由于独特的设计而大放异彩。它的外壳是半透明的塑料，有蓝、绿、橙、红、紫 5 种颜色；机身是弧线造型，显得胖嘟嘟的，十分可爱。

三、集中化战略

集中化战略又称为集中战略或重点集中战略，也称为集聚战略或专一战略。它是企业或战略经营单位根据特定消费群体的特殊需求，将经营范围集中于行业内的某一细分市场，使企业的有限资源得以充分发挥效力，在某一局部超过其他竞争对手，建立竞争优势。

(1) 集中化战略与总成本领先战略、差异化战略的区别。一般的总成本领先战略和差异化战略多着眼于整个市场、整个行业，从大范围谋求竞争优势；集中化战略则把目标放在某个特定的、相对狭小的领域内，在局部市场争取成本领先或差异化，建立起企业自身的竞争优势；一般来说中小型企业多采用集中化战略。

(2) 集中化战略有两种表现形式。一种是着眼于在局部领域获得成本领先优势，称为集中成本领先战略；另外一种着眼于在局部领域获得差异化优势，称为集中差异化战略。

(3) 采用集中化战略的依据。企业能比竞争对手更有效地为某一部分顾客群体服务，能够更好地满足特定需求而获得产品差异，或能在为目标顾客服务的过程中降低成本，或两者兼而有之；从总体市场看，也许集中化战略并未取得总成本领先或差异化优势，但它确实在较窄的市场范围内取得了一定的市场地位。

【案例 5-3】　　　　　　　**方太不争第一，甘当第二**

许多企业热衷于把自己定位于行业"龙头"，集团"航母"，销量"第一"，而国内厨具知名品牌方太董事长茅理翔却说："方太不争第一，甘当第二。"

茅理翔认为，老大老二均是行业的首领，何必一定要去争老大呢？更何况第一也好，第二也罢，关键在于谁是强势品牌，能永远立于不败之地。

方太目前正处于企业成长阶段，定位于"老二"有助于减少浮躁情绪，稳下心来精耕细作。关于这一点，茅理翔说，也可能有人会讥笑：你没能力拔头筹，故自圆其说，这是懦夫哲学。而茅理翔的理解是：当第一太累了，会成为众矢之的，天天战战兢兢就怕掉下来。事实上，当老二也不是件简单的事；而甘当老二，更难能可贵。现在有很多大企业，扩张加速，几年后立即倒下去了；有的图个盛名，内部是千疮百孔，不堪一击；有的是泡沫，有风吹草动，就立刻破灭。所以，关键还得保持内功，真正能成为长寿企业。

甘当老二，也是一种策略。老大最怕有人超过他，往往不惜一切手段打击和遏制，不叫老二跟上来；老三老四也往往首先把目标对准老二，以便把他拉下来自己取而代之。所以老二的日子是很不好过的。此时，如果你表个态，不争第一，甚至还要同情第一，保护第一，老大就可能不恨你、不防你，你就可以保存精力，卧薪尝胆。

甘当第二，还有一个理由。方太的市场定位是中高档，而中高消费阶层不可能占大多数，从市场占有率来讲，市场份额就相对比较小。所以方太要老老实实甘当老二，扎扎实实打造顶尖品牌。能长久当老二，就是一个成功者、胜利者。

第三节　竞争战略选择

一、市场领导者战略

(一) 市场领导者概念

市场领导者又称市场主导者，是指在相关产品的市场上市场占有率最高的企业。大多数行业都有一个市场份额最大、被同行所公认的市场领导者。比如，可口可乐公司就是软饮料行业的市场领导者，宝洁是日化用品行业的市场领导者，格兰仕是微波炉的市场领导者等。市场领导者的行为在行业市场中处于主导地位，是其他企业模仿、竞争以及力图超越的对象。因此，市场领导者必须保持自我清醒，不断地进行自我改造和革新，壮大自己的实力，否则很有可能被超越而失去领导者的地位。

(二) 领导者的战略选择

作为市场的领导者，企业营销战略的核心就是保持其原有的领导地位。因此，其战略包括三个方面：发现和扩大市场；保护现有市场份额；进一步扩大现有市场份额。

1. 发现和扩大市场

市场领导者的核心战略目标是保持其领导地位，因此，可采用的战略之一就是发现和扩大整个市场的规模。当整个市场扩张时，主导市场地位的企业通常可以获得最大的利润。

(1) 发现新的用户。通过发现新用户来扩大市场需求量，其产品必须具有能够吸引新的使用者，增加购买者数量的竞争潜力。可以运用以下有效策略进而寻找到新的使用者：市场渗透策略、市场开发策略、地理扩展策略。

(2) 开辟产品的新用途。通过开辟产品的新用途扩大市场需求量。市场领导者企业往往最有能力根据市场需求动态，为自己的产品寻找和开辟新的用途。美国杜邦公司不断开辟尼龙产品的新用途就是一个公认的成功范例。佳洁士在强调牙齿美白的同时，也有防蛀的功能。

(3) 增加用户的使用量。通过说服产品使用者增加使用量也是扩大市场需求量的有效途径。说服产品的使用者增加使用量的办法有许多，但最常用的是：促使消费者在更多的场合使用该产品；增加使用产品的频率；增加每次消费的使用量。

2. 保护现有市场份额

市场领先者企业必须防备竞争对手的进攻和挑战，保护企业现有的市场阵地。最佳的战略方案是不断创新，以壮大自己的实力，同时还应抓住竞争对手的弱点主动出击。当市场领导者不准备或不具备条件来组织或发起进攻时，至少也应使用防御力量，坚守重要的市场阵地。防御战略的目标是使市场领先者在某些事关企业领导地位的重大机会或威胁中采取最佳的战略决策。可以选择采用六种防御战略：

(1) 阵地防御。市场领导者在其现有的市场周围建造一些牢固的防卫工事，以各种有效的战略、战术防止竞争对手侵入自己的市场阵地。这是一种静态的、被动的防御，是最基本的防御形式。

(2) 侧翼防御。市场领导者建立一些作为防御的辅助性基地。对挑战者的侧翼进攻要准确判断，改变营销战略战术，用以保卫自己较弱的侧翼，防止竞争对手乘虚而入。

(3) 先发制人防御。在竞争对手尚未动作之前，先主动攻击，并挫败竞争对手，在竞争中掌握主动地位。具体做法是当某一竞争者的市场占有率达到对本企业可能形成威胁的某一危险高度时，就主动出击，对它发动攻击，必要时还需采取连续不断的正面攻击。

(4) 反攻防御。面对竞争对手发动的降价或促销攻势，主动反攻入侵者的主要市场阵地。可实行正面回击战略，也可以向进攻者实行"侧翼包抄"或"钳形攻势"，以切断进攻者的后路。

(5) 运动防御。市场领导者把自己的势力范围扩展到新的领域中去，而这些新扩展的领域可能成为未来防御和进攻的重心。市场扩展可通过两种方式实现：市场扩大化和市场多角化。

(6) 收缩防御。市场领导者逐步放弃某些对企业不重要的、疲软的市场，把力量集中用于主要的、能获取较高收益的市场。

3．进一步扩大现有市场份额

市场领导者实施这一战略是设法通过提高企业的市场占有率来增加收益、保持自身成长和市场主导地位。企业在确定自己是否以提高市场占有率为主要努力方向时应考虑：是否会引发反垄断行为；经营成本是否会提高；采取的营销策略是否准确。

需要注意的是提高市场占有率不一定能给企业增加利润。只有当具备以下条件时利润才会增加：

(1) 产品的单位成本能够随市场占有率的提高而下降。市场领导者常常拥有较高的生产和经营能力，能够通过提高市场占有率来获得规模经济成本，追求行业中的最低成本，并以较低的价格销售产品。

(2) 产品价格的提高超过为提高产品质量所投入的成本。通常，具有较高质量的产品才能得到市场的认可，并有可能获取较高的市场占有率。但高质量并不是意味着过高的投入成本。美国管理学家克劳斯比指出，质量是免费的，因为质量好的产品可减少废品损失和售后服务的开支。所以保持产品的高质量并不会花费太多的成本，而且，高质量的产品还会受到消费者的欢迎，使消费者愿意支付较高的价格。

二、市场挑战者战略

市场挑战者是指在行业中名列第二、三名或名次稍低的企业。比如，软饮料行业的百事可乐公司、摄影市场的富士、汽车市场的福特等。一般而言，市场挑战者会向市场领导者和其他竞争者发动进攻，以夺取更大的市场占有率。

市场挑战者如果要向市场领导者和其他竞争者挑战，首先必须确定自己的战略目标和挑战对象，然后再选择适当的进攻策略。

（一）确定战略目标和挑战对象

大多数市场挑战者的战略目标是提高市场占有率，进而达到提高投资收益率和利润率的目标。挑战者在明确战略目标时，必须确定谁是主要竞争对手。一般来说，挑战者可以选择下列几种类型的攻击目标：

(1) 市场领先者。这是一种既有风险又具潜在价值的战略。一旦成功，挑战者企业的市场地位将会发生根本性的改变，因此颇具吸引力。企业采用这一战略时，应十分谨慎，周密策划以提高成功的可能性。

(2) 与自己实力相当的对手。攻击目前未经营该项业务，财力拮据且与自己规模相仿的公司。企业需要仔细调查消费者的满足程度和创新潜力，如果发现其他公司的资源有限，甚至可以考虑开展一个正面进攻。

(3) 中小型企业。企业可以选择目前未经营该项业务和财力拮据的本地区的小企业。有几个大型的啤酒公司发展到目前的规模，它们并非依靠窃取彼此顾客的方法，而是依靠吞并"小生物"或"小鱼"的方法。

因此，选择对手和选择目标的问题是相互影响的。如果进攻的企业在追逐市场领导者，它的目标可以是去夺取一定的市场份额。

当然，进攻市场领导者需要满足一些基本条件：

(1) 拥有一种持久的竞争优势，比如成本优势或创新优势。以成本优势来创造价格优势，继而扩大市场份额；或以创新优势来创造高额的利润。

(2) 在其他方面程度接近。挑战者必须有某种办法部分或全部地抵消市场领导者的其他固有优势。

(3) 具备某些阻挡领导者报复的办法。必须使市场领导者不愿或不能对挑战者实施旷日持久的报复。如果没有一些阻挡报复的办法，拥有资源和稳固地位的领导者一旦卷入战斗就会实施进攻性的报复，迫使挑战者付出无法承受的经济代价。

【案例 5-4】　　　　　　　**百事可乐的进攻策略**

美国百事可乐公司是发动进攻的成功典型。在第二次世界大战前，可口可乐统治着美国的软饮料市场。"在可口意识下，百事很难有一点被认知的火花。"与可口可乐相比，百事可乐口味较差、包装马虎、形象不良，被认为是可口可乐的廉价仿制品，因此根本无法与可口可乐竞争。第二次世界大战结束后，在商界素享盛誉的艾弗尔雷德•N•斯蒂尔出任百事可乐公司总经理，他和他的同僚决定对可口可乐公司发动进攻战，以抢夺其市场份额。为此，他制定了以下策略：

第一阶段：从 1950 年到 1955 年，采取以下措施：① 改进百事可乐的口味。② 重新设计和统一百事可乐的瓶子和商标。③ 重新设计广告活动以提高百事可乐的形象。④ 集中进攻可口可乐所忽视的"购回家市场"。⑤ 选定 25 个城市进行特别的推销，以争取市场份额。到 1955 年，百事可乐的主要弱点都被克服了，从而销售量大幅度上升。

第二阶段：从 1956 年到 1960 年，采取以下措施：① 向可口可乐的"堂饮"市场发动直接进攻，特别是对迅速成长的自动售货机和"冷瓶细分市场"进攻。② 引入新规格的瓶子，使"购回家市场"和"冷瓶市场"的消费者更感方便。③ 对想要购买和安装百事可乐自动售货机的装瓶商提供财务上的帮助。

通过采取以上措施，百事可乐的销售量从 1950 年到 1960 年的 10 年间增长了 4 倍，成为名副其实的可口可乐的最大竞争对手。

(二) 挑战者的战略选择

1. 正面进攻

市场挑战者集中优势兵力向竞争对手的主要市场阵地正面发动进攻，即进攻竞争对手的强项而不是它的弱点。采用此战略需要进攻者必须在提供的产品、广告、价格等主要方面大大超过竞争对手，才有可能成功，否则采取这种进攻战略必定是失败的。为了确保正面进攻的成功，进攻者需要有超过竞争对手的实力优势。

2. 侧翼进攻

市场挑战者集中优势力量攻击竞争对手的弱点。此战略进攻者可采取"声东击西"的做法，佯攻正面，实际攻击侧面或背面，使竞争对手措手不及。其具体可采取两种策略：第一，地理性侧翼进攻。即在某一地理范围内针对竞争者力量薄弱的地区市场发动进攻。第二，细分性侧翼进攻。即寻找还未被市场领导者企业覆盖的产品或服务的细分市场迅速填空补缺。

3. 围堵进攻

市场挑战者开展全方位、大规模的进攻策略。市场挑战者必须拥有优于竞争对手的资源，能向市场提供比竞争对手更多的质量更优、价格更廉的产品，并确信围堵计划的完成足以能成功时，可采用围堵进攻策略。比如，日本精工公司对美国手表市场的进攻就是采用围堵进攻战略的成功范例。

4. 迂回进攻

市场挑战者完全避开竞争对手现有的市场阵地而迂回进攻。其具体做法有三种：① 实行产品多角化经营，发展某些与现有产品具有不同关联度的产品。② 实行市场多角化经营，把现有产品打入新市场。③ 发展新技术产品，取代技术落后的产品。

5. 游击进攻

以小型的、间断性的进攻干扰对方，使竞争对手的士气衰落，不断削弱其力量。向较大竞争对手市场的某些角落发动游击式的促销或价格攻势，逐渐削弱对手的实力。游击进攻战略的特点是不能依靠每个个别战役的结果决出战局的最终胜负。

三、市场跟随者战略

(一) 市场跟随者概念

市场跟随者是指行业中位于第二、第三或稍后位次，在战略上跟随市场领导者的企业。在企业经营实践中，很多情况下并非所有在行业中处于第二、第三的公司都会向市场领导者挑战。因为市场领导者为了保持自己的市场地位，会时刻警惕着来自竞争者尤其是紧跟其后的对手的进攻，一旦挑战者发起进攻，领导者就会凭借其雄厚的实力实施激烈的报复，挑战者最后可能无功而返，甚至一败涂地。除非挑战者赢得局部优势，否则就不应该贸然发起进攻，在这种情况下，跟随战略不失为上策。"边看边学"和"跟进"是市场跟随者的最主要特点。在技术方面，市场跟随者不会投入资金去研发新技术，不做新技术的开拓者，而是做学习者或改进者；在市场开拓方面，市场跟随者也不会积极主动地培育市场，而是充分利用市场领导者对现有市场的培育开发，实施搭便车策略。

(二) 跟随者的战略选择

市场跟随者必须懂得如何维持现有顾客，并争取一定数量的新顾客；必须设法给自己的目标市场带来某些特有的利益，如地点、服务、融资等。市场跟随者还必须尽力降低成本并保持较高的产品质量和服务质量。跟随并不等于被动挨打，或是单纯模仿领导者，跟随者必须要找到一条不会招致竞争者报复的成长途径。市场跟随者可选择的跟随策略有以下 3 种：

1. 紧密跟随

紧密跟随战略突出"仿效"和"低调"。跟随企业在各个细分市场的市场营销组合，尽可能仿效领导者。以至于有时会使人感到这种跟随者好像是挑战者，但是它从不激进地冒犯领导者的领地，在刺激市场方面保持"低调"，避免与领导者发生直接冲突。有些甚至被看成是靠拾取市场领导者的残余而谋生的寄生者。

2. 距离跟随

距离跟随战略突出在"合适地保持距离"。跟随企业在市场的主要方面，如目标市场、产品创新与开发、价格水平和分销渠道等方面都跟随领导者，但仍与领导者保持若干差异，以形成明显的距离。对领导者既不构成威胁，又因跟随者各自占有很小的市场份额而使领导者免受独占之指责。采取距离跟随策略的企业，可以通过兼并同行业中的一些小企业而发展自己的实力。

3. 选择跟随

选择跟随战略突出在选择"追随和创新并举"。跟随者在某些方面紧跟领导者，而在另一些方面又别出心裁。这类企业不是盲目跟随，而是择优跟随，在对自己有明显利益时跟随领导者，在跟随的同时还不断地发挥自己的创造性，但一般不与领导者进行直接竞争。采取这类战略的跟随者之中有些可能发展成为市场挑战者。

四、市场补缺者战略

(一) 市场补缺者概念

在市场经济发展中，人们非常关注成功的企业，往往忽略每个行业中存在的小企业，然而正是这些不起眼的星星之火，在大企业的夹缝中求得生存和发展后，往往会成为燎原之势，这些小企业就是所谓的市场补缺者。市场补缺者，又称为市场利基者，是指选择一个不大可能引起大企业兴趣的细分市场从事专业化经营的企业。

(二) 补缺者的战略选择

1. 市场补缺者的主要战略是专业化市场营销

专业化市场营销主要包括：① 专门致力于为某类最终用户服务的最终用户专业化。② 专门致力于分销渠道中的某些层面的垂直层面专业化。③ 专门为那些被大企业忽略的小客户服务的顾客规模专业化。④ 只对一个或几个主要客户服务的特定顾客专业化。⑤ 专为国内外某一地区或地点服务的地理区域专业化。⑥ 只生产一大类产品的某一种产品或产品线专业化。⑦ 专门按客户订单生产预订的产品的客户订单专业化。⑧ 专门生产经营某种质量和价格的产品的质量和价格专业化。⑨ 专门提供某一种或几种其他企业没有的服务项目专业化。⑩ 专门服务于某一类分销渠道的分销渠道专业化。

2. 创造补缺市场、扩大补缺市场、保护补缺市场

企业不断开发适合特殊消费者的产品，这样就开辟了无数的补缺市场。每当开辟出这样的特殊市场后，针对产品生命周期阶段的特点扩大产品组合，以扩大市场占有率，达到扩大补缺市场的目的。最后，如果有新的竞争者参与时，应保住其在该市场的领先地位，保护补缺市场。作为补缺者选择市场补缺基点时，多重补缺基点比单一补缺基点更能增加保险系数，分散风险。因此，企业通常选择多个补缺基点，以确保企业的生存和发展。

✦✦✦✦✦ 本 章 小 结 ✦✦✦✦✦

竞争是市场经济的基本特性。企业可以从行业竞争和业务范围的角度识别竞争对手。从行业方面识别企业的竞争者，主要包括：完全垄断、寡头垄断、垄断竞争和完全竞争四种类型。业务范围导向与竞争者识别，主要有产品导向与竞争者识别、技术导向与竞争者识别、需求导向与竞争者识别、消费者导向和多元导向。

总成本领先战略是指企业通过实现规模经营，提高劳动生产率，尽一切可能降低和控制总成本，使企业的全部成本低于竞争对手的成本，达到平均总成本最低化，从而成为行业中的成本领先者的战略。所谓差异化战略，是指为使企业产品与竞争对手产品有明显的区别，形成与众不同的特点而采取的一种战略。集中化战略又称为集中战略或重点集中战略，也称为集聚战略或专一战略。它是企业或战略经营单位根据特定消费群体的特殊需求，将经营范围集中于行业内的某一细分市场，使企业的有限资源得以充分发挥效力，在某一局部超过其他竞争对手，建立竞争优势。

市场领导者又称市场主导者，是指在相关产品的市场上市场占有率最高的企业，其战略包括三个方面：发现和扩大市场；保护现有市场份额；进一步扩大现有市场份额。市场挑战者是指在行业中名列第二、三名或名次稍低的企业，其战略选择包括：正面进攻、侧翼进攻、围堵进攻、迂回进攻、游击进攻。市场跟随者是指行业中位于第二、第三或稍后位次，在战略上跟随市场领导者的企业，其战略选择主要有：紧密跟随、距离跟随、选择跟随。市场补缺者，又称为市场利基者，是指选择一个不大可能引起大企业兴趣的细分市场从事专业化经营的企业，市场补缺者的主要战略是专业化市场营销，此外，还有创造补缺市场、扩大补缺市场、保护补缺市场。

✦✦✦✦✦ 课 后 习 题 ✦✦✦✦✦

一、单项选择题

1. 一般服装、化妆品行业属于(　　)。

　　A．寡头垄断　　　　　　　　　　　　B．完全垄断

　　C．垄断竞争　　　　　　　　　　　　D．完全竞争

2．某一行业内有许多卖主且相互之间的产品有差别，消费者对某些品牌有特殊的偏好，不同的卖主以产品的差异性吸引消费者，开展竞争，这属于(　　)。

　　A．寡头垄断　　　　　　　　　　　　B．完全竞争

　　C．垄断竞争　　　　　　　　　　　　D．完全垄断

3．竞争者分析的起点是(　　)。

　　A．分析竞争者的特点　　　　　　　　B．分析竞争者的战略

　　C．明确首要竞争者　　　　　　　　　D．分析竞争者的反应模式

4．对某些特定的攻击行为没有迅速反应或强烈反应的竞争者属于(　　)。

　　A．随机型竞争者　　　　　　　　　　B．凶猛型竞争者

　　C．选择型竞争者　　　　　　　　　　D．从容型竞争者

5．以下不属于开发新用户的策略是(　　)。

　　A．转变未使用者　　　　　　　　　　B．地理扩展

　　C．进入新的细分市场　　　　　　　　D．开发产品的新用途

6．洗发水厂商鼓励消费者每天洗头，使用了扩大市场需求总量的(　　)策略。

　　A．转变未使用者　　　　　　　　　　B．扩大产品的使用量

　　C．开发产品的新用途　　　　　　　　D．进入新的细分市场

7．产品导向的适用条件是(　　)。

　　A．产品供不应求　　　　　　　　　　B．产品更新换代快

　　C．产品供过于求　　　　　　　　　　D．企业形象良好

8．根据(　　)导向确定企业业务范围时，应该充分考虑市场需求和企业实力。

　　A．产品　　　　　　　　　　　　　　B．需要

　　C．技术　　　　　　　　　　　　　　D．消费者

9．占有最大的市场份额，在价格变化、新产品开发、分销渠道建设和促销战略等方面对本行业其他企业起着引领作用的竞争者，被称为(　　)。

　　A．市场挑战者　　　　　　　　　　　B．市场领导者

　　C．市场跟随者　　　　　　　　　　　D．市场补缺者

10．有能力对市场领导者采取攻击行动，有望夺取市场领导者地位的企业属于(　　)。

　　A．市场挑战者　　　　　　　　　　　B．市场领导者

　　C．市场跟随者　　　　　　　　　　　D．市场补缺者

11．市场跟随者在竞争战略上应当(　　)。

　　A．攻击市场领导者　　　　　　　　　B．向市场领导者挑战

　　C．跟随市场领导者　　　　　　　　　D．不做出任何竞争反应

12．市场补缺者发展的关键是实现(　　)。

　　A．多元化　　　　　　　　　　　　　B．专业化

　　C．避免竞争　　　　　　　　　　　　D．紧密跟随

13．市场挑战者集中优势力量攻击竞争对手的弱点，称之为"声东击西"做法的战略属于(　　)。

A. 侧翼进攻   B. 正面进攻

C. 多面进攻   D. 游击进攻

14. 市场领导者保护其市场份额的途径是(　　)。

A. 增加使用量   B. 以攻为守

C. 寻找新用途   D. 转变未使用者

15. 市场需求扩大时，受益最多的往往是(　　)。

A. 市场挑战者   B. 市场领导者

C. 市场跟随者   D. 市场补缺者

16. 企业在密切注意竞争者的同时，不能单纯强调以竞争者为中心，实际上更为重要的是应以(　　)。

A. 利润为中心   B. 消费者为中心

C. 质量为中心   D. 市场为中心

17. 蒙牛一开始提出"向伊利学习，为民族工业争气，争创内蒙古乳业第二品牌！"的口号，所采用的是(　　)。

A. 紧密跟随战略   B. 有选择跟随战略

C. 有距离跟随战略   D. 侧翼跟随战略

18. 杜邦公司正由化工行业向新的领域，比如生命工程领域进军，从市场领导者防御策略看，该公司采用了(　　)。

A. 运动防御   B. 阵地防御

C. 侧翼防御   D. 反攻防御

19. 企业通过实现规模经营，提高劳动生产率，尽一切可能降低和控制总成本，使企业的全部成本低于竞争对手的成本，达到平均总成本最低化。这一战略属于(　　)。

A. 总成本领先战略   B. 差异化战略

C. 集中化战略   D. 无差异战略

20. 企业或战略经营单位根据特定消费群体的特殊需求，将经营范围集中于行业内的某一细分市场，使企业的有限资源得以充分发挥效力，在某一局部超过其他竞争对手，建立竞争优势。这一战略属于(　　)。

A. 总成本领先战略   B. 差异化战略

C. 集中化战略   D. 无差异战略

二、多项选择题

1. 市场领导者扩大总需求的途径有(　　)。

A. 攻击挑战者   B. 开发新用户   C. 击倒补缺者

D. 增加使用量   E. 寻找产品新用途

2. 企业每项业务的内容包括(　　)。

A. 要进入的行业类别   B. 要迎合的消费者需求

C. 满足这些需求的技术   D. 要服务的消费者群

E. 运用这些技术生产出的产品

3. 市场补缺者的作用主要有(　　)。

　　　A．拾遗补缺　　　　　　　B．见缝插针　　　　　　　C．打破垄断
　　　D．攻击市场跟随者　　　　E．有选择地跟随市场领导者

4. 从心理状态角度看，竞争中常见的反应类型有( )。
　　　A．从容型竞争者　　　　　B．选择型竞争者　　　　　C．凶狠型竞争者
　　　D．温柔型竞争者　　　　　E．随机型竞争者

5. 市场挑战者在确定了战略目标和进攻对象之后，可供选择的战略有( )。
　　　A．正面进攻　　　　　　　B．侧翼进攻　　　　　　　C．围堵进攻
　　　D．迂回进攻　　　　　　　E．游击进攻

6. 防御对手进攻和保护市场份额的战略主要有收缩防御、( )。
　　　A．阵地防御　　　　　　　B．侧翼防御　　　　　　　C．以攻为守
　　　D．反击防御　　　　　　　E．机动防御

7. 企业所采取的竞争战略主要有( )。
　　　A．差异化战略　　　　　　B．总成本领先战略　　　　C．保守型战略
　　　D．进攻型战略　　　　　　E．集中化战略

8. 市场补缺者的风险主要有( )。
　　　A．找不到补缺市场　　　　B．竞争者入侵　　　　　　C．自身利益弱小
　　　D．专业化　　　　　　　　E．目标市场消费习惯变化

9. 市场挑战者的战略选择主要有( )。
　　　A．正面进攻　　　　　　　B．迂回进攻　　　　　　　C．游击进攻
　　　D．侧翼进攻　　　　　　　E．围堵进攻

10. 以下各项中，属于市场补缺者竞争战略的是( )。
　　　A．分工专业化　　　　　　B．市场细分化　　　　　　C．垂直专业化
　　　D．地理市场专业化　　　　E．客户订单专业化

三、名词解释

完全垄断　　　　　　寡头垄断　　　　　　垄断竞争　　　　　　完全竞争
总成本领先战略　　　差异化战略　　　　　集中化战略　　　　　市场领导者
市场挑战者　　　　　市场跟随者　　　　　市场补缺者　　　　　侧翼进攻

四、简答题

1. 竞争者分析的主要内容有哪些？
2. 根据企业的竞争地位可以把竞争者划分为哪几种类型？
3. 试述三种基本竞争战略的区别与联系。
4. 市场领导者可以采取哪些方式保护市场份额？
5. 简述市场补缺者市场的风险及其规避策略，并列出五种可以采取的竞争战略。

五、论述题

1. 论述市场竞争分析的具体步骤和内容。
2. 大连某企业欲进入袋装奶市场，请你对袋装奶市场做出简要分析，并提出该产品的竞争战略。

六、案例分析

埃森哲的成长之路

埃森哲(Accenture)原是会计事务所——安达信公司(Arthur Andersen，AA)的一个咨询部门。埃森哲的顾问们通过多年的努力，终于摆脱了安达信公司的束缚，并拥有了自己的品牌。埃森哲始于管理会计组织，其后又变为管理及信息技术咨询机构。为了与 IT 服务业的竞争者竞争，确立其市场地位，安盛咨询(Andersen Consulting)于 1989 年与安达信会计师事务所分离。当时的安盛咨询年度营业额达 10 亿美元，但它在 IT 服务业的知名度还不高，并且继续与会计部门合作。作为 IT 咨询业的革新者，安盛咨询的新股东强烈要求其提升企业知名度，并且从会计传统中解放出来。

IT 咨询市场挤满了众多竞争者，从提供硬/软件咨询的公司如 IBM，到战略咨询公司如麦肯锡和波士顿。为了提高知名度，必须得到真正属于自己的名字，于是安盛咨询开始在专业服务领域进行首次以来的最大规模的广告宣传。经过 10 年的努力，安盛咨询成为世界上最大的管理和技术咨询组织。

到 2000 年，安盛咨询终于依靠国际商会的仲裁结果脱离了其母公司安达信，不过付出了失去安盛品牌这一巨大代价。安盛咨询用三个月的时间来寻找并向商业界介绍其新的公司名称。安盛咨询这种重获公司名称的运动在公司史上是最大最成功的运动之一。

来自奥斯陆办公室的顾问创造了埃森哲这一新名字，因为埃森哲(Accenture)与冒险(adventure)一词押韵。公司新名字与众不同并很有吸引力，而且还体现了公司勇于成长创新和革命的精神，这对整个公司来说无疑是一次伟大的胜利。新名字含有原安盛咨询(Andersen Consulting)名字的"AC"部分，这使埃森哲公司保留了原名字的部分品牌资产。埃森哲公司的更名运动于 2001 年圆满结束，这次运动无论从广度还是深度上来看都使公司在服务业受益匪浅。大量的广告宣传使愿意购买埃森哲服务的公司数目增加了 350%。

2002 年，埃森哲进行了一项名为"执行创新"的运动以使自己从竞争中脱颖而出。有些 IT 业的竞争者如 IBM、EDS，它们缺少更为专业的商业咨询专家并且在企业战略和业务流程上不是很完美。然而，另有一些咨询业的竞争者(如麦肯锡)则不同，它们拥有自己一套完美的战略思想，它们不是那些卷起衣袖实施战略的合作者，而是思想的领导者。

为了区别于其他的竞争者而获得竞争力，埃森哲认为需要具备以下两种能力：其一，基于商业流程的思想创新能力；其二，将创新思想付诸实践的能力。埃森哲英国分公司主管伊恩·瓦特莫在解释这两方面的能力时说："如果一个公司缺乏咨询转变和外包这两方面的能力，那么这个公司将很难在激烈的市场竞争中获胜。因为这两方面的能力都是客户所希望的。所以你就会明白我们加强外包能力的原因以及其他公司如 IBM、EDS 加强转变能力的原因了。"IBM 通过收购普华永道的咨询机构做到了这一点，所以它已经成为埃森哲更强劲的竞争对手。

埃森哲通过对不同国家不同公司的高级主管调查发现，阻碍成功的一个最大的障碍就是不能成功地传递和执行他们的战略思想。通过"执行创新"的运动，埃森哲将自己定位为这样的一个公司：公司能够构思出好的计划，并能够很好地执行这些计划。"从创新到执行，埃森哲将帮助你更快实现愿景。"这场胜利的运动给投资人带来了高回报，埃森哲估计在英国市场营销活动的投资回报率将会增加到215%。

2002年的商业市场风云变幻，经济不景气，许多商业公司纷纷倒闭，创新将变得更加重要。公司2003年的收入为118亿元，在《商业周刊》100强中排名52位，这表明埃森哲公司获得了成功。

案例思考题：

1. 埃森哲的主要成功因素有哪些？
2. 埃森哲的市场竞争地位是什么？为了确保其市场地位，它采用了哪种营销战略？
3. 你认为埃森哲的营销战略还可以有哪些改进？

第六章
目标市场战略

////////////////////////////

知识目标 ✍

掌握市场细分的内涵、市场细分的基本原理、市场细分的标准以及市场细分的有效性原则；目标市场的概念、目标市场选择的原则、目标市场选择模式、目标市场营销战略以及目标市场选择的影响因素；市场定位的概念、市场定位常用的方法、市场定位战略以及市场定位的步骤。

能力目标 🗒

理解市场细分、目标市场选择与市场定位之间的联系；能够运用市场细分的变量和方法对某一现实市场进行细分；能够根据行业竞争情况进行目标市场的具体选择，并进行相应市场定位的设计。

关键术语 📖

市场细分、目标市场选择、无差异营销战略、差异化营销战略、集中化营销战略、市场定位、避强定位、迎头定位、重新定位。

导入案例 ✒

欧 莱 雅

法国欧莱雅集团为全球 500 强企业之一，由发明世界上第一种合成染发剂的法国化学家欧仁·舒莱尔创立于 1907 年。历经一个多世纪的努力，欧莱雅从一个小型家庭企业跃居为世界化妆品行业的领头羊。2003 年初，欧莱雅荣登《财富》评选的 2002 年度全球最受赞赏公司排行榜第 23 名，在入选的法国公司中名列榜首。欧莱雅集团的事业遍及 150 多个国家和地区，在全球拥有 283 家分公司及 100 多个代理商、5 万多名员工、42 家工厂和 500 多个优质品牌，产品包括护肤防晒、护发染发、彩妆、香水、卫浴、药房专销化妆品和皮肤科疾病辅疗护肤品等。巴黎欧莱雅进入中国市场至今，以其与众不同的优雅品牌形象，加上全球顶尖演员、模特的热情演绎，向公众充分展示了"巴黎欧莱雅，你值得拥有！"的理念。欧莱雅集团目前已在全国近百个大中城市的百货商店及超市设立了近 400 个形象专柜，并配有专业美容顾问为广大中国女性提供全面的护肤、彩妆、染发定型等相关服务，深受消费者青睐。

　　欧莱雅集团的成功之处关键取决于公司独特的市场细分策略。首先，公司从产品的使用对象进行市场细分，主要分成普通消费者使用的化妆品和专业使用的化妆品，其中，专业使用的化妆品主要是指美容院等专业经营场所使用的产品。其次，公司将化妆产品的品种进行细分，如彩妆、护肤、染发护发等；同时，对每一品种按照化妆部位、颜色等再进一步细分，如按照人体部位不同将彩妆分为口红、眼膏、睫毛膏等；再就口红而言，进一步按照颜色细分为粉红、大红、无色等；此外，还按照口红性质差异将其分为保湿型、明亮型、滋润型等。如此步步细分，光美宝莲口红就达到150多种，而且基本保持每1~2个月就向市场推出新的款式，从而将化妆品的品种细分几乎推向极限地步。然后，按照中国地域广阔的特征，鉴于南北、东西地区气候、习俗、文化等的不同，人们对化妆品的偏好具有明显的差异。比如南方由于气温高，人们一般比较少做白日妆或者喜欢使用清淡的妆容，因此较倾向于淡妆；而北方由于气候干燥以及文化习俗的缘故，一般都比较喜欢浓妆。同样东西地区由于经济、观念、气候等方面的缘故，人们对化妆品也有不同的要求。所以欧莱雅集团敏锐地意识到了这一点，按照地区推出不同的主打产品。最后，公司又采用了其他相关细分方法，比如按照原材料的不同有专门的纯自然产品；按照年龄细分等。

　　通过对中国化妆品市场的环境分析，欧莱雅公司采取多品牌战略对所有细分市场进行全面覆盖策略，按照欧莱雅中国总经理盖保罗所说的金字塔理论，欧莱雅在中国的品牌框架包括了高端、中端和低端三个部分：其中，塔尖部分为高端产品，约由12个品牌构成，如第一品牌的赫莲娜，无论从产品品质和价位都是这12个品牌中最高的，面对的消费群体的年龄也相应偏高，并具有很强的消费能力；第二品牌是兰蔻，它是全球最著名的高端化妆品牌之一，消费者年龄比赫莲娜年轻一些，也具有相当的消费能力；第三品牌是碧欧泉，它面对的是具有一定消费能力的年轻时尚消费者。欧莱雅公司希望将其塑造成大众消费者进入高端化妆品的敲门砖，价格也比赫莲娜和兰蔻低一些。它们主要在高档的百货商场销售，兰蔻在22个城市有45个专柜，目前在中国高端化妆品市场占有率第一，碧欧泉则是第四。而赫莲娜2000年10月才进入中国，目前在全国最高档百货商店中只有6个销售点，柜台是最少的。塔中部分为中端产品，所包含品牌有两大类：一类是美发产品，有卡诗和欧莱雅专业美发，其中，卡诗在染发领域属于高档品牌，比欧莱雅专业美发高一些，它们销售渠道都是发廊及专业美发店。欧莱雅公司认为，除产品本身外，这种销售模式也使消费者有机会得到专业发型师的专业服务。还有一类是活性健康化妆品，有薇姿和理肤泉两个品牌，它们通过药房经销。欧莱雅率先把这种药房销售化妆品的理念引入了中国。塔基部分是指大众类产品，中国市场不同于欧美及日本市场之处，就在于中国市场很大而且非常多元化，消费梯度很多，尤其是塔基部分上的比例大。在中国大众市场中，欧莱雅公司目前共推行5个品牌，其中，巴黎欧莱雅是属于最高端的，它有护肤、彩妆、染发等产品，在全国500多个百货商场设有专柜，还在家乐福、沃尔玛等高档超市有售。欧莱雅的高档染发品已是目前中国高档染发品的第一品牌。第二品牌是羽西，羽西秉承"专为亚洲人的皮肤设计"的理念，是一个主流品牌，在全国240多个城市的800家百货商场有售。第三品牌是美宝莲——大众彩妆品牌，它在全球很多国家彩妆领域排名第一，在中国也毫不例外，目前已经进入了600个城市，有1.2万个柜台。第四品牌是卡尼尔，目前在中国主要是引进了染发产品，它相比欧莱雅更大众化一些，年轻时尚，在中国5000多个销售点有售。第五品牌是小护士，它面对的是追求自然美的年轻消费者，市场认知度90%以上，目前在全国有 28 万个销售点，网点遍布了国内二、三级县市。

由于欧莱雅公司对中国市场分析到位、定位明晰，因此，2003 年时产品中国市场的销售额达到 15 亿人民币，比 2002 年增加 69.3%，这是欧莱雅公司销售历史上增幅最高的，比 1997 年增长了 824%。兰蔻在高档化妆品市场、薇姿在通过药房销售的活性化妆品市场、美宝莲在彩妆市场、欧莱雅染发在染发的高端市场已经占据了第一的位置。

企业在开展营销活动之前，首先必须明白把产品提供给谁，即通过市场筛选明确自己的目标市场。然后明确自己的优势，即市场地位。菲利普·科特勒在《营销管理》中指出："现代战略营销的中心，可定义市场营销就是市场细分、目标市场和市场定位。"现代企业战略营销的核心就是 STP 战略——市场细分(Segmenting)、目标市场选择(Targeting)、市场定位(Positioning)。

第一节　市　场　细　分

市场是一个庞大而又复杂的消费者群体，由于其消费心理、购买习惯、收入水平、文化背景等各方面均存在着较大的差异性，不同消费者对同一类产品的需求以及购买行为也会存在着较大的差异性。企业实施有效的市场营销策略的前提是对市场进行划分，对消费者的需求进行筛选。市场细分是企业选择目标市场的基础和前提，也是企业营销战略的首要内容以及基本出发点。

一、市场细分内涵

市场细分的概念是由美国著名的市场学家温德尔·史密斯(Wendell R. Smith)于 20 世纪 50 年代中期提出。其产生背景是美国市场特征由"卖方市场"转变为"买方市场"，对同一产品的消费者需求呈现明显的差异性。相应地，企业的市场营销哲学也开始转向了消费者导向，以消费者需求为中心，即企业在研究消费者需求的基础之上，结合自身的资源与优势，将整体市场划分为几个细分市场，并从中选择最有吸引力和最能有效为之服务的细分市场作为目标市场，设计与目标市场需求特征相匹配的营销组合。企业面对着成千上万的消费者，他们的需求特征是千差万别的并且分散于不同的地区，同时又会随着环境因素的变化而发生变化。对于这样复杂多变的大市场，任何一个企业都不可能满足该市场上全部消费者的所有需求。与此同时，企业往往由于其资源、设备、技术等方面的限制，也不可能生产出迎合全部消费者不同需求的产品，所以只能根据自身的优势条件，从事某方面的生产、营销活动，选择力所能及、适合自身经营的目标市场，因此，企业有必要进行细分市场。

市场细分是指企业根据消费者的欲望、购买行为等各方面的差异性，把某一产品的市场整体(异质市场)划分为若干个消费者群(同质市场)的市场分类过程。每一个消费者群就是一个细分市场，每一个细分市场都是具有类似需求倾向的消费者构成的群体。例如，有的消费者喜欢计时基本准确、价格比较便宜的手表；有的消费者需要计时准确、耐用且价格适中的手表；有的消费者要求计时准确、具有象征意义的名贵手表。又如，宝洁公司在20世纪80年代末首先推出了"三合一"的飘柔洗发水，而后陆续为中国的消费者推出了"去屑"的海飞丝、"滋养"的潘婷、"专业美发"的沙宣等众多洗发水品牌，每个品牌由于考虑到了市场上现有消费者的不同需求特征以及不同的消费水平，因此取得了较高的市场占有率。

市场细分理论和实践的发展，经历了以下几个阶段：

(1) 大量营销阶段(mass marketing)。

早在19世纪末到20世纪初，即资本主义工业革命阶段，整个社会经济发展的中心和特点强调速度和规模，市场以卖方为主导。在卖方市场条件下，企业市场营销的基本方式是大量营销，即大批量生产品种、规格单一的产品，并通过广泛、普遍的分销渠道销售产品。在这样的市场环境下，大量营销的方式降低了产品的成本和价格，获得了较为丰厚的利润。企业不会主动去研究市场需求、也没有必要研究市场需求，所以此时市场细分战略也不可能产生。大量营销的优点是节省了产品生产和营销成本，取得了规模经济效益；缺点是产品形式单一，不能满足市场多样化的需求，缺乏竞争力。

(2) 产品差异化营销阶段(product differentiated marketing)。

20世纪30年代到50年代，这期间发生了震撼世界的资本主义经济危机，西方企业面临产品严重过剩，同时由于二战的结束，大量军用产业开始转向民用市场，导致市场供给大大增加，在这种情况下市场上供需矛盾进一步加剧，迫使企业转变经营观念。营销方式从大量营销向产品差异化营销转变，即向市场推出许多与竞争者不同的，质量、外观、性能和品种各异的产品，以适应各类消费者的不同需要，为消费者提供较大的选择范围。产品差异化营销相比大量营销是一种进步，但由于企业仅仅考虑自己现有的设计、技术能力，而忽视对消费者需求的研究，缺乏明确的目标市场，因此产品营销的成功率依然较低。由此可见，在产品差异化营销阶段，企业仍然没有重视对市场需求的研究，市场细分仍然缺乏产生的基础和条件。

(3) 目标市场营销阶段(target marketing)。

20世纪50年代以后，在科学技术革命的推动下，生产力水平大幅度提高，产品日新月异，生产与消费的矛盾进一步加剧，以产品差异化为中心的推销体制远远不能解决西方企业所面临的市场问题。因此，市场迫使企业再次转变经营观念和经营方式，由产品差异化营销转向以市场需求为导向的目标市场营销，即企业在研究市场和细分市场的基础上，结合自身的资源与优势，选择其中最有吸引力和最能有效为之提供产品和服务的细分市场作为目标市场，设计与目标市场需求特征相匹配的营销组合，由此，市场细分战略应运而生。企业开始通过市场细分选择一个或几个细分市场(子市场)作为自己的目标市场，专门研究其需求特征，并针对其特点设计适当产品，确定适当价格，选择适当的分销渠道和促销手段，开展市场营销活动。

市场细分理论的产生，使得传统营销观念发生根本性的变革，在理论和实践中都产生了极大的影响，被西方理论界称为"市场营销革命"。当然，市场细分理论产生之后也经过了一个不断完善的过程。起初人们认为把市场划分得越细也就越能适应消费者的需求，只要通过增强企业产品的竞争力便可以提高利润率。但是到了20世纪70年代以后，能源危机和整个资本主义市场的不景气，使得不同阶层消费者的可支配收入出现不同程度上的下降，人们在购买时更多地注重价值、价格和效用之间的比较。过度的细分市场导致企业营销成本的上升而总收益却减少，于是"反细分化"理论应运而生。市场营销学者和企业家认为，应该从成本和收益的比较出发对市场进行适度的细分，这是对过度细分的反思和矫正，赋予了市场细分理论新的内涵，使其不断地发展与完善，对指导企业市场营销活动具有更强的可操作性。

【案例 6-1】   伊利从市场细分中求生存

从 1997 年夏天开始，北京街头几乎所有的冷饮网点都被"和路雪"和"雀巢"两个外国品牌所覆盖，而在如此激烈的冰激凌市场竞争中，"伊利"则一枝独秀，作为国有品牌取得了极佳的战绩。

"和路雪"是世界最大的冰激凌制造商——联合利华公司和中国合资推出的冰激凌产品，上市后一股脑推出包装花花绿绿和名字千奇百怪的一系列产品——朦胧、顶点……对儿童和追球时尚的年轻人极富吸引力和诱惑力。1996 年经过三年征战的"和路雪"在中国市场站稳了脚跟，在知名度和销售量上具有绝对优势。同年，"雀巢"公司也将其在中国的总部从香港迁到北京，并在天津和青岛同时投下巨资兴建现代化的冰激凌生产线。"和路雪"和"雀巢"雄厚的资金支持了其分销商的迅速增加和产品线的快速扩张：当时许多大城市街头冷饮摊店随处可见醒目的"和路雪"和"雀巢"冰柜，其广告在广播、电视、报纸上频频亮相；两大品牌旗下各有价格从 1 元到 7、8 元不等的数种产品，且两个公司决定每年都针对中国市场的需求推出 4~6 个新品种。如此强悍的攻势下，许多国产品牌被慢慢地从消费者的视线中挤出。

然而，两大公司的营销创新手段尽管层出不穷，但当时其定价与普通消费者的收入水平有相当差距：2 元以上产品人们问得多买的少，而 6~8 元的产品更是少有人问津。"伊利"抓住了这一市场，以"优质低价"赢得了许多消费者的青睐。伊利集团地处内蒙古，能源价格、工资水平都很低，铁路运输费用又相对不高，低廉的成本支撑了伊利的低价格策略。另外，产地临近草原牧场，牛奶供应及时、充足，保证了伊利系列奶香味足、品质高的产品质量。尽管伊利的低成本优势明显，但分销网络还在建设之中，缺货状况明显，营销实力明显弱于对手。面对财力雄厚、营销经验丰富的跨国企业，伊利没有盲目跟随其推出层出不穷的营销花样，也没有拉开全面战事，而是集中有限资源，固守优势区域，通过满足特定消费者的需求获取局部胜利，为发展积聚力量。实际上，伊利选取的目标市场容量很大，但"雀巢""和路雪"受制于利润要求和品牌名气，不可能选取与伊利完全相同的目标市场(两个品牌 2 元以下产品只占少数，而伊利所有产品皆在此价位区域)。因此，伊利获得了充分的发展余地。

二、市场细分基本原理

细分市场有许多种方法。其中产品属性是影响消费者购买行为的重要因素，根据消费者对不同属性的重视程度，可以划分为三种偏好模式。正是消费者需求偏好差异性的存在以及企业资源的有限性两个方面构成了市场细分的客观依据。

(一) 消费者需求偏好的差异性

图 6-1 所示的是冰激凌购买者对甜度和奶油含量这两种产品属性的重视程度。

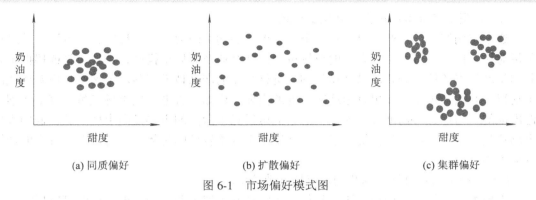

图 6-1　市场偏好模式图

(1) 同质偏好。

如图 6-1(a)所示，市场上所有的消费者有大致相同的偏好，且相对集中于中央位置，即消费者对蛋糕的甜度和奶油度的需求类似。在这种条件下，各品牌的产品特性必然比较集中，即针对消费者需求和偏好的中心。

(2) 扩散偏好。

如图 6-1(b)所示，市场上的消费者对两种属性的偏好散布在整个空间，偏好极其分散。进入该市场的第一个品牌可能定位于中央位置，以最大限度地迎合数量最多的消费者。这是因为，定位于中央的品牌可将消费者的不满足感降到最低水平。进入该市场的第二个品牌可以定位于第一个品牌附近，与其争夺市场份额。当然也可以定位于远离第一个品牌，形成有鲜明特征的定位，吸引对第一个品牌不满的消费者群。如果该市场潜力很大，同时会出现几个竞争品牌，定位于不同的空间，以体现与其他竞争品牌的差异性。

(3) 集群偏好。

如图 6-1(c)所示，市场上出现几个群组的偏好，客观上形成了不同的细分市场。此时，进入市场的企业有三种选择：定位于中央，以尽可能赢得所有消费者群体(无差异营销)；定位于最大的或者某一个"子市场"(集中性营销)；可以发展数种品牌各自定位于不同的市场部位(差异化营销)。

(二) 企业资源的有限性

每一个企业的营销能力对于整体市场来说都是有限的。企业资源的有限性是企业服务整体市场的约束条件，企业规模再大，其人、财、物等方面的资源数量往往也是有一定边界的，然而市场需求和欲望却是无限的，企业不可能为市场提供所有的产品，满足市场上所有存在的需求。同时，企业也不可能在所有的服务领域赢得竞争优势。因此，在激烈的市场竞争环境中，企业必须进行市场细分，选择有效的目标市场进行市场定位的创新，集中资源优势服务目标市场，才有可能赢得竞争。

三、市场细分作用

市场细分是从消费者的角度进行划分的，是根据市场细分的理论基础，即消费者的需求、动机、购买行为等方面的多元化和差异性所进行的划分。通过市场细分对企业的生产、营销活动起到极为重要的作用。

(1) 有利于发掘市场机会，开拓新市场。

通过市场细分，企业可以对每一个细分市场的购买潜力、满足程度、竞争情况等进行分析对比，探索出有利于本企业的市场机会，使企业及时做出投产、销售决策或根据本企业的生产技术条件编制新产品开拓计划，进行必要的产品技术储备，掌握产品更新换代的主动权，开拓新市场，以更好地适应市场的需要。比如，香港香皂市场竞争一直很激烈，但内地的厂商通过市场细分发现，香港香皂市场竞争激烈的主要是高中档产品，低档香皂市场却是一个空白。于是内地香皂厂商利用工资成本较低的优势，成功进入了香港的低档香皂市场。

(2) 有利于选择目标市场和制定市场营销策略。

市场细分后的子市场相对比较具体，比较容易了解消费者的需求，企业可以根据自身经营思想、方针以及生产技术和营销力量，确定自己的服务对象，即目标市场，进而便于制定相应的营销策略。同时，在细分的市场上，信息容易了解和反馈，一旦消费者的需求发生变化，企业可迅速改变营销策略，及时制定相应的对策，以适应市场需求的变化，提高企业的应变能力和竞争力。比如，某公司出口到日本的冻鸡原先主要面向消费者市场，以超级市场、专业食品商店为主要的销售渠道。但是随着市场竞争的加剧，销售量呈现下降趋势。为此，公司对日本冻鸡市场做了进一步的调研，以掌握不同细分市场的需求特征。从购买者区分为三种类型：一是饮食业用户；二是团体用户；三是家庭主妇。三个细分市场对冻鸡的品种、规格、包装和价格等方面的具体要求不尽相同。饮食业用户对冻鸡的品质要求较高，但对价格的敏感度低于零售市场的家庭主妇；家庭主妇对冻鸡的品质、外观、包装等均有较高的要求，同时要求价格合理，购买时具有大的可挑选性。根据以上特点，公司重新选择了目标市场，以饮食业和团体用户为主要目标市场，并据此调整了产品、渠道等营销组合策略，此举使公司的出口量大幅增长。

(3) 有利于与竞争对手相抗衡。

在企业之间竞争日益激烈的情况下，通过市场细分，有利于发现目标消费群的需求特征，进而调整产品结构，增加产品特色，提高企业的市场竞争能力，有效地与竞争对手相抗衡。比如，日本有森永和明治两家最大的糖果公司，以前生产的巧克力都是满足儿童消费市场的。森永公司为增强其竞争力，研制出一种"高王冠"的大块巧克力，定价70日元，推向成人市场。明治公司也不甘示弱，通过市场细分，选择了三个子市场：初中生市场、高中生市场和成人市场。该公司生产出两种大块巧克力，一种每块定价40日元，用于满足十二三岁的初中生；一种每块定价60日元，用于满足十七八岁的高中生；两块合包在一起，定价100日元，适宜满足成人市场。明治公司的市场细分对策比森永公司高出一筹。

(4) 有利于提高企业的竞争实力。

企业的竞争实力受客观因素的影响而存在差别，通过有效的市场细分可以改变这种差别。市场细分以后，每一个细分市场上竞争者的优势和劣势就会明显地展露出来。企业可以面对自己的目标市场，生产出适销对路的产品，既能满足市场需要，又可增加企业的收入；同时产品适销对路可以加速商品流转，加大生产批量，降低企业的生产销售成本，提高生产工人的劳动熟练程度，提高产品质量，进而全面提高企业的综合竞争实力，增加企业的经济效益。

当然，市场细分是有一定客观条件的。社会经济的进步，人们生活水平的提高，消费者需求呈现出较大差异时，市场细分才成为企业在营销管理活动中急需解决的问题。因此，只有经济发展到一定阶段，市场上商品供过于求，消费者需求呈现多样化，企业无法用大量生产产品的方式或差异化产品策略有效地满足所有消费者需求的时候，市场细分的客观条件才得以具备。同时，市场细分还是一个分解的过程，也是一个聚集的过程。所谓聚集的过程，就是把对某种产品特点最易做出反应的消费者集合成群。这种聚集过程可以依据多种标准连续进行，直到识别出其规模足以实现企业利润目标的某一个消费者群。

【案例6-2】　　　　　　　汇源果汁的果蔬汁饮料市场开发

　　在碳酸饮料横行的90年代初期，汇源公司就开始专注于各种果蔬汁饮料市场的开发。虽然当时国内已经有一些小型企业开始零星生产和销售果汁饮料，但大部分由于起点低、规模小而难有起色。而汇源是国内第一家大规模进入果汁饮料行业的企业，其先进的生产设备和工艺是其他小作坊式的果汁饮料厂所无法比拟的。"汇源"果汁充分满足了人们当时对于营养健康的需求，凭借其100%纯果汁专业化的"大品牌"战略和令人眼花缭乱的"新产品"开发速度，在短短几年时间就跃升为中国饮料工业十强企业。其销售收入、市场占有率、利润率等均在同行业中名列前茅，从而成为果汁饮料市场当之无愧的引领者。其产品线也先后从鲜桃汁、鲜橙汁、猕猴桃汁、苹果汁扩展到野酸枣汁、野山楂汁、果肉型鲜桃汁、葡萄汁、木瓜汁、蓝莓汁、酸梅汤等，并推出了多种形式的包装。应该说这种对果汁饮料行业进行广度市场细分的方法帮助汇源公司成功地在果汁饮料市场竞争初期取得领导地位。

　　但当1999年统一集团涉足橙汁产品后一切就发生了变化，在2001年统一仅"鲜橙多"一项产品销售收入就近10亿，在第四季度，其销量已超过"汇源"。巨大的潜力和统一"鲜橙多"的成功先例吸引了众多国际和国内饮料企业的加入，可口可乐、百事可乐、康师傅、娃哈哈、农夫山泉、健力宝等纷纷杀入果汁饮料市场，一时间群雄并起、硝烟弥漫。根据中华全国商业信息中心2002年第一季度的最新统计显示，"汇源"的销量排在"鲜橙多"之后，除了西北区外，华东、华南、华中等六大区都被"鲜橙多"和康师傅的"每日 C"抢得领先地位，可口可乐的"酷儿"也表现优异，显然"汇源"的处境已是大大不利。尽管汇源公司把这种失利归咎于可能是因为"PET 包装线的缺失"和"广告投入的不足"等原因造成，但在随后其花费巨资引入数条 PET 生产线并在广告方面投入重金加以市场反击后，其市场份额仍在下滑。显然，问题的症结并非如此简单。

　　在市场的导入初期，由于客户的需求较为简单直接，市场细分一般是围绕着市场的地理分布、人口及经济因素(如年龄、性别、家庭收入等)等广度范围展开的，与行业分类方法有点相似。行业细分一般只是把业已存在(哪怕很小)或潜在的市场用容易区分或识别的标准(如年龄、性别、性能、原料、产地等单一要素，最多为二维变量)来划分成更小的子行业，以便于统计、分析和归纳其特性。各细分的子行业由于有易于识别的有形标准，相互间往往不交叉，且这种分类标准一经确定后往往多年不变。其一般应用在政府、行业协会及社会研究机构等，主要目的是为了从行业整个产业链的角度加以引导和规范使其健康发展。其特征表现在目标细分市场的形象化。也就是说，通过市场的广度细分，其目标细分市场可以直接形象地描述出来。比如说，当企业把市场分割为中老年人、青年人以及儿童等几个目标细分市场时，人们都能形象地知道这些细分市场的基本特征。由于这种"分类"方法简单、易于操作、费用低，大部分企业都可掌握且也乐于采用。但只有在市场启动和成长期的恰当时机率先进行广度市场细分的企业才有机会占有更大的市场份额。这时候品牌竞争往往表现得不够明显，竞争一般会表现在产品、质量、价格、渠道等方面。这正是 20 世纪 90 年代初期"汇源"的成功之道，也是其后续失败的原因之所在。

四、市场细分标准

由于市场细分是建立在市场需求差异的基础上的，因此形成需求差异的各种因素均可作为市场细分的标准。消费者市场与生产者市场的细分标准是有所区别的，需做分别分析，重点放在消费者市场细分标准的分析依据上。偏离了消费者的喜好进行的定位，必定是会失败的。

(一) 消费者市场细分标准

市场细分的重要依据是客观存在的消费者需求偏好的差异性，然而差异性很多，究竟按照什么方法进行细分，没有一个绝对正确的方法或固定不变的模式。各行业、各企业都会采用不同的细分变量，以求得最佳的营销机会。通常在消费者市场最常被使用的细分标准可以概括为地理因素、人口因素、心理因素和行为因素四个方面，每个方面又包括一系列的细分变量，如表 6-1 所示。

表 6-1　消费者市场细分的常见标准

细 分 标 准	细 分 变 量
地理因素	地理位置、城镇大小、地形、地貌、气候、交通状况、人口密集度等
人口因素	年龄、性别、职业、收入、民族、宗教、教育、家庭人口、家庭生命周期等
心理因素	生活方式、性格、购买动机、态度等
行为因素	购买时间、购买数量、购买频率、购买习惯(品牌忠诚度)以及对服务、价格、渠道、广告的敏感程度等

1. 地理因素

按照消费者所处的地理位置、自然环境来细分市场，比如，根据国家、地区、城市规模、气候、人口密度、地形地貌等方面的差异将整体市场划分为不同的子市场。地理因素之所以作为市场细分的依据，是因为处在不同地理环境下的消费者所表现出来的消费观念、价值观念、购买特征、流行与时尚等都具有明显的差异性，他们对企业采取的营销策略与措施也会有不同的反应。比如，由于居住环境的差异，城市居民与农村消费者在室内装饰用品的需求上会表现得大相径庭。以饮食的口味偏好来说，云、贵、川地区人们喜爱吃麻辣，是因为这些地区冬季阴冷、潮湿，而花椒和辣椒有活血抗寒、去风湿之功效。亚洲人喜欢吃热汤面，而美国人没有吃热汤面的饮食习惯，而是喜好"吃面条时干吃面，喝热汤时只喝汤"，绝不会把面条和热汤混在一起食用。印度人不像中国人一样使用筷子，所以在印度出售的面条长度要短些，口味要更香浓，而且还要用蔬菜代替肉类，因为许多印度人是素食者。

就总体而言，地理环境中的大多数因素是一种相对静态的变量，企业营销必须研究处于同一地理位置的消费者和用户对某一类产品的需求或偏好所存在的差异，而且还必须同时依据其他因素进行市场细分。

(1) 地理位置。可以按照行政区划来进行细分，比如在我国，可以划分为东北、华北、西北、西南、华东和华南几个地区；也可以按照地理区域来进行细分，比如划分为省、自治区、市、县等，或内地、沿海、城市、农村等。在不同地区，消费者的需求存在很大的差异。

(2) 城镇大小。可划分为大城市、中等城市、小城市和乡镇。处在不同规模城镇的消费者，在消费结构方面存在很大差异。

(3) 地形和气候。按地形可划分为平原、丘陵、山区、沙漠地带等，按气候可划分为热带、亚热带、温带、寒带等。防暑降温、御寒保暖之类的消费品就可以按不同的气候带来划分。比如在我国北方，冬天气候寒冷干燥，加湿器的市场容量较大；而在江南一带，由于空气中湿度大，加湿器的市场需求就明显要小得多。

2. 人口因素

消费者是需求的载体，需求可能因消费者人口特征的不同而不同。人口特征变量包括性别、年龄、收入、职业与教育、家庭生命周期等因素。这是市场细分惯用的，也是最主要的细分标准，它与消费需求以及许多产品的销售活动有着密切的联系，而且这些因素又往往容易被辨认和衡量。

(1) 性别。由于生理上的差别，男性与女性在产品需求与偏好上有很大的不同，比如在服饰、发型、生活必需品等方面均有差别。像美国的一些汽车制造商，过去一直是迎合男性要求设计汽车，现在随着越来越多的女性参加工作和拥有自己的汽车，这些汽车制造商抓住市场机会，设计并推出许多迎合女性消费者特点的汽车。

(2) 年龄。不同年龄的消费者有不同的需求特点，比如，青年人对服饰的需求与老年人对服饰的需求差异往往较大，青年人一般需要鲜艳、时髦的服装，而老年人往往需要端庄、素雅的服饰。

(3) 收入。高收入消费者与低收入消费者在产品选择、休闲时间的安排、社会交际与交往等方面都会有所不同。比如，同是外出旅游，在交通工具以及食宿地点的选择上，高收入者与低收入者会有很大的不同。正因为收入是引起需求差别的一个直接而重要的因素，在诸如服装、化妆品、旅游服务等领域依据收入来进行细分市场活动相当普遍。

(4) 职业与教育。按照消费者职业的不同，所受教育的不同以及由此引起的需求差别来细分市场。比如，农民购买自行车偏好载重自行车，而学生、教师则是喜欢轻型的、样式美观的自行车。由于消费者所受教育水平的差异所引起的审美观具有很大的差异性，诸如所受教育程度不同的消费者对居室装修用品的品种、颜色等会有不同的偏好。

(5) 家庭生命周期。一个家庭，按年龄、婚姻和子女状况，可划分为七个阶段，在不同阶段，家庭购买力、家庭人员对商品的兴趣与偏好会有较大差别。单身阶段：年轻，单身，几乎没有经济负担，新消费观念的带头人，娱乐导向型购买。新婚阶段：年轻夫妻，无子女，经济条件相对比较好，购买力强，对耐用品、大件商品的欲望、要求强烈。满巢阶段Ⅰ：年轻夫妻，有 6 岁以下子女，家庭用品购买的高峰期，不满足现有的经济状况，注意储蓄，购买较多的儿童用品。满巢阶段Ⅱ：年轻夫妻，有 6 岁以上未成年子女，经济状况较好，购买趋向理智型，受广告及其他市场营销刺激的影响相对减少，注重档次较高的商品及子女的教育投资。满巢阶段Ⅲ：年长的夫妇与尚未独立的成年子女同住，经济状况仍然较好，妻子或子女皆有工作，注重储蓄，购买冷静、理智。空巢阶段：年长夫妇，子女离家自立，前期收入较高，购买力达到高峰期，较多购买老年人用品，如医疗保健品，娱乐及服务性消费支出增加。解体阶段：单身老人独居，收入锐减，特别注重情感、关注等需要及安全保障。

人口因素除了上述几个主要因素以外，经常用于市场细分的还有家庭规模、国籍、种族、宗教等。实际营销活动中，大多数企业通常是采用两个或两个以上的人口因素来细分市场。

【案例 6-3】　　　　　蒙牛未来星儿童牛奶

2008 年 3 月 26 日，"非凡使命、创造未来——蒙牛儿童营养专家团成立暨未来星儿童牛奶中国行启动仪式"在北京隆重举办。会上，蒙牛乳业与来自中国营养、乳制品、疾病控制和儿科医学界的众多权威专家学者共同发起成立了蒙牛儿童营养专家团，并推出了首款专门针对中国儿童体质打造的儿童纯牛奶——蒙牛未来星。以此为标志，中国儿童牛奶的市场空白被打破。

发布会上，一位权威儿童营养专家表示：儿童的身体和智力发育有着自己独特的特点，此次蒙牛推出的"未来星"儿童牛奶是经过权威儿童营养专家的指导，由研发部门精心配制而成，是专门针对中国儿童体质与成长发育特征量身打造的系列创新型产品，从某种意义上说，蒙牛未来星儿童牛奶的面市堪称是一项重大的突破。

不仅如此，为了更加适合儿童的身体和智力发育需要，未来星儿童牛奶除了拥有一般纯牛奶所应具有的营养成分外，还采用了更加科学的营养配方，强化 18 种营养元素，更补充添加了维生素 A、D 和牛磺酸等多种儿童成长发育必不可少的营养成分，充分满足了儿童的成长需要。可见，该产品的推出，本质上是将儿童发育对牛奶的特殊性利益从一般性的牛奶利益中分离出来，以迎合家长对提高孩子身体和智力发育的期望。

3. 心理因素

根据消费者所处的社会阶层、生活方式、个性特点等心理因素来对市场进行细分。生活方式指消费者对待生活、工作、娱乐的态度和行为，据此可将消费者划分为享乐主义者与实用主义者，紧跟潮流者与因循守旧者等不同类型。性格方面，消费者通常会选购一些能表现自己性格的产品，根据性格的差异，可以将消费者分为独立、保守、外向、内向、支配、服从等类型。此外，消费者还会根据自己的背景，将自己主观地融入某一社会阶层，同时在消费和购买产品时也会反映出该阶层的特征。比如在选择休闲活动时，高收入阶层可能会选择打高尔夫球，而低收入阶层则更多地可能选择在家中看电视。

(1) 社会阶层。社会阶层是指在某一社会中具有相对同质性和持久性的群体。处于同一阶层的成员具有类似的价值观、兴趣爱好和行为方式，不同阶层的成员则在上述方面存在较大的差异。显然，识别出不同社会阶层的消费者所具有的不同特点，可以为很多产品的市场细分提供重要的依据。

(2) 生活方式。通俗地讲，生活方式是指一个人怎样生活。人们追求的生活方式各不相同，如有的追求新潮时髦，有的追求恬静、简朴；有的追求刺激、冒险，有的追求稳定、安怡。西方的一些服装生产企业，为"简朴的妇女""时髦的妇女"和"有男子气的妇女"

分别设计不同服装；烟草公司针对"挑战型吸烟者""随和型吸烟者"及"谨慎型吸烟者"推出不同品牌的香烟，均是依据生活方式进行细分市场。

（3）个性。个性是指一个人比较稳定的心理倾向与心理特征，它会导致一个人对其所处环境做出相对一致和持续不断的反应。俗语说："人心不同，各如其面"，每个人的个性都会有所不同，通常个性会通过自信、自主、支配、顺从、保守、适应等性格特征表现出来。因此，个性可以按这些性格特征进行分类，从而为企业细分市场提供依据。西方国家，对诸如化妆品、香烟、啤酒、保险之类的产品，往往以个性特征为基础进行市场细分并取得了成功。

【案例6-4】　"斯航"成为明星

斯堪的那维亚航空公司(简称"斯航")是由挪威、瑞典和丹麦三国合资经营的公司，由于价格竞争、折扣优惠以及许多小公司的崛起，"斯航"在其国内和国际航线上都处于亏损状态。

1982年初，"斯航"首先设计了一种新的、单独的商务舱位等级，这种商务舱是根据工商界乘客不喜欢与那些寻欢作乐的旅游者同舱的特点而专门设立的。工商界乘客常常因为一些情况必须改变日程安排，他们往往需要一定的灵活性。他们在旅途中关心的是把工作赶出来，这意味着他们需要读、写，为会议或谈判做准备，或睡觉，以便到达目的地后能够精力充沛地投入工作。换句话说，他们不需要分散注意力或娱乐。旅游者却没有这种压力，对他们来说，旅途就是假期的一部分，而机票价格则是一个敏感的决定因素。设置紧凑的座位和长期预备的机票，使航空公司有可能出售打折的机票，因而使一些人获得了旅行的机会，这些人则把省下的钱更多地花在异国情调的度假生活中。然而，商务旅行者与此不同，他们最重视的是时间和日程表，在"斯航"以前，没有一家航空公司懂得怎样在同一架飞机上同时满足这两类乘客不同的需求。

"斯航"的商务舱票价低于传统的头等舱，高于大多数的经济舱，但给予乘客更多的方便。在每个机场，"斯航"都为商务舱的乘客设置了单独的休息室，并免费提供饮料，有的还可以看电影。在旅馆，为他们准备了有会议室、电话和电传设备的专门房间，并提供免费使用的打字机，使他们能够完成自己的工作，他们还可以保留这些房间，而且不受起程时间、时刻表变动及最低住宿时间的限制，所有这些都以经济实惠的价格提供。机场还为商务舱乘客设置了单独的行李检查处，他们不必去和普通乘客一起拥挤地通过安检。在飞机上，他们享有单独的宽大座椅，放腿的空间更为宽敞，还装置了一些传统的头等舱才有的装饰品，比如玻璃器皿、瓷器、台布等，他们还可享用美味佳肴。

"斯航"开辟了一个独特的市场，并正在赋予它更多的价值。对工商界乘客来说，头等舱太贵，经济舱又太嘈杂，太不舒服。他们可能与旅游者挤在同一舱内，享受旅游者同等的待遇但却付出较高的价格——因为他们不能像旅游者那样，由于不受日程限制而等待减价或折扣机票，商务舱成为工商界乘客及航空公司双方都满意的解决供需问题的有效办法。"斯航"夺去了竞争者的生意，成为明星。

4. 行为因素

根据消费者对产品的了解程度、态度、使用情况以及反应等将他们划分为不同的群体。

许多营销人员认为，行为因素能更直接地反映出消费者的需求差异，因而成为市场细分的最佳起点。按行为因素进行细分市场主要包括：

(1) 购买时机。根据消费者提出需要、购买和使用产品的不同时机，将他们划分为不同的群体。比如，城市公共汽车运输公司可根据上下班高峰时期、非高峰时期乘客的需求特点划分不同的细分市场并制定不同的营销策略。生产果珍之类清凉解暑饮料的企业，可以根据消费者在一年四季对果珍饮料口味的不同，将果珍市场消费者划分为不同的子市场。

(2) 追求利益。消费者购买某种产品总是为了解决某类问题，满足某种需要。然而，产品提供的利益往往并不是单一的，而是多方面的。消费者对这些利益的追求有时侧重不尽相同，比如对购买手表有的追求经济实惠、价格低廉，有的追求耐用可靠、使用维修方便，还有的则偏向于可以彰显出一定的社会地位。

(3) 使用者状况。根据消费者是否使用和使用程度细分市场，通常可分为：经常购买者、首次购买者、潜在购买者、非购买者。大公司往往注重将潜在使用者变为实际使用者，较小的公司则注重于保持现有使用者，并设法吸引使用竞争产品的消费者转而使用本公司产品。

(4) 使用数量。根据消费者使用某一产品的数量大小细分市场，通常可分为大量使用者、中度使用者和轻度使用者。大量使用者人数可能并不很多，但他们的消费量在全部消费量中占很大的比重。美国一家公司发现，美国啤酒的80%是被50%的消费者消费掉的，另外一半消费者的消耗量只占消耗总量的12%。因此，啤酒公司宁愿吸引重度饮用啤酒者，而放弃轻度饮用啤酒者，并把重度饮用啤酒者作为目标市场。公司还进一步了解到大量喝啤酒的人多是工人，年龄在25～50岁之间，喜欢观看体育节目，每天看电视的时间不少于3～5小时。很显然，根据这些信息，企业可以大大改进其在定价、广告传播等方面的营销策略。

(5) 品牌忠诚程度。企业还可以根据消费者对产品的忠诚程度细分市场。有些消费者经常变换品牌，另外一些消费者则在较长时期内专注于某一或少数几个品牌。通过了解消费者品牌忠诚情况和品牌忠诚者与品牌转换者的各种行为与心理特征，不仅可为企业细分市场提供一个基础，同时也有助于企业了解为什么有些消费者忠诚本企业产品，而另外一些消费者则忠诚于竞争企业的产品，从而为企业选择目标市场提供启示。

(6) 购买的准备阶段。消费者对各种产品了解程度往往因人而异。有的消费者可能对某一产品确有需要，但并不知道该产品的存在；还有的消费者虽已知道产品的存在，但对产品的价值、稳定性等还存在疑虑；另外一些消费者则可能正在考虑购买。针对处于不同购买阶段的消费群体，企业可以对其进行市场细分并采用不同的营销策略。

(7) 态度。企业还可根据市场上消费者对产品的热心程度来细分市场。不同消费者对同一产品的态度可能有很大差异，如有的很喜欢持肯定态度，有的持否定态度，还有的则处于既不肯定也不否定的无所谓态度。针对持不同态度的消费群体进行市场细分并在广告、促销等方面采取不同的营销策略。

【案例 6-5】　　　　　　　　美国米勒公司营销案

在20世纪60年代末，米勒啤酒公司在美国啤酒业排名第八，市场份额仅为8%，与百威、蓝带等知名品牌相距甚远。为了改变这种现状，米勒公司决定采取积极进攻的市场战略。他们首先进行了市场调查。通过调查发现，若按使用率对啤酒市场进行细分，啤酒饮用者可细分为轻度饮用者和重度饮用者，而前者人数虽多，但饮用量却只有后者的1/8。他们还发现，重度饮用者有着以下特征：多是蓝领阶层，每天看电视3个小时以上，爱好体育运动。米勒公司决定把目标市场定在重度使用者身上，并果断决定对米勒的"海雷夫"牌啤酒进行重新定位。重新定位从广告开始，他们首先在电视台特约了一个"米勒天地"的栏目，广告主题变成了"你有多少时间，我们就有多少啤酒"，以吸引那些"啤酒坛子"。广告画面中出现的尽是些激动人心的场面：船员们神情专注地在迷雾中驾驶轮船，年轻人骑着摩托冲下陡坡，钻井工人奋力止住井喷等。结果，"海雷夫"的重新定位战略取得了很大的成功。到了1978年，这个牌子的啤酒年销售达2000万箱，仅次于百威英博公司的百威啤酒，在美国名列第二。

(二) 生产者市场细分标准

许多用来细分消费者市场的标准，同样可用于细分生产者市场，比如地理因素、追求的利益和使用者状况等因素。不过，由于生产者与消费者在购买动机与行为上存在着较大的差别，因此，除了运用上述消费者市场细分标准外，还可以用一些新的标准来细分生产者市场。

1. 用户要求

用户对产品的要求是生产资料市场细分常用的标准。不同的用户对产品有着不同的需求，比如晶体管工厂可根据晶体管的用户不同，把市场细分为军工市场、工业市场和商业市场。军工市场特别注重产品质量，工业用户要求有高质量的产品和服务，商业市场主要用于转卖，除要求保证质量外，还要求价格的合理性与交货的及时性。飞机制造公司对所需轮胎的安全性要求比一般汽车生产厂商要高许多。又如对钢材的需求，有的用户用于生产机器，有的用于造船，有的则用于建筑等。因此，企业应针对不同用户的需求，提供不同的产品，设计不同的市场营销组合策略，以更好地满足用户的差异化需求。

2. 用户规模

在生产者市场中，有的用户购买量很大，而另外一些用户购买量很小。以钢材市场为例，像建筑公司、造船公司、汽车制造公司对钢材需求量很大，动不动就购买数万吨；而一些小的机械加工企业，一年的购买量也不过几吨或几十吨。企业应当根据用户规模大小来细分市场，并根据用户或客户的规模不同，企业的营销组合方案也应有所不同。比如，对于大客户，应该直接联系，直接供应，在价格、信用等方面给予更多优惠；而对众多的小客户，则应该使产品进入商业渠道，由批发商或零售商去组织供应。

3. 用户地点

每一个国家或地区大都在一定程度上受自然资源、气候条件和历史传统等因素影响，会形成若干工业区，比如，江浙两省的丝绸工业区，以山西为中心的煤炭工业区，东南沿海的加工工业区等。这些特征就决定了生产资料市场往往比消费品市场在区域上更为集中，因此，地理位置就成为细分生产资料市场的重要标准。企业按用户的地理位置细分市场，选择客户较为集中的地区作为目标市场，有利于节省推销人员往返于不同客户之间的时间，而且可以合理规划运输路线，节约运输费用，也能更充分地利用销售力量，降低推销成本。

以上从消费品市场和生产资料市场两方面介绍了具体的细分标准。为了有效地进行市场细分，以下几个问题应引起注意：

(1) 动态性。细分的标准不是固定不变的，如收入水平、城市大小、交通条件、年龄等，均会随着时间的推移而发生变化。因此，营销活动中应树立动态观念，适时进行调整。

(2) 适用性。市场细分的因素有很多，每个企业的实际情况又各异，不同的企业在细分市场时采用的细分标准不一定相同，究竟选择哪种变量，应视具体情况加以确定，切忌生搬硬套和盲目模仿。比如牙膏可以按购买动机细分市场，服装按什么细分市场合适呢？

(3) 组合性。要注意细分标准的综合运用。在实际营销活动中，一个理想的目标市场是通过综合运用上述各种因素的组合进而确定的。比如，化妆品的经营者把18～45岁的城市中青年妇女确定为目标市场，就运用了四个细分标准：年龄、地理区域、性别、收入(职业妇女)。

五、市场细分的有效性原则

企业可根据单一标准，也可根据多个标准对市场进行细分。选择的细分标准越多，相应的子市场也就越多，每一个子市场的容量相应就越小。相反，选用的细分标准越少，子市场就越少，每一个子市场的容量则相对越大。如何寻找合适的细分标准，对市场进行有效细分，在营销实践中并非易事。无论企业根据哪些标准或哪些方法进行市场细分，都应该确保最终细分市场的有效性。一般而言，成功、有效的市场细分应遵循以下基本原则：

(1) 可衡量性(measurability)。

可衡量性是指细分市场能够被识别，其规模、购买力及其市场特征是可以被测量的。即细分市场不仅要有清晰的边界和范围，而且能大致判断其市场容量和潜力有多大。因此，细分市场的各种因素要有明显的特征，并有可能取得表明购买者特性的资料。如果某些细分标准或购买者的需求特点难以衡量，导致细分市场后无法界定，难以描述，那么市场细分就失去了意义。一般而言，一些带有客观性的变量，比如年龄、性别、收入、地理位置、民族等，都容易确定，并且有关的信息和统计数据，也比较容易获得；而一些带有主观性的变量，比如心理和性格方面的变量，就比较难确定。

(2) 可进入性(accessibility)。

可进入性是指企业能够接近和达到细分市场，并提供有效服务，实际上就是考虑营销活动的可行性。可进入性体现在两个方面：一是企业能够通过一定的广告媒体将产品的信息传递到该细分市场众多的消费者中去；二是产品能通过一定的销售渠道抵达该市场。比如，企业细分出一个很大的细分市场，这个市场的消费者收入较低，对于节能廉价的燃料灯有很大的需求，但是通过调查发现这个市场的地理分布非常分散，没有成规模的渠道可以销售这种燃料灯，并且每个地理市场的消费者数量非常有限。因此在这种情况下，这个市场的可进入性就非常差。

(3) 可盈利性(profitability)。

可盈利性是指细分市场的规模要大得能够让企业足够获利的程度，企业值得为它设计一套营销规划方案，以便顺利地实现营销目标，并且存在拓展的潜力，以保证按计划获得理想的经济效益和社会服务效益。比如，一个普通大学的餐馆，如果专门开设一个西餐馆满足少数师生酷爱西餐的要求，可能是由于这个细分市场太小而得不偿失。但如果开一家回民餐厅，虽然市场仍然很窄，但从小微处体现了民族政策，仍然可以取得较好的效益。

(4) 相对稳定性(stability)。

相对稳定性是指细分后的市场在时间上有一定的稳定性和延续性。细分后的市场能否在一定的时间内保持相对稳定，直接关系到企业生产、营销活动的稳定性。特别是大中型企业以及投资周期长、转产慢的企业，如果细分市场的相对稳定性不足容易造成经营困难，将严重影响企业的经营效益。

【案例6-6】 **谁是高档轿车的购买者？**

日本本田公司在向美国消费者推销自己的汽车时，就遵循了可进入性这一原则，从而有效地选择了正确的目标细分市场，并取得了成功。

同"奔驰""奥迪""富豪"等高级轿车相比，本田的汽车不仅价格较低，技术也较高，足以从竞争对手中争取到消费者，然而本田公司并没有这么做。根据本田的预测，20世纪80年代末90年代初，随着两人家庭的逐渐增多，年轻消费者可任意支配的收入越来越多，涉足高级轿车市场的年轻人也就越来越多，与其同数家公司争夺一个已经被瓜分的市场，即中老年高级轿车消费者市场，还不如开辟一个尚未被竞争对手重视，因而可以完全属于自己的市场，即刚刚或即将要富裕起来的中青年消费者市场。

第二节 目标市场选择

一、目标市场概念

目标市场就是企业期望并有能力占领和开拓，能为企业带来最佳营销机会与最大经济效益，具有大体相近需求，企业决定以相应商品和服务去满足其需求并为其服务的消费者群体。简而言之，目标市场就是通过市场细分后，企业准备以相应的产品和服务满足其需要的一个或几个子市场。市场细分不是目的，它是选择目标市场的前提和基础，而目标市场的选择则是市场细分的目的和归宿。

二、目标市场选择原则

(一) 有一定的规模和发展潜力

企业进入某一市场是期望能够有利可图，如果市场规模狭小或者趋于萎缩状态，企业进入后难以获得长足发展，此时，应审慎考虑，不宜轻易进入。当然，企业也不宜以市场吸引力作为唯一取舍，特别是应力求避免"多数谬误"，即与竞争企业遵循同一思维逻辑，将规模最大、吸引力最大的市场作为目标市场。大家共同争夺同一个消费者群体的结果是，造成过度竞争和社会资源的无端浪费，同时使消费者的一些本应得到满足的需求却遭受冷落和忽视。现在国内很多企业动辄就将城市尤其是大中城市作为其首选市场，而对小城镇和农村市场不屑一顾，很可能就会步入误区，如果转换一下思路，一些目前经营尚不理想的企业说不定会出现"柳暗花明"的局面。

(二) 细分市场结构的吸引力

细分市场可能具备理想的规模和发展特征，然而从盈利的观点来看，它未必有吸引力。波特认为有五种力量决定整个市场或其中任何一个细分市场长期的内在吸引力。这五个群体是：同行业竞争者、潜在的进入者、替代品生产者、购买者和供应商。他们具有如下五种威胁性：

(1) 细分市场内激烈竞争的威胁。

如果某个细分市场已经有了众多的、强大的或者竞争意识强烈的竞争者，那么该细分市场就会失去吸引力。如果出现该细分市场处于稳定或者衰退，生产能力不断大幅度扩大，固定成本过高，撤出市场的壁垒过高，竞争者投资很大，那么情况就会更糟。这些情况常常会导致价格战、广告争夺战、新产品推出，并使企业要参与竞争就必须付出高昂的代价。

(2) 潜在进入者的威胁。

如果某个细分市场可能吸引会增加新的生产能力和大量资源并争夺市场份额的新的竞争者，那么该细分市场就会没有吸引力。问题的关键是新的竞争者能否轻易地进入这个细分市场。如果新的竞争者进入这个细分市场时遇到森严的壁垒，并且遭受到细分市场内原来的企业的强烈报复，他们便很难进入。保护细分市场的壁垒越低，原来占领细分市场企业的报复心理越弱，这个细分市场就越缺乏吸引力。某个细分市场的吸引力随其进退难易的程度而有所区别。根据行业利润的观点，最有吸引力的细分市场应该是进入的壁垒高、退出的壁垒低。在这样的细分市场里，新的企业很难打入，但经营不善的企业可以安然撤退。如果细分市场进入和退出的壁垒都高，那里的利润潜力就大，但也往往伴随较大的风险，因为经营不善的企业难以撤退，必须坚持到底。如果细分市场进入和退出的壁垒都较低，企业便可以进退自如，然而获得的报酬虽然稳定，但不高。最坏的情况是进入细分市场的壁垒较低，而退出的壁垒却很高。于是在经济良好时，大家蜂拥而入，但在经济萧条时，却很难退出。其结果是大家都生产能力过剩，收入下降。

(3) 替代品生产者的威胁。

如果某个细分市场存在着替代产品或者有潜在替代产品，那么该细分市场就会失去吸引力，因为替代产品会限制细分市场内价格和利润的增长，企业应密切注意替代产品的价格趋向。如果在这些替代产品行业中技术有所发展，或者竞争日趋激烈，这个细分市场的价格和利润就可能会下降。

(4) 购买者讨价还价能力加强的威胁。

如果某个细分市场中购买者的讨价还价能力很强或正在加强，该细分市场就没有吸引力。购买者便会设法压低价格，对产品质量和服务会提出更高的要求，并且使竞争者互相斗争，所有这些都会使企业的利润受到损失。如果购买者比较集中或者有组织、该产品在购买者的成本中占较大比重、产品无法实行差别化、购买者的转换成本较低、由于购买者的利益较低而对价格敏感等，购买者的讨价还价能力就会加强。企业为了保护自己，可选择议价能力较弱或者转换企业能力较弱的购买者。可以较好地规避购买者讨价还价能力威胁的办法，就是企业设法提供购买者无法拒绝的优质产品。

(5) 供应商讨价还价能力加强的威胁。

如果企业的供应商——原材料和设备供应商、公用事业、银行等，能够提价或者降低产品和服务的质量，或减少供应数量，那么该企业所在的细分市场就会没有吸引力。如果供应商集中或有组织、替代产品少、供应的产品是重要的投入要素、转换成本高等，那么供应商的讨价还价能力就会较强大。因此，企业与供应商建立良好的关系以及开拓更多的供应渠道才是防御上策。

(三) 符合企业目标和能力

某些细分市场虽然有较大吸引力，但不能推动企业实现发展目标，甚至分散企业的精力，使之无法完成其主要目标，这样的市场应考虑放弃。另一方面，还应考虑企业的资源条件是否适合在某一细分市场经营。只有选择那些企业有条件进入、能充分发挥其资源优势的市场作为目标市场，企业才能立于不败之地。

三、目标市场选择模式

就企业实际经营活动而言，在对不同细分市场评估后，就必须对进入哪些市场以及为多少个细分市场服务做出决策。不同的细分市场存在不同的市场特征，对企业资源具有不同的要求。因此，企业在选择细分市场时要整体考虑不同细分市场所带来的挑战。一般而言，细分市场之间存在着一些关联要素，通常是产品和市场。按照产品和市场的关联性构成的细分市场组合模式称之为目标市场模式。

根据产品和市场的关联程度不同，企业可以考虑的目标市场选择存在着五种模式，如图 6-2 所示，图中 P 代表产品，M 代表市场。

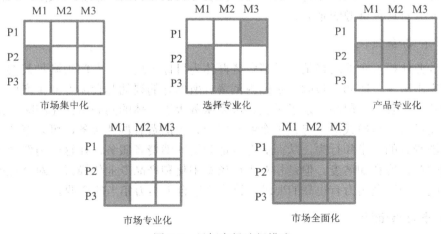

图 6-2 目标市场选择模式

(一) 市场集中化

最简单的方式是企业选择一个细分市场集中营销。企业通过密集营销，更加了解本细分市场的需要，并树立了特别的声誉，因此可以在该细分市场建立稳定的市场地位。此外，企业通过生产、销售和促销的专业化分工，也可以获得许多经济效益。如果细分市场补缺得当，企业的投资还可获得高额的报酬。然而，密集市场营销比一般情况风险更大。个别细分市场可能出现不景气的情况，或者某个竞争者决定进入同一个细分市场。因此，许多企业宁愿在若干个细分市场分散营销。

(二) 选择专业化

采用此方法选择若干个细分市场，其中每个细分市场在客观上都有吸引力，并且符合企业的目标和资源。但在各细分市场之间很少有或者根本没有任何联系，然而每个细分市场都有可能盈利。这种多细分市场目标优于单细分市场目标，因为这样可以分散公司的风险，即使某个细分市场失去吸引力，公司仍可继续在其他细分市场获取利润。这种目标市场的选择模式目前在市场中得到广泛应用。比如，出版社会为不同的读者出版不同的书刊杂志，电视台会为不同层次不同年龄的观众提供不同的电视节目，广播电台也会在不同频道或同一频道提供不同的音乐节目等。但是，选择专业化模式需要较强的营销能力和较强的企业资源，由于细分市场之间的关联性较弱，也难以产生规模经济效应，该模式适合于实力较强的企业。

(三) 产品专业化

产品专业化模式指企业集中生产一种产品，向不同的细分市场销售该产品。比如，显微镜生产商向大学实验室、政府实验室和工商企业实验室销售显微镜。企业准备向不同的消费者群体销售不同种类的显微镜，而不去生产实验室可能需要的其他仪器。采用产品专业化模式，基于企业拥有该类产品较强的专有技术和研发能力，能够满足不同消费者的需求。产品专业化往往能够使企业在某一产品领域树立起很高的声誉，消费者群体的扩大使企业摆脱对个别市场的依赖，营销的风险比市场集中化模式要小得多。但也存在产品被一种全新的技术所替代，或因原材料的缺乏，没有替代的原材料等潜在的风险。该模式适合于小型企业或有特色资源的企业。

(四) 市场专业化

市场专业化模式企业选择某一类消费者群体为目标市场，并专门为满足某类消费者群体的各种需求服务。比如，贝因美是国内消费者所熟悉的婴幼儿食品专业生产商，现已形成集婴幼儿专业食品、用品、亲子早教、母婴服务等于一体的同心多元化战略，是典型的市场专业化模式。该模式的优势在于企业专门为某一消费者群体服务，可以充分、准确地理解这类消费者的需求和行为，从而更有效地为这些消费者服务，在这一消费者群体中建立相当高的信誉度和知名度。但是相对于市场集中化和产品专业化模式，对企业的生产能力、经营能力和资金实力有更高的要求。该模式适合于实力相当的企业。

(五) 市场全面化

市场全面化是指企业全方位进入不同的细分市场，为所有消费者提供不同的有差异化的产品。一般来说，实力雄厚的大型企业在一定阶段会选用这种模式，以收到良好的效果。比如，可口可乐公司在全球近 200 个国家拥有 400 个非酒精饮料品牌。无独有偶，联合利华、宝洁、欧莱雅、通用汽车、伊莱克斯等公司也采用了市场全面化模式。大公司之所以都倾向于拥有这么多的品牌，原因很简单：因为不同的人，在不同的时间、地点、情境会有不同的需求，市场全面化模式意味着企业将会拥有更多的机会。

四、目标市场营销战略

选择目标市场，明确企业应为哪一类用户服务，满足他们的哪一种需求，是企业在营销活动中的一项重要战略。为什么要选择目标市场呢？因为不是所有的子市场对本企业都有吸引力，任何企业都没有足够的人力、物力和资金去满足整个市场或追求过分庞大的目标，只有扬长避短，找到有利于发挥本企业现有的人、财、物优势的目标市场，才不至于在庞大的市场上瞎撞乱碰。比如，太原橡胶厂是一个拥有 1800 多名职工，以生产汽车、拖拉机轮胎为主的中型企业。前几年，因产品销售问题而处于困境。后来，他们进行市场细分后，根据企业优势，选择了省内十大运输公司作为自己的目标市场，专门生产适合晋煤外运的高吨位汽车载重轮胎，打开了销路。随着企业实力的增强，他们又选择了耕运两用的拖拉机制造厂为目标市场。1992 年与香港中策投资有限公司合资经营，成立了"双喜轮胎股份有限公司"。1993 年，在全国轮胎普遍滞销的情况下，该公司敲开了一汽的大门，为其提供高吨位配套轮胎。由此可见，正确选择目标市场是太原橡胶厂跨入全国 500 家优秀企业的有效战略之一。目标市场营销战略包括三种类型：无差异营销、差异化营销和集中化营销。

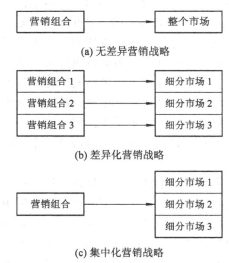

图 6-3　三种可供选择的目标市场战略

(一) 无差异营销战略

无差异营销战略(Undifferentiated marketing strategy)是指企业将产品的整个市场视为一个目标市场，用单一的营销组合策略开拓市场，即用一种产品和一套营销方案吸引尽可能多的购买者，如图 6-3(a)所示。无差异营销策略只考虑消费者或用户在需求上的共同点，而不关心他们在需求上的差异性。可口可乐公司在 20 世纪 60 年代以前曾以单一口味的品种、统一的价格和瓶装、同一广告主题将产品面向所有消费者，就是采用了这种无差异营销战略。

无差异营销的理论基础是成本的经济性。生产单一产品，可以减少生产与储运成本；无差异的广告宣传和其他促销活动可以节省促销费用；不搞市场细分，可以减少企业在市场调研、产品研发、制定各种营销组合方案等方面的营销投入。这种战略对于需求广泛、市场同质性高且能大量生产、大量销售的产品比较合适。

对于大多数产品，无差异营销战略并不一定合适。首先，消费者需求客观上千差万别并不断变化，一种产品长期为所有消费者和用户所接受的现象非常罕见。其次，当众多企业如法炮制，都采用这种战略时，就会造成市场竞争异常激烈，然而在一些小的细分市场上消费者需求得不到满足，这对企业和消费者都是不利的。最后，易于受到竞争企业的攻击。当其他企业针对不同细分市场提供更有特色的产品和服务时，采用无差异营销战略的企业可能会发现自己的市场正在遭到蚕食但又无法有效地予以反击。正是由于以上这些原因，世界上一些曾经长期实行无差异营销战略的大企业最后也被迫改弦更张，转而实行差异化营销战略。比如，被视为实行无差异营销典范的可口可乐公司，面对百事可乐、七喜等企业的强劲攻势，也不得不改变原来的营销战略，一方面向非可乐饮料市场进军，另一方面针对消费者的不同需要推出多种类型的新可乐。

(二) 差异化营销战略

差异化营销战略(Differentiated marketing strategy)就是把整个市场细分为若干子市场，针对不同的子市场，设计不同的产品，制定不同的营销策略，满足不同的消费需求，如图6-3(b)所示。比如，美国有的服装企业，按生活方式把妇女分成三种类型：时髦型、男子气型、朴素型。时髦型妇女喜欢把自己打扮得华贵艳丽，引人注目；男子气型妇女则喜欢打扮得超凡脱俗，卓尔不群；朴素型妇女购买服装讲求经济实惠，价格适中。公司根据不同类型妇女的不同偏好，有针对性地设计出不同风格的服装，使产品对各类消费者更具有吸引力。又如，某自行车企业，根据地理位置、年龄、性别细分为几个子市场：农村市场，因经常需要运输货物，要求牢固耐用，载重量大；城市男青年，要求速度快、样式好；城市女青年，要求轻便、漂亮、刹车灵活。企业针对每个子市场的特点，制定不同的市场营销组合策略。

采用差异化营销战略的优点是：小批量、多品种，生产机动灵活、针对性强，使消费者需求更好地得到满足，由此促进产品销售，可以有效地繁荣市场。此外，由于企业是在多个细分市场上经营，一定程度上可以减少经营风险。一旦企业在几个细分市场上获得了成功，则有助于提高企业的整体形象以及提高市场占有率。差异化营销战略的不足之处主要体现在两个方面：一是增加营销成本。由于产品品种多，管理和存货成本将大大增加，同时由于公司必须针对不同的细分市场设计独立的营销计划，会增加企业在市场调研、促销和渠道管理等方面的营销成本。二是可能使企业的资源配置不能有效集中，顾此失彼，甚至在企业内部出现彼此争夺资源的现象，从而使企业的重点产品难以形成优势。

【案例6-7】　　　　　　　　　可口可乐与百事可乐

世界上第一瓶可口可乐于1886年诞生于美国，距今已有130多年的历史。这种神奇的饮料以它不可抗拒的魅力征服了全世界数以亿计的消费者，成为当之无愧的"世界饮料之王"，甚至享有"饮料日不落帝国"的美誉。但是，就在可口可乐如日中天之时，竟然有另外一家同样高举"可乐"大旗，敢于向其挑战的企业，宣称要成为"全世界消费者最喜欢的公司"，并且在与可口可乐的交锋中越战越强，最终形成分庭抗礼之势，这就是百事可乐公司。世界上第一瓶百事可乐同样诞生于美国，那是在 1898 年，比可口可乐的问世晚了 12 年。它的味道同配方绝密的可口可乐相近，于是便借可口可乐之势取名为百事可乐。由于可口可乐早在 10 多年前就已经开始大力开拓市场，到这时早已声名远扬，控制了绝大部分碳酸饮料市场，在人们心目中形成了定势，一提起可乐，就非可口可乐莫属，百事可乐在第二次世界大战以前一直不见起色，曾两度处于破产边缘，饮料市场仍然是可口可乐一统天下。

百事可乐成长于20世纪30年代经济大恐慌时期，由于消费者对价格很敏感，因此1934年百事可乐推出了 12 盎司装的瓶子，但与可口可乐 6.5 盎司的价格一样，也是 5 分钱。百事可乐利用电台广告大力宣传"同样价格、双倍享受"的利益点，成功地击中了目标，尤其是年轻人的市场，因为他们往往只重量而不重质。在这期间，差不多每个美国人都知道"5 分币可以多买 1 倍的百事可乐"的口头禅。

二战后，出现了一个对百事可乐发展非常有利的环境。美国诞生了一大批年轻人，他们没有经过大危机和战争洗礼，自信乐观，与他们的前辈们有很大的不同，这些小家伙正在成长，逐步会成为美国的主要力量，他们对一切事物的胃口既大又新，这为百事可乐针对"新一代"的营销活动提供了基础。但是，这一切都是在 1960 年百事可乐把它的广告业务交给BBDO(巴腾-巴顿-德斯廷和奥斯本)广告公司以后才明白过来的。当时，可口可乐以 5∶1 的绝对优势压倒百事可乐。BBDO 公司分析了消费者构成和消费心理的变化，将火力对准了可口可乐"传统"的形象，做出种种努力来把百事可乐描绘成年轻人的饮料。经过 4 年的酝酿，"百事可乐新一代"的口号正式面市，并一直沿用了 20 多年。

10 年后，可口可乐试图对百事可乐俘获下一代的广告做出反击时，它对百事可乐的优势已经减至 2∶1。而此时，BBDO 又协助百事可乐制定了进一步的战略，向可口可乐发起全面进攻，被世人称为"百事可乐的挑战"。其中有两仗打得十分出色。第一个漂亮仗是品尝实验和其后的宣传活动。1975 年，百事可乐在达拉斯进行了品尝实验，将百事可乐和可口可乐都去掉商标，分别以字母 M 和 Q 做上暗记，结果表明，百事可乐比可口可乐更受欢迎。随后，BBDO 公司对此大肆宣扬，在广告中表现的是，可口可乐的忠实消费者选择标有字母 M 的百事可乐，而标有字母 Q 的可口可乐却无人问津。广告宣传完全达到了百事可乐和BBDO 公司所预期的目的，就是让消费者重新考虑他们对"老"可乐的忠诚，并把它与"新"可乐相比较。可口可乐对此束手无策，除了指责这种行为比较不道德，并且吹毛求疵地认为人们对字母 M 有天生的偏爱之外，毫无办法。结果，百事可乐的销售量猛增，与可口可乐的差距进一步缩小。1983 年底，BBDO 广告公司又以 500 万美元的代价，聘请迈克尔•杰克逊拍摄了两部广告片，并组织杰克逊兄弟进行广告旅行。这位红极一时的摇滚乐歌星为百事可乐赢得了年轻一代狂热的心，广告播出才一个月，百事可乐的销量就直线上升。据百事可乐公司自己统计，在广告播出的一年中，大约 97% 的美国人收看过，每人达 12 次。

第二个漂亮仗是借助政府的力量。百事可乐不仅在美国国内市场上向可口可乐发起了最有力的挑战，还在世界各国市场上向可口可乐挑战。与国内市场完全一样，因为可口可乐的先发优势已经没有多少空间。百事可乐的战略就是进入可口可乐公司尚未进入或进入失败的"真空地带"，当时公司的董事长唐纳德•肯特经过深入考察调研，发现前苏联、中国以及亚洲、非洲还有大片空白地区可以有所作为。肯特的至交，美国总统尼克松帮了大忙。1959年，美国展览会在莫斯科召开，肯特利用他与当时的美国副总统尼克松之间的特殊关系，要求尼克松"想办法让苏联领导人喝一杯百事可乐"。尼克松显然同赫鲁晓夫通过气，于是在各国记者的镜头前，赫鲁晓夫手举百事可乐，露出一脸心满意足的表情。这是最特殊的广告，百事可乐从此在前苏联站稳了脚跟，这对百事可乐打入前苏联国家和其他地区起了很大的推动作用。但是，百事可乐虽然进入了前苏联市场，却未能实现在前苏联建立工厂，垄断可乐在前苏联销售的计划。于是，1975年，百事可乐公司以帮助前苏联销售伏特加酒为条件，取得了在苏联建立生产工厂并垄断其销售的权力，成为美国闯进前苏联市场的第一家民间企业。这一事件立即在美国引起轰动，各家主要报刊均以头条报道了这条消息。在以色列，可口可乐抢占了先机，先行设立了分厂。但是，此举引起了阿拉伯各国的联合抵制。百事可乐看到有机可乘，立即放弃本来得不到好处的以色列，一举取得中东其他市场，占领了阿拉伯海周围的每一个角落，使百事可乐成了阿拉伯语中的日常词汇。20世纪70年代末，印度政府宣布，只有可口可乐公布其配方，它才能在印度经销，结果双方无法达成一致，可口可乐撤出了印度。百事可乐的配方没有什么秘密，因此它乘机以建立粮食加工厂、增加农产品出口等作为交换条件，打入了这个重要的市场。百事可乐在拓展国际市场时，一直将尼克松视为它的秘密武器。20世纪60年代尼克松竞选惨败后，百事仍然积极对其给予支持，肯特先生以年薪10万美金的报酬，聘请尼克松为百事公司的顾问和律师。尼克松则利用自己的关系周游列国，兜售百事可乐，并且在竞选美国总统成功后，任命肯特为总统经济政策顾问，使其有机会影响经济政策，借以创造百事可乐在世界市场与可口可乐竞争的有利地位。在与可口可乐角逐国际市场时，百事可乐很善于依靠政界，抓住特殊机会，利用独特的手段从可口可乐手中抢夺市场。

百事可乐只有30多岁的经理约翰·斯卡利坚信："基于口味和销售两个原因，百事可乐终将战胜可口可乐。"这一预言现在终于变成了现实。在百事可乐发起挑战之后不到3年，美国《商业周刊》就开始怀疑可口可乐是否有足够的防卫技巧和销售手段来抵御百事可乐的猛烈进攻。1978年6月12日"百事可乐荣膺冠军"，百事可乐第一次夺走了可口可乐的领先地位。

(三) 集中化营销战略

集中化营销战略(Concentrated marketing strategy)就是在细分后的市场上，选择一个或少数几个细分市场作为目标市场，实行专业化生产和销售，在少数市场上发挥优势，提高市场占有率，如图6-3(c)所示。采用这种战略的企业对目标市场有较深的了解，这是大部分中小型企业应当采用的战略。日本尼西奇企业起初是一个生产雨衣、尿布、游泳帽、卫生带等多种橡胶制品的小厂，由于订货不足，面临破产。总经理多川博在一个偶然的机会，从一份人口普查表中发现，日本每年约出生250万个婴儿，如果每个婴儿用两条尿布，一年就需要500万条。于是，他们决定放弃尿布以外的产品，实行尿布专业化生产。一炮打响后，又不断研制新材料、开发新品种，不仅垄断了日本尿布市场，还远销世界70多个国家和地区，成为闻名于世的"尿布大王"。集中化营销战略的指导思想是：与其四处出击收效甚微，不如突破一点取得成功。这一战略特别适合于资源力量有限的中小型企业。中小型企业由于受财力、技术等方面因素制约，在整体市场可能无力与大企业抗衡，但可以集中资源优势在大企业尚未顾及的市场建立自己的绝对优势。

集中化营销战略的优点很明显：由于市场集中，便于企业深入挖掘消费者的需求，能及时得到反馈意见，使企业能制定正确的营销策略。生产专业化程度高，企业可有针对性地采取营销组合，节约成本和费用。目标市场较小，可以使企业的特点和市场特征尽可能达成一致，从而有利于充分发挥企业自身优势。在细分市场上占据一定优势后，可以积聚力量，与竞争者抗衡。能有效地树立品牌形象，如老庙黄金、全聚德烤鸭、张小泉剪刀等品牌几乎家喻户晓。当然，集中化营销战略也有缺点：因为它的目标市场范围小，品种单一，如果目标市场的消费者需求和爱好发生变化，企业就可能因应变不及时而陷入困境。同时，当强有力的竞争者打入目标市场时，企业就要受到严重影响。所以，许多中小企业为了分散风险，仍应选择一定数量的细分市场作为自己的目标市场。

【案例6-8】 **任天堂的集中化营销战略**

一百年前，日本京都成立了一家专门生产纸牌的小店，以汉语"尽人事，听天命"的寓意取名为"任天堂"。一百多年以来，任天堂始终抱着"玩具"这一细分市场，从扑克牌、塑料扑克牌、魔术扑克牌、电子游戏机到电脑玩具，坚持不懈，使其产品畅销全球。"任天堂"抱着一棵"树"不放，这棵树虽然不大，但它不低头，拼命研发创新，使它成为"摇钱树"。

实行差异化营销战略和无差异营销战略，企业均是以整体市场作为营销目标，试图满足所有消费者在某一方面的需要。集中化营销战略则是集中力量进入一个或少数几个细分市场，实行专业化生产和销售。实行这一策略，企业不是追求在一个大市场角逐，而是力求在一个或几个子市场占有较大份额。比如，生产空调器的企业不是生产各种型号和款式、面向不同消费者和用户的空调机，而是专门生产安装在汽车内的空调机。又如，汽车轮胎制造企业只生产用于换胎业务的轮胎，也是采用此战略。三种目标市场营销战略各有利弊。选择目标市场时，必须考虑企业面临的各种因素和条件，如企业规模和原材料的供应、产品类似性、市场类似性、产品生命周期、竞争的目标市场等。企业内部条件和外部环境在不断发展变化，经营者要不断通过市场调查和预测，掌握和分析市场变化趋势与竞争对手的条件，扬长避短，发挥优势，把握时机，采取灵活的适应市场态势的营销战略，去争取更大的利益。因此，选择适合本企业的目标市场营销战略是一个复杂多变的工作。

五、目标市场选择的影响因素

目标市场选择是指企业从可望成为自己的几个目标市场中，根据一定的要求和标准，选择其中一个或几个目标市场作为可行的经营目标的决策过程。影响企业目标市场选择的因素主要包括以下几类：

(1) 企业资源或实力。当企业生产、技术、营销、财务等方面实力较强时，可以考虑采用差异化或无差异市场营销战略。企业资源有限，实力不强时，采用集中化营销战略效果可能更好。

(2) 产品同质性。产品同质性指的是在消费者眼里，不同企业生产的产品的相似程度。对于大米、食盐、钢铁等产品，尽管每种产品因产地和生产企业的不同会有些品质差别，但消费者可能并不十分看重，此时，竞争将主要集中在价格上。这样的产品适合采用无差异营销战略。而对于服装、化妆品、汽车等产品，由于在型号、式样、规格等方面存在较大差别，产品选择性强，同质性较低，因而更适合于采用差异化或集中化营销战略。

(3) 市场同质性。市场同质性指的是各细分市场上消费者需求、购买行为等方面的相似程度。市场同质性高，意味着各细分市场相似程度高，不同消费者对同一营销方案的反应大致相同，此时，企业可以考虑采取无差异营销战略。反之，则适宜采用差异化或集中化营销战略。

(4) 产品所处生命周期的不同阶段。产品处于投入期，同类竞争产品不多，竞争不激烈，企业可采用无差异营销策略。当产品进入成长期或成熟期，同类产品增多，竞争日益激烈，为确保竞争优势，企业可考虑采用差异化营销战略。当产品步入衰退期，为保持市场地位，延长产品生命周期，全力对付竞争者，企业可考虑采用集中化营销战略。

(5) 竞争者的市场营销战略。企业选择目标市场战略时，还要充分考虑竞争者，尤其是主要竞争对手的营销战略。如果竞争对手采用差异化营销战略，企业应采用差异化或集中化营销战略与之抗衡。如果竞争对手采用无差异营销战略，则企业也可以采用无差异或差异化营销战略与之对抗。

(6) 竞争者的数目。当市场上同类产品的竞争者较少，竞争不激烈时，可采用无差异营销战略。当竞争者数目众多，竞争激烈时，企业可采用差异化或集中化营销战略。

第三节 市场定位

企业在开展具体营销实践前，需要解决两个基本问题：一是，我的顾客是谁？二是，与竞争品相比，我的产品有什么特色？通过市场细分和目标市场选择，解决了第一个问题，界定清晰了营销对象以后，企业需要对第二个问题进行思考，即市场定位。在竞争激烈的市场环境中，设计、创造一个定位战略无疑是企业的必要措施。

一、市场定位概念

"定位"(Positioning)一词，是由艾尔·里斯(Al Reis)和杰克·特劳特(Jack Trout)在1972年提出的。他们对定位的解释是：定位始于产品，一件商品、一项服务、一家公司、一个机构、甚至一个人。定位并不是对产品本身做了什么事，而是对潜在消费者的心理所采取的行动，即把产品在潜在消费者的心中确定一个适当的位置。市场营销大师菲利普·科特勒对定位所下的定义是：市场定位是企业根据竞争者现有产品在细分市场上所处的地位和消费者对产品某些属性的重视程度，设计、塑造出本企业产品与众不同的鲜明个性或形象并传递给目标消费者，使产品在细分市场上占据强有力的竞争位置。市场定位的本质是占领消费者的心智资源。

传统的观念认为，市场定位就是在每一个细分市场上生产不同的产品，实行产品差异化。事实上，市场定位与产品差异化之间尽管关系密切，但两者有着本质的区别。市场定位是通过为自己的产品创立鲜明的个性，从而塑造出独特的市场形象来实现的。一个产品是多个因素的综合反映，包括性能、构造、成分、包装、形状、质量等，市场定位就是要强化或放大某些产品因素，从而形成与众不同的独特形象。产品差异化仅仅是实现市场定位的手段，但并不是市场定位的全部内容。市场定位不仅强调产品差异，而且更强调通过产品差异建立独特的市场形象，赢得消费者的认同。还需要指出的是，市场定位中所指的产品差异化与传统的产品差异化概念有本质区别，市场定位中的产品差异化不是从生产者角度出发单纯追求产品变异，而是在对市场分析和细分化的基础上，寻求建立某种产品特色，因而它是现代市场营销观念的体现。

市场定位的概念提出来以后，受到企业界的广泛重视。越来越多的企业运用市场定位，参与竞争、扩大市场。市场定位可分为对现有产品的再定位和对潜在产品的预定位。对现有产品的再定位可能导致产品名称、价格和包装的改变，但是这些外表变化的目的是为了保证产品在潜在消费者的心目中留下值得购买的形象。对潜在产品的预定位，要求营销者必须从零开始，使产品特色确实符合所选择的目标市场。公司在进行市场定位时，一方面要了解竞争对手的产品具有何种特色，另一方面要研究消费者对该产品的各种属性的重视程度，然后根据这两方面进行综合分析，再确定本公司产品的特色和独特形象。

【案例 6-9】　　　　　　　　**Think Small　想想小的好**

20 世纪 60 年代的美国汽车市场，豪华车大行其道，大众汽车公司的甲壳虫轿车还没有市场。Think Small("想想小的好")这句广告语，改变了美国人的汽车观念，使得美国人意识到小轿车的优点。此后，甲壳虫轿车迅速占领美国汽车市场，并在很长一段时间内稳执美国汽车市场之牛耳。

广告正文："我们的小车并不标新立异。许多从学院出来的家伙并不屑于屈身于它；加油站的小伙子也不会问它的油箱在哪里；没有人注意它，甚至没人看它一眼。其实，驾驶过它的人并不这样认为。因为它耗油低，不需要防冻剂，能够用一套轮胎跑完 40 000 英里的路。这就是为什么你一旦用上我们的产品就会对它爱不释手的原因。当你挤进一个狭小的停车场时、当你更换你那笔少量的保险金时、当你支付那一小笔修理账单时，或者当你用你的旧大众换得一辆新大众时，请想想小的好处。"

二、市场定位常用方法

市场定位的方法有很多，一般常用的有以下几种：

(一) 产品特色定位

市场定位根据产品和服务的特点来设计，广告创意、诉求和表现方式都要围绕品牌的定位。构成产品内在特色的许多因素都可以作为市场定位的依据。比如所含成份、材料、质量、价格等。"七喜"汽水的定位是"非可乐"，强调它是不含咖啡因的饮料，与可乐类饮料不同。"泰宁诺"止痛药的定位是"非阿司匹林的止痛药"，显示药物成分与以往的止痛药有本质的差异。又如，现有市场上的洗发水品牌，洗发水本身是感性加理性的产品，但更趋于感性，目前市场上洗发水产品的种类繁多，诸如海飞丝、飘柔、潘婷、力士、清扬等，每种产品都有自己的市场定位，基本上都以产品特点为导向。

(二) 使用者类型定位

企业常常试图将其产品指向某一类特定的使用者，以便根据他们的看法塑造产品恰当的形象。美国米勒啤酒公司曾将其原来唯一的品牌"高生"啤酒定位于"啤酒中的香槟"，吸引了许多不常饮用啤酒的高收入妇女。后来发现，占 30%的狂饮者大约消费了啤酒销量的 80%，于是该公司在广告中展示石油工人钻井成功后狂欢的镜头，还有年轻人在沙滩上冲刺后开怀畅饮的镜头，塑造了一个"精力充沛的形象"，在广告中提出"有空就喝米勒"，从而成功占领啤酒狂饮者市场达 10 年之久。

(三) 竞争导向定位

有些企业在推出新产品时，产品本身在功能和特点上并没有很大的变化，但在营销定位上赋予了产品新的概念，从而引起消费者的购买欲望。因为现在每种产品的竞争产品都很多，消费者很难对某一个产品形成忠诚度，看到其他企业的新产品和新颖的广告和促销，就会去尝试新的产品，这对于企业，尤其是生产日常消费品的企业是一个巨大的挑战。如何适应消费者这种善变的消费心理？其实很好的方法就是不断地推出新产品，给消费者以全新的感觉，这些新产品其实在功能上并不一定会有很大的提高，但是新的产品概念会促使消费者继续购买。

比如潘婷洗发水，从第一代潘婷强调含有维他命 B_5 从而可以营养头发开始，几乎每年都会推出新的升级版潘婷洗发水，或者含有更多的维他命，或者含有改良的维他命，或者使粗糙的头发顺滑，或者使脆弱的头发更强韧，每一代的新产品都能够让消费者不得不去尝试一下，这就很好地抓住了消费者不断追求新鲜和变化的心理。不断创造产品概念以吸引消费者，这就是以自己企业产品为竞争导向定位的实质。

(四) 利益导向定位

消费者因为产品和品牌能够给自己带来利益而购买，因此市场定位可以瞄准消费者利益的达成。这里的利益可以是产品的利益，也可以是品牌的利益。产品的利益是指产品如何能满足消费者的需求，而品牌的利益更多的是带给消费者一种感觉和结果，比如消费者感觉自己很有品味，很有档次，能够体现他的身份等。我国曾有一家生产"曲奇饼干"的厂家最初将其产品定位为家庭休闲食品，后来又发现不少消费者购买是为了馈赠，又将之定位为礼品。消费者购买家电产品希望售后服务能够跟得上，这就是消费者的利益诉求点，海尔为了塑造自己的形象，就推出了服务热线，主动与消费者进行沟通并解决问题，同时大力宣传自己的优质服务，逐渐创造出一种优质服务的形象。海尔的成功主要是因为它最早看到了消费者的利益点，因此能抢得先机，在消费者心中牢牢地树立了自己的形象。

利益导向定位法还可以很好地为老产品找到一种新的用途。小苏打曾一度被广泛用于家庭的刷牙剂、除臭剂和烘焙配料，然而逐渐有不少的新产品代替了小苏打的上述一些功能，于是另外还有厂家把它当作了调味汁和肉卤的配料，更有企业发现它可以作为冬季流行性感冒患者的饮料。

(五) 价值导向定位

以价值导向的定位方法，也可以称之为档次定位法，实际上就是在满足消费者的虚荣心。很多人喜欢追求名牌，其实并不是因为产品本身能够给他们带来什么利益，更多的是产品所给人的一种心理感受，是一种品味与个性的体现。

比如在服装市场上，男性和女性都崇尚名牌，但是他们对于能够从品牌上获得的价值都有不同的预期。男性通常希望通过名牌体现自我，但是这种自我并不是说绝对要穿名牌，可能就是要求休闲、要求舒适，因为都是纯棉的衣服，名牌和非名牌的舒适程度是不一样的，不一样的还有穿的人的心理感受。因此，市场定位就要迎合那些追求品味和"虚荣"的消费者的需求，这不是产品提供利益能够解决的，必须要靠品牌概念。比如，卡地亚珠宝在宣传的时候总是强调自己是皇室专属的珠宝工匠，其实珠宝的款式好坏与是否为皇室设计没有很大的联系，但是很多消费者宁愿花费高昂的价格获得一种和皇室一样的尊崇心理体验，这个时候款式由于打上了"奢华"的标志而变得与众不同。

(六) 情感心理定位

情感心理定位就是建立在产品利益之外、基于消费者心理需求的一种定位方法。比如，你可能不会在乎一块普通的手表，但是如果是一对情侣表之中的一个，你一定会赋予它不一般的感情。所以我们常常可以看到男性的产品被赋予了成功、睿智、稳健等符合男性心理的情感诉求。

位居中国本土啤酒企业前三甲的华润雪花啤酒有限公司非常注重对雪花品牌在情感心理要素上的注入。在雪花品牌的塑造上，雪花啤酒把市场定位在20～35岁的年轻人群身上，配合"雪花啤酒，畅享成长"的广告语迎合了这部分消费者的心理需求。有一首缘起于公元前3000年前美索不达米亚文明中的苏美尔(Sumerian)古诗说"在欢愉中啜饮啤酒，我心愉悦，我身舒畅"，表达了人们在喝酒时的一种状态。最早的健力士啤酒也把自己定位成"欢聚和分享"。啤酒一个人喝的情况较少，至少是几个人一块儿聚在一起喝，所以畅享的概念很好地契合了消费者的情感诉求。

(七) 比附定位

所谓比附定位，就是攀附名牌，比拟名牌来给自己的产品进行定位，以借名牌之光使自己的品牌生辉。甘居第二，比如，蒙牛的第一块广告牌上写的就是"做内蒙古第二品牌""向伊利学习"的字样。攀龙附凤，比如，大连具有"北方香港"的美誉，把大连比喻为北方香港，强调其地位的重要；把冰峪沟说成是"北方小桂林"，比喻其风景之美。奉行"高级俱乐部"策略，借助群体的声望，强调自己是这一高级团体的一员，比如全国著名品牌之一的夏新手机。

事实上，许多企业进行市场定位的方法往往不止一个，而是多个同时使用。因为要体现企业及其产品的形象，市场定位必须是多维度的。

【案例6-10】 市场定位策划将"红罐王老吉"推向全国

"王老吉"的市场定位——预防上火的饮料。2002年以前，红色罐装王老吉长期活跃于广东、浙南一带，销量稳定，盈利状况良好，但是加多宝公司管理层发现，要想使王老吉走向全国却是困难重重。其中，最核心的问题是红罐王老吉当"凉茶"卖，还是当"饮料"卖？2002年年底，广州成美营销顾问公司开始对王老吉进行品牌定位策划。首先，是市场细分：通过对加多宝内部、经销商、零售商和王老吉现有用户的调研结果进行分析后，确定下来王老吉凉茶饮用场合主要集中在"烧烤、登山、外出就餐、家庭聚会"，购买红罐王老吉的真实动机是用于"预防上火"。其次，是目标市场的确定，根据加多宝公司的意图和王老吉产品的特点，将全国市场中有"预防上火"需求的人群都确定为目标客户群。最后，是品牌定位——"预防上火的饮料"。重新完成市场定位的王老吉销量一路上扬，2003年就由去年的 1.8 亿元升至 6 亿元，环比增长 233%，2008 年更是升至约 120 亿元(含盒装)，2011 年 5 月开始推出瓶装产品。

三、市场定位战略

市场定位是一种竞争战略，显示了一种产品或一家企业同类似的产品或企业之间的竞争关系。市场定位方式不同，竞争态势也不同，企业在进行市场定位战略选择时，应该综合考虑企业自身的资源、市场的需求特征、竞争对手的可能反应等因素。

对于一个具体的产品而言，竞争优势的选择除了要考虑企业的整体实力外，还需要考虑消费者对产品属性的重视程度。通过市场定位示意图，可以清晰地识别出行业的竞争态势，也便于企业确立产品的竞争优势。比如，根据消费者所关注的最重要的属性——价格与质量，将行业中主要竞争者的情况逐一在示意图上进行标注，圆心表示产品属性，圆圈大小表示其销售额的大小。将现有的竞争者 A、B、C、D、E、F 的情况标出后，就可以进行市场定位的选择，如图 6-4 所示。下面，我们分析几种主要的市场定位战略。

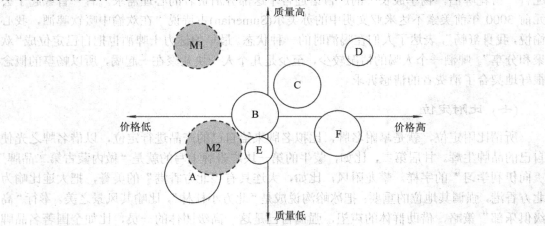

图 6-4　市场定位示意图

(一) 避强定位

这种战略是企业避免与强有力的竞争对手发生直接竞争，而将自己的产品定位于另一市场的区域内，使自己的产品在某些特征或属性方面与强势对手有明显的区别，如图 6-4中的 M1 位置。这种战略可使自己迅速在市场上站稳脚跟，并在消费者心中树立起一定的形象。由于这种做法风险较小，成功率较高，常为多数企业所采用。当然这种战略也往往意味着企业必须放弃某个最佳的市场位置，很可能使企业处于最差的市场位置。比如，美国的七喜汽水将产品定位于"非可乐型饮料"，避免了与可口可乐、百事可乐两大可乐巨头的正面竞争。成功的市场定位使得七喜在竞争异常激烈的饮料市场上占据了老三的位置。

(二) 迎头定位

迎头定位，又称之为"竞争性定位""针对性定位"，这种战略是企业根据自身的实力，为占据较佳的市场位置，不惜与市场上占支配地位、实力最强或较强的竞争对手发生正面竞争，从而使自己的产品进入与对手相同的市场位置，如图 6-4 中的 M2 位置。由于竞争对手强大，这一竞争过程往往相当引人注目，企业及其产品能较快地为消费者了解，达到树立市场形象的目的，这是一种与在市场上居支配地位的竞争对手"对着干"的定位方式。但是这种战略可能引发激烈的市场竞争，具有较大的风险。比如，清扬洗发水也定位于"去屑洗发水"，与海飞丝的定位直接毗邻，但是它细分出男性去屑洗发水，又具有自身的优势，可以在一定程度上挑战宝洁的市场霸主地位。

在世界饮料市场上，作为后起的"百事可乐"进入市场时，就采用过这种方式，"你是可乐，我也是可乐"，与可口可乐展开面对面的较量。实行迎头定位，企业必须做到知己知彼，应该了解市场上是否可以容纳两个或两个以上的竞争者，自己是否拥有比竞争者更多的资源和能力，是不是可以比竞争对手做得更好。否则，迎头定位可能会成为一种非常危险的战略，将企业引入歧途。

(三) 重新定位

这种战略是企业对销路少、市场反应差的产品进行二次定位。初次定位后，如果由于消费者的需求偏好发生转移，市场对本企业产品的需求减少，或者由于新的竞争者进入市场，选择与本企业相近的市场位置，此时企业就需要对其产品进行重新定位。一般来说，重新定位是企业摆脱经营困境，寻求新活力的有效途径。此外，企业如果发现新的产品市场范围，也可以进行重新定位。重新定位是以退为进的战略，目的是为了实施更有效的定位。比如，万宝路香烟刚进入市场时，是以女性为目标市场，它推出的口号是"像五月的天气一样温和"。然而，尽管当时美国吸烟人数年年都在上升，万宝路的销路却始终平平。后来，广告大师李奥贝纳为其做广告策划，他将万宝路重新定位为男子汉香烟，并将它与最具男子汉气概的西部牛仔形象联系起来，树立了万宝路自由、野性与冒险的形象，从众多的香烟品牌中脱颖而出。自 20 世纪 80 年代中期到现在，万宝路一直位居世界各品牌香烟销量首位，成为全球香烟市场的领导品牌。

与此同时，企业也应该在市场定位过程中避免犯以下一些错误，否则就会影响企业在消费者心目中的形象。

(1) 定位过低，使消费者不能真正认识到企业的独到之处，这种品牌在市场只是表现得像另一个品牌，消费者很难接受这样的品牌，也很难形成说服自己购买的理由。

(2) 定位过高，过高的价格或者过高的使用成本都会让消费者望而却步，也使消费者不能正确了解产品和企业。如果一个没有特色的普通产品定位过高，那么结果肯定是致命的。

(3) 定位混乱，与企业推出的主题过多或定位变化太频繁有关，这会使得消费者对产品的印象模糊不清。

(4) 定位怀疑，消费者很难相信企业在产品特色、价格或制造商方面的有关宣传，对定位的真实性产生怀疑。

四、市场定位步骤

市场定位的关键是企业要设法在自己的产品上找出比竞争者更具有竞争优势的特性。竞争优势一般有两种基本类型：一是价格竞争优势，就是在同样的条件下比竞争者定出更低的价格。这就要求企业采取一切努力来降低单位成本。二是偏好竞争优势，即能提供确定的特色来满足消费者的特定偏好。这就要求企业采取一切努力在产品特色上下工夫。因此，企业市场定位过程可以通过以下三大步骤来完成：

(一) 识别潜在竞争优势

识别企业潜在的竞争优势是市场定位的基础，对此，企业要弄清楚以下三个问题：一是竞争对手产品定位如何？二是目标市场上消费者欲望满足程度如何以及确实还需要什么？三是针对竞争者的市场定位和潜在消费者真正需要的利益要求企业应该及能够做什么？要回答这三个问题，企业市场营销人员必须通过一系列的调研手段，系统地设计、搜索、分析并报告有关上述问题的资料和研究结果。

一般地，企业竞争优势可以分为两种类型：成本优势和差别化优势。成本优势体现为价格竞争优势，即在同等质量的条件下比竞争品价格更低；差别化优势体现为偏好竞争优势，即能提供确定的特色来满足消费者的特定偏好，抵消高价格的不利影响，往往体现在产品属性和利益、特定的使用者和使用场合等方面。

(二) 企业核心竞争优势定位

竞争优势表明企业能够胜过竞争对手的能力。这种能力既可以是现有的，也可以是潜在的。选择竞争优势实际上就是一个企业与竞争者各方面实力相比较的过程。比较的指标应是一个完整的体系，只有这样，才能准确地选择相对竞争优势。通常的方法是分析、比较企业与竞争者在经营管理、技术开发、采购、生产、市场营销、财务和产品等七个方面究竟哪些是强项，哪些是弱项，借此选出最适合本企业的优势项目，以初步确定企业在目标市场上所处的位置。

(三) 制定发挥核心竞争优势的战略

企业在市场营销方面的核心能力与优势，不会自动地在市场上得到充分的表现，必须制定明确的市场战略来加以体现。因此，这一步骤的主要任务是企业要通过一系列的宣传促销活动，将其独特的竞争优势准确传播给潜在消费者，并在消费者心目中留下深刻印象。首先，应使目标消费者了解、知道、熟悉、认同、喜欢和偏爱本企业的市场定位，在消费者心目中建立与该定位相一致的形象。其次，企业通过各种努力强化目标消费者形象，保持对目标消费者的了解，稳定目标消费者的态度以及加深目标消费者的感情来巩固与市场相一致的形象。最后，企业应注意目标消费者对其市场定位理解出现的偏差或由于企业市场定位宣传上的失误而造成的目标消费者模糊、混乱和误会，及时纠正与市场定位不一致的形象，此时应该考虑重新定位。

❖❖❖❖❖ **本 章 小 结** ❖❖❖❖❖

　　市场细分是指企业按照消费者的一定特性，把原来的市场分割为两个或两个以上的子市场，以确定目标市场的过程。市场细分战略思想的形成和发展大体经历了大量营销阶段、产品差异化营销阶段以及目标市场营销阶段三个阶段。消费者市场常用的市场细分标准有：地理因素、人口因素、心理因素和行为因素。

　　企业在市场细分的基础上形成了五种不同的目标市场选择模式：市场集中化、选择专业化、产品专业化、市场专业化和市场全面化。同时，形成三种不同的目标市场战略：无差异营销战略、差异化营销战略和集中化营销战略。

　　市场细分、目标市场选择之后，企业接下来就可以为自己的产品进行市场定位，选择最适合企业发展的道路。市场定位就是要取得一定的差异化，对一种产品的利益点进行清晰地差异化定位，同时尽量产生先入为主的"先发优势"，但是双重利益或者多重利益定位也同样可以获得成功。

❖❖❖❖❖ **课 后 习 题** ❖❖❖❖❖

一、单项选择题

1. （　　）差异性的存在是市场细分的客观依据。
　　A. 产品　　　　　　　　　　　　B. 价格
　　C. 需求偏好　　　　　　　　　　D. 特征

2. 企业目前的资源能否通过适当的营销组合有效进入该细分市场并为之服务，这是有效市场细分的(　　)条件。
　　A. 可衡量性　　　　　　　　　　B. 可进入性
　　C. 可盈利性　　　　　　　　　　D. 差异性

3. 采用无差异营销战略的最大优点是(　　)。
　　A. 市场占有率高　　　　　　　　B. 成本的经济性
　　C. 市场适应性强　　　　　　　　D. 需求满足程度高

4. 集中化营销战略尤其适合于(　　)。
　　A. 跨国公司　　　　　　　　　　B. 大型企业
　　C. 中型企业　　　　　　　　　　D. 小型企业

5. 同质性较高的产品，宜采用(　　)。
　　A. 集中化营销　　　　　　　　　B. 市场专业化
　　C. 无差异营销　　　　　　　　　D. 差异化营销

6. 某工程机械公司专门向建筑业用户供应推土机、打桩机、起重机、水泥搅拌机等建筑工程中所需要的机械设备，这是一种(　　)战略。
　　A. 市场集中化　　　　　　　　　B. 市场专业化
　　C. 产品专业化　　　　　　　　　D. 市场全面化

7. "好空调，格力造"属于(　　)定位。

A. 情感心理定位　　　　　　　　　B. 使用者类型定位

C. 产品特色定位　　　　　　　　　D. 比附定位

8. 在市场营销实践中，追求利益细分是一种行之有效的细分方式，它属于以下(　　)。

A. 地理细分　　　　　　　　　　　B. 人口细分

C. 心理细分　　　　　　　　　　　D. 行为细分

9. 以下不属于消费者市场细分标准的是(　　)。

A. 地理细分　　　　　　　　　　　B. 人口细分

C. 用户行业　　　　　　　　　　　D. 行为细分

10. 消费者对某种产品的使用率属于(　　)。

A. 地理因素　　　　　　　　　　　B. 人口因素

C. 心理因素　　　　　　　　　　　D. 行为因素

11. 当市场产品供不应求时，一般宜实行(　　)。

A. 无差异场营销　　　　　　　　　B. 差异化市场营销

C. 集中化市场营销　　　　　　　　D. 大量市场营销

12. 市场定位的实质是(　　)。

A. 取得目标市场的竞争优势　　　　B. 在本行业中处于领先地位

C. 开发出最先进的产品　　　　　　D. 做好售后服务

13. 企业推出单一产品，运用单一的市场营销组合，力求在一定程度上适合尽可能多的消费者的需求，这种战略是(　　)。

A. 无差异营销战略　　　　　　　　B. 差异化营销战略

C. 集中化营销战略　　　　　　　　D. 密集化营销战略

14. 大米、食盐和粮食适合采取的营销战略是(　　)。

A. 差异化营销战略　　　　　　　　B. 综合化营销战略

C. 集中化营销战略　　　　　　　　D. 无差异营销战略

15. 下列目标市场选择模式可以降低企业投资风险的是(　　)。

A. 产品专业化　　　　　　　　　　B. 市场专业化

C. 选择专业化　　　　　　　　　　D. 市场集中化

16. 企业的目标市场意为(　　)。

A. 企业欲给予满足的消费者需求　　B. 企业有充分了解的消费者需求

C. 购买能力最强的消费者需求　　　D. 有目标购买商品的消费者需求

17. 如果市场是异质化的，则宜采用(　　)。

A. 差异化营销战略　　　　　　　　B. 无差异营销战略

C. 集中化营销战略　　　　　　　　D. 无差异或集中化营销战略

18. 寻求(　　)是差异化营销战略经常使用的手段。

A. 产品特征　　　B. 良好服务　　　C. 人才优势　　　D. 价格优势

19. 企业一切营销活动的进行都是围绕着(　　)展开的。

A. 产品策略　　　B. 目标市场　　　C. 市场环境　　　D. 企业盈利

20. 宝洁在洗发水市场上的细分主要采用了以下哪一种细分标准(　　)。

A. 心理因素　　　B. 行为因素　　　C. 人口因素　　　D. 地理因素

二、多项选择题

1. 目标市场营销战略的主要步骤有( )。
   - A. 市场细分
   - B. 目标市场选择
   - C. 市场营销组合
   - D. 市场定位
   - E. 大市场营销

2. 企业在决定为多个子市场服务时可供选择的营销战略有( )。
   - A. 大量市场营销
   - B. 无差异市场营销
   - C. 差异化市场营销
   - D. 集中化市场营销
   - E. 大市场营销

3. 企业在选择目标市场策略时需考虑的主要因素有( )。
   - A. 企业资源
   - B. 产品特点
   - C. 市场特点
   - D. 产品生命周期阶段
   - E. 竞争对手的策略

4. 市场定位的常用方法有( )。
   - A. 情感心理定位
   - B. 产品特色定位
   - C. 比附定位
   - D. 利益导向定位
   - E. 价值导向定位

5. 以下属于生产者市场细分因素的有( )。
   - A. 用户要求
   - B. 用户规模
   - C. 用户地点
   - D. 人口因素
   - E. 行为因素

6. 人口细分的因素有( )。
   - A. 年龄
   - B. 家庭规模
   - C. 宗教
   - D. 使用情况
   - E. 生活方式

7. 有效市场细分必须具备的条件包括( )。
   - A. 变动性
   - B. 可进入性
   - C. 差异性
   - D. 可衡量性
   - E. 可盈利性

8. 以下对无差异营销战略的表述合理的有( )。
   - A. 具有成本的经济性
   - B. 不进行市场细分
   - C. 适宜于绝大多数产品
   - D. 只强调需求共性
   - E. 适用于小企业

9. 企业采用差异化营销战略时( )。
   - A. 一般只适合于小企业
   - B. 要进行市场细分
   - C. 有较高的适应能力和应变能力
   - D. 能更好地满足市场深层次的需求
   - E. 以不同的营销组合针对不同的细分市场

10. 市场细分对企业营销的意义( )。
    - A. 有利于发现新的市场机会
    - B. 有利于合理地运用企业资源
    - C. 有利于提高企业的竞争实力
    - D. 有利于掌握市场变化,更好地满足不同层次的需求
    - E. 有利于节省成本费用

三、名词解释

市场细分　　　　　　目标市场选择　　　　　　市场定位

无差异营销战略　　　差异化营销战略　　　　　集中化营销战略

四、简答题

1. 有效细分市场的条件包括哪些？
2. 何为市场定位，常用的市场定位方法有哪些？
3. 简述企业五种目标市场选择模式。
4. 简述企业差异化营销战略的内涵及其优缺点。
5. 简述市场定位的步骤。

五、论述题

1. 阐述目标市场选择战略类型的内涵，结合实例分析你对目标市场战略的理解。
2. 阐述市场定位常用的方法，结合实例分析你对市场定位方法的理解。

六、案例分析

江小白：一瓶青春小酒的逆袭

"每个吃货都有一个勤奋的胃，和一张劳模的嘴"；

"吃着火锅唱着歌，喝着小白划着拳，我是文艺小青年"；

"容颜易老，青春会跑，一瓶江小白就倒，还叹红颜知已太少"……

——摘自《江小白语录》

"江小白"是一款针对 80、90 后年轻消费群体的青春小酒，诞生于 2012 年。上述那些紧跟时代潮流的俏皮话被称为"江小白体"，作为品牌广告的标语印刷在每个瓶身上。

"江小白是第一个提出青春小酒的企业，它自成一格地开创了一个新的品类，是传统白酒市场的有益补充。""江小白"创始人，重庆江小白酒类营销有限公司执行董事陶石泉说。

他认为，白酒是一个传统产业，做的人都往一个地方使劲——产品必须看起来上档次、喜庆或者充满历史感，意及"高端大气上档次"。千篇一律地刨祖坟、讲历史，鲜活的当代人文情怀反被忽略。如此一来，很难做出差异化的品牌和产品，何况现在是文化多元的时代。白酒行业的单一诉求并不合理。

据统计，白酒的消费者以中老年为主，80 后只占四分之一。大多数受访的年轻人表示，若非应酬平时不会想喝白酒，啤酒、红酒或洋酒才是他们的菜。并非白酒味道不如人，而是因为在长期的"帝王专供""御用琼浆""历史悠久"等广告宣传下，白酒这个原本单纯的情绪性"饮料"已被悄然贴上了诸多标签，严重缺乏年轻时尚的品牌个性，自然会被前卫自由的新一代拒之门外。

陶石泉紧盯市场空白，针对 80、90 后推出了定位朋友之间时尚休闲的青春小酒品牌"江小白"，"以半大不小的年龄，在一个半老不老的行业，以半高不低的起点，作着一瓶青春小酒的白日梦"。

案例思考题：

1. 在白酒市场，江小白是如何进行市场细分的？
2. 江小白的市场定位是怎样设计出来的？
3. 对白酒市场还可以进行怎样的细分？还有哪些领域尚未被开发？

产 品 策 略

/////////////////////////

知识目标

掌握产品整体概念及其层次；理解产品组合的相关概念；理解产品生命周期的概念及意义；明确市场营销中新产品的含义和类型，了解新产品开发程序；理解品牌的内涵，明确品牌与商标的区别，认识品牌对企业营销活动的作用；理解包装在现代营销中的作用，知道有哪些包装策略。

能力目标

理解产品整体概念中五个层次划分的含义及如何对企业的产品组合状况进行分析判断和决策；熟悉产品生命周期各阶段的市场特征，以及熟练运用各阶段相应的市场营销策略；掌握品牌经营的主要策略。

关键术语

产品整体概念、产品组合、产品生命周期、新产品、品牌、包装。

导入案例

以产品创新研发破解困境

在整体经济下滑的大趋势下，国内部分户外鞋服企业通过差异化营销、加强产品创新研发，满足消费者对于功能性鞋服的需求，以破解产能过剩的困境，在年底交出了令人惊喜的"答卷"。

凤竹纺织研发出"长效抗菌银离子面料"等新型面料。"通过把银纳米化，变成离子状态，然后添加到纤维中，这样生产出来的面料，具有抗菌的效果。"凤竹纺织相关负责人表示，"新型面料的价格要比正常面料贵 50%～80%，主要用在比较高端的品牌上。"

联邦三禾则与台湾企业合作，从台湾引进太极石，然后把原石纳米化后做成母粒，再混入到其他基材里永久性固化到纤维中，就做成了具有促进人体微循环功能的太极石面料。

安踏推出的呼吸网 2.0 科技跑鞋成为行业的焦点。这款新产品适应了现代人对鞋子透气、贴脚、轻薄等方面的新需求，采用全方位透气编织，轻薄贴合，可以有效加快足部散热，在呼吸网 2.0 织造的过程中，则选取了类似鱼鳞的网孔来提升透气效果。此外，呼吸网 2.0 跑鞋所用材料比普通的要贵，安踏通过优化技术，减少工序砍掉了不少制造成本，普通的鞋面有 20 多道工序，呼吸网 2.0 鞋面工序被减少到五六道。半年多时间过去，安踏的这一新款球鞋，交出了不俗的成绩单。目前该鞋款已成为安踏单个品类销量最高的产品之一，销售率超过了 70%。

产品是市场营销组合中最重要，也是最基本的因素，在企业的整体营销策略中处于中心地位，价格、渠道和促销策略都是为产品服务的。企业制定营销组合策略，首先必须决定发展什么样的产品来满足目标市场需求。从这个意义上来说，产品策略是整个营销组合策略的基石。企业如何认识现有产品、开发新产品、改进和完善产品性能，既是占领市场的需要，也是企业合理、顺利经营的根源和基础。

第一节　产品整体概念和分类

一、产品整体概念

传统意义上的产品是一种具有特定的物质形态和具体用途的物体，即是一个有形的、实体的产品，如电脑、小汽车、数码相机等。但从现代市场营销学的角度出发，产品并不局限于有形的产品，只要是能提供给市场选择和消费，并能满足某种欲望和需要的任何有形实体或无形体的服务均为产品，包括实物、劳务、人员、场所、组织、技术以及观念等。在这里，有形实体的实物通常是产品实体及其品质、特色、样式、品牌和包装等；无形的服务则包括能够给消费者带来实体产品以外的附加利益和心理上的满足感、信任感等。比如，电视机、牛奶、电动车、商品房、钢材等是产品，送货服务、咨询服务等也是产品，甚至听歌手唱歌、导游服务、听音乐会、接受一种人生观念、一种健身理念等都可以属于产品的范畴。服务是由活动、利益或满足组成的用于出售的一种产品形式，它本质上是无形的，对服务的出售也不会带来对服务的所有权，比如银行业务、酒店服务、税收筹划、家居维修、形象设计等。有形实体的实物产品通常具有实体性和实质性，即具有一定的实物外形，能够给消费者提供一种基本的效用和利益。而无形的服务则具有无形性、不可分离性、可变性和易消逝性。因为服务在购买前看不到、摸不着，不能从提供者那里分割开来，服务的质量也取决于提供服务的人员、时间、地点、方式等，而且服务不能存储用作以后的使用。

菲利普·科特勒认为：产品是指留意、获取、使用或消费以满足某种欲望和需要而提供给市场的一切东西，包括有形物品、服务以及事件、体验、地点、所有权、组织、信息、创意等。因此，从营销学的意义上讲，产品的本质是一种满足消费者需求的载体，或是一种能使消费者需求得以满足的手段。菲利普·科特勒等营销学者提出了产品的五个层次来表述产品整体概念(Total product concept)，如图7-1所示。

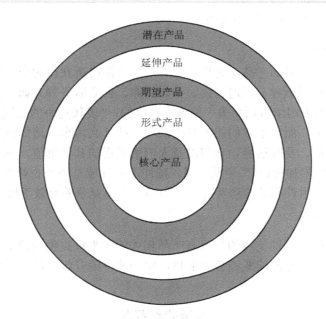

图 7-1　产品整体概念的五个层次

(一) 核心产品

核心产品又称为实质产品，是指产品能向消费者提供的基本效用或利益。这是产品最基本的层次，是满足消费者需要的核心内容。消费者购买某种产品，不是为了获得它的所有权，而是由于能满足自己某一方面的需求与欲望。人们购买化妆品，并不是为了获得它的某种化学成分，而是要获得"美"。同样，人们夏季买空调是为了"凉爽"。又如，消费者购买一支笔，其核心需要就是写字的功能，写字功能就是笔的核心产品。同一种产品，由于消费者的关注点不同，其核心功能就会有较大的差异。比如，手表通常是用来计时的，但是一块瑞士高端手表，其效用就包含了收藏、炫富、显示身份等其他要素。

(二) 形式产品

形式产品是指核心产品借以实现的形式或者目标市场对某一需求的特定满足形式。形式产品包含以下几个要素：特性参数、设计式样、外观包装、质量水平、产品品牌。它们是产品的外在表现形式、产品功能的载体，也是消费者接触到产品的"第一印象"。以上几个要素，有形的物质产品都具备，而服务也具有相类似的要素，可能具备其中的部分或者全部特点。形式产品是呈现在市场上、可以为消费者识别的东西，因此，它是消费者选购商品的直观依据。

(三) 期望产品

期望产品是指消费者在购买产品时期望得到的与产品密切相关的一整套的属性和条件。不同的消费者对这种期望是不同的，比如，消费者购买洗衣机，除了洗涤的核心功能以外，还期望洗衣机具有甩干、消毒、烘干等功能。比如，酒店的客人期望得到干净整洁的床位、洗浴香波、浴巾、衣帽间的服务等。由于大多数酒店均能满足消费者的这些一般期望，所以旅客在选择档次大致相同的酒店时，一般并不是选择哪家酒店能够提供期望产品，而是根据哪家酒店就近或方便而定。

(四) 延伸产品

延伸产品，又称为附加产品，是指消费者购买产品时所获得的全部附加利益与服务，包括送货、安装、使用指导、包退包换、维修保养、售后服务等。如今的竞争主要发生在延伸产品上，这正如美国学者西奥多·莱维特指出的："现代竞争的关键，并不是各家公司在其工厂中生产什么，而在于它们能为其产品增加些什么内容，诸如包装、服务、广告、用户咨询、融资信贷、及时送货、仓储以及人们所重视的其他价值。每一企业应寻求有效途径，为其产品提供附加价值。"由此可见，延伸产品领域是当今企业竞争的主要领域，提供超过消费者期望的附件利益给消费者，成为当今市场竞争的有效手段。

(五) 潜在产品

潜在产品是指最终可能实现的与现有产品相关的未来可提供给消费者的增值性产品。潜在产品指出了产品可能的演变趋势和前景，比如软件的升级产品、彩色电视机可发展成为电脑终端机等。

【案例 7-1】　　　　　　　　　　　**冰箱的产品层次**

一台冰箱当然首先是要能保鲜，否则就成为一个没有多少实际用途的柜子。然后，这种保鲜能力和效率必须要达到一定的标准，即冰箱的制冷能力和效率必须要满足需求，否则也没有实际意义。设想一下，若冰箱每天耗电 10 度，而容量只有 200 升，你还会购买吗？当然，冰箱还不能经常出现故障。除此之外，冰箱还要有一个漂亮的外观和颜色使之赏心悦目，拥有一个响亮、气派的名字，更为重要的是使该冰箱和竞争对手有所区别，必须要具备一定的特色。最后，冰箱的售后服务、质量保证、维修政策、价格优惠也都会影响消费者的购买决策。

需要强调的是，冰箱是通过冷藏(冻)来保存食物的，但是这并非是唯一的办法。真空、腌制等都是可能的途径。随着科学技术的发展，还会有更多的新手段，这才是对冰箱业的最大威胁。

【案例 7-2】　　　　　　　　　　　**手　机　变　迁　史**

手机出来之初的名字叫大哥大，确实也只有大哥大级别的人才能用得起这玩意儿。厚厚的、黑黑的，跟砖头一样，一万多的价钱让普通工薪阶层只能望而却步。

到后来，电信部门圆了大部分人的大哥大梦想，推出了一款"本地通"的"手机"，价格便宜，通话费也让人负担得起。但是这种产品只能在本地区使用。

再后来，呼机盛行，让没有手机的普通消费者也大过了一把呼机瘾。到 2000 年的时候，普通消费者拥有了自己的第一部手机，也渐渐习惯了有手机相伴的日子，和朋友联系都是用手机，书信渐渐不再写了。

但是手机的更新换代更加迅猛。昨天消费者还在用蓝屏，转眼间就变成了彩屏；今天消费者还在用短信，转眼间 QQ、微信就已经推出；昨天手机还是通话的工具，今天就已经成为时尚的标志，并且已经身兼多职：拍照、录音、录像等。手机的流行风潮不断在变化，生命周期也越来越短，明天的手机又会进化成什么样子？让消费者拭目以待，共同将手机革命进行到底！

二、产品分类

不同类型的产品有着不同的特征，而产品的特征是影响市场营销策略的主要因素，生产厂商和供应商应根据所提供产品的类别和特征采取相应的营销策略。因此，对产品的分类，不仅有利于更好地了解产品，也有利于准确地选择营销策略。产品的分类方法很多，市场营销中通常有以下两种：

(一) 依据产品耐用性或是否有形分类

产品可以根据其耐用性或是否有形分为三类：

(1) 耐用品。耐用品是指在正常情况下能较长时间、多次使用的有形物品，如洗衣机、汽车等。这类产品消费周期长，消费者不经常购买，所以这类产品通常需要人员推销和服务，毛利率可定得高一些，且需要经销商提供质量保证等较多的担保条件。

(2) 非耐用品。非耐用品是指在正常情况下经过一次或几次使用后就会被消费掉的有形物品，比如牙膏、餐巾纸、洗发水等。这类产品消费周期短，消费者购买频繁，所以经销商可以定低毛利率、广布销售网点以及加强广告宣传。

(3) 服务。服务是指为出售而提供的活动、利益或满足，比如理发、电器维修、运输等。这类产品的主要特点是无形性、不可分割、可变性和有时间性，所以经营服务需要注重服务的质量、供给者的可靠性以及信誉等。

(二) 依据产品用途分类

1. 消费品类

消费品是指直接用于满足消费者最终消费的产品。根据消费者的购买习惯通常可以分为便利品、选购品、特殊品以及非渴求品。

(1) 便利品。它是指那些消费者通常频繁购买、即买即用、购买时几乎不需要花费太多精力去比较的商品。这些产品需要的服务极少，通常也不会太贵，有时这种产品的购买可能是出于一种习惯。便利品具体又可以分为日用品、冲动型产品和应急型产品。日用品是指那些经常购买的、习惯了的、不需要多做考虑的产品，如香烟、牙膏、洗发水、包装食品等。消费者对其有相当的了解，价格也较低，购买时间短，以方便为主。冲动型产品是指由于强烈的购买欲驱使而迅速购买的产品。真正的冲动型产品是那些消费者并未计划购买，但一看到就想购买，在此前可能已多次以同样的方式购买过的产品。如果购买者并没有看见冲动型产品的话，购买行为就会落空。应急型产品是指那些在需求量很大、时间紧迫、很少有选择余地的时候，会迅速购入的产品。比如在车祸发生时的急救服务、暴风雨来临时的雨具等，消费者没有时间四处选购，而且价格在此时也不太重要。

(2) 选购品。它是指消费者在购买过程中，对产品的适应性、质量、价格和样式等基本方面要做针对性的比较以后才购买的产品。选购品又可以分为同质选购品和异质选购品两类。同质选购品是指那些消费者认为基本类似，并且想要用最低的价格购买具有选择余地的产品。一些消费者认为某一规格和型号的计算机、电视机、洗衣机，甚至汽车都是类似的，因此，他们四处选购价格最低的那一种。异质选购品是指那些消费者会认为有所差别，并且想要考察其质量和适用性的选购型产品。家居、服装、照相机等都是很好的例子。消费者经常希望从经验丰富的销售员那里获得帮助，质量和款式较价格更为重要。事实上，一旦消费者找到了合适的产品，价格便可能就无关紧要了，只要它是合理的。比如，你可能会请朋友推荐一个好一点的牙科医生，而不会去问这个牙科医生的收费情况。品牌对于异质型选购产品并不重要，消费者更多地比较价格和质量，他们很少依赖品牌和标签。一些零售商大多同时销售不同品牌的同类产品，为消费者选购提供便利，这样消费者就无须到竞争对手那里去比较产品。

(3) 特殊品。它是指那些特征独特、品牌知名度高、消费者通常愿意付出更多的努力或代价去取得的产品。四处选购一种特用型产品并不意味着做比较，消费者通过名称而坚持需要的任意品牌的产品都是特用型产品。它之所以是一种特用型产品是因为消费者愿意去寻找，而与寻找的范围无关。营销人员希望消费者把他们的产品看作是特用型产品并向其再三推荐，但要建立这种关系并不容易，这种意味着要使消费者在任何情况都感到满意。

(4) 非渴求品。它是指消费者不了解或即使了解也不想购买的产品，如墓地、人寿保险等。非渴求品的性质决定了广告、推销工作非常重要，营销人员需要付出更多的努力去吸引潜在消费者，扩大销售。

2. 产业用品类

产业用品是指企业或组织购买后，用于制造其他产品或者满足业务活动需要的物品或服务。通常可以把产业用品分为三类：材料与部件、资本项目、供应品和商业服务。

(1) 材料与部件。材料与部件指完全转化为制造商产成品的一类产品，包括原材料、半制成品和部件。比如农产品、构成产品(铁、棉纱)和构成部件(马达、轮胎)。上述产品的销售模式有所差异，农产品需进行集中、分级、储存、运输和销售服务，其易腐性和季节性的特点决定了要采取特殊的营销策略。构成材料与构成部件通常具有标准化的性质，意味着价格与供应商的可信性是影响购买的重要因素。

(2) 资本项目。资本项目指部分进入产成品中的商品，包括装备和附属设备两个部分。装备包括建筑物(如房产)与固定设备(如发电机、电梯)。该类产品的销售特点是售前需要经过长时间的谈判，制造商需使用一流的销售队伍，设计各种规模的产品和提供售后服务。附属设备包括轻型制造设备和工具以及办公设备。这种设备不会成为最终产品的组成部分，它们在生产过程中仅仅起辅助作用。这种产品的市场地理位置分散、用户众多、订购数量少，质量、特色、价格和服务是用户选择中间商时所要考虑的主要问题，促销时人员推销比广告重要得多。

(3) 供应品和商业服务。供应品和商业服务指不构成最终产品的那类产品。如打字纸、铅笔等。供应品相当于工业领域内的方便品，消费者人数众多、区域分散且产品单价低，一般都是通过中间商销售。由于供应品的标准化，消费者对它无强烈的品牌偏爱，价格因素和服务就成了影响购买的重要因素。商业服务包括维修或修理服务和商业咨询服务，维修或修理服务通常以签订合同的形式提供。

第二节 产品组合

一、产品组合相关概念

(一) 产品项目、产品线以及产品组合

1. 产品项目

产品项目是指某一品牌或产品大类中不同尺码、规格、外观及其他属性的具体产品。

2. 产品线

产品线是指产品类别中具有密切关系(或经由同种商业网点销售,或同属于一个价格幅度)的一组产品。比如,不同型号的电视机等;互补的产品项目,如电脑的硬件、软件等;卖给相同消费者群体的产品项目,如小学生的文具等。

3. 产品组合

产品组合是指企业提供给市场的全部产品线和产品项目的组合或结构,即企业的业务经营范围。比如,某企业生产经营家电、百货、鞋帽、文教用品等,它们共同构成了这家企业的产品组合;其中"家电"或"鞋帽"等大类就是产品线;每一大类中包括的具体品牌、品种为产品项目。

(二) 产品组合的宽度、长度、深度和关联度

1. 产品组合的宽度

产品组合的宽度是指一个企业的产品大类,即产品线总和。比如,某企业营销的产品有摩托车、电视机、录像机、收音机五大类,那么,该企业产品组合的宽度为 5。企业所经营的产品线越多,产品组合也越宽,反之就越狭窄。从企业的战略角度来看,宽的产品组合可使企业满足消费者的不同需求,能够满足一次性购齐的消费。比如,海尔能够提供洗衣机、电冰箱、电视机、空调、吸油烟机、吸尘器、电熨斗等,能够提高其分销渠道的利用效率。

2. 产品组合的长度

产品组合的长度是指一个企业的产品项目总和。通常,每一产品线中包括多个产品项目,企业各产品线的产品项目总和就是企业产品组合的长度。比如,某企业的产品项目总和是 30 个,也就是说,其产品组合长度是 30。

3. 产品组合的深度

产品组合的深度是指产品项目中每一个品牌所含不同花色、规格、质量的产品数目的多少。比如,"佳洁士"品牌的牙膏,有三种规格和两种配方(普通味与薄荷味),其深度就是 6。通过计算每一个品牌的不同花色、规格、质量的产品的总数目,除以品牌总数,即为企业产品组合的平均深度。产品组合的深度越大,企业产品的规格、品种就越多;反之,

深度越浅，则产品就越少。

4．产品组合的关联度

产品组合的关联度是指一个企业的各条产品线在最终用途、生产条件、分销渠道等方面的相关联程度。比如，某日用品公司拥有香皂、洗衣粉、肥皂等多条生产线，但每条生产线都与日用品密切相关，因此该产品组合就有较强的关联性。

产品组合的宽度、长度、深度和关联度不同，就构成了不同的产品组合。分析产品组合的这四个要素，有利于企业更好地利用产品组合策略。增加产品组合的宽度，即增加产品线的数目、扩大经营范围，可以使企业获得新的发展机会，更充分地利用企业的各种资源，分散企业的投资风险。增加产品组合的长度和深度，会使各条产品线具有更多规格、花色、型号的产品，更好地满足消费者的不同需求偏好，增强企业的竞争力。增加产品组合的关联度，可以发挥企业在其擅长领域的资源优势，避免进入不熟悉的领域可能带来的风险。因此，企业根据市场需求、竞争态势和企业自身能力，对产品组合的宽度、长度、深度和关联度进行选择时非常有必要。

【案例 7-3】   **海尔集团的产品组合**

海尔集团现拥有家用电器、信息产品、家居集成、工业制造、生物制药和其他 6 条产品线，表明产品组合的宽度为 6。产品组合的长度是企业所有产品线中产品项目的总和。根据标准不同，长度的计算方法也不同。比如，海尔现有 15 100 种不同类别、型号的具体产品，表明产品组合的长度是 15100。产品组合的深度是指产品线中每一个产品有多少种品牌。比如，海尔集团的彩电产品线下有宝德龙系列等 17 个系列的产品，而在宝德龙系列下，又有 29F8D-PY、29F9D-P 等 16 种不同型号的产品，这表明海尔彩电的深度是 17，而海尔宝德龙系列彩电的深度是 16。产品组合的关联度是各产品线在最终用途、生产条件、分销渠道和其他方面相互关联的程度。比如，海尔集团所生产的产品都是消费品，而且都是通过相同的销售渠道，就产品的最终使用和分销渠道而言，这家公司产品组合的关联度较大；但是，海尔集团的产品对消费者来说有各自不同的功能，就这一点来说，其产品组合的关联度较小。

二、产品组合优化

企业调整和优化产品组合，其实就是对产品组合的宽度、长度、深度以及关联度等各方面所做出的决策，选出最佳方案。依据情况不同，企业可选择以下几种具体策略：

(一) 扩大产品组合

当市场需求尚未得到满足、企业有能力满足该市场需求，或现有产品竞争力预期下降，或企业研发能力较强，在技术上能引领市场的时候，一般会采取扩大产品组合的优化策略。企业主要通过以下方法来拓展产品领域：

1．拓展产品组合的宽度和深度

拓展产品组合的宽度是指在原产品组合中增加一条或多条产品线，扩大经营范围；拓展产品组合的深度是指在原有产品项目中增加产品在花色、规格、质量等方面的数量。当企业预测现有产品的销售额和利润额在未来一段时间内可能下降时，就应该考虑在现行产品组合中增加新的产品线，或增加其中有发展潜力的产品项目的深度。当企业打算增加产品特色，或为更多的子市场提供产品时，则可以选择在原有产品项目内增加产品在花色、规格、质量等方面的数量。

【案例7-4】　　　　　　　　　　鄂尔多斯的产品开发

鄂尔多斯羊绒集团为增强产品竞争力，提高经济效益，引进了日本、意大利等国家的先进设备，增加了羊绒大衣、围巾、衬衫、披巾等产品线(宽度)；在增加了产品宽度的同时，也增加了产品项目总数(长度)；注重不断丰富各种产品规格、色泽、款式(深度)；同时还开发出绒+棉、绒+麻、绒+丝、绒+纤等混纺产品系列。

2. 增加产品组合的长度

增加产品组合的长度是指在原有产品线中增加产品项目，又称之为产品线的延伸策略，通过增加产品项目的数量，延长产品线，以占领更多的细分市场，增强企业的竞争实力。其实质就是全部或部分地改变企业原有产品的市场定位。具体而言，企业可以有向下延伸、向上延伸、双向延伸三种形式的产品线延伸策略。

(1) 向下延伸。向下延伸是指企业原来定位于高档市场的产品线向下延伸，在高档产品线中增加中低档产品项目。采取这种策略，可以使企业利用高档名牌产品的声誉，吸引不同层次的消费者，从而增加产品销售，扩大市场份额，充分利用原有物质技术力量。但这种策略也会给企业带来一定风险，如果处理不当，低档产品会对原有产品的市场形象和声誉造成不利影响。

(2) 向上延伸。向上延伸是指企业原来定位于中、低档市场的产品线向上延伸，在原有产品线中增加高、中档产品项目。采取这一策略的原因是高档市场具有较大的市场潜力和较高的利润率，企业在技术设备和营销能力方面已经具备进入高档市场的条件，需要对产品线进行重新定位等。这一策略的最大风险在于，低档产品在消费者心目中地位的改变比较困难，因而需要通过大量的营销努力，经过一段时间才能奏效。

(3) 双向延伸。双向延伸是指企业原来定位于中档市场的产品线，掌握了一定的市场优势后，决定产品策略向产品线的上下两个方向延伸，一方面增加高档产品，另一方面增加低档产品，力求全方面占领某一市场。采取这一策略的主要问题是，随着产品项目的增加，企业的营销费用和管理费用会相应增加，因此，要求企业对高、低档产品的市场需求有准确的预测，以使企业产品的销售在抵补费用的增加后有利可图。

扩大产品组合策略的优点：可以充分利用企业的人力、物力和财力资源，避免企业资源的浪费，提高企业经营效果；减少企业受市场需求变动的影响，分散市场风险，降低损失；更好地满足不同偏好消费者的各种需求，提高产品市场占有率，并提高企业的声誉。

扩大产品组合策略的缺点：要求企业拥有多条产品线，具有多种销售渠道，促销方式要多样化，这势必会增加企业的生产成本和销售费用。

【案例7-5】　　　　　　　　　　吉利产品线的延伸

2006 年 8 月 29 日，吉利在北京新车上市现场，吉利控股集团常务副总裁杨健对在场的记者表示，下半年将是汽车市场的大会战，全国各个厂家的各种新车大概都会在 9 月、10 月陆续上市，同时，11 月北京车展也将成为新车上市的一个高潮。他表示，吉利下半年仍有多款新车上市，产品范围已经向两头延伸。所谓向两头延伸，首先是指吉利要做小排量经济型轿车；其次，吉利正尝试着往中、高档车型发展，排量会有六缸 3.0 的整车，也有 2.0、2.4 的四缸整车，包含的技术含量也会更高，要求会达到欧Ⅳ标准，能够进入欧美市场的新车会陆续研发出来。

(二) 缩减产品组合

产品组合的缩减是指通过减少宽度和长度，即删减产品线或紧缩产品线来实现。通常情况下，企业的产品线有不断延长的趋势，其原因主要有：生产能力过剩迫使产品经理开发新的产品项目；经销商和销售人员要求增加产品项目，以满足消费者的需求；产品经理为了追求更高的销售和利润增加产品项目。然而，随着产品线的延长，设计、工程、仓储等市场营销费用也会随之增加，最终将会减少企业的利润。在这种情况下，需要对产品线的发展进行相应的限制，删除那些得不偿失的产品项目，使产品线缩短，加速资金周转。

缩短产品组合策略的优点：集中技术资源改进保留的产品线，便于降低成本，提高竞争力；有利于市场经营的专业化，提高生产效率，降低成本，使企业向纵深方向发展，寻求合适的目标市场；减少资金占用率，加速资金周转。

缩短产品组合策略的缺点：风险较大，一旦目标消费者的消费需求发生转移或市场上出现强有力的竞争者，企业就很可能遭受严重的损失，甚者破产。

(三) 产品线现代化决策

在某些情况下，虽然产品组合的宽度、长度都很恰当，但产品线的生产方式却可能已经过时，这就必须对产品线实施现代化技术改造。比如，某企业主要还停留在二三十年前的水平，技术性能及操作方式都较落后，这必然使产品缺乏竞争力。如果企业决定对现有产品线进行改造，首先面临这样的问题：是逐步实现技术改造，还是以最快的速度用全新设备更换原有产品线。逐步实现现代化策略可以节省资金耗费，但缺点是竞争对手很快就会察觉，并有充分的时间重新设计它们的产品线；而快速现代化策略虽然在短时期内耗费资金较多，却可以出其不意，击败竞争对手，对竞争者形成威胁。

三、产品组合决策

产品组合决策是指在分析每条产品线(即企业的业务领域)的经营情况及竞争情况的基础上，决定哪些业务领域需要重点发展，哪些业务领域需要改进或放弃。企业在进行产品组合决策时，可以选择多种决策工具，其中最为常见的就是波士顿矩阵，如图 7-2 所示。

波士顿矩阵(BCG 矩阵)是波士顿咨询集团于 20 世纪 70 年代初期开发的一种分析多元化公司产品组合的技术工具。波士顿矩阵利用企业产品的相对市场占有率和市场增长率为参数，分析企业各产品目前的状况，通过产品的优化组合来实现企业现金流量的平衡。相对市场占有率是指某产品的市场占有率与同行中最大竞争对手的市场占有率之比。

市场增长率是指企业对产品下一年度市场需求的预期增长率。市场增长率高低的分界点可以依据企业实际情况予以设置，一般以 10%为基准。相对市场占有率为 1 意味着该产品目前是市场领导者，因此通常以 1 作为高、低市场份额的区分点。基于此，就可以形成如图 7-2 所示的四个区间，处于这四个区间的产品分别称为问题类、明星类、金牛类、瘦狗类产品。

　　图 7-2 中圆圈表示企业现有产品组合中的各产品项目，位置代表它们预期的市场增长率和相对市场占有率的高低，圆圈的大小代表销售额的大小。

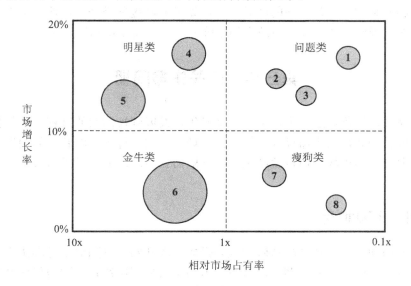

图 7-2　波士顿矩阵

　　(1) 问题类(Question Marks，高增长率、低市场份额)。

　　问题类产品在一个成长性市场上处于弱势地位，需要较多的投入，才能满足迅速增长的市场需求并赶上市场领导者，成为明星类产品，否则它们将会沦落为瘦狗类产品。对此类产品，企业应该根据自身的资源和能力，确定是否投以大量的资金，确保其成为明星类产品，否则应予以保留或放弃。

　　(2) 明星类(Stars，高增长率，高市场份额)。

　　明星类产品处在一个快速增长的市场中并且占据市场的支配地位，企业可能获得正现金流量，也可能面对负现金流量，这主要取决于新工厂、设备和产品开发投资量与其所产生的收益相比较。这类产品经过一段时间的发展，市场逐渐饱和、增长率下降，最终既可能转变为金牛类产品，也可能转变为问题类产品，这取决于企业在市场增长期间是保持不断的投入、提高产量和销量以维持甚至提高市场份额，还是急于获得利润。

　　(3) 金牛类(Cash Cows，低增长率、高市场份额)。

　　较高的相对市场占有率说明产品在市场上处于支配地位，较低的市场增长率意味着有限的增长前景和只需要少量的投资。因此，金牛类产品是一些相对成熟的产品，企业应该保持稳健的生产方式和营销手段，以较低的投入创造较高的产出，取得高额的利润。金牛类产品是企业利润的主要来源。

(4) 瘦狗类(Dogs，低增长率，低市场份额)。

瘦狗类产品既不能产生大量的现金，又在竞争中处于劣势，一般不应大量投入，而应该采取适当保持、收缩或放弃的方案。

利用波士顿矩阵可以清晰、明确地分析企业现有产品组合中产品项目的实际状况，确定企业的产品组合是否合理。如果问题类和瘦狗类产品过多，而明星类和金牛类产品过少，说明企业的产品组合不尽合理。仅有金牛类产品，而无明星类产品也是不合理的。波士顿矩阵的局限性在于没有充分考虑到企业许多的产品是相互间密切联系在一起的。比如，若金牛类产品和瘦狗类产品是互补的产品组合，如果放弃瘦狗类产品，那么金牛类产品势必就会受到影响。因此，在实际运用波士顿矩阵方法时，需要特别注意。

第三节　产品生命周期

任何产品在市场营销过程中，都有一个发生、发展到被淘汰的过程，就像任何生物都有其出生、成长到衰亡的生命过程一样。在市场上，同一种用途的新产品问世并取代了旧产品以后，旧产品的市场生命也就结束了。一般而言，新产品一旦投入市场，就开始了它的市场生命。

一、产品生命周期概念

产品生命周期是指一种产品从研制成功投放市场开始，直到被市场淘汰为止所经历的全部时间和过程。产品生命周期由需求与技术的生命周期所决定，因为任何产品都只是作为满足特定需要或解决问题的特定方式而存在的。

正确理解产品生命周期，需要注意以下几点：

(1) 这里所说的产品生命周期指的是某一产品的市场生命周期，即该产品在市场上存在的时间。通过市场买卖的产品才有市场生命周期，不通过市场买卖的产品没有市场生命周期这一概念。

(2) 产品生命周期与产品使用寿命是不相同的。有些产品的市场生命周期很长，但其使用寿命很短，比如肥皂、鞭炮等；有些产品的市场生命周期很短，但其使用寿命很长，比如手机、时髦服装等。产品生命周期的长短受社会生产力发展水平、产品更新换代速度、消费者需求变化和企业竞争状况等因素的影响，呈日益缩短之势；产品使用寿命的长短则受产品的自然属性和使用强度影响，并且就相当多的产品来说，由于科技的发展和制造质量的提升，使用寿命呈日益延长之势。

(3) 产品种类、产品品牌和产品品种的生命周期是各不相同的。一般来说，产品种类的生命周期最长，产品品牌的生命周期次之，产品品牌中的某个具体产品品种的生命周期最短。比如，"手机"作为一个产品种类，从 1984 年上市的全球首款手机——摩托罗拉 DynaTAC8000X(也称"大哥大")开始就已存在；"摩托罗拉手机"作为一个产品品牌，虽然与"手机"产品种类同时产生，但该品牌手机的生命周期不可能超过"手机"的生命周期；摩托罗拉"大哥大"作为一个产品品种，其生命周期比其品牌的生命周期又要短得多。

二、产品生命周期阶段划分

在产品生命周期的不同阶段，产品的销售额、利润额等都呈现出不同的特点，如图 7-3 所示。因此，根据销售额和利润额的变化通常将产品生命周期分为四个阶段：导入期、成长期、成熟期和衰退期。产品导入期(也称"引入期")是指市场上推出新产品，产品销售呈缓慢增长状态的阶段。成长期是指该产品在市场上迅速为消费者所接受、销售额迅速上升的阶段。成熟期是指大多数购买者已经接受该产品，市场销售额缓慢增长或开始下降的阶段。衰退期是指销售额急剧下降的阶段。

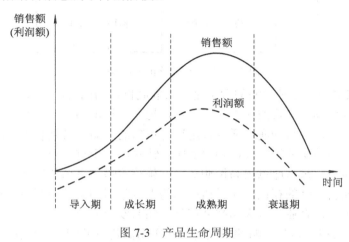

图 7-3 产品生命周期

三、产品生命周期各阶段特点与营销策略

在产品生命周期的不同阶段，市场状况、竞争状况、企业自身状况等都具有不同的特征，企业只有掌握这些特征并制定相应的市场营销策略，才有可能获得较好的营销效果。如果不加考虑地采取一成不变或不适当的营销策略，不但不能达到预期效果，而且还会造成企业人力、物力和财力的极大浪费。

(一) 导入期市场特点与营销策略

1. 导入期的市场特点
(1) 消费者对该产品不了解，大部分不愿放弃或改变自己以往的消费行为，因此产品的销售量小，而单位产品成本相应较高。
(2) 企业尚未建立理想的营销渠道和高效率的分配模式。
(3) 价格决策难以确立，高价可能限制购买，低价则可能难以收回成本。
(4) 广告费用和其他营销开支较大。
(5) 产品的技术、性能还不够完善。
(6) 利润较少，甚至出现经营亏损，企业承担的市场风险较大。

2. 导入期的市场营销策略
在产品导入期，由于消费者对产品十分陌生，企业必须通过各种促销手段把产品推入市场，力争提高产品的市场知名度。同时，由于导入期的生产成本和销售成本相对较高，企业在给新产品定价时又不得不考虑这些因素，所以在导入期，企业的营销重点主要集中在促销和价格两方面。一般而言，有四种可供选择的营销组合策略，如图7-4所示。

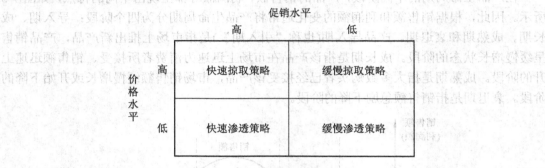

图 7-4　导入期的营销组合策略

(1) 快速掠取策略。这种策略的含义是：采取高价格的同时，配合大量的宣传推销活动，把新产品推入市场。其目的在于先声夺人，抢先占领市场，希望在竞争还没有大量出现之前就能收回成本，获得利润。适合采用这种策略的产品，必须有很大的市场潜在需求量；同时这种产品的品质要特别高，功效要比较特殊，很少有其他产品可以替代。消费者一旦了解这种产品后，常常愿意出高价购买。实施该策略的市场条件是：绝大多数的消费者还没有意识到该新产品的存在；知道该产品的人有强烈购买欲望而不大在乎价格；产品存在着潜在的竞争者；企业具有提高产品声誉或知名度的愿望。

(2) 缓慢掠取策略。这种策略的含义是：在采用高价格的同时不做出大的促销努力。高价格的目的在于能及早收回投资，获取利润；低促销的方法可以减少销售成本。但是，这种策略的适用面较窄，主要适用于产品的市场比较固定、明确；大部分潜在的消费者已熟悉该产品，他们愿意出高价购买；产品的生产和经营有相当的难度和要求，普通企业无法参与竞争。

(3) 快速渗透策略。这种策略的含义是：在采用低价格的同时做出巨大的促销努力。其特点是可以使产品迅速进入市场，有效限制竞争者的出现，为企业带来巨大的市场占有率。该策略的适用性较广泛，主要适用于产品具有很大的市场容量，可望在大量销售的同时降低成本；消费者对这种产品有所了解，同时对价格又十分敏感；潜在的竞争比较激烈，只能用低价来争取消费者，遏制竞争。

(4) 缓慢渗透策略。这种策略的含义是：在新产品进入市场时采取低价格，同时不做大的促销努力。低价格有利于市场快速接受该产品；低促销又能使企业减少费用开支，降低成本，以弥补低价格造成的低利润或亏损。这种策略主要使用的市场条件是：产品的市场容量大；消费者对产品有所了解，同时对价格又十分敏感；潜在的竞争压力较大。

当然，在产品导入期，企业除了将促销手段和价格手段配合起来使用外，还有很多可采取的策略。比如，借助现有产品的优势，将新、老产品合并一起出售，利用特殊手段诱导潜在消费者购买；还可以尽量说服中间机构来经销产品等。上述四种营销组合策略并不是意味着只能选择其中之一，企业应该从整个产品生命周期过程的总体战略考虑，灵活地交替使用。

(二) 成长期市场特点与营销策略

1. 成长期的市场特点

(1) 消费者对新产品已经熟悉, 销售量增长很快。

(2) 大批竞争者加入, 市场竞争加剧。

(3) 产品已经定型, 技术工艺比较成熟。

(4) 建立了比较理想的营销渠道。

(5) 市场价格趋于下降。

(6) 为了适应竞争和市场扩张的需要, 企业的促销费用水平基本稳定或略有提高, 但占销售额的比率下降。

(7) 由于促销费用分摊到更多销量上, 单位生产成本迅速下降, 企业利润迅速提升。

2. 成长期的市场营销策略

在产品进入成长期后, 被越来越多的消费者开始接受并购买, 企业的销售额呈直线上升, 利润增加。在此情况下, 竞争者也会纷至沓来, 威胁企业的市场地位。因此, 在成长期企业的营销重点应放在保持并扩大自己的市场份额、加速销售额的上升等方面。具体来说, 企业可以采取以下营销策略:

(1) 根据消费者需求和其他市场信息, 不断提高产品质量, 努力发展产品的新款式、新型号, 增加产品的新用途。

(2) 加强促销环节, 树立强有力的产品形象。促销策略的重心应从建立产品知名度转移到树立产品形象, 主要目标是建立品牌偏好, 争取新的消费者。

(3) 重新评价渠道选择决策, 巩固原有销售渠道, 增加新的销售渠道, 开拓新的市场。

(4) 选择适当的时机调整价格, 以争取更多的消费者。

企业采取上述部分或者全部市场扩张策略, 会加强产品的竞争能力, 但也会相应地加大营销成本。因此, 在成长阶段, 企业往往面临着是要"高市场占有率"还是要"高利润率"的选择。一般来说, 实施市场扩张策略会减少眼前利润, 但加强了企业的市场地位和竞争能力, 有利于维持和扩大企业的市场占有率, 从长期利润观点来看, 更有利于企业的发展。

(三) 成熟期市场特点与营销策略

1. 成熟期的市场特点

成熟期通常又可以划分为三个时期:

(1) 成长成熟期。这一时期各销售渠道基本呈饱和状态, 增长率缓慢上升, 有少数后续的购买者继续进入市场。

(2) 稳定成熟期。由于市场饱和, 消费平稳, 产品销售稳定, 销售增长率一般只与购买者人数成比例, 如无新购买者则增长率停滞或下降。

(3) 衰退成熟期。销售水平开始下降, 原有消费者的兴趣已经开始转向其他产品或替代品。全行业出现产品过剩, 竞争加剧, 一些缺乏竞争能力的企业将逐渐被取代, 新加入的竞争者较少。竞争者之间各有自己特定的目标消费者, 市场份额变动不大, 突破比较困难。

2. 成熟期的市场营销策略

在产品成熟期，市场的容量基本饱和，销售增长率较低；成熟期晚期，销售增长率甚至可能会出现停滞或负值。此时，企业的营销重心应放在保持自己产品的市场份额上，并努力延长产品的生命周期，力图把产品推向新的销售高峰。在这一时期，企业可采取的市场策略有以下三个方面：

(1) 市场改良策略。它又称为市场多元化策略，即寻求新用户、开发新市场。市场改良策略具体可以通过三种方式实现：一是开发产品的新途径，寻求新的细分市场，把产品引入尚未使用过这种产品的市场；二是刺激现有用户购买，提高使用频率，增加重复购买率；三是产品重新定位，寻找新的潜在用户。

(2) 产品改良策略。它又称为"产品再推出"，是指改进产品的品质或服务后再次投入市场，以扩大产品的销售量。产品改良具体可包括：改进产品质量；增加产品功能；增加产品特点；扩大产品的安全性、方便性等；改进产品的式样、包装、外观等。

(3) 营销组合改良。即通过综合运用价格、渠道、促销等营销组合因素来刺激产品销售量的回升，尽量延长产品的成熟期。比如，通过降低售价来加强竞争能力；改变广告方式以引起消费者新的兴趣；采取多种促销方式，如大型展销、附赠礼品等；扩展销售渠道，改进服务方式或货款结算方式等。

(四) 衰退期市场特点与营销策略

1. 衰退期的市场特点

(1) 产品销售量由缓慢下降变为迅速下降，消费者的兴趣已经完全转移。

(2) 价格已经下降到最低水平。

(3) 多数企业无利可图，被迫退出市场。

(4) 留在市场上的企业逐渐减少产品附带服务、削减促销预算等以维持最低水平的经营。

2. 衰退期的市场营销策略

(1) 集中策略。集中策略是指把资源集中使用在最有利的细分市场、最有效的销售渠道以及最易销售的品种、款式上。总而言之，要缩短战线，以最有利的市场赢得尽可能多的利润。

(2) 维持策略。维持策略是指保持原有的细分市场和营销组合策略，把销售维持在一个较低的水平上。待到适当时机，便停止该产品的经营，退出市场。

(3) 榨取策略。榨取策略是指大幅度降低销售费用，比如广告费削减为零、大幅度精简推销人员等，虽然销售量有可能下降，但是可以增加眼前利润。

(4) 放弃策略。放弃策略是指对衰退迅速的产品，应当机立断，放弃经营。如果企业决定停止经营衰退期的产品，应在立即停产还是逐步停产的问题上慎重决策，并应处理好善后事宜，使企业有序、平稳地转向新产品的经营。

由此可见，在不同的产品生命周期阶段，产品的市场特征有着较大的差别，相应地，企业的营销策略也应有相应的调整，以更好地应对市场需求的变化。产品生命周期各阶段的特点和营销策略，如表 7-1 所示。

表 7-1　产品生命周期各阶段特点及营销策略

		导入期	成长期	成熟期	衰退期
市场特征	成本	高	开始下降	下降到最低水平	成本偏低
	消费者	不了解产品 尝试购买者	了解增多 稳定的消费者群	达到最多 忠诚消费者群	开始转移 数量减少
	销售	销售少，缓慢增长	快速增长	达到高峰	急剧下降
	利润	少，或亏损	开始上升	利润丰厚	利润下降
	竞争	极少竞争者	竞争者增多	竞争激烈	竞争者数量减少
营销目标		创造产品知名度	建立产品美誉度	建立品牌忠诚度	榨取利益重组资源
营销策略	产品	基本产品	质量改进，延伸产品	产品创新、多样化	削减部分产品
	价格	新产品定价法	针对竞争情况调整	有较大的价格空间	降价吸引消费者
	渠道	设计分销渠道	扩大分销渠道	寻求新的分销渠道	缩减部分渠道
	促销	传播产品的功能、 属性等详细知识	强调产品的竞争 优势，竞争性诉求	强化产品的利益 和差异点	提醒性诉求

四、产品生命周期的其他形态

产品生命周期是一种理论上的抽象，在现实经济生活中，并不是所有产品的生命历程都完全符合这种理论形态，有些产品如昙花一现，有些产品体现出较强的生命力。除以上正态分布曲线外，还有以下几种形态：

(1) 再循环形态。它是指产品销售进入衰退期后，由于种种因素的作用而进入第二个成长阶段。这种再循环型生命周期往往是市场需求变化或厂商投入更多促销费用的结果，如图 7-5 所示。

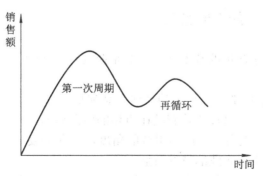

图 7-5　产品生命周期再循环

(2) 多循环形态。它又称为"扇形"运动曲线，或波浪形循环形态，指在产品进入成熟期以后，厂家通过制定和实施正确的营销策略，使产品销售量不断达到新的高潮，如图 7-6 所示。

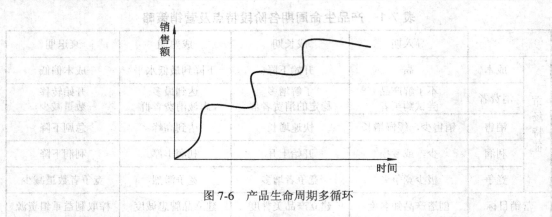

图 7-6　产品生命周期多循环

（3）非连续循环形态。大多数时髦商品属于非连续循环，这些产品一上市即热销，而后很快在市场上销售匿迹。厂家无必要也不愿意做延长其成熟期的任何努力，而是等待下一周期的来临，如图 7-7 所示。

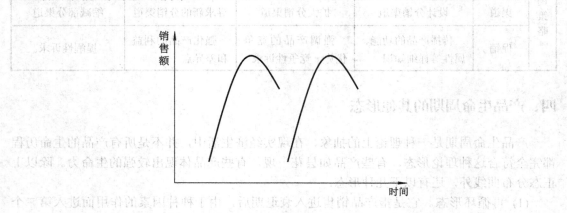

图 7-7　产品生命周期非连循环

五、产品生命周期理论的重要意义

产品生命周期是市场营销的基本理论，对企业具有重要的指导意义，主要体现在四个方面：

（1）产品的生命是有限的。市场上的任何产品都是有限生命，总有一天要淘汰出市场。但是对产品经营管理的水平直接影响着其在市场的生命周期。

（2）因为产品是有限生命，从产品组合的角度，企业需要不断地开发新产品，以应对市场的持续变化，才能实现企业的持续发展。

（3）不同阶段的产品有着不同的市场特征，需要有不同的营销策略。只有这样，才可能使营销策略有的放矢，提高市场营销效果。

（4）在产品生命周期的不同阶段，企业需要有不同的财务、生产、采购和人力资源战略，以配合产品的市场竞争。

第四节 新产品开发

一、新产品概念及其类型

(一) 新产品的概念

产品生命周期理论总结了企业的产品进入市场后的发展变化规律,揭示了任何产品都有其有限的生命周期,因此,不断开发新产品,引导和满足消费者变化的需求是企业生存和发展的动力来源。

营销学所研究的新产品范围非常广泛,不仅仅有因科学技术进步而发明创造的科技新产品,还体现在企业营销方面,只要在功能或形态上比老产品有明显的改进,或者是采用新技术原理、新设计构思,从而显著提高产品性能或扩大使用功能的产品,甚至只是产品从原有市场进入新的市场,都可以称之为新产品。

现代市场营销观念下的新产品概念是指凡是在产品整体概念中的任何一个部分有所创新、改革或改变,能够给消费者带来新的利益和满足的产品,都是新产品。它可以是全新的产品,也可以是以往老产品所没有的新功能、新特色、新材料、新结构、新用途、新市场等。

(二) 新产品的类型

1. 全新产品

全新产品是指企业运用新工艺、新材料、新技术制造出来的,以前从来没有,能够满足消费者新的需求的产品。这种产品无论对市场还是企业都是新产品,比如汽车、飞机、计算机、原子弹、手机等。全新产品约占新产品的比例为10%左右。每一种全新产品的出现都需要先进的技术、大量的资金,对企业的研发能力和承担风险的能力要求都比较高。

2. 换代新产品

换代新产品是指企业在市场已有产品的基础上,采用或部分采用新技术、新材料对产品进行革新,使其在性能或品质上有显著提高的产品。比如计算机、手机等产品,从诞生以来,基本功能并无大的变化,但却在不断更新换代,推陈出新,以满足消费者求新求异的需求,使人应接不暇。

3. 改进新产品

改进新产品是指企业对现有产品的结构、品质、功能、款式、花色以及包装等进行突破并加以改进的产品。改进新产品具有新的特点和新的突破,其结构更加合理,功能更加齐全,品质更加优良。改进产品有利于提高原有产品的质量或产品多样化,满足消费者对产品更高的要求,或者满足不同消费者的不同需求。

4. 仿制新产品

仿制新产品是指企业对国内外市场已有产品进行模仿生产,形成本企业的新产品。这种新产品不需要太多的资金、高端的技术和强大的研发中心,只需要有敏锐的观察和积极的跟进，是典型的市场跟随者所采取的策略。但需要注意的是要尽量避免侵权，给自己带来不必要的麻烦。仿制新产品约占全部新产品的 20%左右。

5. 重新定位新产品

重新定位新产品是指企业对老产品开发出新的用途并改变市场定位或使老产品进入新的目标市场而被该市场称为新产品。

6. 新品牌产品

新品牌产品是指企业对现有产品进行简单的改造，然后赋予新的品牌名称并向目标市场提供的产品。新品牌产品往往基于企业对竞争的需要。

二、新产品开发方式

在现代市场上，企业要生产新产品，并不意味着必须由企业独立完成新产品从创意到生产的全过程。新产品除了自己开发以外，企业还可以获取现成的新产品。

(一) 自己开发

企业自己开发包括两种基本形式：

(1) 独立研制。企业通过自己的研究开发力量来完成产品的构思、设计和生产。这种方式可以对产品进行有效的控制，包括产品的设计、质量、品牌等，甚至在某种程度上对价格也有决定权。

(2) 协约开发。企业雇佣独立的研究开发机构为自己开发某种产品。这种方式可以克服企业在技术力量上的不足。

(二) 获取现成的新产品

(1) 联合经营。如果某小企业开发出一种有吸引力的新产品，另一家大公司就可以通过联合方式共同经营该产品。这样做，小企业可以借助大公司雄厚的资金和销售力量扩大该产品的影响，提高知名度，同时也能收回其开发费用并获得满意的利润。大公司则可以节省开发新产品的一切费用。也有的大公司甚至直接收购小公司，获得该企业的新产品经营权。

(2) 购买专利。企业向有关科研部门、开发公司或别的企业购买某种新产品的专利权。这种方式可以节省时间，这在复杂多变的现代市场上极为重要。

(3) 特许经营。某企业向别的企业购买这种新产品的特许经营权。比如，世界各地都有公司争相购买美国可口可乐公司的特许经营权。

三、新产品开发程序

为了提高新产品开发的成功率，必须建立科学的新产品开发管理程序。不同行业的生产条件与产品项目不同，管理程序也有所差异，但大体如下：

(一) 寻求创意

所谓创意，是指开发新产品的设想。虽然并不是所有的设想或创意都可以变成产品，但寻求尽可能多的创意却可为开发新产品提供较多机会，因此企业都非常重视创意的开发。

新产品创意的主要来源有：消费者、科学家、竞争对手、企业推销人员或经销商、企业高层人员、市场研究公司、广告代理商等。除了以上几种来源外，企业还可以从大学、咨询公司、行业团体协会、相关媒介那里寻求有用的新产品创意。一般来说，企业应当主要靠激发内部人员的创新热情来寻求创意。这就要建立各种奖励制度，对提出创意的职工给予奖励，而且高层主管人员应当对这种活动表现出足够的重视和关心。

寻求新产品创意的主要方法有：

(1) 产品属性排列法。将现有产品的属性一一排列出，然后进行检讨，尝试改良每一种属性的方法，在此基础上形成新的产品创意。

(2) 强行关系法。先列举若干不同的产品，然后把某一产品与另一产品或者几种产品强行结合起来，产生一种新的构思。比如，组合家具的最初构想就是把衣柜、写字台、装饰柜的不同特点以及用途相结合，设计出既美观又实用的组合型家具。

(3) 多角分析法。这种方法首先将产品的重要因素抽象出来，然后具体地分析每一种特性，再形成新的创意。比如，洗衣粉最重要的属性是使其能溶解的水温、使用方法和包装，根据这三个因素所提供的不同标准，便可以提出不同的新产品创意。

(4) 头脑风暴法。头脑风暴法是指将若干名有见解的专业人员或发明家集中在一起开讨论会(一般以不超过 10 人为宜)，会前提出若干问题并给予时间准备；会上让其畅所欲言，彼此激励，相互启发，提出种种设想和建议；会后经过分析归纳，便可形成新产品构思。

(5) 征集意见法。征集意见法是指产品设计人员通过问卷调查、召开座谈会等方式了解消费者需求，征求科技人员意见，询问技术发明人、专利代理人、大学或企业的实验室、广告代理商等的意见。

(二) 筛选构思

筛选的主要目的是选出那些符合本企业发展目标和长远利益，并与企业资源相协调的新产品构思，摒弃那些可行性小或获利空间较小的产品构思。筛选应遵循以下标准：

(1) 市场的条件。市场的条件包括产品的潜在市场成长率、竞争程度以及前景、企业能否获得较高的收益等。

(2) 企业内部条件。企业内部条件主要是指企业的人力、财力、物力资源与企业的技术条件及管理水平是否适合生产这种新产品。

(3) 销售条件。企业现有的销售结构是否适合销售这种新产品。

(4) 利润收益条件。产品是否符合企业的营销目标，其获利水平以及新产品对企业原有产品销售的影响。这一阶段的任务是剔除那些明显不适合的新产品构思。

在筛选阶段，应力求避免两种偏差：一种是漏选了良好的新产品构思，对其潜在价值估计不足，失去发展机会；另一种是采纳了错误的新产品构思，仓促投产，造成失败。

【案例 7-6】　　　　　　　　　**西门子创新法则**

请设想一家大型电气电子公司把一个蚁穴模型摆进办公室的情景，这未免有些不伦不类。而在西门子公司看来，蚂蚁在蚁穴塌陷后的处境，信鸽通过地球的磁感线辨别方位等自然界的稀松平常事，正是激发研发人员的创新源泉。

有别于以技术难题为出发点的创新，西门子中国研究院在斯坦福大学提出的设计思维基础上，创建了适用于中国和工业化环境的西门子 i.DT(Industrial Design Thinking in China)横纵融合创新法，其特点是从用户的需求出发，深入挖掘潜在需求和整合多种技术或业务来满足用户的需要。

为了更好地实现横纵融合创新，西门子中国研究院与斯坦福大学合作成立了集成和颠覆性创新中心，其办公室进驻西门子中国研究院内并命名为天工馆。"天工"二字取意于《天工开物》，在天工馆工作的两名专职及多名兼职教练为西门子研发人员进行课程制定，专门培训研发人员的横纵融合创新思维，开发出具有颠覆性潜力的创新技术。

西门子射频识别技术团队在开发矿工随身携带的井下定位装置时，天工馆里摆放了一个蚁穴模型和矿工假人。这种用意是西门子 i.DT 横纵融合创新中的极端用户法。因为蚂蚁作为自然界的"搬运工"，其蚁穴和矿井一样，面临着坍塌的风险，观察蚂蚁的世界可以激发项目组看到从矿工等典型用户那里了解到的潜在需求。

"中国拥有多样化和极端客户，是发展客户需求主导创新的理想之地。"西门子中国研究院院长徐亚丁说。他认为，从用户需求出发找到解决现有问题的新技术，这种解决方案对于某一初始用户最有价值，然后通过不断改进发展进入主流市场，最终这项技术将改变市场的游戏规则。

(三) 新产品概念的形成与测试

新产品构思经筛选后，需进一步发展，形成具体、明确的新产品概念。新产品概念是指已经成型的新产品构思，即用文字、图像、模型等对产品构思予以清晰阐述，使之在消费者心目中形成一种潜在的产品形象。一个新产品构思能够转化为若干个新产品概念。

每一个新产品概念都要进行定位，以了解同类产品的竞争状况，以选择最佳的新产品概念。选择的依据是未来市场的潜在容量、投资收益率、销售成长率、生产能力以及对企业设备、资源的充分利用等。可采取问卷方式将新产品概念提交目标市场有代表性的消费者群进行测试、评估，比如针对某种新产品概念的问卷可以包括以下问题：你认为这种新产品与原有产品相比有什么优点？这种新产品是否能够满足你的需求？与同类产品相比，你是否偏好此产品？你能否对产品属性提供某些改进的建议？你认为价格是否合理？产品投入市场，你是否会购买(肯定买、可能买、可能不买、肯定不买)？问卷调查可以帮助企业确定吸引力最强的新产品概念。

(四) 初拟营销计划

企业选择了最佳的新产品概念后，必须制订把这种新产品引入市场的初步营销计划，并在未来的发展阶段中不断完善。初拟的营销计划包括三个部分：

(1) 描述目标市场的规模、结构、消费者的购买行为、产品市场定位以及短期(如 3 个月)的销售量、市场占有率、利润率预期等。

(2) 概述产品预期价格、分配渠道以及第一年的营销预算。

(3) 阐述较长期(如 3～5 年)的销售额和投资收益率以及不同时期的市场营销组合等。

(五) 商业分析

商业分析是从经济效益角度分析新产品概念是否符合企业目标，预测销售额和推算成本与利润。预测新产品销售额可参照市场上类似产品的销售发展历史，并考虑各种竞争因素，同时分析新产品的市场地位、市场占有率等。

(六) 新产品研制

新产品研制主要是将通过商业分析后的新产品概念交送研究开发部门或技术工艺部门试制成产品模型或样品，同时进行包装的研制和品牌的设计。这是新产品开发一个重要的步骤，只有通过产品试制，投入资金、设备和劳动力，才能使产品概念实体化，发现不足与问题，改进设计，才能证明这种新产品概念在技术、商业上的可行性如何。需要强调的是，新产品研制必须使模型或样品具有新产品概念所规定的所有特征。

(七) 市场试销

产品开发最终完成后，相应地就要制订新产品上市推广的营销计划。新产品的市场试销，简要地说，就是对新产品营销计划的全面体验。通常是进行有限度地推广新产品，使用一种或几种营销策略，以确定在某一市场营销环境下潜在消费者的反应。通过测试，营销者能够获得将新产品推向更广市场时所需的大量经验数据，比如试用率、重复购买率、购买数量等。对不同营销策略进行检测后，就可以在实际的市场条件下考察它们的有效性，改进营销组合策略。但市场测试的关键作用还是降低新产品的市场风险，找出可能存在的问题及其原因，为全面上市制定营销决策和提供有价值的信息。

市场试销的规模取决于两个方面：① 投资费用和风险大小。投资费用和风险越高的新产品，试销的规模应越大一些。② 市场试销费用和时间。市场试销费用越多、时间越长的新产品，试销的规模应越小一些。然而，总的来说，市场试销费用不宜在新产品开发投资总额中占太大的比例。

(八) 商业性投放

新产品试销成功后，就可以正式批量生产、全面推向市场，但必须预先做好下列决策：

(1) 投放时机。这与新产品和市场的特性相关，要根据新产品是否属替代品、新产品的市场需求是否有很强的季节性、新产品是否需要进一步改进等情况予以区别对待。

(2) 投放区域。能够把新产品在全国市场上投放的企业是不多见的。一般是先在主要地区的市场推出，以便占有区域性市场，取得立足点，然后再扩大到其他地区。

(3) 目标市场。目标市场是指能够率先购买或早期购买的消费者群。确定目标市场的目的是要利用这部分消费者群来带动一般消费者，以最快的速度、最少的费用，扩大新产品的市场占有率。

(4) 营销组合。营销组合是指使用各种不同的营销方式和策略，尽最大可能推销新产品。

按上述程序开发新产品，要求企业各部门依次在不同阶段，单独开展其职能范围内的工作，这有助于控制新产品开发的风险，提高成功率。但是在快速变化和竞争激烈的市场环境中，这种循序渐进的做法因时间周期较长，有可能使企业丧失先机。因此，目前有些企业采用了"同时新开发产品"的方法，即企业内各部门密切合作、统一协调，交叉进行新产品开发程序中的各个步骤，以提高效率，节省时间，缩短新产品开发周期。

四、新产品开发的趋势

人类社会已经跨入 21 世纪,传统的经济模式在知识经济浪潮的冲击下将面临巨大的改变。未来经济发展呈现出网格化、信息化、数字化、知识化的特征。新经济对人类的影响是全方位的。与新经济发展相适应,企业新产品开发总的发展趋势是:产品更新换代的频率进一步加快,新产品开发的时间周期越来越短。新产品开发具体将呈现以下趋势:

1. 高科技产品

在当代高科技迅猛发展的影响下,知识和技术在经济发展中的作用日益显著,产品中的知识、技术含量也日益增多,朝着知识密集化和智能化的方向发展,未来新产品的高科技化趋势日益明显。高科技产品除具有一般产品的特征外,其最大的特点是与高科技密切相关。

2. 绿色产品

"绿色"代表环境,象征生命。进入 20 世纪 90 年代,一些国家纷纷推出以保护环境为主题的"绿色计划","绿色浪潮"已经来临。人类对保护环境、维持可持续发展的渴望比以往任何时候都要强烈。"绿色食品""绿色产业""绿色企业""绿色消费""绿色营销"……"绿色"系列已成为环境保护的代名词,消费者将越来越青睐不包括任何化学添加剂的纯天然食品或者天然植物制成的绿色产品,社会发展也迫使企业必须开发对环境无害或危害极小,有利于资源再生和回收利用的绿色产品。

3. 大规模定制模式下的个性化产品

激烈的市场竞争使企业发生的最大变化是将注意力集中到消费者身上,无论企业是否愿意,消费者越来越要求得到他们真正需要的产品,大规模地生产大批量产品不能满足消费者日趋个性化的需求,个性化需求时代已经来临。企业一方面要满足消费者个性化需求,另一方面又必须控制生产成本,大规模定制开发新产品模式为企业快速开发出大量满足个性化的产品指明了道路。大规模定制模式是指对定制产品或服务进行个别的大规模生产,其在不牺牲企业经济效益的前提下,了解并满足单个消费者的需求。

4. 多功能产品

将各个产品功能组合,移植成新产品是未来新产品发展的又一趋势。多种产品功能组合的新产品不仅能有效地满足消费者多方面的需求,而且企业在开发此类新产品时风险也会极大地降低。比如,具有手电筒照明功能的收录机和时钟、通信簿计算机、计算机钢笔、复印电话一体机、多功能数字化彩色复印机等是目前一些发达国家已经开发出的组合新产品。

第五节 品牌策略

一、品牌的概念

品牌(Brand)是用以识别某个销售者或某群销售者,并使之与竞争对手的产品或服务区别开来的商业名称及其标志，通常由文字、标记、符号、图案和颜色等要素或这些要素的组合构成。品牌是一个集合概念，包括品牌名称和品牌标志两部分。品牌名称是指品牌中可以用语言称呼的部分。比如，微软、迪士尼等都是美国著名的品牌名称；松下、索尼是日本著名的品牌名称；杉杉、罗蒙、雅戈尔则是我国西服的著名品牌名称。品牌标志是指品牌中易于识别但不能用语言称呼的部分，通常由图案、符号或特殊颜色等构成。

品牌，就其实质而言，代表着销售者(卖者)对交付给消费者的产品特征、利益和服务的一贯性承诺。久负盛名的品牌就是优质的保证。不仅如此，品牌还是一个更为复杂的符号，蕴含着丰富的市场信息。为了深刻揭示品牌的含义，从以下六个方面进行分析：

(1) 属性。品牌代表着特定的商品属性，这是品牌最基本的含义。比如，奔驰牌轿车意味着工艺精湛、制作优良、昂贵、耐用、信誉好、声誉高、转卖价值高、行驶速度快等。这些属性是奔驰生产经营者广为宣传的重要内容。多年来奔驰的广告一直强调"全世界无可比拟的工艺精良的汽车"。

(2) 利益。品牌不仅代表着一系列属性，而且还体现着某种特定的利益。消费者购买商品实质是购买某种利益，这就需要将属性转化为功能性或情感性利益。或者说，品牌利益相当程度地受制于品牌属性。就奔驰而言，"工艺精湛、制作优良"的属性可转化为"安全"这种功能性和情感性利益；"昂贵"的属性可以装化为情感性利益，"这车令人羡慕，让我感觉到自己很重要并受人尊重"；"耐用"属性可转化为功能性利益，"多年内我不需要买新车"。

(3) 价值。品牌体现了生产者的某些价值感。比如，奔驰代表着高绩效、安全、声望等。品牌的价值感客观要求企业营销者必须分辨出对这些价值感兴趣的购买群体。

(4) 文化。品牌还附有特定的文化含义。从奔驰汽车给人们带来的利益方面看，奔驰品牌蕴含着"有组织、高效率和高品质"的德国文化。

(5) 个性。品牌也反映一定的个性。如果品牌是一个人、一种动物或一个物体，那不同的品牌会使人们产生不同的品牌个性联想。奔驰会让人想到一位严谨的老板、一只勇猛的雄狮，或者是一座庄严质朴的宫殿。

(6) 消费者。品牌暗示了购买或使用产品的消费者类型。如果我们看到一位年轻的女士坐在奔驰车里就会感到很吃惊。我们更愿意看到坐在里面的是一位有成就的企业家或者高级经理。

当消费者可识别出品牌的上述六方面内涵时，则可以称其为深度品牌，否则只是一个肤浅的品牌。品牌最持久的含义是其价值、文化、个性，它们构成了品牌的实质。

二、品牌的作用

品牌的作用可以从多个不同的视角进行分析，以下主要就品牌对企业、对消费者的不同作用分别加以阐述。

(一) 品牌对企业的重要作用

对从事市场营销活动的企业来说，品牌的有益作用主要表现在以下四个方面：

(1) 品牌有助于促进产品销售，树立企业形象。

品牌凭借其简洁、明快、易读的特征而成为消费者记忆产品质量、特征的标志，也正因为如此，品牌成为企业促销的重要基础。借助品牌，消费者了解了品牌标定下的商品；借助品牌，消费者记住了品牌和商品，也记住了企业(如果企业名称与品牌名称相同，更易被消费者记忆)；借助品牌，即使产品不断更新换代，消费者也会在其对品牌信任的驱使下产生新的购买欲望；在信任品牌的同时，企业的社会形象、市场信誉得以确立并随着品牌忠诚度的提高而提高。

(2) 品牌有利于保护品牌所有者的合法权益。

品牌经注册后获得商标专用权，其他任何未经许可的企业和个人都不得仿冒侵权，从而为保护品牌所有者的合法权益奠定了客观基础。

(3) 品牌有利于约束企业的不良行为。

品牌是一把"双刃剑"，一方面因其容易被消费者所认知、记忆，从而有利于促进产品销售，注册后的品牌有利于保护品牌的所有者权益；另一方面品牌也对品牌所有者的市场行为起到约束作用，督促企业着眼于企业长远利益、消费者利益和社会利益，规范自己的营销行为。

(4) 品牌有助于扩大产品组合。

为适应市场竞争的需要，企业常常需要同时生产多种产品。值得注意的是，这种产品组合是一个动态的概念。依据市场变化，不断地开发新产品、淘汰市场不能继续接受的老产品是企业产品策略的重要组成部分，而品牌是支持其新的产品组合(尤其是扩大的产品组合)的无形力量。若无品牌，再好的产品或服务，也会因消费者无从记起原有产品或服务的良好印象而无助于产品改变或产品扩张；而有了品牌，消费者对某一品牌产生了偏爱，则该品牌标定下的产品组合的扩大也就容易被消费者所接受。

此外，品牌还有利于企业实施市场细分战略，不同的品牌对应不同的目标市场，针对性强，有利于进占、拓展各细分市场。

(二) 品牌给消费者带来的益处

(1) 品牌便于消费者辨认、识别所需商品，有助于消费者选购商品。

随着科学技术的发展，商品的科技含量日益提高，对消费者来说，同种类商品间的差别越来越难以辨别。由于不同的品牌代表着不同商业品质和利益，所以有了品牌，消费者即可借助品牌辨别、选择所需要的产品和服务。

(2) 品牌有助于维护消费者利益。

有了品牌，企业以品牌作为促销基础，消费者认牌购物。企业为了维护自己企业品牌的形象和信誉，都十分注重恪守给予消费者的利益承诺，并注重同一品牌的产品质量水平同一化。如此，消费者可以在厂商维护自身品牌形象的同时获得稳定的购买利益。

(3) 品牌有利于促进产品改良，有益于消费者。

由于品牌实质上代表着销售者(卖者)对交付给消费者的产品特征和利益的承诺，所以企业为了适应消费者需求的变化，适应市场竞争的客观要求，必然会不断更新产品，以变更、增加承诺。这是厂商的选择，也是消费者的期望。由此可见，迫于市场的外部压力和企业积极主动迎接挑战的动力，品牌最终会带给消费者更多的利益。

品牌的作用还表现在有利于市场监控，有利于维系市场运行秩序，有利于发展市场经济等促进社会经济发展方面。

三、品牌策略

品牌是企业重要的无形资产，如何建立强势品牌、提升品牌内涵，是一个复杂、长期的运营过程。这个过程涉及品牌化策略、品牌归属策略、品牌数量策略、品牌延伸策略和品牌再定位策略等内容。

(一) 品牌有无决策

品牌有无决策主要是指企业在生产经营中不设立自己的品牌，其主要的策略包括无品牌策略和品牌化策略两种。

1．无品牌策略

无品牌策略，即产品不适用品牌。历史上，许多产品不用品牌，生产者和中间商把产品直接从桶、箱子和容器内取出销售，无需供应商的任何辨认凭证。一般来说，农、牧、矿产品属初级产品，比如粮食、牲畜、矿砂等，无需使用品牌。技术标准较低、品种繁多的日用小商品，也可以不适用品牌。企业采用无品牌策略，可以节省包装、广告宣传等费用，降低产品成本和价格，达到扩大销售的目的。

2．品牌化策略

品牌化策略，即企业为其产品确定采用品牌，并规定品牌名称、品牌标志，以及向政府工商部门注册登记的一系列业务活动。当今社会品牌的商业作用日益为企业所看重，品牌化迅猛发展，已经很少有产品不使用品牌了，像大豆、水果、蔬菜、大米和肉制品等过去从不使用品牌的商品，现在也被放在有特色的包装袋内，冠以品牌出售。

(二) 品牌设计

品牌设计是让某一类型的主打商品成为品牌信息的一部分，就如保时捷、法拉利所做的那样，通过产品的个性魅力树立起产品的形象。品牌的定位至关重要，强化产品与竞争品的差异性，从而进行更为有效的宣传。品牌给公众的知觉很有刺激性，第一感觉往往决定购买行为。比如在面部护理方面，很多人感觉玉兰油的专业形象要高于其他同类产品，若要说理由，那些女性未必马上可以说个明白。这就是产品形象在起作用，其丰富了品牌的内涵。因此，在实践中许多企业不惜重金设计品牌。

品牌设计的基本原则主要有：

1．简洁醒目，易读易记

品牌设计的首要原则就是简洁醒目、易读易记。适应这个要求，不宜把过长的和难读的字符串作为品牌名称，也不宜将呆板、缺乏特色感的符号、颜色、图案用作品牌标志。"M"是一个极普通的字母，但通过对其施以不同的艺术加工，就可以形成表示不同商品的标志或标记。鲜艳的金黄色拱门"M"是麦当劳(McDonald's)(现改名为金拱门)的标记，由于它棱角圆润、色泽柔和，给人以自然亲切之感。现如今，麦当劳这个"M"形标志已经出现在全世界70多个国家和地区数以百计的城市的闹市区，成为孩子们以及成人最喜爱的快餐标志，如图7-8所示。与麦当劳的设计完全不同，摩托罗拉(Motorola)的"M"虽然也只是取一个字母"M"。但是充分考虑到自己产品特点，把"M"设计得棱角分明、双峰突起，就像一双有力的翅膀，配以"摩托罗拉，飞越无限"的广告词，突出了企业在无线电领域的特殊地位和高科技形象，展示出无限生机，如图7-8所示。

图7-8　"M"在品牌设计中的运用

2．构思巧妙，暗示属性

品牌应是企业形象的典型概括，反映企业个性和风格，使消费者产生信任。以汽车发明人 Benz(本茨)先生名字命名的轿车，100多年来赢得了消费者的信任，其品牌一直深入人心。那个构思巧妙、简洁明快、特点突出的圆形的汽车方向盘类似的特殊标志，已经成为豪华、优质、高档汽车的象征。

圣马龙品牌1968年始创于意大利，2001年5月进入中国大陆。经过几年的筹备，企业已经实现产品系列化、市场规模化、生产自动化。圣马龙的商标图案由一个手持利斧的神兽和皇冠组成，它出自一个神话。一支正义的欧洲某国军队遭到敌军伏击，突围中前面是一座大山，难以翻越，后面有敌军追兵，在危难关头时，一只手持利斧的神兽从天而降，用手中的斧头劈开大山，使正义之师得以通过，之后又将山推拢，一斧挡万军。来自神话的图案象征着"绝不放弃，大道光明"的奋斗勇气，而圣马龙将此理念上升为"励精图治，终成大器"的服饰内涵。

3．富蕴内涵，情意浓重

品牌可引起消费者的强烈兴趣，诱发美好联想，产生购买动机。"红豆"是一种植物，是人们常用的镶嵌饰物，是美好情感的象征。同时，"红豆"也是江苏红豆集团的服饰品牌和企业名称，其英文是"The seed of love"(爱的种子)。提起它，人们就会想起王维的千古绝句，牵动人的思乡和相思之情。红豆服装正是借助"红豆"这一蕴涵中国传统文化内涵、情意浓重的品牌"红"起来的。

4．尊重文化传统，彰显个性

由于世界各国的历史传统文化不同，对于一个品牌的认知和联想也有很大差异，品牌名称和品牌标志要特别注意各地区、各民族的风俗习惯。据报道，我国的"白象"牌电池出口到欧洲国家受冷落的主要原因是品牌设计失误，因为在欧洲人眼里，大象是"呆头呆脑"的象征，并且英文 White Elephant(白象)是指"无用而累赘的东西"，谁愿意购买无用而累赘的东西呢？若将可口可乐的碳酸饮料"Sprite"直译成"妖精"，又有多少中国人会乐于购买呢？而译成符合中国文化特征的"雪碧"，就比较准确地揭示了品牌标定产品的"凉""爽"等属性。

(三) 品牌归属策略

企业决定使用本企业(制造商)的品牌，还是使用经销商的品牌，或两种品牌同时兼用，称为品牌归属策略。品牌归属策略有以下三种可供选择的策略：

1．制造商品牌

制造商品牌是生产制造企业使用属于自己的品牌。在以往的品牌运营中，由于产品设计、质量和特色取决于生产者，加之市场供应关系对生产企业压力还不太大，品牌几乎都为生产者所有，品牌是制造商设计的制造标记。制造商品牌数量众多，如"海尔""红塔山""五粮液"以及"联想"等品牌都是制造商品牌。

2．中间商品牌

随着市场经济的发展，市场竞争日益激烈。品牌的作用日益为人们所认知，中间商对品牌的拥有欲望也越来越强烈。近年来，中间商品牌呈明显的增长之势。西方国家许多享有盛誉的百货公司、超级市场、服饰商店等都使用自己的品牌，有些著名商家(比如沃尔玛、家乐福等)经销的大部分商品都用自己的品牌。

3．制造商品牌与中间商品牌混合使用

企业对部分产品使用自己的品牌，而对另一部分产品使用中间商品牌。比如，浙江伟峰生产的三脚架，在专业摄影器材店用"伟峰"品牌，而在家乐福超市则用家乐福自己的品牌。

企业选择制造商品牌或中间商品牌，即品牌归属制造商还是中间商，要全面考虑各种相关因素，综合分析收益和损失，最关键的问题要看制造商和中间商谁在这个产品分销链上居主导地位、拥有更好的市场信誉和拓展市场的潜能。一般来讲，在生产者或制造商市场信誉好、企业实力较强、产品市场占有率较高的情况下，宜选用制造商品牌。如果中间商在某目标市场拥有较好的品牌忠诚度及庞大而完善的销售网络，即使生产者或制造商有自营品牌的能力，也应考虑采用中间商品牌。这是在进占海外市场的实践中常用的品牌策略。

【案例 7-7】　　　　　迪卡侬成功秘诀之一：自由品牌的忠诚

迪卡侬是全球体育用品的设计者和品牌的缔造者，也是运动用品的零售商。迪卡侬按照运动品类划分了 20 个子品牌，在中国知名度最高的品牌有面向户外和山地运动的 Quechua、健身品牌 Domyos、跑步品牌 Kalenji、自行车品牌 B'Twin 和轮滑品牌 Oxelo。有趣的是，消费者对这些品牌的认知度远远比不上迪卡侬，很多人只知道脚上的鞋子是在迪卡侬买的，却说不出 Kalenji 的名字，这就是迪卡侬的特点，每个品牌单独看没有多大的影响力，放在一起力量就出来了。

在零售行业，自主品牌一直被视为企业发展的制高点，沃尔玛、家乐福都在大力推进自主品牌，但没有一家做到迪卡侬这样，卖场里 90%以上商品是自有品牌。

(四) 品牌统分策略

品牌，无论归属于生产者还是归属于中间商，或者是两者共同拥有品牌的使用权，都必须考虑对所拥有产品如何命名的问题，这事关品牌运营的成败。对此问题的决策通常有以下四种可供选择的策略：

1．统一品牌

统一品牌是指企业所有的产品都统一使用一个品牌。比如，美国通用电气公司的所有产品都统一使用"GE"品牌；佳能公司生产的照相机、传真机、复印机等所有产品都统一使用"Canon"品牌。采用此策略的好处在于节约品牌设计费和广告费，可降低成本，有利于消除消费者对新产品的不信任感；缺点是若某一种产品因某种原因(如质量)出现问题，就可能牵连其他种类产品，从而影响全部产品甚至整个企业的信誉。当然，统一品牌策略也存在着易相互混淆、难以区分产品质量档次等令消费者不解的缺憾。

2．分类品牌

分类品牌是指企业对所有产品在分类的基础上对各类产品使用不同的品牌。比如，西尔斯公司所经营的器具类产品、妇女服装类产品、家庭设备类产品分别使用不同品牌名称；美国斯威夫特公司同时生产火腿和化肥两种截然不同的产品，分别使用普利姆和肥高洛的品牌名称。

3．多品牌

多品牌是指企业对其所生产的不同产品使用不同的品牌(甚至是一品多牌)。比如，宝洁公司在中国市场上推出的洗发水品牌就有"潘婷""海飞丝""飘柔""伊卡璐"和"沙宣"等多种，分别针对不同的细分市场。宝洁对香皂、洗衣粉等产品也实行了多品牌策略并取得了成功。采用多品牌策略的优势是可以保证企业的整体信誉不至于受其个别商品声誉不佳的影响；便于消费者识别不同质量、功效的商品；有利于企业的新产品向多个目标市场渗透。缺点是需要高昂的品牌设计、推广和管理费用，并且自己产品之间也会相互竞争，因此在使用多品牌策略时需要满足企业实力很强、产品差异明显、消费者选择性较强等条件。

4．复合品牌策略

复合品牌策略是指对同一种产品赋予其两个或两个以上的品牌，多牌共推一品，不仅集中了一品一牌策略的优点，而且还有增加宣传效果等作用。按照复合在一起的品牌的地位或从属程度来划分，复合品牌策略一般又可以分为主副品牌策略与品牌联合策略两种。

(1) 主副品牌策略。这是指对同一产品使用一主一副两个品牌的做法。涵盖企业若干产品或全部产品的品牌做主品牌，同时给各个产品设计不同的副品牌，以突出不同产品的个性。比如，我国的联想集团对旗下的各系列 IT 产品就使用了诸如"联想—昭阳""联想—启天""联想—Thinkpad"等形式的品牌。

主副品牌策略兼容了统一品牌策略与个别品牌策略的优点，是对两者的相互补充。它既可以像统一品牌策略那样实现优势共享，使企业产品均在主品牌下借势受益；又能达到像个别品牌策略那样清晰地界定不同副品牌产品的差异性特征，避免因个别品牌的失败而给整个品牌带来负面影响。

(2) 品牌联合策略。这是指对同一产品使用不分主次的两个或两个以上品牌的做法。品牌联合可以使两个或多个品牌有效地协作、联盟，相互借势，来提高品牌的市场影响力与接受程度。品牌联合所产生的传播效应是整体效应，其扩散效应要比单独品牌大得多。

(五) 品牌延伸策略

品牌延伸，又称品牌扩展，是指企业利用其成功品牌的声誉来推出改良产品或新产品。比如海尔集团成功推出了海尔(Haier)冰箱，又利用这个品牌及其图样特征，成功推出了洗衣机、电视机等新产品。

品牌延伸可以大幅度降低广告宣传等促销费用，使新产品迅速、顺利地进入市场。这一策略如运用得当，有利于企业的发展和壮大。然而，品牌延伸未必一定成功，如果运用不当，还可能淡化甚至损害原品牌的形象，使原品牌的独特性被逐步遗忘。所以，企业在品牌延伸决策上应审慎行事，要在调查研究的基础上，分析、评价品牌延伸的影响，在品牌延伸过程中还应采用各种措施尽可能降低对原品牌的冲击。

(六) 品牌重新定位策略

品牌重新定位策略，又称为再定位策略，是指全部或部分调整或者改良品牌原有市场定位的方法。也许一种品牌在市场上最初的定位是合适的、成功的，但是随着时间的推移，企业不得不对其品牌重新定位。其原因可能是多方面的，比如竞争者继企业品牌之后推出其他的品牌，削减了企业品牌的市场份额；消费者偏好发生转移，对企业品牌的需求减少；公司决定进入新的细分市场。

企业在进行品牌重新定位决策时，要考虑两个方面的因素：第一，产品品牌从一个市场定位点转移到另一个市场定位点所要支付的成本费用，比如包装费、宣传推广费等。一般来说，重新定位的距离越远，重新定位费用越高。第二，企业定位于新位置的品牌获利情况。获利多少取决于此市场的消费者数量、平均购买率、竞争者的实力及数量等。企业应对各种品牌重新定位方案进行分析，权衡利弊，从中选优。

(七) 品牌防御策略

品牌是一种无形资产，如不能很好地保护，就会使资产流失，降低其增值能力，严重者还会使品牌资产荡然无存。鉴于此，有效地对品牌进行保护是品牌运营的重要保障。

1. 注册商标

商标是企业的无形资产，驰名商标更是企业的巨大财富。因此企业在品牌与商标经营过程中，要及时注册，防止被他们抢注，还要杜绝"近似商标注册"事件的发生。而防止近似商标注册的有效方法就是主动进行防御性注册，实施商标防御性策略。

(1) 在相同或类似产品上注册或使用一系列互为关联的商标(联合商标)，以保护正在使用的商标或备用商标。

(2) 将同一商标在若干不同种类的产品或行业注册，以防止他人将自己的商标运用到不同种类的产品或行业上去(防御性商标)。

2. 注册互联网域名

域名是互联网的单位名称。它能给人传达重要的信息，比如单位属性和业务特征等。域名具有三重属性：商标属性，许多企业都把知名商标注册成域名。麦当劳的商标"巨无霸"就注册成了域名。它具有一定的含义，像商标一样，用得久了人们对它就有特殊的感觉。一般人们所知道的驰名商标，大部分在国际上就是域名。除此之外，还有永久地址属性和企业正式名称属性。

(1) 域名系统(DNS)是国际共有资源，商业价值巨大。目前注册域名的企业越来越多，原有的三个通用顶级域名 COM(公司)、ORG(事业单位)、NET(网络单位)已不够用。互联网社会(ISCO)、互联网数字分配机构(IANA)、互联网结构理事会(IAB)、国际电信联盟(ITU)、国际商标协会(INTA)、世界知识产权组织(WIPO)共同发起成立的互联网国际特别委员会(IAHC)发表了"通用顶级域名管理操作最终方案"，增加了 7 个新的顶级域名。它们分别是：FIRM(企业或公司)、STORE(销售货物的企业)、WEB(强调与 WWW 活动有关的单位)、ARTS(强调文化与娱乐活动的单位)、REC(强调康乐活动的单位)、INFO(提供信息服务的单位)、NOM(个人或个人命名)。

(2) 域名注册规则为采用时间优先原则，即谁先注册谁拥有。现在企业有两种选择：一是在国内注册二级域名；二是在国际上注册一级域名。

随着世界经济一体化进程的推进，发达国家的企业都在拼命争抢国际域名。美国 99%以上的企业都在国际互联网上注册一级域名，属于国际域。对于我国大企业来说，如果想进入国际市场就应争抢一级域名。

【案例7-8】　　　　　　　欧莱雅多品牌战略

化妆品行业通常被称为"把希望装在瓶子里出售"的行业。为了拓展需要，不少化妆品企业纷纷拉长产品线，希望以此拉近与各个阶层消费者的关系，然而多品牌公司的出现，则引发了又一个问题：如何让各个所属品牌定位清晰，避免品牌之间的竞争消耗战，这些都让管理者感到头痛。

从这个角度说，化妆品公司无异于一家专业的品牌管理公司。而对于走过百年的欧莱雅集团来说，品牌管理的要求则变得越来越高。

欧莱雅在中国已逐渐发展了 17 个品牌，既涵盖了兰蔻、碧欧泉等高端产品，也有欧莱雅、美宝莲等中低端系列，还涉及理肤泉、薇姿之类的药妆。正当公司旗下的各品牌为大众呈现美轮美奂的场景时，一些疑问也随之产生：按照传统的理论，品牌的过度扩张可能会造成品牌的稀释与相互的冲突，对此，欧莱雅如何平衡与解决？

在集团中国区 CEO 盖保罗看来，公司旗下各品牌百年来顺畅运行的奥秘在于集团清晰的多品牌理念——明确的品牌结构定位、高效的品牌运作团队与源源不断的品牌创新。这些原则看似平淡无奇，但能够在一个庞大的化妆品王国中长久坚持下来，实在是对经理人的巨大挑战。

许多企业喜欢用"大伞"来比喻自己的品牌发展战略。在它们的设想中，一个品牌是一把大伞，各种品类的产品都涵盖在这把大伞之下。然而，这种做法的效果往往并不理想。正确的方法是，抛开品牌的大伞，培育一棵品牌大树。具体说来，企业先建立发展出一个主导性的品牌，这个品牌被看作是树的主干。之后，新的品牌从树干上生长出来，逐渐成长为主要的分支。进一步分化后，这些分支上又长出新的品牌……最终，这些分支成就了一棵枝繁叶茂的品牌大树。

换句话说，企业应该用多个细分品牌来诠释不同的品类。如今，欧莱雅集团在全球拥有 26 个知名品牌，在中国内地则达到 17 个。要管理好这棵复杂的品牌大树，欧莱雅成功的秘诀在于各个细分品牌的定位与布局。集团将这种全方位的品牌结构称为"金字塔式战略"，即按照价格，欧莱雅在中国从塔底到塔尖都有对应的品牌：在塔底的大众消费领域，集团拥有巴黎欧莱雅、美宝莲、卡尼尔与小护士；在塔中，集团推出了薇姿、理肤泉等保健化妆品牌；在塔尖的高档品牌中，集团旗下的兰蔻、碧欧泉、羽西与赫莲娜占据了一席之地；此外，在专业美发领域的细分市场，卡诗与欧莱雅专业美发和美奇丝为人们熟知。

"向不同层次的消费者提供相应的不同层次的产品"是欧莱雅的基本策略，在这个基础上，如何让消费者更好地接受品牌定位，使各品牌间不至于混淆，成了摆在集团面前的挑战。欧莱雅的做法是，以"品味"来形成品牌间的鲜明区隔。众所周知，化妆品是一个以情感与自我表现为主要诉求的行业，品牌间的最大差异不是功能，而是所象征的身份、品味与生活方式。用集团董事长欧文中的话说，"好的品牌管理策略，就是针对合适的客户群投放正确的产品"。

从运营层面看，欧莱雅在发挥集团整体竞争优势的同时，非常重视各个品牌的相对独立性，以此形成品牌间的差异化。在中国，欧莱雅采用了品牌经理制的组织结构，即根据不同的产品种类规定不同部门的相应责权。在集团眼里，不同的品牌就像一个个小公司，每个小公司都有各自的广告、渠道、促销和定价策略。

通过与消费者直接建立联系，这种组织能够迅速地对市场做出反应，迎接竞争者的挑战。欧文中甚至要求，欧莱雅的地区经理们必须经常去销售点传授品牌理念——于是在150多个国家和地区中，人们经常可以看到地区经理们出现在化妆品专柜中，指导售货员如何将高档与中档产品更好地陈列分布。在这个基础上，欧莱雅赞成旗下不同品牌间有条不紊地相互竞争。在集团内部，各业务单元的负责人自行发展着合作或竞争关系。

事实上，多品牌公司在扩张产品品类的同时，适当地引入竞争者显得十分必要。新品类如果没有竞争对手的加入来共同教育市场，则很难迅速站稳脚跟。是谁成就了可口可乐的霸主地位？显然是百事可乐这样的跟随者。而比引入竞争对手更高明的做法，则是企业主动推进分化，推动内部竞争。从另一个角度说，当一个品牌占据了某个市场的主导份额后，企业的最佳策略是主动推出第二品牌，创造新的机会点。

"欧莱雅旗下的品牌之间会有部分重合的地方，内部竞争是确实存在的。但与其面对外部竞争，不如先在内部设立这种机制，这样才能更好地应对外部挑战。"盖保罗称。

尽管2008年年底爆发的经济危机肆虐全球，但欧莱雅在中国的销售似乎并没有受多大影响。2008年，欧莱雅集团在中国实现销售69.52亿元，较上年同比增长27.7%。这是集团连续第8年在中国实现两位数增长，而中国也上升为欧莱雅全球第七大市场。这在很大程度上要归功于欧莱雅在国内的渠道的健康与成熟度。正是拥有了独特高效的销售渠道，欧莱雅才得以在中国市场不断成长扩张。眼下，这家全球最大的化妆品公司在国内的业务细分为四个部门：大众化妆品部、高档化妆品部、专业美发品部及活性健康化妆品部。在分销渠道的设计上，每个部门都对应了明确的目标消费群。比如，兰蔻、赫莲娜等高档品牌被安排在一线城市中最好的百货公司及香水专卖店销售；大众化妆品部则通过集中的市场分销和媒体广告，让普通消费者随时都能买到；专业护发品牌需要通过专业发型师或美发沙龙提供个性化服务，因此仅限于专业美发店这个单一渠道；薇姿和理肤泉则通过专业药房经销，来塑造药妆的健康形象。

第六节 包装策略

一、包装的概念

包装是商品生产的继续，商品只有经过包装才能进入流通领域，实现其价值和使用价值。商品包装可以保护商品在流通过程中品质完好和数量完好，同时还可以增加商品的价值。此外，良好的包装还有利于消费者挑选、携带和使用。产品包装作为重要的营销组合要素，在营销实践中已经成为市场竞争的一种重要手段。

大多数物质产品在从生产领域转移到消费者领域的过程中，都需要有适当的包装。包装(Packaging)有两层含义：一是静态的，指盛放或包裹产品的容器或包扎物；二是动态的，指设计、生产容器或包扎物并将产品包裹起来的一系列活动。在实际工作中，两者往往紧密联系、不可分离。产品只有包装好以后，生产过程才算结束。

二、包装的元素

(1) 包装标签。包装标签是指附着或系挂在产品销售包装上的文字、图形、雕刻以及印制的说明。标签载有许多信息，主要包括制造者或销售者的名称和地址、产品名称、商标、成分、品质特点、数量、使用方法以及用量、编号、注意事项、质检号、生产日期和有效期等内容。

包装标签有助于识别、检验产品，装潢精致的标签有明显的促销功效，随着竞争的加剧，包装标签内容也日益详细化和规范化。

(2) 包装标志。包装标志是指在运输包装的外部印制的图形、文字和数字以及它们的组合，主要有运输标志、指示性标志、警告性标志三种。

运输标志，又称为唛头，是指在产品外包装上印制的反映收发货人信息、目的地或中转地、批件号等内容的图形、字母、数字和文字等。

指示性标志是根据产品的特性，对一些容易破碎、残损、变质的产品，用醒目的图形和简单的文字做出的标志，以提醒有关人员在作业中引起注意，比如"此端向上""易碎""小心轻放""防潮"等。

警告性标志是指在危险品的运输包装上印制特殊的文字，以示警告。常见的有"爆炸品""易燃品""有毒品"等。

三、包装的分类

产品包装是产品生产过程在流通过程与使用过程的继续，按照其在流通过程中的作用，产品包装一般分为运输包装和销售包装两种。

(1) 运输包装。运输包装又称外包装，主要目的是保护产品在运输过程中的品质安全和数量完整，是产品在储存、识别、装卸和运输时所必需的包装。运输包装又可以分为单件运输包装和集合运输包装两类。

(2) 销售包装。销售包装又称内包装或小包装，它随同产品进入零售环节，与消费者直接接触。销售包装实际上是零售包装，因此它不仅要保护产品，而且更重要的是要美化和宣传商品，便于陈列商品，吸引消费者，方便他们认识、选购、携带和使用。

四、包装的作用

(1) 保护商品、便于储运。包装最基本的功能是保护商品，便于储运。有效的产品包装可以起到防潮、防热、防冷、防挥发、防污染、保鲜、防易碎、防变形等系列保护产品的作用。因此，在产品包装时，要注意对产品包装材料的选择以及包装的技术控制。

(2) 吸引注意，促进销售。美国杜邦公司的一项调查表明：63%的消费者是根据商品的包装来选购商品的，这就是著名的"杜邦定律"。目前，大量产品在市场上以自助的形式出售，设计良好的包装能够有效传播品牌形象，能够吸引消费者的注意，有助于消费者辨认品牌，指导其消费，突出产品特色。越来越多的包装起到无声推销员的作用，成为强有力的营销手段。因此，有营销学者把包装称为继 4P 之后的第五个 P，可见其促销价值日益放大。

(3) 创新产品，增加盈利。创新包装也能给企业带来丰厚的利润。设计独特的包装，不但可以在市场标新立异，作为整体产品的一部分，还可以创新出产品的特色，增大产品的差异点，提升产品的竞争力，增强企业盈利能力。同时，设计新型的包装还可以申请实用型外观设计专利，成为企业无形资产的重要组成部分。

五、包装策略

常见的包装策略有：

(1) 类似包装策略。类似包装策略指企业生产经营的所有产品，在包装外形上采用相同或相近的图案、色彩等包装特征，给消费者统一的产品或企业形象，使消费者便于认识和识别。

(2) 等级包装策略。等级包装策略指企业对自己生产经营的不同质量等级的产品分别设计和使用不同的包装，便于消费者选择。

(3) 分类包装策略。分类包装策略指根据消费者购买目的不同，对同一产品采用不同的包装，即精包装、简包装等。

(4) 配套包装策略。按照消费习惯，将几种或多种有关联的不同商品集中装于一个包装物中。这种策略既便于消费者购买，免去东奔西走挑选的时间，还可以扩大销售。

(5) 复用包装策略。复用包装策略指包装物在被包装的产品消费完毕后，还能够用作他用的做法。这种策略既可以增加包装的用途，也能增加消费者购买欲望。"买椟还珠"就是这一策略的极致。

(6) 赠品包装策略。该策略是指在包装物内附有赠品以诱发消费者重复购买的策略。

(7) 更新包装策略。即改变原来的包装，用新包装适应市场需求的变化，实现包装的创新，给消费者以新鲜感。

❖❖❖❖❖ 本 章 小 结 ❖❖❖❖❖

产品是能够提供给市场选择和消费，并能满足某种欲望和需要的任何有形实体的实物和无形体的服务，包括实物、劳务、人员、场所、组织、技术和观念等。产品整体概念可分为核心产品、形式产品、期望产品、延伸产品和潜在产品五个层次。

产品组合是指企业生产或销售的全部产品线和产品项目的组合，是企业全部产品的构成，反映了企业的业务经营范围。产品组合由不同的产品线构成，产品线又由不同的产品项目构成。

产品生命周期是指产品从投放市场到被淘汰出市场所经历的全部时间。它经历了导入期、成长期、成熟期和衰退期。在不同的产品生命周期，企业应该采取不同的营销策略。

新产品是在产品整体概念中的任何一个部分有所创新、改革或改变，能够给消费者带来新的利益和满足的产品。新产品的开发程序是寻求创意、筛选构思、新产品概念的形成与测试、初拟营销计划、商业分析、新产品研制、市场试销以及商业性投放。

品牌是商品的商业名称，它是制造商或经销商独创的、具有显著特性的特定名称，是用来区别本企业与同行业其他企业同类产品的重要标志。品牌包括品牌名称、品牌标志、商标等。

包装是对产品设计、制作容器或包扎物，并运用容器或包扎物将产品盛放的一系列活动。

❖❖❖❖❖ 课 后 习 题 ❖❖❖❖❖

一、单项选择题

1. 企业在考虑营销组合策略时，首先需要确定生产经营什么产品来满足(   )的需要。

    A. 消费者   B. 社会

    C. 目标市场   D. 顾客

2. 消费者购买产品其实质是为了(   )。

    A. 满足某种需要   B. 获得产品

    C. 获得功能   D. 提高生活水平

3. 产品组合的宽度是指产品组合中所拥有(   )的数目。

    A. 产品项目   B. 产品种类

    C. 产品线   D. 产品品牌

4. 产品组合的长度是指(   )的总数。

    A. 产品项目   B. 产品品种

    C. 产品规格   D. 产品品牌

5. 产品组合的(   )是指一条产品线中所含产品项目的多少。

    A. 长度   B. 深度   C. 宽度   D. 关联度

6. 产品生命周期由( )的生命周期所决定。

    A. 企业与市场   B. 质量与价格

    C. 需求与技术   D. 促销与服务

7. 导入期选择快速掠取策略主要是针对目标消费者的( )。

    A. 求名心理   B. 求实心理

    C. 求美心理   D. 求新心理

8. 成长期营销人员促销策略的主要目标是在消费者心目中建立( )争取新的顾客。

    A. 产品外观   B. 产品质量

    C. 产品信誉   D. 品牌偏好

9. 大多数企业开发新产品是改进现有产品而非创造( )。

    A. 换代产品   B. 全新产品

    C. 产品信誉   D. 仿制产品

10. 期望产品是指购买者在购买产品时,期望得到与( )密切相关的一整套属性和条件。

    A. 服务   B. 质量

    C. 产品   D. 用途

11. 以下说法正确的是( )。

    A. 某一产品在不同市场中所处的生命周期阶段是相同的

    B. 产品生命周期是指产品的使用寿命

    C. 每个产品都必然经历导入期、成长期、成熟期、衰退期四个阶段

    D. 不同的产品可能有着完全不同的生命周期

12. 宝洁公司在中国市场上推出的洗发水有"海飞丝""飘柔""潘婷""沙宣""伊卡璐"等,这种品牌运营策略是( )。

    A. 统一品牌   B. 分类品牌

    C. 多品牌   D. 单一品牌

13. 产品整体概念中最重要的部分是( )。

    A. 核心产品   B. 形式产品

    C. 延伸产品   D. 潜在产品

14. 某服装企业原来只生产高档服装,后来规模扩大,开始增加生产中档和低档服装,这种产品组合策略属于( )。

    A. 向上延伸   B. 向下延伸

    C. 双向延伸   D. 缩减延伸

15. 企业获取利润的黄金时期是( )。

    A. 产品的导入期   B. 产品的成长期

    C. 产品的成熟期   D. 产品的衰退期

16. 企业产品组合的衡量指标,通常使用( )。

    A. 产品数量和质量   B. 宽度、深度和关联度

    C. 企业拥有的产品线   D. 企业拥有的产品项目

17. 在产品的导入期,如果市场规模较小、产品已有一定的知名度、目标消费者愿意

支付高价、潜在竞争的威胁不大,则企业宜采用( )。

    A. 快速掠取策略   B. 缓慢掠取策略

    C. 快速渗透策略   D. 缓慢渗透策略

18. 由黑白电视机发展为彩色电视机,这样的产品属于( )。

    A. 全新产品   B. 仿制新产品

    C. 改进新产品   D. 换代新产品

19. 非渴求商品,是指消费者不了解或即便了解也( )的产品。

    A. 很想购买   B. 不想购买

    C. 渴求购买   D. 即刻购买

20. 企业为了提高新产品开发的成功率,必须建立科学的开发管理程序,通常新产品开发流程的第一步工作是( )。

    A. 新产品研制   B. 商业分析

    C. 寻求创意   D. 筛选构思

二、多项选择题

1. 从产品整体概念出发,产品层次可分为( )。

    A. 核心产品   B. 形式产品   C. 期望产品

    D. 延伸产品   E. 潜在产品

2. 根据销售额和利润额的变化,企业通常将产品生命周期划分为( )。

    A. 研发期   B. 导入期   C. 成长期

    D. 成熟期   E. 衰退期

3. 品牌对营销者的作用主要表现在( )。

    A. 树立企业形象   B. 促进产品销售   C. 保护合法权益

    D. 约束不良行为   E. 扩大产品组合

4. 产品组合的变量主要包括( )。

    A. 适应度   B. 长度   C. 关联度

    D. 宽度   E. 深度

5. 快速渗透策略,指的是企业以( )来推出新产品。

    A. 低价格   B. 高价格   C. 低促销

    D. 高促销   E. 高品质

6. 产品可以依据其耐用性和是否有形进行分类,大致可以分为( )三类。

    A. 高档消费品   B. 耐用品   C. 服务

    D. 低档消费品   E. 非耐用品

7. 对于产品生命周期衰退期阶段的产品,可供选择的市场营销策略有( )。

    A. 集中策略   B. 扩张策略   C. 维持策略

    D. 竞争策略   E. 榨取策略

8. 产品生命周期中的成长期阶段,主要的营销目的是( )。

    A. 扩大市场占有率   B. 延长产品成长期   C. 建立企业的信誉

    D. 获取最大的效益   E. 尽可能长久保持销售利润进一步增长

9. 产品线延伸的具体方式主要有( )。

    A. 向上延伸   B. 双向延伸   C. 单向延伸

    D. 立体延伸   E. 向下延伸

10. 新产品构思的来源是多方面的,主要包括( )。

    A. 经销商   B. 消费者   C. 竞争者

    D. 企业营销人员   E. 企业高级管理人员

三、名词解释

产品整体概念   产品组合   产品生命周期   形式产品

延伸产品   核心产品   新产品   品牌

四、简答题

1. 简述产品整体概念的含义。

2. 什么是产品生命周期?对处于成长期的产品可以采取的市场营销策略有哪些?

3. 简述新产品的概念及企业开发新产品的必要性。

4. 简述品牌的概念及其主要作用。

5. 简述包装策略的主要类型。

五、论述题

1. 论述产品生命周期理论的主要内容及其对企业营销活动的启示。

2. 什么是波士顿矩阵?对于该模型中的不同类别产品,企业可以选择的投资策略主要包括哪几种?

六、案例分析

"小护士"多品牌战略的得与失

多品牌战略是指企业在同类产品中,使用两种或两种以上的品牌战略。宝洁公司的多品牌策略在中国市场上取得了令人瞩目的市场业绩,旗下"飘柔""潘婷""海飞丝""沙宣""伊卡璐"几个品牌产品,在中国洗发水市场上的占有份额就超过了三分之二。几乎所有的日化企业都想学习"宝洁"和"欧莱雅"的多品牌策略。但事实上没有想象中那么容易成功。

知名化妆品品牌"小护士"曾是深圳丽思达日化公司的主打品牌。自1981年创立以来,丽思达一直是品牌大旗的高举者。它相继推出了"立得""邦氏""古方""小护士""兰歌"五大品牌。其中"小护士"凭借其独特的"防晒"概念从1997年开始就杀入护肤品的前三甲,成为深圳丽思达的骄傲。

1999年,靠"小护士"站稳脚跟的丽斯达企图用新的品牌"兰歌"来进攻"大宝"。而那时"大宝"已经成为中低档护肤品的第一品牌,分销已经深入到县一级城市。"兰歌"品牌一方面定位于"专业护理",另一方面却是"低价"。这种自相矛盾的做法让它在诞生之初就因"低利润"而缺乏足够的经费去推广产品。"小护士"的成功是因为发现、培养并占据了防晒这个利基市场。而"兰歌"却是向市场的领先者发动全面的总攻,靠"小护士"的经验来推广"兰歌",结果可想而知。

据说当年丽斯达在"兰歌"项目上亏损了 1 亿元,这等于"小护士"白卖了一年。失败并不可怕,可怕的是加上前几个品牌的挫折,丽斯达几乎没有了推广新品牌的勇气。

2000 年,如日中天的"小护士"对欧莱雅的收购提议嗤之以鼻,但从那以后它的市场份额再也没有上升过,同第一名的"玉兰油"的差距已经从 2001 年的 2 倍落后到现在的 6 倍,即使是和"大宝"也不在同一个竞争级别上。同时更多国际品牌"雅芳""欧莱雅"在中国的迅猛发展,几乎让"小护士"看不到未来。

2003 年 12 月,著名的化妆品品牌"小护士"被欧莱雅收购,可以说"小护士"被收购,很大一部分原因是栽在其蹩脚的多品牌战略上。

案例思考题:

1. 结合案例谈谈"小护士"实施多品牌战略失败的原因。

2. 你认为实施多品牌战略适用的条件是什么?

3. 企业应用多品牌战略应注意哪些问题?

价 格 策 略

知识目标 ✍

了解企业定价目标以及影响定价的主要因素；掌握企业定价的不同策略，新产品定价和产品组合定价的策略；熟悉影响企业价格调整的因素以及价格调整方案；掌握企业面对竞争性调价的应对策略。

能力目标 📖

熟练掌握确定基本价格的方法；学会用不同的价格方法和不同的价格策略为具体产品制定价格；能够运用不同的价格策略应对市场价格的变动，识别现实市场中的价格竞争。

关键术语 📖

定价目标、定价主要影响因素、定价方法、定价策略、价格调整策略。

导入案例 ✒

"格兰仕"价格策略的成功

1978年，广东顺德桂洲羽绒厂正式成立，以手工操作洗涤鹅鸭羽毛供外贸单位出口。当时谁都不会想到，这个再普通不过的乡镇小厂，会成为震惊世界的"微波炉大王"。1992年，格兰仕大胆闯入家电业，微波炉从零开始，迅猛由中国第一发展到世界第一。

格兰仕成功的原因是多方面的，其中价格策略的独到运用功不可没。在微波炉市场的发展过程中，格兰仕成功地运用价格要素，经历"三大战役"，在市场中确立起霸主地位。

1996年8月，格兰仕集团在全国范围内打响微波炉的价格战，降价幅度平均达40%，带动中国微波炉市场从1995年的不过百万增至200多万台。格兰仕集团以全年销量65万台的规模，占据中国市场的34.7%，部分地区甚至有月份的市场占有率超过50%，确立市场领先者的地位。

1997年，格兰仕趁洋品牌尚未站稳脚跟，国内企业尚未形成气候之际，于春节后发起了微波炉市场的"第二大战役"——阵地巩固战。这次是变相的价格战。格兰仕采用买一送一的促销活动，发动新一轮让利促销攻势，凡购买格兰仕任何一款微波炉均赠送一个豪华高档电饭煲。同年5月底，格兰仕"火上浇油"，宣布在全国许多大城市实施"买一赠三"，甚至"买一赠四"的促销大活动。10月，格兰仕凭借成本优势，再度将12个品种的微波炉降价40%，全面实施"薄利多销"的策略，以抑制进口品牌的广告促销攻势。

品牌消费的高度集中使得格兰仕的产销规模迅速扩大，1997年格兰仕已经成为一个年生产能力达260万台微波炉的企业，生产规模已经成为全球最大，在全国的市场占有率始终保持在50%，最高时达到58.9%，成为"微波炉大王"。

在取得市场的绝对优势后，格兰仕乘胜追击，发动了微波炉市场的"第三次战役"——品牌歼灭战。

1998年6月13日，格兰仕在国内微波炉市场又一次实施"组合大促销"：购买微波炉除可获得高档豪华电饭煲、电风扇、微波炉饭煲等赠品外，又有1998年世界杯世界顶级球星签名的足球赠品和千万元品牌空调大抽奖。这种以同步组合重拳打向市场，被同行业称为毁灭性的市场营销策略，再度在全国市场引起巨大震动。格兰仕靠着连续几次大降价，获得了微波炉的霸主地位，同时也加速了微波炉这一产业价格下降的趋势。

第一节　定价目标及主要影响因素

在市场经济条件下，企业作为独立的商品生产者和经营者，定价权是其最基本的经营自主权。企业生产的直接目的就是追求利润的最大化，而利润又会受到价格变动的直接影响，在销售量和生产或经营成本一定的条件下，价格的高低，直接决定了企业盈利的多少。然而，价格的制定是一个复杂的过程，必须考虑各种因素的影响，以确定一个既对企业有利，又能被消费者接受的合理价格。

一、定价目标

定价目标是指企业通过制定特定水平的价格，凭借价格所产生的效用达到预期的目的。企业的定价目标是以满足市场需要和实现企业盈利为基础的，是实现企业经营总目标的重要保障和手段，同时，企业的定价目标也是企业定价策略与定价方案制定的重要依据。

一般来讲，企业定价目标的确定应在企业目标市场确定和市场定位时完成，但也可以根据实际情况，制定和调整定价目标。定价目标主要包括：利润最大化、获取适度利润、市场占有率最大化、销售额、改善形象等。

(一) 以利润最大化为定价目标

以利润最大化为定价目标的企业侧重点是获得最大利润以及最大投资回报率。制定利润最大化定价目标的前提是：企业的生产技术和产品质量在市场上居领先地位，同行业中竞争对手的力量较弱，或者企业生产的商品供不应求。

利润最大化定价目标可以分为长期利润最大化和短期利润最大化，也可以分为单一产品利润最大化和企业全部产品综合利润最大化。一般而言，企业追求的应该是长期的、全部产品的综合利润最大化。这样，企业就可以取得较大的市场竞争优势，占领和扩大更多的市场份额，拥有更好的发展前景。当然，对于一些中小型企业、产品生命周期较短的企业以及产品在市场上暂时供不应求的企业而言，也可以谋求短期利润的最大化。

最大利润目标并非必然制定高价格，价格太高，会导致销售量下降，利润总额可能会因此减少。有时，高额利润是通过采取低价策略，吸引消费者增加销售量获得；或者先低后高，即以低价占领市场后再逐步提高价格获得；也可以采取招徕定价技巧，对部分产品制定低价，赔钱销售，以扩大影响，招徕消费者，进而带动其他产品的销售，从而谋取整体利润的最大化。

(二) 以获取适度利润为定价目标

适度利润目标是指企业在补偿社会平均成本的基础上，适当增加一定量的利润作为商品的价格，以获取正常情况下合理利润的一种定价目标。

以适度利润为目标确定的价格不仅可以使企业避免不必要的竞争，还能使企业获得长期利润，而且由于价格适中，消费者更愿意接受，也符合政府的价格指导方针，因此这是一种兼顾企业利益和社会利益的定价目标。需要指出的是，适度利润的实现，必须综合考虑产销量、投资成本、竞争格局和市场接受程度等因素，否则，适度利润只能是一句空话。

(三) 以市场占有率最大化为定价目标

以市场占有率最大化为定价目标的着眼点在于追求企业的长期利润，取得控制市场的地位。市场占有率是企业经营状况和产品竞争力的直接反映。作为定价目标，市场占有率与利润的相关性很强，从长期来看，较高的市场占有率必然带来高利润。一方面，紧随着高市场占有率的往往是高盈利率；另一方面，提高企业市场占有率比短期高盈利更有深远的意义，以低价打入市场，逐步占领市场，容易形成企业长期控制市场和价格的垄断能力。

市场占有率目标在实际运用时存在着保持与扩大两个互相递进的层次：保持市场占有率定价目标的特征是企业会根据竞争对手的价格水平不断调整自身价格，以保证足够的竞争优势，防止竞争对手占有自己的市场领地；扩大市场占有率的定价目标就是从竞争对手那里夺取市场份额，以达到扩大企业销售市场乃至控制整个市场的目的。

在实践中，市场占有率目标被国内外众多企业所采用，增强企业竞争力，最终获得最优利润。但是这一目标的顺利实现至少应具备以下三个条件：

(1) 企业拥有雄厚的经济实力，可以承受一段时间的亏损，或者企业自身的生产成本本来就低于竞争对手。

(2) 企业对其竞争对手的情况有充分的了解，有从其手中夺取市场份额的绝对把握。否则，企业不仅不能达到目的，反而很有可能会遭受损失。

(3) 在企业的宏观营销环境中，政府未对市场占有率做出政策和法律方面的限制。比如，美国制定有"反垄断法"对单个企业的市场占有率进行限制，以防止少数企业垄断市场。在这种情况下，盲目追求高市场占有率，往往会受到政府的干预。

(四) 以销售额为定价目标

以销售额为定价目标是在保证一定利润水平的前提下，谋求销售额的最大化。某种产品在一定时期、一定市场状况下的销售额由该产品的销售量和价格共同决定，因此，最大化销售额既不等于销售量最大，也不等于价格最高。对于需求价格弹性较大的商品，降低价格导致的损失可以由销量的增加得到补偿，因此企业宜采用薄利多销的策略，保证在总利润不低于企业最低利润的条件下，尽量降低价格，促进销售，扩大盈利；反之，若商品的需求价格弹性较小，降价会导致收入减少，而提价则使销售额增加，企业应采用高价、厚利的策略。

采用销售额定价目标时，确保企业的利润水平则显得极为重要。这是因为销售额的增加，并不必然带来利润的增加。有些企业的销售额上升到一定程度，利润就很难上升，甚至销售额越大，亏损越多。因此，销售额和利润必须同时考虑，在两者发生矛盾的情况下，除非是特殊情况(为了尽快回收现金)，一般应以保证最低利润为原则。

(五) 以改善形象为定价目标

以改善形象为定价目标，即把价格作为确定企业特定形象的表现手段的定价目标。价格是消费者据以判断企业行为及其产品的一个重要因素。一个企业的定价与其向消费者所提供服务的价值比例协调，企业在消费者的心目中就较容易树立诚实可信的形象；反之，企业定价以单纯的获利，甚至以获取暴利为动机，质价不符，或是质次价高，企业就难以树立良好的形象。比如，与产品策略等相配合，适当定价也可以起到确立强化企业形象特征的作用。为优质高档商品制定高价，有助于确立高档产品形象，吸引特定目标市场的消费者；适当运用低价或折扣价则能帮助企业树立"平民企业"、以普通大众作为其服务目标对象的企业形象。

【案例 8-1】 美国八家著名大公司的定价目标

不用企业或同一企业处于不同的时期，其定价目标往往会有所不同，表 8-1 中列出了美国八家著名大公司的定价目标。

表 8-1 美国八家著名大公司的定价目标

公司名称	定价主要目标	定价附属目标
通用汽车公司(General Motor)	20%投资收益率(税后)	保持市场占有率
固特异公司(Good Year)	征服竞争者	保持市场地位和价格稳定
美国罐头公司(American Can)	维持市场占有率	应付市场竞争
通用电气公司(General Electric)	20%投资收益率(税后) 增加 7%销售额	推销新产品 保持价格稳定
西尔斯·罗巴克公司(Sears Rocbuck)	增加市场占有率(8%～10%为满意市场占有率)	10%～15%投资收益率 一般区域促进销售
标准石油公司(Standard Oil)	保持市场占有率	保持价格稳定 一般投资收益率
国际收割机公司(International Harvester)	10%投资收益率	保持市场第二位的位置
国家钢铁公司(National Steel)	适应市场竞争	增加市场占有率

二、影响定价的主要因素

一般来说，新产品上市、竞争环境发生改变、供求关系发生改变等情况出现时，企业就需要对定价策略加以考虑。在定价的过程中，影响定价的因素是多方面的，企业需要考虑成本因素、需求因素、竞争因素以及相关政策法规等，如图 8-1 所示。

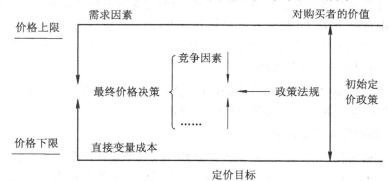

图 8-1 影响定价的主要因素

(一) 成本因素

成本是影响产品价格最直接的因素，产品的价格必须包含各项成本要素。产品成本主要由生产成本、营销成本以及储运成本这三部分构成。这三种成本分别来自于生产产品到实现销售的过程中企业所产生的消耗。生产成本是指产品在生产的过程中所消耗的原材料、加工费、管理费等；营销成本是指为销售产品而发生的促销费用、个人工资、公共关系支出等；储运成本是指产品经过分销渠道所发生的储存及运输费用。一般来说，产品的价格必须能够补偿产品经营者为之承担的风险支出。因此，产品成本越低，企业可能获得的利润就越高，在定价方面也更具灵活性，因而更容易在市场上占据主动位置。

(二) 需求因素

产品的价格除了受成本因素的影响，还受市场需求的影响。马克思指出，在市场经济条件下，受到供需关系的影响，商品的价格围绕其价值上下波动。在一切商品经济中，供需关系与产品价格的形成和变动都存在着密切的联系。一般情况下，产品价格与市场需求量呈反比例关系。价格上升，需求量下降；价格下降，需求量则上升。但对于不同的商品来说，价格与需求量的变化幅度是不同的，因此企业在定价时应当对产品的需求价格弹性有所了解。企业必须准确把握自身产品的需求价格弹性，从而做出正确的定价决策。

【案例 8-2】   **需求价格弹性**

需求价格弹性(E)是指某种商品价格变动 1%时对其需求量产生影响的程度。

$$E = \frac{需求量变动的百分比}{价格变动的百分比}$$

当 E<1 时，产品的需求价格弹性较小。此时，价格变动不会引起销售量的大幅度变化。这类产品应采取稳定的价格策略。

当 E>1 时，产品的需求价格弹性较大。此时，价格的略微变动都会引起需求的大幅度变化。这类产品适宜采取降价策略以扩大销量，如果要提价，那么就要防止销量大幅度滑坡。

(三) 竞争因素

竞争因素对产品价格的制定有很大的影响，企业要深入分析产品所处的市场竞争状况，从而制定相应的价格策略。一般来说，市场竞争可以分为完全竞争、完全垄断和不完全竞争三种状况，不同竞争状况会对市场营销者的商品价格制定产生不同的影响。

1. 完全竞争对制定价格的影响

在完全竞争的市场中，产品的价格是由市场中的供需关系决定的，任何一家企业对定价都没有决定权，他们和消费者都是价格的接受者。

2. 完全垄断对制定价格的影响

完全垄断是指某种产品的生产和销售完全被一家或少数几家企业独立控制的情况。在完全垄断的市场中，企业缺乏竞争因素因而不存在降低成本的外在力，可以自由地决定产品的价格。但完全垄断企业的定价有时也可能会受到来自政府以及公众力量的干预。

3. 不完全竞争对制定价格的影响

不完全竞争是市场经济中普遍存在的典型竞争状况，它介于完全竞争与完全垄断之间，包括垄断竞争和寡头垄断竞争两种情况。在垄断竞争的市场下，少数的企业占据有利条件，在定价方面有较大的主动权；寡头垄断市场的价格是由几家大企业共同制定的，称为联盟价格，任何一个寡头企业在价格方面的变动都会引起其他企业的猛烈抨击。因此，寡头垄断市场的定价需非常谨慎。

(四) 相关政策法规

市场经济有着自身无法避免的弊端，比如价值规律、供求规律和竞争的自发性，这些都会使商品市场出现无序的情况。在这种情况下，政府的法律政策就扮演着重要的角色，通过制定相关的法律法规政策对市场进行宏观调控。因此，在这种情况下，企业在根据自身情况和竞争形势做出自由定价的同时，又必须在国家干预的范围内成为价格的接受者，因此，企业制定价格时，不仅要分析竞争力量的因素，还应关注政策和法律因素，从而制定适合自身发展的价格策略。

(五) 货币数量

商品的市场价格受到市场货币流通量的影响。价格是商品价值的货币表现形式，单位货币的价值量对商品的价格有制约作用。货币作为价值尺度，其单位价值量与货币(纸币)流通量呈反比关系，即货币流通量越大，单位货币价值量就越小；反之亦然。而货币流通量与商品价格则呈正比关系，即货币流通增加，商品价格随之上涨；反之亦然。在其他条件不变的情况下，一国的物价水平为其货币流通量所决定。货币流通量的计算公式为：

$$M = \frac{PT}{V}$$

式中，M 为货币流通量；V 为货币流通速度；P 为平均商品价格；T 为商品供应总量。

如果市场流通的货币量超过了市场交易的需要，就会导致货币贬值，物价上涨，进而形成通货膨胀。分析市场货币流通情况、物价水平以及物价变动的原因是企业制定产品价格必须考虑的重要影响因素。值得注意的是，当物价变动时企业要实时地制定相应的价格调整策略，这样才能在物价变动时保证产品的销售。

(六) 消费者心理因素

消费者的购买行为都有一定的心理动机，因此心理因素也是影响企业定价决策的一个重要因素。但其难以考察且随机性较大，因为最不易测量，这就需要企业做好消费者的需求调查和分析，充分了解和把握消费者的心理。消费者一般会根据产品能够提供的效用大小来判断商品的价值，这并不是一个具体的数值，而是一个模糊的价值范围。如果产品的定价太高，超过消费者的心理预期，那么产品就自然难以被消费者接受；如果定价太低，又会使消费者对产品的质量产生怀疑，甚至拒绝购买。消费者心理上会存在"便宜没好货，好货不便宜"的价值判断与追求价廉物美商品的矛盾。因此，企业应充分利用消费者的这一矛盾心理，做出恰当的定价决策。

此外，消费者的预期心理也会对购买行为产生一定的影响。比如，消费者对未来一定时期内房地产市场的供求状况有一个乐观的估计，即使当前房价再高，消费者也会争相抢购。反之，如果消费者预计未来房地产交易的价格会下跌，那么消费者就极有可能持观望态度。这一预期心理对于供需关系会产生一定的影响，进而对企业的定价也会产生影响。因此，研究消费者的预期心理，并在此基础之上制定有针对性的价格策略对于企业来说有重要的意义。

随着社会经济的发展，消费水平的不断提高和竞争的日益激烈，消费者心理因素对定价的影响将会越来越大。研究消费心理对于制定合理的价格和获取竞争优势都有着非常重要的作用。

【案例 8-3】 别克凯越轿车的价格策略

目前，上海通用汽车推出针对事业上刚刚起步、生活上刚刚独立的年轻白领的赛欧汽车(8.98 万～12.98 万)和针对已经取得成功的管理层的别克君威(22.38 万～36.9 万)。然而在中国，中档轿车市场才是蕴含巨大利益的主流市场，同时也是竞争最激烈的市场。

为了进军中档轿车市场，2003 年 8 月别克推出了售价为 14.98 万元的别克凯越 LE-MT 豪华版(1.6 升手动挡)和售价为 17.98 万元的别克凯越 LS-AT 顶级版(1.8 升自动挡)。在价格的制定上，别克可谓煞费苦心，因为中档车市场竞争相当的激烈，且爱丽舍、日产阳光、宝来、桑塔纳 2000 等车型已经占据相当大的市场份额。在这样的大环境下，别克凯越只有提供更好的性价比才能够在市场中占有一席之地。所以在价格上，别克凯越的市场定价并不高，采用的是满意定价的方法，制定中等的价格，同时兼顾了厂商、中间商及消费者三者的利益；在性能上，别克凯越配置了许多高档车的设备。

同时，我们可以看到它采用了尾数定价的技巧。别克凯越 1.6 的定价虽然与 15 万只差了 200 元，但是消费者在心理上却认为没到 15 万，从而带给消费者廉价的感觉。同时别克凯越采用了以数字 8 结尾，符合中国人的习惯。

别克凯越进入市场 3 个月，销量就突破 2 万辆，创造了中国轿车业的奇迹，这和上海通用稳定的价格策略是分不开的。

第二节　定　价　方　法

　　企业要赚取利润以维持雇员工资、培训、教育与管理等费用的开销，保持企业的发展。企业在努力获取利润的同时，还要面临社会公众要求降低费用的压力。这就使得企业决策者在政府法规和公众舆论的压力下，常常不得不放弃最佳定价。定价工作复杂，企业必须全面考虑各方面因素，并采取一系列步骤和措施。一般来说，定价决策有六个步骤，即选择定价目标、估算成本、测定需求的价格弹性、分析竞争产品与价格、选择适当的定价方法和选定最后价格。

　　企业产品的价格高低受市场需求、成本费用和竞争情况等因素的影响和制约，企业定价时应全面考虑这些因素。但在实际工作中，产品的定价方法应结合企业的营销战略、目标市场需求特征、市场环境、产品特征等因素。常用的定价方法主要有以下几种：

一、成本导向定价法

　　成本导向定价法是以产品的总成本为中心，按照卖方意图进行定价的方法。它主要以产品的成本为依据，加上预期的利润，即为产品的基本价格。这种定价方法由于较为简便，企业易于核算，因而是一种较为普遍、常用的定价方法。但是这种方法没有考虑市场需求，缺乏一定的灵活性。比较常用的成本导向定价法有以下几种：

(一) 成本加成定价法

　　成本加成定价法是以产品的单位总成本为基础，加上一定比例的预期利润或税金来确定产品价格的方法。单位产品的总成本是由单位产品的固定成本与变动成本之和构成。成本加成定价法的计算公式为：

$$单位产品价格 = 单位产品成本 \times (1 + 加成率)$$

其中，加成率即预期利润占产品成本的百分比。

　　例如，某企业转产木板鞋，每双木板鞋的主要成本是变动成本，即每双木板鞋消耗木材 2.8 元以及人工 2 元的费用，还有少量分担的固定成本 0.2 元。考虑各种因素后，该企业将成本加成率定为 20%，则每双木板鞋的价格为

$$(2.8 + 2 + 0.2) \times (1 + 20\%) = 6 \,(元)$$

　　成本加成法的优点是成本与价格直接挂钩，简便易行，企业无需根据需求的变动频繁调整价格；如果同行企业都采用此方法定价，他们的价格就会趋于相似，可避免价格竞争；以成本为基础定价对买方和卖方都比较公平，卖方可以获得一定利润，买方也不会因为需求强烈而付出高价，排除了短时间内供求变化对价格的影响。这种定价方法的缺点是缺乏灵活性，忽视了市场的需求和竞争，难以适应市场需求和竞争状况的变化。

　　企业使用成本加成定价法时应注意以下几点：

　　(1) 不同产品的加成率差异较大。

　　一般来说，季节性强的产品的加成率往往较高，特殊品、周转慢的产品、储存或搬运费用高的产品以及需求弹性低的产品加成率较高。另外，企业有时采用高加成率是因为它

有隐含成本或高变动成本。

(2) 加成率的确定应考虑价格弹性和企业的预期利润。

如果某品牌的价格弹性大，其加成率就应该相对低些；如果某品牌的价格弹性低，其加成率则应该相对高些；如果价格弹性保持不变时，其加成率也应保持相对稳定，以制定出最合适的价格。

(二) 目标收益定价法

所谓目标收益定价法是指企业在保证回收成本的基础上，还要实现一定数额目标收益的定价方法。在采用目标收益定价法定价时，首先应明确所要实现的目标收益是多少，然后再根据产品的需求弹性来考虑各种价格及其对销售量的影响，最后将价格定在能够使企业实现目标收益的水平上。其具体计算公式如下：

$$单位产品价格 = \frac{总固定成本 + 总目标收益}{预期销售量} + 单位产品变动成本$$

例如，某企业投入固定成本 600 万元，单位产品变动成本为 5 元，预计销售量 80 万件，若企业定价目标为实现目标收益 200 万元，则销售价格应定为：

$$\frac{600 + 200}{80} + 5 = 15 \quad (元)$$

(三) 边际成本定价法

边际成本定价法也称为边际贡献法。由于边际成本与变动成本比较接近，而变动成本的计算更容易，所以在定价中，一般用变动成本代替边际成本。这种方法是以单位变动成本作为定价依据，加上单位产品贡献，进而形成产品单价的方法。单位产品贡献是指产品单价扣除单位产品变动成本后的余额。

边际成本是预计的销售收入减去变动成本后的余额。如果边际成本不能完全补偿固定成本，企业就会出现一定程度的亏损。但是，在市场产品供大于求，卖方竞争激烈时，采用此法定价较为灵活。因为，如果售价过高而滞销或丧失市场，还不如暂时不计固定成本，尽力维持生产经营。否则，企业停产固定成本依旧支出，企业亏损将更为严重。

按照边际成本定价，只要产品价格高于变动成本，就可获得一部分成本来弥补企业的固定成本。边际成本定价法的计算公式为：

$$单位产品价格 = 单位变动成本 + \frac{边际成本}{预期销量}$$

例如，某制衣企业在一定时期内发生固定成本 160 万元，单位变动成本 7 元/件，年产量为 15 万件，每件售价 20 元，目前订货量为 10 万件，生产能力有富余。现有客户出价 18 元，再订购 2 万件，企业是否应该接受？

(1) 若不接受：

$$\begin{aligned} 边际成本 &= 销售收入 - 变动成本 \\ &= 20 \times 100\,000 - 7 \times 100\,000 \\ &= 130 \ (万元) \end{aligned}$$

边际成本小于固定成本，此时企业处于亏损状况，亏损 30 万元。

(2) 若接受：

$$边际成本 = 销售收入 - 变动成本$$
$$= 20 \times 100\ 000 + 18 \times 20\ 000 - 7 \times 100\ 000 - 7 \times 20\ 000$$
$$= 152\ (万元)$$

边际成本小于固定成本，此时企业处于亏损状况，亏损 8 万元。

边际成本定价法的优点：易于在各种产品之间合理分摊固定成本费用；有利于企业选择和接受市场价格，从而提高企业的竞争能力；根据各种产品成本的多少安排企业的产品线，易于实现产品的最佳组合。

当边际成本为零时，产品价格等于变动成本。即以单位产品变动成本作为定价依据和可接受价格的最低界限。在价格高于变动成本的情况下，企业出售产品的收入除了完全补偿变动成本外，尚可以用来补偿一部分固定成本，甚至可能提供利润。

边际成本定价法通常适用于以下两种情况：一种情况是，当市场上产品供过于求，企业产品滞销积压时，如果坚持以总成本为基础定价出售，就难以为市场所接受，其结果不仅不能偿还固定成本，连变动成本也无法收回，此时用变动成本为基础定价，可以大大降低售价，对付短期价格竞争；另外一种情况是，当订货不足，企业生产能力过剩时，与其让厂房和机器闲置下来，不如利用低于总成本而高于变动成本的低价来扩大销售，维持生存，同时也能减少固定成本的亏损。

(四) 盈亏平衡定价法

盈亏平衡定价法也称为保本定价法或收支平衡定价法，是指在销量既定的条件下，企业产品的价格必须达到一定的水平才能做到盈亏平衡、收支相抵，既定的销量就称为盈亏平衡点。科学地预测销量和已知固定成本、变动成本是盈亏平衡定价法的前提。盈亏平衡定价法的过程如下：

第一步，求出盈亏平衡点的销售量。其公式如下：

$$盈亏平衡点的销售量 = \frac{固定成本}{单位产品销售收入 - 单位产品变动成本}$$

第二步，求出保本价格。其公式如下：

$$单位产品保本价格 = \frac{固定总成本}{总产量} + 单位变动成本$$

第三步，加入利润因素，形成产品新的有一定利润的销售价格。其公式如下：

$$产品售价 = \frac{要获得的总利润 + 固定成本}{总产量} + 单位变动成本$$

例如，某企业所生产的甲产品年产量为 4000 件，年固定费用为 200 000 元，每件产品材料费为 2000 元，人工费用为 400 元，其他费用为 100 元。(1) 若 4000 件产品全部售出，保本销售价格应是多少？(2) 若企业盈利 2 000 000 元，销售价格应是多少？

(1) 4000 件产品全部售出时：

$$固定总成本 = 200\ 000\ 元$$
$$单位变动成本 = 材料费 + 人工费用 + 其他费用$$
$$= 2000 + 400 + 100 = 2500\ (元)$$

$$每件产品保本销售价 = \frac{200\ 000}{4000} + 2500 = 2550\ (元)$$

(2) 企业盈利 200 000 元时：

$$产品销售价 = \frac{200\ 000 + 200\ 000}{4000} + 2500 = 2600\ (元)$$

二、需求导向定价法

现代市场营销观念要求，企业的一切生产经营必须以消费者需求为中心，并在产品、价格、分销、促销等方面予以充分体现，只考虑产品成本，而忽视竞争状况以及消费者需求的定价，不符合现代营销观念。随着市场的变化，需求导向定价法作为一种适应新的市场环境、市场状况的方法而出现，如果说成本导向定价法适用于卖方市场，需求导向定价法则适用于买方市场。

(一) 认知价值定价法

认知价值定价法是指根据消费者对本企业所销售商品价值在主观上的判断而实行的定价方法。就一般消费者而言，对其购买的商品都有一个基本的价值判断，即以多少元购入多少件商品是否值得。根据这一特点，就产生了认知价值定价法。

认知价值定价法的核心问题是掌握消费者对商品价格(价值)的主观判断。有两种掌握方法：第一，被动的掌握方法，即通过邀请各方面有代表性的消费者进行评议，最终得出不同消费者分组的价值判断。第二，主动的创造方法，即通过企业有目的、有针对性的广告宣传及销售环境布置，使消费者产生一种定向判断，从而以相应的价格销售。

认知价值定价法的一个典型案例就是美国卡特彼勒公司的实例。卡特彼勒公司运用认知价值定价法，通过公开说明，将其拖拉机的价格定为 10 万美元，比其他竞争者的同类产品高出 1 万元。该公司是这样说明的：

(1) 与竞争者产品质量相同，应定价为 90 000 美元；

(2) 因耐用性高于竞争者产品，应加价 7000 美元；

(3) 因可靠性高于竞争者产品，应加价 6000 美元；

(4) 因维修服务好，应加价 5000 美元；

(5) 因保证零部件供应期限，应加价 2000 美元。

所以

$$最终售价 = 总价值 - 折扣 = 110\ 000 - 10\ 000 = 100\ 000\ (美元)$$

如此说明后，消费者的购买不但未见减少，反而大增。结果，该公司获得了不菲的利润。原因何在？我们认为主要有以下三个方面：

(1) 卡特彼勒公司采用积极的创造方法，使消费者确信该公司产品的真实价值是 110 000 美元，而不是 100 000 美元，这是其成功的根本保障。

(2) 卡特彼勒公司适应了消费者的一般心理及其对其他公司拖拉机价值的理解，最后确定定价为 100 000 美元，使消费者感觉自己正在获得超额享受。

(3) 明确无误地说明给消费者 10 000 美元折扣，这有利于培养消费者对企业独特的亲近感。

(二) 需求差异定价法

世界上很难找到两个完全相同的消费者，尽管这种说法过于绝对，但至少在揭示一个常识，即消费者之间存在着普遍的差异性。需求差异定价法以不同的时间、地点、商品以及不同消费者的消费需求强度差异为定价的基础依据，针对每种差异决定其在基础价格上是加价还是降价。其主要有以下几种形式：

(1) 以产品销售地区为基础的差别定价。比如国内火车站的商店、餐厅向乘客提供商品的价格普遍远高于市内的商店和餐厅。

(2) 以时间为基础的差别定价。比如在春节、国庆等节假日，也是购物的黄金时期，商品价格比平时会有一些上涨。

(3) 以产品为基础的差别定价。比如在 2008 年北京奥运会举行期间，印有奥运会会徽或吉祥物的 T 恤以及一些相关商品的价格，比其他同类商品的价格要高。

(4) 以消费者为基础的差别定价。由于职业、阶层、年龄等原因，不同消费者对同一商品的需求弹性不同。对价格敏感的消费者，在定价时给予相应的优惠可以刺激消费；对不敏感的消费者可适当提高价格，增加利润。

(三) 逆向定价法

逆向定价法又称为价格倒推法，是指企业根据产品的市场需求状况，通过价格预测和试销、评估，先确定消费者可以接受和理解的零售价格，然后逆向倒推批发价格和出厂价格的定价方法。这种定价方法不是以实际成本为主要依据，而是以市场需求为定价出发点，力求使价格为消费者所接受。逆向定价法的价格能够反映市场需求的状况，有利于开拓销售渠道，加强与中间商的良好关系，保证中间商的正常利润，使产品迅速向市场渗透，企业也可以根据市场供求情况及时调整，定价比较灵活。

【案例 8-4】　　　　　　　　　需求导向定价法的应用

(1) 认知价值定价法。

某著名婴儿奶粉企业在宣传时强调其奶粉是真正源自国外，采取了打"进口牌"的推广策略，从公司名称到形象包装，都定位"国际化"，使消费者对该品牌的印象就定位为进口品牌。其市场定价甚至比多美滋、美赞臣、惠氏、雅培等洋品牌高出一大截，该品牌奶粉系列产品中最贵的一款价格为 298 元/800 g，而上述四大洋品牌同规格产品的定价则在 180 元～200 元/800 g 之间

(2) 需求差异定价法。

某连锁酒店企业对其房价在不同的季节、不同的时间，比如周末、节假日都规定有不同的价格。一般淡季时每间客房的价格为 120～150 元，周末会上调 10%，定价为 160 元/间左右，而旅游黄金周时价格会继续上涨，达到 200 元/间左右。

(3) 逆向定价法。

福建某食品公司，2004 年推出"脆酥"系列，由于此类产品既像饼干又不是饼干，市场上无同类产品可比，因此在制定市场零售价格和渠道经销商价格政策时，采取了召开消费者焦点会议和经销商座谈会的方式，分别就这个新产品，让直接消费者提出针对性的价

格意见。然后，市场部根据各类消费者的不同意见进行综合，制定出合理的高价策略，从而使该产品一炮打响，获得巨大成功。

三、竞争导向定价法

企业在制定价格时，主要以同类竞争对手的定价为依据，而不是过多考虑成本以及市场需求等因素，这就是通常所说的竞争导向定价法。使用这种方法定价的企业往往对竞争对手的价格变动较为敏感，一旦竞争对手采取降价策略，他们就会积极地予以反击。竞争导向定价法主要包括随行就市定价法、密封投标定价法、拍卖定价法以及竞争价格定价法。

(一) 随行就市定价法

在垄断竞争和完全竞争的市场结构条件下，任何一家企业都无法凭借自己的实力在市场上取得绝对优势。为了避免竞争特别是价格竞争所带来的损失，大多数企业都采用随行就市定价法，即将本企业某产品价格保持在市场平均价格水平上下，利用这样的价格来获得平均利润。采用随行就市定价法，一方面消费者容易接受；另一方面企业也不必去全面了解消费者对不同价格差的反应。

采用随行就市定价法，最重要的就是确定当前的"行市"。在营销实践中，"行市"的形成主要有两种途径：一是在完全竞争的环境里，各个企业都无权决定价格，通过对市场的无数次试探，相互之间取得一种默契而将价格保持在一定的水准上；二是在垄断竞争的市场条件下，某一部门或行业的少数几个大企业首先定价，其他企业参考定价或追随定价。

(二) 密封投标定价法

密封投标定价法，又称投标竞争定价法，是由一个卖主(或买主)对两个以上相互竞争的潜在买主(或卖主)的密封报价择优成交的定价方法。密封投标定价法是建筑工程、大型机械设备等项目交易时常用的定价方法。投标价格是买主根据竞争者的报价估计确定的，而不是按买主自己的成本费用或市场需求来制定。买主参加投标的目的是希望中标，所以它的报价应低于竞争对手的报价。一般来说，报价高、利润大，但中标机会低，如果因价高而导致招标失败，则利润为零；反之，报价低，虽然中标机会大，但利润低，其机会成本可能大于其他投资方向。因此，报价时，既要考虑实现买主目标利润，也要结合竞争状况考虑中标概率。最佳报价应是使预期利润达到最高水平的价格，预期利润是指目标利润与中标概率的乘积，显然，最佳报价即为目标利润与中标概率两者的最佳组合。运用这种方法的最大困难在于估计中标的概率，这涉及对竞争者投标情况的掌握，只能通过市场调查以及对过去投标资料的分析大致估计而获得。

【案例 8-5】　　　　　　　密封式投标拍卖定价法

许多大宗商品、原材料、成套设备和建筑工程项目最终的买卖和承包价格就是通过密封式投标拍卖定价法确定的。其具体操作方法是首先由采购方通过刊登广告或发出函件说明拟采购商品的品种、规格、数量等具体要求，邀请供应商在规定的期限内投标。供应商如果想做这笔生意就要投标，即在规定的期限内填写标单，填明可供应商品的名称、品种、规格、价格、数量、交货日期等，密封送给招标人(采购方)。采购方在规定的日期内开标，选择报价最合理的、最有利的供应商成交并签订采购合同。一般来说，招标方只有一个，处于相对垄断的地位，而投标方有多个，处于相互竞争地位，因此，最后的价格是供应商根据对竞争者的报价估计而定的，而不是按照供应商自己的成本费用或市场需求来制定的。

(三) 拍卖定价法

拍卖定价法是指卖方委托拍卖行，以公开叫卖方式引导买方报价，利用买方竞争求购的心理，从中选择高价格成交的一种定价方法。这种方法历史悠久，常见于出售古董、珍品、高级艺术品、土地或大宗商品的交易中。

(四) 竞争价格定价法

从根本上说，随行就市定价法是一种防御型的定价法，在避免价格竞争的同时，也抛弃了价格这一竞争武器。竞争价格定价法则与之形成了鲜明的对比，一些企业根据企业自身及产品的差异性，特意定出高于或低于市场竞争者的价格，甚至直接利用低价格作为企业产品的差异特性。主动降价的企业一般处于进攻地位，这就要求企业具备真正的实力，不能以牺牲消费者满意度为降价的代价。而实施高价战略的企业则必须保证本企业的产品具备真正有价值的差异性，才能使企业在长期竞争中处于不败的地位。

第三节 基本定价策略

定价策略指的是在制定价格和调整价格的过程中，为了实现企业的营销目标而采取的定价艺术和定价技巧，这对实现企业的营销战略起着重要的作用。

一、新产品定价策略

新产品定价的难点在于无法确定消费者对新产品的理解价值。如果定价偏高，难以被消费者所接受，影响新产品顺利进入市场；如果定价偏低，则会影响企业的效益。常见的新产品定价策略，主要有三种形式：撇脂定价策略、渗透定价策略和满意定价策略。

(一) 撇脂定价策略

新产品进入市场时，企业有意将产品价格定得相对较高，以便在最短的时间内获取最大的利润，尽快回收投资，这种做法犹如从鲜奶中撇取奶油，因此，被形象地称为撇脂定价策略。撇脂定价策略常常被很多以利润最大化为定价目标的企业所应用，比如杜邦公司就是撇脂定价策略的实践者，对其发明的新产品，往往制定一个估计能被市场接受的最高价格。此外，目前手机行业也普遍采用撇脂定价策略，以高价格推出每一种新机型，一段时间以后渐降式地降低价格出售。

从市场营销实践看，在以下条件下企业可以采用撇脂定价策略：

(1) 市场有足够的购买者，他们的需求缺乏弹性，对价格不敏感，即使价格定得很高，需求也不会大量减少。

(2) 产品新颖有特色，而且消费者特别看重产品的差异性。

(3) 竞争者在短期内不易打入该产品的市场。

撇脂定价策略的优点是：新产品初上市，奇货可居，可抓紧时机迅速收回投资，再用以开发其他新产品；价格一开始定得高一些，后期会有较大的回旋余地，可使企业掌握价格上的主动权，根据市场需求随时调价；可以借助价格提高产品身价，树立高档产品形象。其缺点是：过高的定价限制了市场开拓。

【案例 8-6】 **美邦新品牌 ME&CITY 的撇脂定价策略**

美特斯·邦威(以下简称美邦)是国内著名的休闲服饰品牌，在经过十余年奋斗成功打造美特斯·邦威这一低端休闲服饰品牌的基础上，美邦积极向中高端细分市场延伸，并于2008 年 8 月 28 日在深交所上市之际推出全新品牌 ME&CITY，该品牌定位于全新的人群：22~35 岁的社会新人、职场新贵和城市中产阶级。该品牌拥有全新的品牌个性：时尚、精致、有情调；成就、奋斗、努力。ME&CITY 推出时就采用了撇脂定价法，在刚进入市场时制定了较高的价格，该系列产品平均价格比美邦系列高出一倍，同时也高于国内其他同类服装。然而与 ZARA 等一些同档次的国际品牌相比，ME&CITY 的价格只是它们的一半。美邦以这种定价策略来影响消费者的价值判断并吸引其购买。

(二) 渗透定价策略

渗透定价策略正好与撇脂定价策略相反，是指企业将新产品的价格定得很低，使新产品以物美价廉的形象吸引消费者，从而挤占市场。这种定价策略由于产品价格低廉，产品很快能被市场接受；同时因为价格低廉，能够有效阻止竞争对手进入市场。因此，渗透定价策略比撇脂定价策略具有更加积极的竞争意义。

渗透定价策略的优点：产品以低价进入市场，能迅速打开产品的销路，有利于企业提高产品的市场占有率；价格低，易于与同类产品竞争；有利于企业批量生产、降低成本、增加产品竞争力；价格低、利润较薄，可有效排斥竞争者。

渗透定价策略的缺点：产品价格较低，使新产品投资回收期较长；若产品成本上升，需要调高价格时，会引起消费者的不满；价格较低，企业在市场竞争中价格回旋余地不大。

渗透定价策略是一种长远的价格策略，适用于需求弹性较大、竞争对手较多、竞争者容易进入市场和企业在成本方面有一定优势的产品。

(三) 满意定价策略

满意定价策略，是一种介于撇脂定价与渗透定价之间的折中定价策略，其新产品的价格水平适中，同时兼顾生产企业、消费者和中间商的利益，能较好地被各方所接受，是一种中间价格。由于这种定价策略既能保证企业获得合理的利润，又能兼顾中间商的利益，还能为消费者所接受，所以称之为满意定价策略。

这种定价策略的优点在于：满意价格对企业和消费者都较为合理公平，由于价格比较稳定，在正常情况下盈利目标可按期实现。其缺点是：价格比较保守，不适用于竞争激烈或者复杂多变的市场环境。这一策略适用于价格需求弹性较小的商品，包括重要的生产资料和生活必需品。

以上三种新产品定价策略各有利弊，并有其相应的适应环境，企业在具体运用时，应从企业的实际情况，比如市场需求特征、产品差异性、生产能力、预期收益、消费者的购买能力和对价格的敏感程度等因素出发，综合分析，灵活运用。

二、折扣定价策略

企业为了鼓励买方及早付清货款、大量购买、淡季购买，可酌情降低其基本价格，这种价格调整称之为价格折扣。这种策略具有正反双重作用，既可能为企业创造利润和知名度，提高销量，也可能在产品折价后，陷入销售难行的困境，并对品牌造成一定的伤害。折扣定价策略主要有以下几种：

(一) 现金折扣策略

现金折扣是指企业为鼓励买方提前付款，依据买者付款时间的早晚所给予一定比例的价格折扣。比如销售合同上写明："2/10，信用净期30"，表示买方应在30日内付清货款，如在10日内付清，可折扣2%。因折扣带来的回报率通常要比银行利率明显高一些，所以买方一般都不会放弃这种折扣价格，同时还可以加强卖方的收现能力，减少信用成本和呆账。

(二) 数量折扣策略

数量折扣是指卖方因买方购买数量大而给予的一种价格优惠。比如，购买一瓶饮料为全价，一次性购买一箱饮料给予9折优惠，一次性购买10箱给予7折优惠。数量折扣应向所有消费者提供，折扣的幅度不能超过因销量增加而增加的收益。

【案例8-7】　　　　　**巧妙的折扣**

在美国一家购物网站(www.PriceUniverse.com)上实行这样一种销售方式：购物者可以选择"Buy it Now(一口价)"按标价立即购买，也可以加入团购俱乐部享受如下折扣优惠——若一周内有30个会员参加，就可以按95折的价格出售；若2周内有35个会员参加，便可按照90折的价格出售；若3周内有40个会员参加，即可按照85折的价格出售。等待的时间越长，折扣越高；等多长时间，省多少钱，决定权在消费者。该销售方式获得了美国国家专利。

(三) 功能折扣策略

功能折扣又称为贸易折扣、业务折扣，是生产企业给批发商或零售商的一种额外折扣，以促使他们执行某种营销功能(比如推销、储存、服务、广告等)。生产商向不同交易渠道提供的功能折扣是不同的，这是因为它们提供的服务不同。但是，生产商必须在每一交易渠道中提供相同的功能折扣。

(四) 季节折扣策略

有些商品的生产是连续的，而其消费却具有明显的季节性特征。为了调节供需矛盾，这些商品的生产企业便采用季节折扣策略，对在淡季购买商品的消费者给予一定的优惠，使企业的生产和销售在一年四季能保持相对的稳定。例如，啤酒生产厂家对在冬季进货的采购商给予大幅让利，羽绒服生产企业则为在夏季购买其商品的客户提供折扣，旅馆、旅行社、航空公司和酒店在经营淡季也会提供季节折扣，许多商店在换季时推出"换季大甩卖"。这种价格策略如果运用得当，不仅可以吸引更多的消费者，而且可以做到淡季不淡。

企业在确定季节折扣的比例时，应考虑成本、储存费用、基金和资金利息等因素。季节折扣有利于减少库存，加速商品流通，迅速收回资金，促进企业均衡生产，充分发挥生产和销售潜力，避免季节性需求变化所带来的市场风险。

(五) 回扣和津贴策略

回扣是间接折扣的一种形式，它是指购买者在按价格目录将货款全部付给销售者以后，销售者再按一定比例将货款的一部分返还给购买者。回扣百分比则非常灵活，销售人员可以根据具体情况在一定的范围内灵活掌握，但应避免商业贿赂的嫌疑。

津贴是间接折扣的另一种形式，是企业为特殊目的，对特殊客户以特定形式所给予的价格补贴或其他补贴。比如，当中间商为企业产品提供了包括刊登地方性广告、设置样品陈列窗等在内的各种促销活动时，生产企业给予中间商一定数额的资助或补贴。又如，对于进入成熟期的消费者，实行价格折让，开展以旧换新业务，将旧货折算成一定的价格，在新产品的价格中扣除，客户只支付余额，以刺激消费需求，促进产品的更新换代，扩大新一代产品的销售。

三、心理定价策略

心理定价策略是一种针对消费者心理活动和变化所使用的定价策略，运用心理学原理，依据不同类型的消费者在购买商品时的不同心理要求来制定价格，以诱导消费者增加购买量，扩大企业销售量。这种定价策略一般在零售企业中对最终消费者应用得比较多，具体策略包括以下几种：

(一) 尾数定价策略

尾数定价策略又称奇数定价策略。企业在定价时，往往价格带有尾数，使消费者产生心理上的错觉，从而促使其购买。这种定价针对的是消费者的求廉心理。例如，某商品定价998元，其销路可能远远好于定价1000元的商品，消费者感觉只要几百块就能买到这种商品，比较便宜，其实它比1000元只少了2元。这种定价策略常用于一般的日用消费品，比如0.98元、9.98元等，使消费者对企业产品及定价产生信任与低廉感。

【案例8-8】　　　　　来，跟着商报认识一下尾数定价法

某超市的一页促销单上，促销商品从吃的花生、酸奶，到用的护发素，再从手机到电动车等，可谓包罗万象。在62组商品中，有46组商品价格尾数为9；8组商品定价尾数为8；4组商品定价尾数为5。即74%的商品价格尾数为9，13%的商品价格尾数为8，价格尾数比较多的还有5。

超市负责人介绍，尾数为9，是利用人们的求廉心理；尾数为8，是利用人们的图吉利心理；尾数为5，是从财务角度考虑的，容易找零。

同时，该负责人也表示，在以中高收入群体为目标的、经营高档商品的大商场、大百货，不适合采用尾数定价法，而应该采用"声望定价策略"。"现在信息化时代到来，伴随着网络的普及，商品到底啥价格，人们上网一查就知道。"尾数定价法可以影响人们的购买

行为，但作用很有限。在信息不发达的时代，这种定价法作用较为明显。在他看来，尾数定价法会影响到心理比较敏感的人，而"真正影响人们购买行为的，应该是产品核心要素"，他说，比如品牌个性、产品定位、产品质量等。

(二) 声望定价策略

声望定价是一种利用企业或产品的知名度，给产品制定一个较高价格的一种定价方法。在消费者看来，价格是反应产品质量的重要指标，特别是知名企业的产品如果以较低的价格销售，可能会引起消费者的怀疑(担心是否假冒产品)，进而影响其购买。因此，高价与独特的品质、完美的服务和知名品牌相结合，可以增加产品的吸引力，产生扩大销路的效果。

【案例 8-9】   **声望定价策略**

微软公司的 Windows 98(中文版)刚进入中国市场时，一开始就将价格定为 1998 元人民币。这是一种典型的声望定价，一方面该价格在当时同类产品中已算较高，且该价格与当时的年份和产品的版本型号也都相同，凸显出 Windows 98 的与众不同。另一方面，尾数"8"的发音与"发"相近，也会给中国消费者一种吉利的感觉。

金利来品牌也很好地利用了心理定价的策略。金利来领带，一上市就以优质、高价定位，对质量有问题的金利来领带他们决不让上市销售，更不会降价处理。给消费者这样的信息，即金利来领带绝对不会有质量问题，低价销售的金利来绝非真正的金利来产品。从而很好地维护了金利来的形象和地位。

(三) 招徕定价策略

招徕定价是指零售商利用部分消费者求廉的心理，特意将某几种商品的价格定得很低以吸引消费者。某些商场为了营造购买人气，每天都有多种商品降价销售，消费者在采购廉价商品的同时也选购了其他正常价格的商品。企业在采用招徕定价策略时，必须注意以下几点：

(1) 降价的商品应是消费者常用的、适合大多数家庭使用的商品，否则不会有太大的吸引力。

(2) 实行招徕定价的商品品种要多，以便消费者有较多的选购机会。

(3) 招徕定价的商品降价幅度要大，一般应接近甚至低于成本。只有这样，才能引起消费者的注意，才能激发消费者的购买欲望。

(4) 招徕定价的商品数量要适当，过多则商店可能出现亏损，过少则无法使消费者产生兴趣。

(5) 招徕定价的商品应该与残次而削价处理的商品明显区分开来。

(四) 整数定价策略

整数定价是将产品价格采取合零凑整的办法，企业有意将产品的价格定为整数，以显示产品具有一定质量，这样给人以高档的感觉。整数定价多用于价格较贵的耐用品或礼品，以及消费者不太了解的产品，对于价格较贵的高档产品，消费者对质量较为重视，往往把价格高低当作衡量产品质量的标准之一，所谓"一分钱一分货"的感觉，从而有利于销售。

比如将精品服装价格定价为 1000 元，就比 998 元显得高一个档次，消费者能显示其地位、身份，满足其心理需求。炫耀性商品、贵重物品、价格较贵的耐用品，比如车、房、名贵礼品等，适合整数定价。

（五）习惯定价策略

消费者在长期的购买实践中，对一些商品已形成了心理价位，企业应当按照这种习惯价格定价，不要轻易改变，这就是习惯定价策略。不符合消费者心理标准的价格容易引起疑虑，影响购买。如果企业的产品要提价，最好不要改变原标价，而将单位数量略微减少或产品质量适当降低，以减少成本，这样做比提高价格更容易为消费者所接受。如果成本价格无法降低，最好是把品牌或包装改变一下再行提价，让消费者以为这是一种经过改进的产品，多付钱是合理的。

四、差别定价策略

差别定价是指企业针对不同的消费者群体、不同的时间和地点对市场进行细分，在细分市场之间需求强度差异较大，产品不存在由低价市场流向高价市场的可能性和在法律允许的条件下，对同种产品或劳务采用不同的销售形式。这种差价不反映生产和经营成本的变化，又称之为价格歧视，企业按照两种或两种以上不同价格销售产品或服务。差别定价法主要有以下几种形式：

（一）消费者差别定价策略

企业按照不同的价格把同一产品或服务卖给不同的消费者。例如，公园、展览馆的门票对某些消费者群(学生、军人、残疾人等)给予优惠价；有些企业对新老客户实行不同的价格。这些均属于消费者差别定价策略。这种差别定价表明，消费者的需求强度有所不同。

（二）产品形式差别定价策略

企业对不同规格(质量、花色、款式等)的产品制定不同的价格，但是不同型号或形式产品的价格差额和成本费用之间的差额并不成比例。比如苹果手机颜色不同定价也不同。这种定价主要以市场需求状况为依据。

（三）产品地点差别定价策略

产品地点差别定价是指同一种商品在不同的地理位置上的市场价格差异。在实际生活中，同种产品在不同地区的需求强度是不同的，因此可制定不同的价格。比如，影剧院，虽然不同座位的成本费用都一样，但是不同座位的票价有所不同，这是因为观赏的效果和感觉不同；动车的座位一、二等座票价不同，是其舒适性和便利性决定的。

（四）销售时间差别定价策略

企业对于不同季节、不同时期甚至不同钟点的产品或服务分别制定不同的价格。例如，旅游景点对平时、周末以及节假日定的票价会有所不同；电信服务、电力供应在一天中某些时段、周末和平常收费不同。

企业采取差别定价策略必须要具备以下几点：第一，市场必须是可以细分的，而且各个细分市场必须表现出不同的需求程度；第二，以较低价格购买某种产品的消费者没有可能以较高价格把这种产品倒卖给别人；第三，竞争者没有可能在企业以较高价格销售产品的市场上以低价竞争；第四，细分市场和控制市场的成本费用不得超过因实行价格歧视而得到的额外收入，即不能得不偿失；第五，价格歧视不会引起消费者反感、放弃购买、影响销售；第六，采取的价格歧视形式不能违法。

【案例 8-10】   **iPhone 6 中国定价不是全球最高**

    10 月 17 日，iPhone 6 和 iPhone 6 Plus 将正式在中国发售，有关 iPhone 手机在不同国家和地区的差别定价法再次成为消费者讨论的问题。记者以 16G 版本统计了 10 个国家和地区(美国、法国、加拿大、德国、新加坡、英国、澳大利亚、日本、中国内陆和香港地区)，发现价格最高的是法国，折合人民币 5619 元，紧随其后的是英国和德国，分别折合人民币 5553 元和 5326 元，价格最低的依旧是美国(3982 元)和日本(3917 元，日本报价低很大程度上源自于近两年日元的大幅贬值)。而中国的定价为 5288 元，处于中间。山西大学经济与管理学院王继光认为，各国价格不同的原因是苹果公司采取了"以顾客支付意愿"定价的策略。

    王继光博士表示，差别定价应需满足以下条件：

    (1) 企业对价格有一定的控制能力。物以稀为贵，苹果公司正是在充分了解了各国市场对 iPhone 的需求程度后才制定价格。以国内市场来说，有消费需求的人和可供应的 iPhone 明显不成正比，供不应求，定价权利自然掌握在苹果公司手里。

    (2) 不同市场的价格弹性不同。这里应涉及各国不同的文化差异。美国手机定价便宜，卖得也多，人们只是把 iPhone 当作一个普通的手机；我国不同，很多人会把其看成是身份、地位的象征，如果 iPhone 在国内定更高的价格，还是会有很多人购买，一定程度上利用国人的"求贵"心理来分割市场，可以增加企业利润。

    (3) 企业的市场必须是能够分割的，就是说，人们不可能在不同的市场之间进行倒买倒卖。如果不是这样，差别定价就不会成功，不同的市场的价格说就会趋于相同。这点很多人可能会质疑：iPhone 6 和 iPhone 6 Plus 尚未进入中国市场时，不是有很多消费者在各国进行 iPhone 的倒卖吗？这种情况是可能的啊？没错，各国市场倒买倒卖确有发生，但却只会增加 iPhone 到消费者手中的价格。前一段时间就常在微信朋友圈中看到：日本代购 64G iPhone 6 含邮费共 7500 元，香港代购 64G iPhone 6 Plus 含邮费共 10 100 元，价格比国内的行货还要高。

    (4) 苹果的成功，不仅仅是产品所具有的独到的与人性共鸣的产品设计；也在于其合理的产品价格以及产品布局，可以直接打动消费者打开他们的钱包；最为重要的是在苹果的价格策略中，永不打折和让愿意出高价的消费者以高价购买其商品。

    (5) "价格歧视"的定价策略还受所在国的法律影响。苹果公司因为其产品在欧盟、澳大利亚的售价明显高于美国市场，欧盟和澳大利亚对其进行过相关调查和处理。

五、产品组合定价策略

    产品组合定价是指企业在生产经营一组相互关联的产品时，为了实现整个产品组合(或整体)利润最大化，充分考虑不同产品之间的关系，以及个别产品定价高低对企业总利润的影响等因素，系统地调整产品组合中相关产品价格的策略。其主要的策略包括以下几种：

(一) 产品线定价策略

所谓产品线定价策略是指根据产品线内的不同产品，由于它们的价值相差不大或属于同一型号但质量稍有不同，企业有意识地专门制定不同的价格。比如男士服装店，对某型号的男装制定三种价格：1500 元、2500 元、3500 元，在消费者心目中形成低、中、高三个档次，消费者在购买时就会根据自己的消费水平选择不同档次的服装。通常情况下，如果相邻两种型号的商品价格相差较大、消费者大多会购买便宜的；如果价格相差较小，消费者则倾向于购买贵的。因此，企业就必须合理确定各个产品项目之间的价格差异。这一价格差异不仅要体现消费者对各个产品项目的价值理解，更要反映出各个产品项目之间的成本差异以及竞争对手的产品价格。

(二) 选择品定价策略

许多企业在提供主要产品的同时，还会附带一些可供选择的产品或附件。比如，汽车用户在购买汽车时可以选购诸如电子开窗控制器、扫雾器等产品。此时，企业应首先确定汽车价格中应包括哪些产品，又有哪些产品可作为选择对象。企业一般将主要产品价格定得较低，而将其连带品价格定得较高；有时也可能将其主要产品价格定得较高，而连带品价格定得较低。比如，在饭店定价中，一般酒类的价格很高，而食品的价格相对较低。食品收入只用来弥补食品的成本和饭店其他相关成本，而酒类则可以带来利润。这也是消费者在饭店消费的时候服务员极力推荐酒水饮料的原因。当然，也有饭店会将酒类的价格定得很低，而对食品制定较高的价格，这样可以吸引对酒类有特殊偏好的消费者。

(三) 单一价格定价策略

企业销售品种较多而成本差异不大的商品时，为了方便消费者挑选与内部管理的需要，企业所销售的全部产品实行单一的定价。比如，风靡一时的"十元店""一元店"就是单一价格定价。店内所有商品无论颜色、大小、款式、档次，价格一律按"十元"或"一元"进行出售。

(四) 补充产品定价策略

补充产品是指需要配套使用的产品。补充产品定价策略是指企业利用价格对消费连带品市场需求的调节、诱导功能，运用一定的定价技巧，使营销目标的实现由一个"点"扩展到一个"面"的定价策略，实现总利润最大化。比如，可以把剃须刀的价格定得较低，而把配套的刀片价格定得较高等。在互补关系中，一般主导作用的产品价格较低，购买频率高的辅助产品则定高价。

(五) 副产品定价策略

有时企业的产品生产过程中会产生大量的副产品，如果企业对这类产品进行合理的定价，也能带来一定的收益。为副产品制定价格，企业必须找到一个需要这类副产品的市场，并且能够接受包括运输、存储成本在内的产品价格，这样才能把副产品很好地销售出去。比如，动物园中动物的粪肥就是具有销售价值的副产品，动物园可以联系有机肥需求商，制定合理价格后进行销售。

(六) 分部定价策略

企业将原本可以以整体形式销售的产品分拆开来出售，并对不同的产品组件单独定价，这些分拆开来的产品组件在功能上往往具有一定的互补性。比如，吉列公司在销售过程中将刀架和刀片分开来定价。此外，还有一些汽车生产企业，首先为消费者提供一种只具有基本设备的车型，同时还提供电动门窗、安全气囊、真皮座椅等可以提高汽车舒适度的选购设备，消费者如果希望安装这些设备，必须支付相应的额外价款。

分部定价策略在服务行业也得到了较为广泛的运用。服务性企业经常收取一笔固定费用，再加上可变的使用费用。在很多健身俱乐部，消费者不仅要支付一定的门票费或入会费，还要为他们所得到的服务项目付费。游乐园一般先收门票费，如果游玩的地方超过规定，就再交费。服务性企业一般收取较低的固定成本，以推动人们购买服务，利润可以从使用中获取。

(七) 产品系列定价策略

产品系列定价是指将两种或两种以上的产品或服务作为一个整体包，以一个特别优惠的价格卖给消费者。比如，汽车生产商可将一整套配件捆绑销售，售价比分别购买这些配件的价格之和要低；剧场可以采用预售方式出售季度套票，售价低于分别购买每一场演出的费用之和。消费者本来无意购买全部产品，但如果这种捆绑式定价可以让消费者节约相当可观的费用，就能吸引部分消费者购买。

第四节　价格调整策略

在生产经营过程中，企业为了适应不断变化的市场环境，应当对产品价格经常做出相应的调整。企业到底应该在什么时候以什么方式调整产品价格，产品价格调整后消费者和竞争对手又会做出什么反应，对竞争对手的价格调整企业又应该采取什么对策等，都是企业必须考虑的问题。

一、企业提价与降价策略

(一) 企业提价策略

虽然价格上涨会引起消费者、中间商和企业推销人员的不满，但是一次成功的提价活动却会导致企业利润大大增加，所以企业只要有机会，就可以适当采用提价策略。导致企业提价的原因主要来自以下几个方面：

(1) 成本上涨。成本上涨的原因可能来自企业内部，比如企业自身生产及管理水平出现问题导致总成本增加。如果企业在这种情况下增加产品价格可能并不是明智之举，因为一旦竞争者不上调价格，企业的销售一般会受到严重影响。成本增加还可能发生在整个行业中，比如行业的原材料价格、工资上涨。企业成本提高，产品继续保持原价，会妨碍企业获得合理的利润，甚至会影响企业再生产的进行，此时，企业只有通过涨价来转移成本上涨的压力，维持正常的盈利水平。

(2) 通货膨胀。由于通货膨胀，货币贬值，产品的市场价格低于其价值，迫使企业不得不通过涨价的形式来减少因货币的贬值所带来的损失。

(3) 产品供不应求。企业碰到产品供不应求的情况时，就必须提价，不但能平衡供需，还能使企业获得高额利润，为企业进一步扩大生产做好准备。

(4) 改进产品。企业通过技术革新，提高了产品的质量，改进了产品性能，增加了产品功能。企业为了补偿改进产品过程中支付的费用和显示其产品的高品位，而提高产品价格。

(5) 竞争策略的需求。有时企业涨价，并非出于前几个原因，而是由于竞争策略的需要。以产品的高价格，来显示产品的高品位，即将自己产品的价格提高到同类产品价格之上，使消费者感到其产品的品味要比同类产品高。

调整价格的方式与技巧主要有：

(1) 公开真实成本。企业通过公共关系、广告宣传等方式，在消费者认知的范围内，把产品的各项成本上涨情况真实地告诉消费者，以获得消费者的理解，使涨价在没有或较少抵触的情况下进行。

(2) 提高产品质量。为了减少消费者因涨价而感受到的压力，企业在产品质量上应多下功夫，比如改进原产品、新设计同类产品，在产品性能、规格、式样等方面给消费者更多的选择机会，使消费者认识到，企业在提供更好的产品，索取高价是应该的。

(3) 增加产品分量。在涨价的同时，增加产品供应分量，使消费者感到，产品分量增加了，价格自然要上涨。

(4) 附送赠品或优惠。涨价时，以不影响企业正常的收益为前提，随产品赠送一点实用小礼物或提供某些特殊优惠。这种方式在零售商店最常见。

(5) 价格不变，但减少产品的附加服务或对原来免费的服务项目收取服务费。

(二) 企业降价策略

降价问题是定价者面临的最严峻且具有持续威胁力量的问题。企业降价的原因有很多，有企业外部需求及竞争等因素的变化，也有企业内部的战略转变及成本变化等，还有国家政策、法令的制约和干预等。这些原因具体表现在以下几个方面：

(1) 企业急需回笼大量现金。对现金产生迫切需求的原因既可能是其他产品的销售不畅，也可能是为了筹集资金进行某项新的活动，或者资金借贷来源中断而造成周转困难。此时，企业可以通过对某些需求价格弹性大的产品予以大幅度降价，从而增加销售额来获取现金。

(2) 通过降价开拓新市场。当消费水平限制一种产品的潜在顾客转为现实顾客时，同时降价不会对老顾客产生影响的前提下，企业可以通过降价来增加新顾客、开拓新市场和扩大市场份额。在市场营销实践中，有实力的企业先降价往往会给弱小的竞争者以致命的打击。不过，为了保证这一策略的成功，有时需要以产品改进策略相配合。

(3) 企业生产能力过剩，需要扩大销售。比如，企业增加了新的生产线，生产能力大大提高，但市场却有限，为挤占竞争对手的市场份额，必然采取降价策略。特别是进入成熟期的产品，降价可以大幅度增加销售量，从而在价格和生产规模之间形成良性循环，为企业赢得更多的市场份额奠定基础。20 世纪 90 年代以来，我国许多企业为了扩大自己产品的销路，都放弃了以往追随市场领导者定价的方法，改为实行降价策略，不过这样也很容易导致常见的各种价格战，对企业造成伤害。

(4) 企业的成本费用比竞争对手低。随着科学技术的进步和企业经营管理水平的提高，单位产品成本降低，企业费用减少，这使降价成为可能。这时降价还能起到控制市场，提高市场占有率的作用。因为销量的增加，会进一步降低成本，增加利润。

(5) 企业在强大的竞争压力下，其市场占有率下降。比如，美国的汽车、家电、照相机、钟表以及钢铁市场，由于日本企业高质量、低价格产品的侵入，使这些美国企业丢失了一些市场，不得不降价迎战。因此，为了增强竞争能力，维持和提高市场占有率，企业必须降价。

(6) 经济不景气，消费者购买意愿不足。这在一些选择性较强的产品上表现得尤为突出。在通货紧缩的经济形势下，或者在市场疲软、经济萧条的时期，由于币值上升，消费者实际收入和预期收入均下降，对一些可买可不买的商品会推迟购买，或选择价格较低的商品，这就迫使企业产品价格也随之降低，以适应消费者的购买水平。

(7) 企业决策者出于对中间商要求的考虑。以较低的价格购进货物不仅可以减少中间商的资金占用，而且为产品的大量销售提供了一定的条件。因此，企业降价有利于同中间商建立良好的关系。

(8) 政治、法律环境以及经济形式发生变化。政府为了实现物价总水平的下降，保护需求，鼓励消费，遏制垄断利润，往往通过政策和法令，采用规定毛利率和最高价格、限制价格变化方式、参与市场竞争等形式，使企业的价格水平下调。此外，消费者运动的兴起也往往迫使产品价格下调。

企业降价可采用明降和暗降两种方式实现。明降包括数量折扣、现金折扣、津贴等形式。暗降方式有赠送样品和优惠券，实行有奖销售；给中间商提取推销奖金；允许消费者分期付款；赊销；免费送货上门、技术培训、维修咨询；提高产品质量，改进产品性能，增加产品用途等。由于这些方式具有较强的灵活性，在市场环境不断变化的时候，即使取消也不会引起消费者太大的反感。同时它又是一种促销策略，因此在现代企业经营活动中其使用越来越广泛。

此外，企业在决策降价时应该权衡利弊，认真考虑企业目前的市场占有率、销售增长率、生产能力、消费者对价格的敏感程度、价格水平与销售量的关系、市场占有率与利润的关系等，慎重做出决策。降价后，还应对其他营销策略进行相应的调整，使营销组合的配置更加完善。

二、消费者对价格变动的反应

对不同产品的价格变动，消费者的反应有所不同。对需求弹性较大的产品，价格的变动会引起需求量的巨大波动；对需求弹性较小的产品价格的变动对需求量的影响较小。企业还应进一步分析消费者是如何看待价格变动的。

(一) 消费者对企业提价的反应

对于企业提价消费者的反应通常是：产品在市场中供不应求，价格还可能进一步上升，应赶紧购买；产品质量有所改进，性能更趋于完善；产品具有某种独特性；经销商想获取更大的利润。如果企业产品价格上调只是由于市场供应状况的变化（一时的供不应求），产品本身并没有任何改进的话，这种价格调整只能给企业带来短期利益，同时对品牌忠诚者也是一个打击，可能会使他们转向其他品牌。

（二）消费者对企业降价的反应

对于企业的降价行为消费者一般的看法是：该产品可能是市场淘汰品，很快会在市场上消失；该产品存在质量问题，厂家降价销售问题产品；企业经营遇到问题，难以在行业中继续经营下去，降价促销，加快市场转移步伐；市场竞争激烈，企业为了争夺市场份额，比拼价格，产品价格还有可能进一步下降。

显然，上述各种看法将会影响企业的降价效果。所以，为了达到预期的目的，企业在降价促销时应给出一个消费者可以接受的理由。比如，店庆让利、企业规模效益下的成本降低等。

三、竞争者对价格变动的反应

竞争者对价格变动的反应，也是企业调整价格时需要认真考虑的重要因素。由于每个竞争者对企业调价的理解不同，所以问题相对比较复杂，一般来说，竞争者对价格变动的反应可以归纳为以下几个方面：

（1）跟进。跟进是指竞争者也出台同样的价格变动措施。当企业发动降价可能对竞争者的市场份额产生威胁时，或者企业提价，竞争者能看到明显的市场回应或好处时，都可能跟进。

（2）不变。以下几种情况下，在企业变动价格时，竞争者可能会保持现有价格不变：降价的企业所占市场份额小，声誉较低，对对手不会有多少威胁；竞争者拥有比较稳定的忠诚消费者群；竞争者想避免打"价格战"；竞争者认为整个市场增长潜力太小，变动价格没有意义。

（3）战斗。战斗是指竞争者将进行针锋相对的价格调整，不惜与变动价格的企业打"价格战"。一般下列情况中竞争者可能做出上述反应：竞争者认为企业价格变动是针对其本身的，因为价格变动的企业对自己的市场地位会发生威胁；竞争者是市场中的领先企业，不愿意放弃自己的领导地位；竞争者相当看好当前市场，将通过包括价格竞争在内的方法排挤掉对手以获得长远利益。

无论竞争者将做出什么反应，企业应该事先掌握对手可能的反应，并且估计对手的反应对企业的营销活动会有哪些不利的影响，同时考虑相应的对策。

【案例8-11】 **价格战逼空调业觅新卖点**

残酷的价格战正让空调厂商在转型中寻求新的卖点。近日，海尔、美的、松下、奥克斯等企业纷纷推出了除霾空调，去霾化也被业内看作是空调行业继智能化之后的又一发展新趋势。

近年来，空气污染问题备受广大消费者关注，从而也催生出了国内空气净化器市场的爆发式增长，吸引了海信、TCL、夏普、艾美特等众多国内外企业的抢食。然而作为空调来说，由于其产品使用涉及室内外空气的交换，使得其具备净化空气的先天优势。

正因为如此，空调企业也纷纷在除雾霾功能上不断发力。继此前志高发布"云空调"系列新品，具备高效去除 PM2.5 等功能后，日前海尔、美的、松下、奥克斯四家品牌所研发的 10 款家用空调新品同时也搭载了高效除 PM2.5 的性能，其净化效果可以与常规的单品空气净化器相媲美。

自去年下半年以来，国内空调市场发展一直不容乐观。数据显示，自 2014 年 8 月份开始，空调市场出现了严重下滑，销量与销售额同比跌幅分别达 18.3%和 17.2%。随后也引发空调行业号称规模最大的价格战，并以"以旧换新""线上让利"等形式一直延续至今，空调行业如何告别价格战，走向价值战正成为行业转型的关键。

在行业专家看来，智能化、高端化无疑是未来空调产业结构调整的一个常态化发展趋势，同时健康化也成为一大卖点。尽管现阶段空调的主要功能还在于调节室内冷暖温度，无法完全取代空气净化器，但是随着主流企业不断推出带有净化功能的空调，预计今后该行业也将迎来新一轮去霾变革。

四、企业对竞争者价格变动的应对策略

对同质产品市场而言，如果竞争者降价，企业也必须随之降价，否则，消费者就会购买竞争者的产品；如果竞争者提价，企业既可以跟进，也可以观望。对异质产品市场而言，由于不同企业的产品在质量、品牌、服务、包装及消费者偏好等方面存在明显的不同，企业对竞争者的价格反应有更多的选择权。

为保证对竞争者调整的价格做出及时的反应，企业应对竞争者展开调查：竞争者调价的目的是什么？竞争者调价是长期的还是短期的？竞争者调价对本企业的市场占有率、销售量、利润等有何影响？同行业的其他企业对竞争者的调价有何反应？其具体对策如下：① 价格不变，任其自然。任消费者随价格的变化而变化，企业主要靠消费者对产品的偏好和忠诚度来抵御竞争者的价格进攻。等市场环境变化或出现有利时机再采取行动。② 价格不变，加强非价格竞争。企业可以加大广告攻势，增加销售网点，加强售后服务，提高产品质量，或在产品包装、功能、用途等方面改造产品。③ 变动价格。企业跟随竞争者的价格变动，采取较稳妥的策略，维持原有的市场格局，巩固市场地位。④ 价格变动与非价格手段相结合。比竞争者更大的幅度降价，比竞争者更小幅度的提价，加强非价格竞争，形成产品差异，利用较强的经济实力和优越的市场地位，给竞争者以毁灭性的打击。

✦✦✦✦✦ 本 章 小 结 ✦✦✦✦✦

企业定价目标主要有：利润最大化、获取适度利润、市场占有率最大化、销售额最大化、改善形象等。影响定价的因素主要包括：成本因素、需求因素、竞争因素、相关政策法规、货币数量、消费者心理因素等。不同的市场环境存在着不同的竞争强度，企业应该认真分析自己所处的市场环境，并考察了解竞争者提供给市场的产品质量和价格。

企业的定价方法主要有三种：成本导向定价法(成本加成定价法、目标收益定价法、边际成本定价法、盈亏平衡定价法)、需求导向定价法(认知价值定价法、需求差异定价法、

逆向定价法)、竞争导向定价法(随行就市定价法、密封投标定价法、拍卖定价法、竞争价格定价法)。

企业可采取的定价策略主要包括：新产品定价策略、折扣定价策略、心理定价策略、差别定价策略、产品组合定价策略。新产品定价策略主要有：撇脂定价策略、渗透定价策略、满意定价策略。折扣定价策略主要有：现金折扣策略、数量折扣策略、功能折扣策略、季节折扣策略、回扣和津贴策略。心理定价策略主要有：尾数定价策略、声望定价策略、招徕定价策略、整数定价策略、习惯定价策略。差别定价策略主要有：消费者差别定价策略、产品形式差别定价策略、产品地点差别定价策略、销售时间差别定价策略。产品组合定价策略主要有：产品线定价策略、选择品定价策略、单一价格定价策略、补充产品定价策略、副产品定价策略、分部定价策略、产品系列定价策略。

当企业考虑改变价格时，必须认真分析消费者和竞争对手的反应。当竞争对手发动变价时，企业必须尽力理解对手的意图以及变价延续的可能时间。如果必须做出迅速反应，企业就应该事先计划好对付竞争对手各种可能的变价反应。

✦✦✦✦✦ 课后习题 ✦✦✦✦✦

一、单项选择题

1. 中国电信规定每日21：00～24：00拨打国内长途电话半价收费，这种定价属于(   )。

  A. 成本加成策略   B. 差别定价策略

  C. 心理定价策略   D. 组合定价策略

2. 准确计算产品所提供的全部市场认知价值是(   )的关键之所在。

  A. 需求差异定价法   B. 认知价值定价法

  C. 成本导向定价法   D. 反向定价法

3. 企业利用消费者具有仰慕名牌商品或名店声望所产生的某种心理，对质量不易鉴别的商品的定价最适宜采用(   )。

  A. 招徕定价策略   B. 声望定价策略

  C. 整数定价策略   D. 尾数定价策略

4. 当企业生产的系列产品存在需求和成本的内在关联时，为了充分发挥这种内在关联性的积极效应，需要采用(   )策略。

  A. 补充产品定价   B. 选择品定价

  C. 产品大类定价   D. 分部定价

5. 当产品市场需求富有弹性且生产成本和经营费用随着生产经营经验的增加而下降时，企业便具备了(   )的可能性。

  A. 撇脂定价   B. 渗透定价

  C. 尾数定价   D. 招徕定价

6. 按照单位成本加上一定百分比的加成来制定产品销售价格定价的方法称之为(   )定价法。

  A. 成本加成   B. 目标

  C. 认知价值   D. 诊断

7. 当企业有意愿和同行和平共处而且自身产品成本的不确定因素又较多时，企业往往会采取( )定价方法。

    A. 反向   B. 投标

    C. 诊断   D. 随行就市

8. 投标过程中，投标商对其价格的确定主要是依据( )制定的。

    A. 对竞争者的报价估计   B. 市场需求

    C. 企业自身的成本费用   D. 边际成本

9. 企业因竞争对手率先降价而做出跟随竞争对手相应降价的策略主要适用于( )市场。

    A. 同质产品市场   B. 完全竞争

    C. 差别产品市场   D. 寡头

10. 在商业企业，很多商品的定价都不进位成整数，而保留零头，这种心理定价策略称之为( )策略。

    A. 尾数定价   B. 习惯定价

    C. 招徕定价   D. 声望定价

11. 在( )条件下，个别企业无力影响整个市场的产品价格，因而不存在企业制定原有价格的问题。

    A. 完全竞争   B. 垄断竞争

    C. 寡头垄断   D. 不完全竞争

12. 中国服装设计师李艳萍设计的女士服装以典雅、高贵享誉中外，在国际市场上，一件"李艳萍"牌中式旗袍售价高达 1000 美元，这种定价策略属于( )。

    A. 声望定价   B. 尾数定价

    C. 招徕定价   D. 需求导向定价

13. 在市场上，经常看到一些商品的定价为 2.98 元、98 元等，这种定价策略属于( )。

    A. 尾数定价   B. 整数定价

    C. 招徕定价   D. 声望定价

14. 某家电企业推出了一款新手机，在该款手机上市初期定价较高，以便在短时间内获得较大的利润，这种产品定价策略称为( )

    A. 撇脂定价策略   B. 渗透定价策略

    C. 满意定价策略   D. 获利定价策略

15. 商家把某些商品的价格定得低于一般市场价以吸引消费者上门，这属于心理定价策略中的( )。

    A. 习惯定价策略   B. 声望定价策略

    C. 低廉定价策略   D. 招徕定价策略

16. 为促使消费者早日偿还欠款，以加速企业资金周转所给予的折扣称之为( )。

    A. 现金折扣   B. 交易折扣

    C. 季节折扣   D. 数量折扣

17. 以下属于竞争导向定价法的是（　　）。
    A．随行就市定价法　　　　　　B．成本加成定价法
    C．需求差别定价法　　　　　　D．渗透定价法

18. 以下属于成本导向定价法的是（　　）。
    A．认知价值定价法　　　　　　B．成本加成定价法
    C．需求差别定价法　　　　　　D．密封投标定价法

19. 企业的产品供不应求，不能满足所有消费者的需要。在这种情况下，企业就必须（　　）。
    A．降价　　　　　　　　　　　B．维持价格不变
    C．提价　　　　　　　　　　　D．降低产品质量

20. 在强大竞争者的压力之下，企业的市场占有率将下降。在这种情况下，企业就需要考虑（　　）。
    A．提价　　　　　　　　　　　B．不变
    C．降价　　　　　　　　　　　D．大幅提价

二、多项选择题

1. 一般情况下企业可考虑的定价目标主要有（　　）。
   A．利润最大化　　　　B．销售额最大化　　　　C．改善形象
   D．获取适度利润　　　E．市场占有率最大化

2. 影响企业定价的因素主要包括（　　）。
   A．成本因素　　　　　B．需求因素　　　　　　C．竞争因素
   D．消费者心理因素　　E．相关政策法规

3. 价格折扣主要有（　　）。
   A．现金折扣　　　　　B．数量折扣　　　　　　C．功能折扣
   D．季节折扣　　　　　E．时间折扣

4. 心理定价策略主要有（　　）。
   A．尾数定价　　　　　B．声望定价　　　　　　C．分部定价
   D．招徕定价　　　　　E．整数定价

5. 引起企业提价的主要原因有（　　）。
   A．通货膨胀，物价上涨　　B．企业市场占有率下降
   C．产品供不应求　　　　　D．产品生产能力过剩
   E．企业成本费用比竞争者低

6. 企业定价方法主要有（　　）三大类。
   A．效益导向定价法　　　　B．成本导向定价法
   C．需求导向定价法　　　　D．竞争导向定价法
   E．批量导向定价法

7. 以下不属于提价方法的是（　　）。
   A．减少折扣　　　　　　　　B．减少赠送品
   C．增加产品特色服务　　　　D．增加产品分量，价格不变

　　E. 使用便宜的材料，价格不变

8. 企业采取渗透定价策略不利于( )。

　　A. 了解市场反应　　　　B. 迅速打开销售　　　　C. 取得丰厚的利润

　　D. 取得价格竞争力　　　E. 取得价格调整的主动权

9. 以下属于产品组合定价策略的有( )。

　　A. 产品线定价策略　　　B. 补充产品定价策略　　C. 产品系列定价策略

　　D. 选择品定价策略　　　E. 随行就市定价法

10. 以下属于成本导向定价法的有( )。

　　A. 目标收益定价法　　　B. 盈亏平衡定价法　　　C. 逆向定价法

　　D. 成本加成定价法　　　E. 边际成本定价法

三、名词解释

撇脂定价　　　　　　心理定价　　　　　　随行就市定价法　　　　需求导向定价法

密封投标定价法　　　招徕定价　　　　　　渗透定价　　　　　　　声望定价

认知价值定价法　　　产品线定价

四、简答题

1. 企业定价的目标主要有哪些？

2. 影响企业定价的因素主要有哪些？

3. 需求差别定价的形式主要有哪些？

4. 折扣定价策略的主要形式有哪些？

5. 心理定价策略的主要形式有哪些？

五、论述题

1. 企业在制定价格后，为什么有时需要进行价格调整？

2. 企业在哪些情况下可能需要采取降价策略？

3. 企业新产品的定价策略有哪些？他们各有什么优缺点？

六、案例分析

从礼帽被抢购一空说起

　　一个美国商人从国外购进了一批精工细作、质量上乘的礼帽。为了增加竞争力，商人把价格定在和其他一般礼帽一样的水准，可销量并没有比别人的更好。这让他很奇怪，因为这批礼帽真的是非常精致、漂亮。于是他降低价格来销售，但是销路也没有明显提升。一天，这个商人生病了，他委托同样做小生意的邻居帮他代卖这些礼帽。但是，这个邻居在销售时把那个商人写的价格12美元错看成了120美元，结果礼帽被一抢而空。原来，高价吸引来了大家的目光，而精美的商品让大家觉得值这个价钱，这个价格又使大家更相信商品的品质——物有所值。还有一点就是他们卖货的地点是在富人区，这里的消费者对价值较为感兴趣，而非价格。于是，合适的商品在合适的地点以合适的价格顺利地卖出了好价钱。

从这个故事中可以看出，商品定价不是越便宜越好，那样不但赚不到应得的利润，还可能费力不讨好，让消费者低估了商品的价值。因此，把降价当作促销杀手锏的商家应该反思一下了，因为你降价的同时失去的不仅仅是利润，还有宝贵的品牌形象。可能很多读者会说，不少企业都是以低价来获取市场份额及竞争力的，比如格兰仕、纳爱斯、神州等。没错，他们是以低价取胜，但是他们的低价是以企业经营战略为基础的，因此，他们的低价并没有丢掉利润，也没有损伤到品牌形象。比如格兰仕，他们低价是因为他们成本控制得好，即使低价也有足够的利润空间，同时他们在其他方面，如产品质量、宣传推广等方面都是做得很成功的，因此并未对品牌形象造成损伤。低价是他们企业经营战略中的一部分，是经过深思熟虑的，而非盲目定价。因此，价格成了他们有利的竞争武器。

案例思考题：

1. 企业定价时应该考虑哪些因素？
2. 你认为什么时候企业应该定低价？

渠道策略

//////////////////////////////

知识目标 ✍

理解分销渠道的含义、作用；掌握分销渠道的基本模式；准确理解与掌握分销渠道设计应考虑的因素；理解批发商的含义、职能、基本类型；理解零售商的含义、职能、基本类型；了解现代物流的概念及其特点。

能力目标 📄

理解掌握渠道的基本理论与策略；学会运用渠道策略开拓市场，运用分销渠道的设计与管理的基本方法，解决渠道冲突问题；理解各因素对分销渠道模式与结构选择的影响，把握渠道理论的最新实践前沿。

关键术语 📖

分销渠道、分销渠道策略、批发商、零售商、物流系统管理。

导入案例 🖊

淘宝与京东线下店齐开业

国内最大自营 B2C 电商京东在河北赵县正式"落地"，开出全国首家大家电"京东帮服务店"。该服务店类似于京东面向县城消费者的综合服务点，为消费者提供配送、安装、维修、保养、置换等家电服务，目的在于让更多农村消费者认识电商渠道和京东。此外，店内还会进行部分商品展示，并提供代客下单服务。

前不久，橙色系的"淘宝会员贵宾体验厅"现身广州南火车站内，吸引诸多目光。体验厅免费向淘宝会员开放，提供免费 WiFi、体感游戏、沙发躺椅，还可以方便地下单购物、手机支付。体验厅会第一时间展示创新的购物体验和支付方式。广州南火车站则是淘宝"会员体验厅"计划的第一个试点区域。280 平方米的体验厅分为品牌交互区、互动体验区、餐食体验区、时空穿梭区及会员休闲区。

尽管同为线下店，但无论定位、作用还是未来的发展路径，"京东帮服务店"与"淘宝会员体验厅"完全不同。

"京东帮服务店"是其渠道下沉的重要手段之一。京东方面表示，未来三年将在全国区县铺开千余家服务店。借助实体店的力量，京东大家电可在四、五、六线城市进行物流提速。

阿里巴巴方面则表示，体验厅将承载集团旗下很多创新业务和产品，淘宝、天猫的新业务体验以及天猫魔盒、移动支付等内容。作为首个O2O项目，淘宝会员体验厅将逐步拓展至全国各大高铁站点和国内重点地区。

"京东帮服务店"面对的是四、五、六线城市仍不了解京东的潜在新客群，旨在扩大覆盖面，完善供应链；"淘宝会员体验厅"面对的则是已有用户中的核心人群，目的在于深化最活跃用户的体验。这也就给两个企业的实体店有了不同的定位——京东实体店为零售供应链服务，淘宝实体店则为品牌建设服务。

京东的新业务多是从供应链角度出发，侧重物流、售后；阿里巴巴则是从品牌建设及生活方式角度驱动，重在营造"未来感"。

事实上，在京东和淘宝之外，其他电商企业也早已开始尝试线下体验店，定位和功能也是各取所需。1号店"社区服务中心"登陆上海，主打针对社区人群的3小时送达服务。与之类似的还有顺丰的"嘿客店"。

第一节 分销渠道概述

一、分销渠道概念

分销渠道是指某种货物和劳务从生产者向消费者移动时取得这种货物和劳务的所有权或帮助转移其所有权的所有企业和个人。它主要包括中间商以及处于渠道起点和终点的生产商与消费者，但不包括供应商、辅助商等。在市场经济条件下，产品必须通过交换，使其从一个所有者转移到另一个所有者，直至消费者手中，称之为商流；同时，伴随着商流，还有产品实体的空间移动，称之为物流。商流与物流相结合，使产品从生产者手中到达消费者手中，便是分销渠道。

分销渠道与营销渠道经常被混淆使用。从严格意义上来说，分销渠道和营销渠道是两个不同的概念。营销渠道是指配合起来生产、分销和消费某一生产者的产品和服务的所有企业和个人，包括参与某种产品供产销全过程的所有相关企业和个人，比如供应商、生产者、商人中间商、代理中间商、辅助商(如支持分销活动的仓储、运输、金融、广告代理等机构)以及最终消费者或用户等。

二、分销渠道作用

从图 9-1 和图 9-2 可以看出，分销过程中有无中间商所体现出的差异还是非常大的。在分销商品的过程中，分销渠道的作用具体体现在以下几个方面：

(1) 节约了社会总成本。

中间商参与到商品交换过程中，使得商品的交易次数明显减少，节约了整个社会的总成本。如图 9-1 所示，3 家生产企业，每家企业都需要向 3 个消费者出售自己的产品，总计要发生 9 笔交易。而在图 9-2 中，当有一个中间商介入，则只需要发生 6 笔交易。

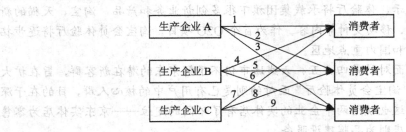

图 9-1　无中间商的分销过程

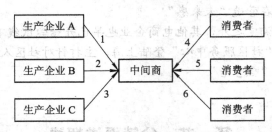

图 9-2　有中间商的分销过程

(2) 完成产品从生产者到消费者的转移。

对于生产者来说，要满足消费者需要不仅仅是生产产品，而且必须正确选择合适的分销渠道，以尽快在有利的市场条件下，使最终的消费者能够最便利地得到其所需要的产品。

(3) 给消费者带来了时间上的便利。

分销渠道中的中间环节可以通过各种手段调节生产和销售的时间差，使消费者在其需要的时间购买到需要的产品。

(4) 给消费者带来了空间上的便利。

分销渠道使消费者能够在其认为合适的地点购买产品。比如，新疆的哈密瓜经过流通渠道，可以在全国买到，南方的香蕉在北方也可以买到。

(5) 给消费者带来了品种上的便利。

中间商可以针对不同地区、不同层次的消费需求，把产品分成不同档次和不同的品种规格等，以最合理、最为有效的商品组合形式提供给消费者，使消费者以最为经济和最为便利的方式买到所需商品，以分别满足各种目标市场的需要。

(6) 分销渠道加速了再生产过程。

产品从生产者到达消费者的过程中，中间商的参与保证了商品流通的顺利实现，缩短了产品的销售时间，加快了资金周转，进而加速整个再生产过程。

(7) 分销渠道是重要的信息来源。

分销渠道中的各种中间环节，能够较准确地掌握消费者的需求，消费者对产品的意见及竞争者动态，从而能给生产者提供有价值的信息。收集和传播营销环境中有关潜在和现行的消费者、竞争对手和参与者及各方力量的营销调研信息。

除以上几个方面的作用之外，分销渠道还具有促销、融资、承担风险、物流等作用。

三、分销渠道流程与功能

(一) 分销渠道流程

分销渠道成员的活动主要包括实体、所有权、谈判、资金、风险、订货和付款等。上述活动在运行中形成各种不同种类的流程，这些流程将渠道中各组织机构贯穿起来。分销渠道的基本流程主要是商流、物流、信息流、货币流和促销流。在这五种流程中，商流是分销活动的基本前提，物流则是分销活动的实质内容。

(1) 商流。商流是指产品从生产领域向消费领域转移过程中所实现的产品所有权从一个机构向另一个机构的实际转移。其运动方向是：生产者 → 消费者。

(2) 物流。物流是指产品从生产领域向消费领域转移过程中的一系列产品实体的运动。它从实质上保证了产品从生产领域向消费领域的安全转移。其运动方向是：生产者 → 消费者。

(3) 信息流。信息流是指产品从生产领域向消费领域转移过程中的一切信息收集、传递和处理活动。其运转方向是双向的，即生产者 ↔ 消费者。

(4) 货币流。货币流指的是产品从生产领域向消费领域转移过程中，由于交易活动所引发的货币活动。它一般与商流的方向相反，而且在其运动中需要金融中介的参与。其运动方向是：生产者 ← 金融中介 ← 消费者。

(5) 促销流。促销流是指从生产领域向消费领域转移过程中，生产者通过广告公司或其他宣传媒体向中间商及其消费者所进行的一切促销努力。其运动方向是：生产者 → 中间商 → 消费者以及生产者 → 消费者。

(二) 分销渠道功能

分销渠道是联结生产者和消费者或用户的桥梁与纽带。企业使用分销渠道是因为，在市场经济条件下，生产者和消费者或用户之间存在空间分离、时间分离、所有权分离、供需数量差异以及供需品种差异等方面的矛盾。分销渠道的意义表现在它能够提高企业的工作效率、降低企业的交易成本。

从经济理论的观点来看，分销渠道的基本职能在于把自然界提供的不同原料根据消费者的需要转换成有价值的产品。分销渠道将产品从生产者转移到消费者所必须完成的工作加以组织，其目的在于调节生产与消费在数量、品种、时间以及地点等方面的矛盾。具体来说分销渠道的主要功能有以下八种：

(1) 研究。研究是指收集制订计划和进行交换所必需的信息。

(2) 促销。促销是指进行关于所提供产品的说服性沟通。

(3) 接洽。接洽是指寻找潜在购买者并进行有效的沟通。

(4) 配合。配合是指所提供产品符合购买者需要，包括制造、分等、装配、包装等活动。

(5) 谈判。谈判是指为了转移所供物货的所有权，而就其价格及有关条件达成最后协议。

(6) 物流。物流是指从事产品的运输、储存、配送。

(7) 融资。融资是指为补偿分销成本而取得并支付相关资金。

(8) 风险承担。风险承担是指承担与渠道工作有关的全部风险。

四、分销渠道类型

(一) 依据有无中间商分类

依据是否有中间商的介入，可以分为直接渠道和间接渠道。

1. 直接渠道

直接渠道是指生产者将产品直接销售给最终消费者或用户的渠道，中间不经过任何形式的中间商，是一种产销结合的生产方式。其主要包括推销员上门推销、邮购、电视直销、产品订货会或展示会、开设自销商店、电子商务订购等方式。

2. 间接渠道

间接渠道是指商品从生产领域向最终消费者或用户转移时要经过若干中间商的分销渠道。

【案例 9-1】   安　利

安利公司在全球 70 多个国家和地区通过人员直销的方式销售其以先进科技生产的优质产品，不仅为那些渴望一展所长、改善生活条件的人们提供了发挥潜能、实现理想的事业机会，而且为消费者提供了品质优良的日常生活用品及安坐家中购物的便利。安利的直销方式早已赢得全球数以百万计人的信任与赞赏，建立了稳定的市场。安利已成为世界知名的家庭日用品生产商，成为世界上经营最成功、信誉最卓越的直销机构之一，其产品行销世界 70 多个国家和地区。安利公司 1996 年的全球零售额高达 68 亿美元，被美国《财富》杂志评为美国 500 家大型企业第 22 位，总资产达 340 多亿美元，同时，它还被评为美国十大海外公司。另外，由于安利公司采取的是直销模式，是现款交易，所以公司从不向银行贷款。目前，安利公司在全球共有直销员 300 多万人。美国前总统布什是安利公司的红宝石经销商。安利的产品具有多元性、多用性、实用性、高效性、安全性和重复性。其产品主要包括家居及个人清洁剂、营养补品、厨具等共 470 多种，产品的原料主要采用纯天然生物制品。为追求质量的尽善尽美，安利投资千万元，兴建了最现代化的研究发展中心，其中装备有最先进的研究检测设备和生产设备。安利在全世界有 57 个实验室，聘有 450 多位科研人员、专家和工程师为其产品进行研究、开发和改良，开发 5～10 年后的产品。专家们每年向总部递交 3000 份研究报告。由于安利公司对自己的产品质量有充分的信心，它给消费者和直销员的退货条件也是最宽松的，在规定的期限内可以无理由退货。一旦某种产品的退货率超过 3%，公司将停止生产此种产品。1996 年安利产品在中国的退货率仅为 0.8%。

传统的零售商业为有店铺销售，直销则为无店铺销售。安利直销员主动了解消费者的需要，为他们介绍合适的产品，示范产品的特点和使用方法，并将产品送到消费者家中，提供亲切、方便的服务。通过直销来销售产品，降低了产品在流通领域的耗费，厂家可把节省下来的资金用于研究新科技，提高产品质量；通过直销员主动接触消费者，较一般企业推销减少了商业气，多了人情味，更有利于产品的销售。同时厂家可以及时收到消费者对商品的反馈意见，从而对产品进行改良。安利公司的所有直销员均直接向公司申请加入，公司直接面对所有直销员，进行有效的监督和管理，重视对直销员的培训，确保直销员队伍的健康发展，保障每一位合法经营的直销员的权益。每一位直销员的认可资格均由公司直接核准，其行为亦受安利各项商德守则的约束，应缴的税项由公司代扣代缴，且都是依据公司统一指定的零售价格售予消费者，安利直销计划以诚为信。安利直销制度充分体现了公平、自由、合理的原则，它具有透明性和合理性。

(二) 依据中间环节多少分类

分销渠道的长度是指产品从企业到最终消费者的转移过程中所经历的中间环节数量。依据中间环节层次的多少划分，分销渠道可以分为短渠道和长渠道。

1. 短渠道

(1) 零级分销渠道：企业 → 消费者。这种分销模式也称之为直接分销渠道，简称直销，是指产品不经过任何中间环节，直接由企业供应给消费者。它是一种最简便、也是最短的渠道。其特点是产销直接见面，中间环节少，产品流通费用较低；同时有利于企业把握市场信息，但不利于企业开展规模化为基础的专业性分工，降低了整体效率。

(2) 一级分销渠道：一级渠道是指在生产者与消费者之间只有一个中间环节。在消费者市场上，这个中间环节大多数是经营零售销售业务的商店、连锁店、超级市场，生产者把产品出售给它们，它们再将产品卖给消费者。海尔公司通过国美、苏宁的连锁分销网络销售海尔的各种家用电器产品。工业品市场通常是通过各种分销商将产品和服务介绍给消费者。一级分销渠道主要的缺点：一是需要对零售商进行有效的控制；二是大规模专业化生产和零散消费之间的矛盾，即因零售的储存不可能太大而不能很好地解决储存成本。

总的来说，短渠道的优点：分销渠道短，中间环节少，产品流转成本低，销售速度快，市场信息反馈及时。短渠道的缺点：产品企业承担的商业职能多，难以大规模拓展市场。

2. 长渠道

(1) 二级经销渠道：企业 → 批发商 → 零售商 → 消费者。这是一种传统的，也是常用的分销模式。这种模式是指在企业与消费者之间经过两个层次的中间环节的分销渠道。

(2) 二级代理分销渠道：企业 → 代理商 → 零售商 → 消费者。这种分销模式也是在企业与消费者之间经过两个层次的中间环节的分销渠道。

(3) 三级分销渠道：企业 → 代理商 → 批发商 → 零售商 → 消费者。这种模式是指在企业与消费者之间经过三个层次的中间环节的分销渠道。有些消费品技术性强，又需要广泛推销，多采用这种分销渠道。

长渠道比较突出的优点是：能够有效地开拓市场并分散经营风险。长渠道比较突出的缺点是：渠道长，中间环节多，市场控制性差，产品成本增加，失去低价优势。

(三) 依据同类中间商数量分类

分销渠道的宽度取决于产品流通过程中每一个层次利用相同类型的中间商数目的多少，依据同类中间商数目的多少可以将分销渠道分为密集性渠道、选择性分销渠道和独家分销渠道(见表9-1)。

1. 密集性渠道

所谓密集性渠道，也称为广泛分销渠道，指企业尽可能多地通过负责任的、适当的批发商、零售商推销其产品。其优点是市场覆盖面广，缺点是难以调动中间商的积极性，制造商需要承担相当大的广告费用。

2. 选择性分销渠道

选择性分销渠道是指在市场上选择少数符合本企业要求的中间商经营本企业的产品。它是一种介于宽与窄之间的分销渠道，有利于市场开拓，同时比密集分销节省费用，便于管理和控制、加强协作、提高销售水平。此渠道适合各种商品，尤其是名牌商品。

3. 独家分销渠道

独家分销渠道是指企业在某一地区仅选择一家中间商推销其产品。一般来说，独家性的零售商不再经营竞争品牌。其优点是能调动中间商的积极性，提高经营效率，控制价格。缺点是会失去潜在消费者。此渠道适合特殊品、名牌商品和专业技术性强的商品。

表 9-1　三种渠道特征比较

	密集性渠道	选择性分销渠道	独家分销渠道
渠道的长度和宽度	长而宽	较短而窄	短而窄
中间商数量	尽可能多的中间商	有限中间商	一个地区一个中间商
销售成本	高	较低	较低
广告任务承担者	生产者	生产者、中间商	生产者、中间商
适合商品类别	便利品、消费品	选购品、特殊品	高价品、特殊商品

(四) 依据渠道多少分类

依据企业采用分销渠道的多少，可以划分为单渠道系统和多渠道系统。

1. 单渠道

单渠道系统是指企业只通过一条分销渠道销售产品。

2. 多渠道

多渠道系统(复式渠道和混合渠道)是指企业对同一或不同细分市场，同时采用多渠道的分销体系，并对每条渠道或至少对其中一条渠道拥有较大的控制权。

多渠道系统的形式主要有：企业通过两条以上的竞争性分销渠道销售同一商标的产品；企业通过多条分销渠道销售不同商标的竞争性产品；企业通过多条分销渠道销售服务内容与方式有差异的产品，以满足不同消费者的需求。

【案例 9-2】　　　　　　**苏 宁 易 购**

苏宁易购，是苏宁云商集团股份有限公司旗下新一代 B2C 网上购物平台，现已覆盖传统家电、3C 电器、日用百货等品类。2011 年，苏宁易购将强化虚拟网络与实体店面的同步发展，不断提升网络市场份额。未来三年，苏宁易购将依托强大的物流、售后服务及信息化支持，继续保持快速的发展步伐；到 2020 年，苏宁易购计划实现 3000 亿元的销售规模，成为中国领先的 B2C 平台之一。

五、分销渠道模式

(一) 生活消费资料分销渠道模式

在商品的销售活动中，生活消费资料分销渠道模式进一步可分为五种类型，如图 9-3 所示。

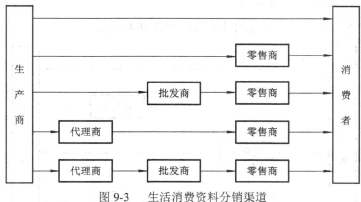

图 9-3　生活消费资料分销渠道

1. 生产商 → 消费者

这种分销渠道是无须经过任何中间商与中介环节，商品生产者直接将商品销售给消费者的一种直接的、最短的分销渠道。在这种渠道中，生产者通过送货上门、电话销售等形式将商品直接销售给消费者，它适用于生产大型高级耐用消费品或传统小食品等企业。

2. 生产商 → 零售商 → 消费者

这是生产者将商品出售给零售商，再由零售商转卖给消费者的一种较简单的、较短的分销渠道。由于这种渠道通过一个中间环节，一方面可以减轻生产者在销售方面的负担与风险，另一方面又能扩大市场，方便消费者购买，提高销售效率。这种分销渠道适合于工业消费品、农副产品等生产企业。

3. 生产商 → 批发商 → 零售商 → 消费者

这是生产者将商品出售给批发商，再转卖给零售商最后出售给消费者的一种常用而较长的分销渠道。这是因为一些小型零售商店不便于直接与生产企业取得联系，而需要从批发商那里进货，有些小型生产企业又因生产批量小，也需要批发商集中货源，然后再卖给零售商，这样既可以节约生产企业的销售费用，又可以节省零售商店的进货时间。但是，如果这种分销渠道使用不当，可能延长流通时间，增加商品流通费用。

4. 生产商 → 代理商 → 零售商 → 消费者

这种分销渠道与上一种分销渠道不同之处在于用代理商取代了批发商。代理商一般都比较熟悉他们所经营商品的性能、特点、质量、操作规程、技术要求等有关知识，所以对于大批量的、技术性较强的商品适合采用这种渠道，比如家用电器、药品、五金等商品经常采用这种分销渠道。

5. 生产商 → 代理商 → 批发商 → 零售商 → 消费者

这种渠道是在上一种渠道模式的基础上增加一道批发商的最长的一种分销渠道。这种分销渠道能开展代购、代批发、代储代运、代办服务等业务。有些工业消费品技术性强，又需要零星进货与销售，此时应采用这种分销渠道，尤其是对一些小型生产企业最为有利。这种商品流通渠道环节最多，分销渠道最长，因此可能相应增加流通费用与周转时间，在选用这种渠道时应慎重。

(二) 生产资料分销渠道模式

生产资料分销渠道模式可分为四种形式，如图 9-4 所示。

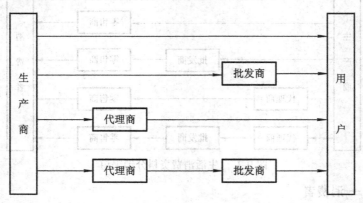

图 9-4　生产资料分销渠道

1. 生产商 → 用户

这种分销渠道的最大特点是销售商品不经过任何中间商，是一种直接的分销渠道。生产大型设备和原材料的企业，比如发电设备厂、机床厂及钢铁厂等企业适合采用这种渠道。这种渠道因环节少、路线短，可以加快商品的流通时间，节省流通费用，但生产企业要单独承担风险。

2. 生产商 → 批发商 → 用户

这种渠道是生产商通过批发商向用户提供商品。这种销售形式适合于一些小型设备及部分低值易耗工业用品，这些商品的特点是价格低、用户多、购买频率高，所以需要批发商进行集中与扩散，这种分销渠道可以减轻企业的销售负担与风险，如果对批发商选择得恰当，还能节省销售费用。

3. 生产商 → 代理商 → 用户

这种渠道是通过代理商将生产资料商品销售给用户。由于代理商对所经营生产资料商品的技术性能、品种规格及市场行情等都比较熟悉，通过他们销售商品，可以减轻生产企业的销售负担，分散部分销售风险，对企业相当有利，尤其是技术性较强的工业用品，一般较多采取此种模式。

4. 生产商 → 代理商 → 批发商 → 用户

这种分销渠道是在上一种渠道基础上增加了批发商中介环节，是一种最长的分销渠道。

有些生产资料商品虽然技术性很强，但生产批量小，用户很分散，这就需要集散商品，以便迅速向用户发货。在这种情况下，不仅需要代理商，而且经过批发商向用户销售商品就显得更为方便。

【案例9-3】 **TCL 集团**

TCL 集团于 1981 年靠一个小仓库和 5000 元贷款起家，1999 年发展成为拥有 100 多亿元总资产，销售收入、出口创汇分别达到 150 亿元、2.4 亿美元，在中国电子行业雄居三强的企业集团。该集团前 10 年集中生产经营通信产品，占据了电话机市场龙头地位；后 10 年进军家电、电工市场，在十分激烈的竞争中，年均销售增长率持续超过 50％。进入 21 世纪，集团正在策划新的目标：再用 10 年时间，使公司从传统的电子企业向以"3C"整合为核心、信息产业为主导的互联网接入设备主流供应商转移，销售规模达到 1500 亿元，进入世界 500 强企业行列。

第二节 分销渠道策略

一个市场内的中间商是有限的，中间商的能力也是有限的，企业如何在一个有限的市场中选择高效的中间商来为自己的产品进行销售就成为分销渠道策略的关键性问题。有效的渠道设计，应以确定企业所要达到的市场目标为起点。从原则上讲，目标市场的选择并不是渠道设计的问题，然而市场选择与渠道事实上是相互依存的。有利的市场加上有利的渠道，才可能使企业获得利润。

一、分销渠道设计的影响因素

(一) 产品因素

不同的产品适用于不同的分销渠道，产品特性会对分销渠道产生影响：不易保存的产品(比如易腐烂的海鲜产品)要求直接渠道；体积大的产品(比如建筑材料)运输距离不宜太远、转卖次数不宜太多；非标准产品(比如定做的机器设备等)，因中间商缺少必要的专业知识，一般由企业代理商直接销售；需要进一步安装和维修服务的产品，一般由企业的特许经销商销售；单位价值高的产品也常由企业的销售队伍直接销售。具体而言，可以分为以下几个方面：

(1) 价值。一般而言，商品单价越小，分销渠道越多，路线越长；反之，单价越高，路线越短，渠道越少。

(2) 体积与体重。体积过大或过重的商品由于不易运输和储藏，应选择直接渠道或中间商较少的间接渠道。

(3) 时尚性。对式样、款式变化快的商品，应多利用直接分销渠道，以最短的时间到达消费者，避免产品过时。

(4) 技术性和售后服务。技术含量越高或需要经常提供服务与保养的商品，应该选择较短的分销渠道，以便维修和提供服务。

(5) 产品产量。产品产量大，往往需要通过中间商销售，以扩大销售空间，提高市场覆盖率。

(6) 产品生命周期。产品在生命周期的不同阶段，对分销渠道的选择是不同的，比如在衰退期的产品，利润下降快，渠道成本在上升，因此，需要压缩分销渠道长度和宽度。

(7) 新产品。为了快速把新产品投向市场并得到消费者的反馈，生产企业应直接向消费者推销或利用原有分销渠道进行销售。

(二) 市场因素

企业的分销渠道设计还与其所面临的市场因素有关。

(1) 目标消费者的状况。如果目标消费者分布面积广，市场范围大，就要利用长渠道和宽渠道，广为推销，提高市场覆盖率。

(2) 市场的地区性。目标市场聚集的地区，分销渠道的结构可以短些、扁平些，而一般地区则经批发商和零售商进行销售。

(3) 消费的季节性。没有季节性的商品应采取较长的分销渠道，充分发挥批发商的作用。

(4) 竞争状况。除非竞争异常激烈，同类商品一般应采取同样的分销模式，容易被市场所接受。

(5) 产品的销售量。如果一次销售量大，可以直接供货，分销渠道就短；一次销售量少但频繁销售，渠道则会长些。

(三) 企业自身因素

企业自身的能力和特点也对分销渠道的选择产生影响。企业总体规模决定了它的市场规模、分销规模及在选择中间商过程中的地位；企业的财务、营销资源决定了它所能承担的销售费用、营销职能及对中间商可能提供的财务支持；企业的产品组合影响分销渠道的类型，产品组合越广，企业直接向客户出售产品的能力就越强；产品组合越深，采用独家经销或少量的中间商就越有利；产品组合的关联性越强，所采用的分销渠道也就越相似。企业过去的渠道经验和现行的营销政策也会影响分销渠道的设计。企业之前曾经通过某种特定类型的中间商销售产品，则会逐渐形成渠道偏好。其具体可分为以下几个方面：

(1) 企业的规模。企业规模越大，其在市场覆盖范围、客户规模、配合和协调中间的能力方面就越强。

(2) 资金。企业的资金实力越强，对分销渠道控制和管理的能力越强，分销商所起的作用就越单一。

(3) 产品状况。企业产品组合的宽度、深度、关联度会对分销渠道成员的选择起到重要的作用。

(4) 企业所拥有的丰富的渠道管理经验，在设计和建设新渠道时，也会影响新渠道的选择。

(5) 科学的营销政策不仅仅激励企业本身的员工，同时极大地吸引目标客户进入企业的分销渠道，并激励渠道中的每一个成员，为销售目标的达成而努力。

(四) 中间商因素

与分销渠道设计密切相关的中间商因素为：中间商的实力；使用中间商的成本；中间

商所提供的服务。其中中间商的实力是企业在设计分销渠道时所要考虑的重点，每一个企业都希望有实力的中间商能够加盟自己的分销渠道，因为企业在进行市场开发时就可以把许多事情交给中间商来完成，从而省去了不少精力和成本。这样企业就可以采取较短的渠道模式，尽可能较少地使用中间商。

如果企业认为，为提供一定的服务而使用中间商的成本过高，在渠道设计中就会减少使用中间商。中间商提供的服务，往往与选择过程紧密相关。需要中间商提供的服务越多，对中间商的要求也就会越高，在设计分销渠道时就越有可能采取较短的渠道结构。

(五) 环境因素

随着市场经济的不断发展和全球经济一体化进程的延伸，人们的消费观念与生活方式不断改变，企业所面对的分销渠道环境也在不断地发生变化。分销渠道环境的特性表现在以下几个方面：

(1) 复杂性与多样性。

分销渠道环境因素既包括产品因素、企业自身因素、市场因素，也包括人口、经济、自然技术、社会文化和政治、法律制度环境等诸多因素，而且往往是众多环境因素综合作用于销售活动，所以渠道环境具有复杂性和多样性的特征。

(2) 客观性与动态性。

影响分销渠道的环境因素是不以销售者的主观意志为转移的，有着自己运行的规律和发展趋势。企业的销售活动只能主动适应和利用客观环境，但不能改变或违背它。主观臆断地确定分销渠道环境的发展趋势，必然会导致分销渠道决策的盲目与失误，造成分销渠道实施策略的失败。同时，这些分销渠道环境因素都是在不断地发展变化之中，是具有动态的性质。比如，人们的消费观念和消费方式在不断发生变化；公众文化程度在不断提高；收入在不断增多；科学技术在不断发展；产品的生命周期相对缩短，更新换代加快；等等。

(3) 不可控制性与企业的能动性。

分销渠道环境作为一个复杂多变的整体，单个企业无法控制、改变，只能适应；对于分销渠道环境因素中的绝大多数单个因素，企业也不可能控制，只能在基本适应中施加一些影响。然而，企业也不是无能为力的，完全可以通过自身主观能动性的发挥，比如，调整分销渠道设计方案、对渠道成员进行更换或激励、科学预测或联合多个企业协调发展等，进而冲破环境的制约或改变某些环境因素，取得销售业绩的重大突破。

二、分销渠道设计

分销渠道设计是指建立以前从未存在过的分销渠道或对已经存在的渠道进行变更的营销活动。设计分销渠道一般包括分析服务产出水平、确定渠道目标、确定渠道结构方案和评估主要渠道方案四个方面。

(一) 分析服务产出水平

渠道服务产出水平是指渠道策略对顾客购买商品和服务问题的解决程度。影响渠道服务产出水平的主要有五个方面：

(1) 购买批量。它是指消费者每次购买商品的数量。

(2) 等候时间。它是指消费者在订货或现场决定购买后，一直到拿到货物的平均等待时间。

(3) 便利程度。它是指分销渠道为消费者购买商品提供的方便程度。

(4) 选择范围。它是指分销渠道提供给消费者的商品花色、品种、数量。

(5) 售后服务。它是指分销渠道为消费者提供的各种附加服务，包括信贷、送货、安装、维修等内容。

(二) 确定渠道目标

渠道设计的中心环节是确定达到目标市场的最佳途径。渠道目标应表述为企业预期达到的消费者服务水平(何时、何处、如何对目标消费者提供产品和实现服务)以及中间商应执行的职能。无论是创建渠道，还是对原有渠道进行变更，设计者都必须将企业的渠道设计目标明确地列示出来。

(三) 确定渠道结构方案

有效的渠道设计应该以确定企业所要达到的市场为起点，没有任何一种渠道可以适应所有的企业、所有的产品，尽管性质相近，甚至是同一种产品，有时也不得不采用迥然不同的分销渠道。

1. 影响渠道结构的主要因素

(1) 市场因素。渠道设计深受市场特性的影响。

(2) 产品因素。产品因素是影响渠道结构的十分重要的因素。

(3) 企业因素。企业在选择分销渠道时，还要考虑企业自身的状况。

2. 设计渠道结构方案

明确了企业的渠道目标和影响因素后，企业就可以设计几种渠道方案以备选择。一个渠道选择方案包括三方面的要素：渠道的长度策略、渠道的宽度策略以及中间商结构的类型。

(四) 评估主要渠道方案

评估主要渠道方案的任务，是解决在那些看起来都可行的渠道结构方案中，选择出最能满足企业长期营销目标的渠道结构方案。因此，必须运用一定的标准对渠道进行全面评价。其中常用的有经济性、可控制性、适应性三个方面的标准。

(1) 经济性。企业的最终目的在于获取最佳经济效益，因此，经济效益方面主要考虑的是每一条渠道的销售额与成本的关系。

(2) 控制程度。企业对渠道的控制力方面，自销自然比利用销售代理更为有利。

(3) 适应性。市场需求和由此产生的各个方面的变化，要求企业有一定的适应能力。

三、分销渠道管理

分销渠道管理是指生产商为实现企业分销目标而对现有渠道进行管理，以确保渠道成员间、企业和渠道成员间相互调节和通力合作的一切活动。

(一) 分销渠道管理的主要职责与具体内容

1. 分销渠道管理的主要职责

(1) 对每个渠道成员的工作效率进行评估。

(2) 了解中间商的要求并制定加强与中间商合作的措施。

(3) 调节并减少与中间商在业务上的矛盾。

(4) 保证对中间商的及时供货。

(5) 必要时对分销渠道进行调整。

2. 分销渠道管理的具体内容

(1) 对经销商的供货管理，保证供货及时，在此基础上帮助经销商建立并理顺销售网，分散销售压力及库存压力，加快商品的流通速度。

(2) 加强对经销商广告、促销的支持，减少商品流通阻力；提高商品的销售力，促进销售；提高资金利用率，使之成为经销商的重要利润源。

(3) 对经销商负责，在保证供应的基础上，对经销商提供产品服务支持，妥善处理销售过程中出现的产品损坏变质、消费者投诉、消费者退货等问题，切实保证经销商的利益不受无谓的损害。

(4) 加强对经销商的订货管理，减少因订货处理环节中出现的失误而引起发货不畅。

(5) 加强对经销商订货的结算管理，规避结算风险，以保障制造商的利益，同时避免经销商利用结算便利制造市场混乱。

(6) 其他管理工作，包括对经销商进行培训，增强经销商对公司理念、价值观的认同以及对产品知识的认识。此外，还需要负责协调制造商与经销商之间、经销商与经销商之间的关系，尤其对于一些突发事件，比如价格涨落、产品竞争、产品滞销以及周边市场冲击或低价倾销等扰乱市场的问题，以协作、协商的方式为主，以理服人，及时帮助经销商消除顾虑，平衡心态，引导和支持经销商向有利于产品分销的方向转变。

(二) 分销渠道管理的方法

生产厂家可以对其分销渠道实行两种不同程度的控制，即高度控制和低度控制。

1. 高度控制

生产企业能够选择负责其产品销售的经销商类型、数目和地理分布，并且能够支配这些经销商的销售政策和价格政策，这样的控制称为高度控制。根据生产企业的实力和产品性质，高度控制在某些情况下是可以实现的。一些生产特种产品的大型生产企业，往往能够做到对分销网络的绝对控制。高度控制对某些类型的生产企业有着很大的益处，比如对特种商品来说，利用绝对控制维持高价可以维护产品的优良品质形象，因为如果产品价格过低，会使消费者怀疑产品品质低劣或者即将淘汰。另外，即使对一般产品，绝对控制也可以防止价格竞争，保证良好的经济效益。

2. 低度控制

如果生产企业无力或不需要对整个渠道进行高度控制，企业往往可以通过对中间商提供具体支持协助来影响经销商，这种控制的程度是较低的，大多数企业的控制属于这种方式。低度控制又称之为影响控制。这种控制一般包括如下一些内容：

(1) 向中间商派驻代表。大型企业一般都派驻代表到经营其产品的经销商中去亲自监督商品销售。生产企业人员也会给渠道成员提供一些具体帮助，比如帮助中间商训练销售人员、组织销售活动和设计广告等，通过这些活动来掌握他们的销售动态。生产企业也可以直接派人支援中间商，比如目前流行的厂家专柜销售、店中店等形式，大多数是由企业派人开设的。

(2) 与中间商多种方式合作。企业可以利用多种方法激励经销商宣传商品，比如与经销商联合进行广告宣传，并由生产企业负担部分费用；支持经销商开展营业推广、公关活动；对业绩突出的经销商给予价格、交易条件上的优惠；对经销商传授推销、存货销售管理知识，提高其经营水平。通过这些办法，调动经销商推销产品的积极性，达到控制分销渠道的目的。

(三) 分销渠道管理中存在的问题及解决路径

1. 渠道不统一引发厂商之间的矛盾

企业应该解决由于市场狭小造成的企业和中间商之间所发生的冲突，统一企业的渠道政策，使服务标准规范。比如，有些厂家为了迅速打开市场，在产品开拓初期就选择两家或两家以上总代理，由于两家总代理之间常会进行恶性的价格竞争，因此往往会出现虽然品牌知名度很高，但市场拓展状况却非常不理想的局面。当然，厂商关系也需要管理，比如，为了防止窜货，企业应该加强巡查，通过人性化管理和制度化管理有效结合，从而培育最适合企业发展的厂商关系。

2. 渠道冗长造成管理难度加大

企业应该缩短货物到达消费者的时间，减少中间环节以降低产品的损耗，厂家有效掌握终端市场供求关系，减少企业利润被分流的可能性。在这方面海尔的海外分销渠道可供借鉴：海尔直接利用国外经销商现有的销售和服务网络，缩短了渠道链条，减少了渠道环节，极大地降低了渠道建设成本。现在海尔可以在几十个国家建立庞大的经销网络，拥有近万个分销点，海尔的各种商品可以随时在这些国家畅通地流动。

3. 渠道覆盖面过广

厂家必须有足够的资源和能力去关注每个区域的运作，尽量提高渠道管理水平，积极应对竞争对手对薄弱环节的重点进攻。

4. 企业对中间商的选择缺乏标准

在选择中间商的时候，不能过分强调经销商的实力，而忽视了很多容易发生的问题，比如实力强的经销商同时也会经营竞争品牌，并以此作为讨价还价的筹码。实力强的经销商不会花太多精力去销售一个小品牌，厂家可能会失去对产品销售的控制权等；厂商关系应该与企业发展战略相匹配，不同的厂商应对应不同的经销商。对于知名度不高、实力不强的企业，应该在市场开拓初期进行经销商选择和培养，不仅建立利益关联，而且还有感情关联和文化认同；对于拥有知名品牌的大企业，有一整套帮助经销商提高的做法，使经销商可以在市场竞争中脱颖而出进而使得经销商产生忠诚。另外，其产品的低经营风险性以及较高的利润，都会促使二者形成合作伙伴关系。总之，选择渠道成员应该有一定的标准，比如经营规模、管理水平、经营理念、对新生事物的接受程度、合作精神、对消费者的服务水平、其下游消费者的数量以及发展潜力等。

5. 企业不能很好地掌控并管理终端

有些企业已经经营了一部分终端市场，抢了二级批发商和经销商的生意，使其销量减少，使得经销商逐渐对本企业的产品失去经营信心，同时他们会加大对竞争品的经销量，造成传统渠道堵塞。如果市场操作不当，整个渠道会因为动力不足而瘫痪。在"渠道为王"的今天，企业越来越感受到来自渠道的压力，如何利用好渠道里的资源优势，管理好经销商，就成了决胜终端的关键。

6. 忽略渠道的后续管理

很多企业误认为渠道建成后可以一劳永逸，不注意与渠道成员的感情沟通和交流，从而出现了诸多问题。因为从整体情况而言，影响渠道发展的因素众多，比如产品、竞争结构、行业发展、经销商能力、消费者行为等，渠道建成后仍要根据市场的发展状况不断加以调整，否则就会出现大问题。

7. 盲目自建渠道网络

很多企业特别是一些中小企业不顾实际情况，一定要自建销售网络，但是由于专业化程度不高，致使渠道效率低下。网络太大反应缓慢，管理成本较高，人员开支、行政费用、广告费用、推广费用、仓储配送费用巨大，这些都会给企业造成较大的经济损失。特别是在一级城市，厂家自建渠道更要慎重考虑。厂家自建渠道必须具备一定的条件：高度的品牌号召力、影响力和相当的企业实力；稳定的消费群体、市场销量和企业利润，比如格力已经成为行业领导品牌，具有相当的品牌认可度和稳定的消费群体；企业经过了相当的前期市场积累已经具备了相对成熟的管理模式等。另外，自建渠道的关键必须讲究规模经济，必须达到一定的规模，厂家才能实现整个配送和营运成本最低化。

8. 新产品上市的渠道选择混乱

任何一个新产品的成功入市，都必须最大限度地发挥渠道的力量，特别是与经销商的紧密合作。那么如何选择一家理想的经销商呢？应掌控以下几点：经销商应该与厂家有相同的经营目标和营销理念，从实力上讲经销商要有较强的配送能力和良好的信誉，有较强的服务意识和终端管理能力；特别是在同一个经营类别当中，经销商要经销独家品牌，没有与之产品及价位相冲突的同类品牌；同时经销商要有较强的资金实力和固定的分销网络等。总之，在现代营销环境下，经销商经过多年的市场历练，已经开始转型，也变得成熟了，对渠道的话语权意识逐步得以加强。所以，企业在推广新品上市的过程中，应该重新评价和选择经销商：一是，对现有的经销商，大力强化网络拓展能力和市场操作能力，新产品交其代理后，厂家对其全力扶持并培训；二是，对没有改造价值的经销商，坚决予以更换；三是，对于实力较强的二级分销商，则可委托其代理新产品。

【案例9-4】　　　　　　　**海 尔 渠 道**

海尔与经销商、代理商合作的方式主要有店中店和专卖店，这是海尔分销渠道中颇具特色的两种形式。海尔将国内城市按规模分为五个等级，即一级是省会城市，二级是一般城市，三级是县级市及地区，四级和五级是乡镇和农村。在一、二级市场上以店中店、海尔产品专柜为主，原则上不设专卖店，在三级市场和部分二级市场建立专卖店，四、五级网络是二、三级销售渠道的延伸，主要面对农村市场。同时，海尔鼓励各个零售商主动开拓网店。

(四) 分销渠道的调整

(1) 调整某些渠道成员。在分销渠道的管理与改进活动中，最常见的就是增减某些中间商的问题。这是渠道改进和调整的最低层次。调整的内容包括：功能调整、素质调整、数量调整。

(2) 调整某些分销渠道。调整的内容包括：对企业的某个分销渠道的目标市场重新进行定位；对某个目标市场的分销渠道重新选定。

(3) 调整整个分销渠道系统。这是分销渠道改进和调整的最高层次。对企业来说，最困难的渠道决策就是调整整个分销渠道系统，因为这种决策不仅涉及渠道系统本身，而且还涉及营销组合等一系列市场营销政策的相应调整，因此必须慎重对待。

四、渠道冲突管理

(一) 渠道冲突概念

渠道冲突是指同一渠道中不同环节以及同一环节中不同成员之间的矛盾。

冲突是渠道运作过程中的常态，不少企业对渠道冲突往往重视不够，缺乏相应的渠道冲突协调机制，对渠道冲突认识不深，往往消极防范或仓促应对，导致更多的矛盾发生。因此早做准备，对冲突的来龙去脉、基本类型及活动特点认真地研究，想想该怎么规避，或者更高级一些，怎样才能使冲突为企业所用。厂家与厂家、厂家与中间商、中间商与中间商之间的冲突是不可避免的，这既源于强烈的逐利动机，又迫于残酷的市场竞争。但是凡事都有利有弊，从某种程度上讲，渠道发生适度的冲突有时是一件好事。一方面有可能一种新的渠道运作模式将取代旧模式，从长远来看，这种创新对消费者是有利的；另一方面，完全没有渠道冲突和客户碰撞的厂家，其渠道的覆盖与市场开拓肯定有瑕疵。渠道冲突的激烈程度还可以成为判断冲突双方实力及商品热销与否的"检测表"。当然，对于恶性冲突，必须尽快处理，否则，利益将由竞争者获得。

(二) 渠道冲突原因

引起冲突的原因还有以下几种：① 目标不一致。生产者可能通过低价来追求迅速拓展市场，而经销商则可能通过高价来追求盈利。② 角色的权利不明确。渠道成员销售的区域界线混乱，销售方式不一。③ 感知不同。经销商可能会认为生产者会取而代之，而实际情况并非如此。④ 互相依赖程度不同。渠道成员相互依赖的程度越大，发生冲突的可能性越大。

(三) 渠道冲突类型

一般而言，分销渠道中有三种类别的渠道冲突：① 垂直渠道冲突，是指同一分销渠道中不同层次的渠道成员之间的冲突。批发商可能会抱怨制造商留给自己的利润空间太小，而销售支持(如广告、推销等)又太少。② 横向渠道冲突，是指分销渠道中同一层次的渠道成员之间发生的冲突。比如，同一城市有多家批发商，或同一大型批发市场中有多家批发商或零售商，他们为争夺下游客户或最终顾客而发生冲突。③ 多渠道冲突，当厂商在同一地域使用两种及以上分销渠道时发生的冲突。这种冲突主要表现为新兴渠道对传统分销渠道的冲击。比如，在一些市场，厂商可能会越过原有的区域独家代理商，向大型连锁零售商直接供货，从而引发原渠道成员的强烈不满。

【案例9-5】   **格力与国美的冲突**

格力，一个连续九年行业排名第一，2003年销售额高达90多亿元的空调龙头企业；国美，一个拥有150多家门店的家电连锁零售业老大。2004年2月，成都国美和成都格力发生冲突，原因是国美在没有提前通知厂家的情况下，突然对所售的格力空调大幅度降价，将格力一款原本销售价为1680元的1P挂机降为1000元，原本零售价为3650元的2P柜机降为2650元。对此，格力表示，国美的价格行为严重损害了格力在当地的既定价格体系，也导致其他众多经销商的强烈不满。

国美不甘现状，要求绕过格力"各省一级销售子公司"，直接由格力公司供货。格力不让步："国美与其他一级市场家电零售商一样，我们对其一视同仁；如果按国美要求做，不但扰乱了格力的市场价格体系，而且严重损害了其他家电零售商的利益。"由此，国美总部前些日子向各地分公司下发了一份"关于清理格力空调库存的紧急通知"，通知表示，格力代理商模式、价格等不能满足国美的市场经营需要，要求各地分公司将格力空调的库存及业务清理完毕。

(四) 渠道冲突管理

(1) 建立共同的目标。渠道成员有时会以某种方式签订一个明确他们共同基本目标的协议，其内容可能包括生存、市场份额、高品质或客户满意。这种事情经常发生在渠道面临外部威胁时，比如更有效的竞争渠道、法律的不利规定或者消费者偏好的改变，此时全体成员就会联合起来排除威胁。当然，由此形成渠道成员的紧密合作也是一个机会，它可以团结各部门为追求共同目标的长远利益而工作。

(2) 互换人员。另一种有用的冲突管理是在两个或两个以上的渠道层次上互换人员。比如，通用汽车公司的一些主管可能同意在部分经销商店工作，而某些经销商业主可以在通用汽车公司有关经销政策的领域内工作。可以推测，经过互换人员，一方的人员就能更多地接触另一方的观点并加深相互之间的理解与认同。

(3) 合作。这里的合作指的是一个组织为赢得另一个组织领导者的支持所做的努力，包括邀请他们参加咨询会议、董事会等，使他们感到他们的建议被倾听，受到重视。发起者认真对待其他组织的领导人，可以有效减少冲突，但同时为了获得其他组织的支持，该组织不得不对其计划、政策进行相应的折中。

(4) 联合。许多冲突的解决也可以通过贸易协会之间的联合。比如，美国杂货制造商协会与代表大多数食品连锁店的食品营销协会进行合作，产生了通用产品条形码。可以推测，该协会能够考虑食品制造商和零售商的共同问题并有效地加以解决。

(5) 协商或仲裁。当冲突是长期性或比较尖锐时，冲突各方必须通过协商或仲裁解决。协商是一方派员与对手方面对面解决冲突。调解意味着由一位经验丰富的中立的第三方根据双方的利益进行调停。仲裁是双方同意把纠纷交给第三方(一个或更多的仲裁员),并接受他们的仲裁决定。

【案例 9-6】 渠道冲突,雅芳转型之痛

目前,雅芳拥有 6000 多家专卖店以及 1700 多个商店专柜,但是,它们大部分都由经销商投资。雅芳通过 30%~40%的利润空间来说服经销商们进行前期的投资,但是自从雅芳透露将展开直销以来,经销商销量直线下降,从而出现了经销商集体"逼宫"的现象。这是典型的供应商与经销商之间的渠道冲突!渠道冲突,已成为雅芳在直销转型过程中难以回避的一道坎儿,是雅芳适应新的直销游戏规则所必须经历的痛苦过程。

第三节 批发商与零售商

一、批发商

批发商是指向生产企业购进产品,然后转售给零售商、产业用户或各种非营利组织,不直接服务于个人消费者的商业机构,位于商品流通的中间环节。我们使用批发商这个词来描述那些主要从事批发业务的企业,这个词的内涵排除了制造商和农场主,因为它们主要从事生产活动,同时也排除了零售商。

(一) 批发商职能

1. 购买

批发商的购买活动,是商品流通过程的起点。批发商凭借丰富的经验与市场预测知识,预计市场对某些商品的需求情况,先行组织货源,随时供应客户,使零售商能节省进货中所花费的时间、人力与费用。对生产商来说,因批发商每批进货量较大,也可节省营销费用。

2. 分销

分销的职能对于生产商与零售商具有同等的效用。通常,生产商出于对运输管理及管理成本的考虑,不愿意小批量出售;而零售商限于资金条件,无力大量购买,限于人力,也不可能向每个生产商去购买。批发商既可以向生产商做大量购买,又可将货源分割成小单位转售给零售商。

3. 运输

产品运输是产品借助于动力实现在空间上的位置转移,是商品流通中的一个重要环节。批发商在购进、分销和促销活动中,发挥了中间商集中、平衡与扩散的功能,并促成商品交换。批发商在采购商品后,还要担负组织产品运输的任务,及时、准确、安全、经济地组织产品运输,使生产商可以避免积压,零售商减少库存量。

4. 储存

产品储存是商品流通的一种"停滞",也是商品流通不断进行的条件。批发商能充分利用仓储设备,创造时间效用,使零售商随时可获得小批量的现货供应。批发环节的储存,可调节市场供求在时间上的矛盾,起到"蓄水池"的作用。

5. 资金融通

零售商向批发商实行信用进货时,能减少经营资金需要。资金实力雄厚的批发商,也可以采用预付款的方式,以资助生产商。

6. 风险负担

生产商将产品出售给批发商后,产品因损耗、失去时尚性及其他原因而引起消费者对产品的不满意时,要求包退包换;在产品降价时,承担削价损失等。这一切经营风险也都转让给了批发商。

7. 服务

批发商为零售商提供宣传、广告、定价、商情等服务。

(二) 批发商类型

1. 自营批发商

自营批发商是由制造商和零售商自己建立的独立批发机构。那些生产或零售规模较大、资金雄厚的制造商和零售商为了实行产供销一条龙的发展战略,在各地,甚至在世界范围内建立自己的批发网络,以便对市场有更大的控制力。比如,某些著名的跨国公司在进入我国市场初期,便在我国设立了办事处,有些办事处就承担了批发商的功能。他们不仅负责公司在华的产品销售业务,而且也控制着产品的批发、销售、仓储和库存以及零配件的发送环节,提高了自己产品在华的整体竞争力。

2. 专营批发商

专营批发商是专门从事各种批发业务的商业企业,它们是批发商的主体。专营批发商拥有产品的所有权,即他们从厂家购进产品,然后再转卖给零售商。因此,他们拥有一定的资金,承担着产品滞销积压以至卖不出去的风险。他们的利润主要来自批发的数量,通常他们的批发价格相对零售商的价格来说较低,但由于经营的数量大,利润也随量增长。

专营批发商的种类很多,按照他们执行附加服务的程度不同,可将其分为执行完全服务批发商和有限服务批发商两种。完全服务批发商执行批发商业的全部职能,他们提供的服务主要有保持存货、雇佣固定的销售人员、提供信贷、送货和协助管理等。他们又分为批发商人和工业分销商两种:批发商人主要是向零售商销售,并提供广泛的服务;工业分销商向制造商而不是向零售商销售产品。有限服务批发商是指为了减少成本费用,降低批发价格,往往只执行一部分服务的批发商。有限服务批发商的主要类型有现购自运批发商、承销批发商、卡车批发商、托售批发商以及邮购批发商等。

3. 代理商

代理商同一般批发商的最大不同之处在于他们对其经营的商品不拥有所有权,他们只接受委托，替委托人经营商品，从中赚取佣金。实际上，他们只是为买者与卖者提供成交便利的市场润滑剂。他们既不注入资金，也不承担商品销售中的风险，所以，一般情况下，代理商从交易中提取的佣金比例比批发商获得的利润要低得多。代理商一般同买方或卖方有着明确、稳定的商业代理关系。

4. 经纪人

经纪人实际上也是一种代理关系，它的主要作用是为买卖双方牵线搭桥，促其成交，从中赚取佣金。这是一种比代理商更灵活的商业委托关系。一般情况下，它是由个人承办业务，既可以同委托人形成长期稳定的商业代理关系，也可以是一次性的代理。在发育成熟的市场中，各行各业都有不少经纪人，比如保险经纪人、房地产经纪人、证券经纪人等。经纪人一般是通晓某一行业的专家，熟悉市场，他们为买卖双方提供市场信息，寻找要购买的对象，促使双方以比较合理的价格达成交易，由此委托人可以节约许多交易成本。西方国家职业运动员的比赛俱乐部的转会一般都是通过经纪人来进行的。我国足球运动职业化以来，许多俱乐部自己到国外寻找运动员，由于对国外足球市场行情不了解，往往是花钱不少，但引进球员的效果不好。这些教训说明，要发展我国的职业体育运动，就必须不断发展和完善体育经纪人市场。

【案例 9-7】　　　　　义乌小商品市场的成功

2006 年 12 月 28 日，全球竞争力组织公布了"2006 中国上市公司竞争力 100 强"的名单，浙江中国小商品城集团股份有限公司继 2005 年后再次成为中国专业市场界的骄子，排名仅次于中国石油化工股份有限公司，名列竞争力排行榜第二名。义乌的成功，吸引了大多数地产投资商的眼球，一个一个大量超大型体量的专业市场扛着"物流港""物流中心""交易中心""国际城""品牌展示中心""时尚中心"等旗号，拔地而起，名曰为专业市场的升级、顺应国际化潮流。

二、零售商

零售商是指将商品直接销售给最终消费者的中间商，是相对于生产商和批发商而言的，处于商品流通的最终阶段。零售商的基本任务是直接为最终消费者服务，它的职能包括购、销、调、存、加工、拆零、分包、传递信息、提供销售服务等。零售商不仅在时间、空间与服务方面，方便消费者购买，还是联系生产企业、批发商与消费者的桥梁，因此在商品的分销过程中起着重要的作用。

（一）零售商职能

零售商的业务经营过程是从批发企业或生产单位整批地购进商品，然后拆零转售给消费者。所以，零售商业是商品流通的终点，商品一经卖出便退出流通领域而成为人们的消费对象。零售商所处的这种地位极为重要，其主要职能包括：

1. 提高销售活动的效率

如今是跨国公司和全球经济迅速发展的时代，如果没有零售商，商品由生产制造厂家直接销售给消费者，工作将非常复杂，而且工作量特别大。对消费者来说，没有零售商也要使购买的时间大大增加。比如，零售商可以同时销售很多厂家的商品，消费者在一个零售商那里就能比较很多厂家的商品，比没有零售商而要跑到各个厂家观察商品要节约大量时间。

2．储存和分销产品

零售商从不同的生产厂家或批发商那里购买产品，再将产品分销到消费者手中，在这个过程中，零售商要储存、保护和运输产品。

3．监督检查产品

零售商在订购商品时就考察了厂家或批发商在产品方面的设计、工艺、生产、服务等质量保证体系，或者根据生产厂家或批发商的信誉、产品的名牌效应来选择产品。进货时，将按有关标准严格检查产品。销售产品时，一般会将产品划出等级。这一系列的工作起到了监督检查产品的作用。

4．传递信息

零售商在从生产厂家或批发商购买产品和向消费者销售产品的过程中，将向厂家介绍消费者的需求、市场的信息、同类产品各厂家的情况；也会向消费者介绍各厂家的特点。这无形中传递了信息，促进了竞争，有利于产品质量的提高。

(二) 零售商类型

零售商是直接向消费者出售商品的商业部门，处于商品流通过程的中间环节，使商品从流通领域进入消费领域，完成了商品流通的整个过程。 我国国内贸易局在 1998 年 7 月将零售业商店分为 8 类：百货店、超级市场、大型综合超市、便利店、仓储式商场、专业店、专卖店、购物中心。从发达国家情况看，最主要的零售商店类型有以下几种：

1．专用品商店

其经营的产品线较为狭窄，但产品的花色品种较为齐全。比如服装店、体育用品商店、家具店、花店和书店均属于专用品商店。根据产品线的狭窄程度可以将专用品商店再分类：一是单一产品线商店，如服装店；二是有限产品线商店，如男士服装店；三是超级专用品商店，如男士定制衬衫店。在这三类专用品商店中，超级专用品商店的发展最为迅速，因为它们可以发挥产品专业化的优势。

2．百货商店

百货商店一般销售几条产品线的产品，尤其是服装、家具和家庭用品等，每一条产业线都作为一个独立部门由专门的采购员和营业员管理。此外，还有一些专门销售服装、鞋子、美容化妆品、礼品和皮箱的专用品百货商店。由于百货商店之间的竞争激烈，还有来自其他的零售商，特别是来自折扣商店、专用品连锁商店、仓储零售商店的激烈竞争，再加上交通拥挤、停车困难和中心商业区的衰落，百货商店正逐渐失去往日的魅力。

3．超级市场

该零售机构的特点是营业面积大、经营品种多、产品价格低、营业时间长、配套设施全、消费者自己挑选满意的商品。超级市场深受大批低收入者的欢迎。

4．方便商店

这是设在居民区附近的小型商店，营业时间长，每周营业七天，销售品种范围有限，多为周转率高的方便产品。消费者主要利用它们做"填充"式采购，因此其销售价格相对要高一些。但是其满足了消费者一些重要的需求，消费者也愿意为这些方便产品付高价。

5．超级商店、联合商店和特级商场

超级商店比传统的超级市场更大，主要销售各种食品和日用品。它们通常提供洗衣、干洗、修鞋、支票付现、代付账单和廉价午餐等服务。

联合商店的面积比超级市场和超级商店更大，呈现一种经营多元化的趋势，主要向医药领域发展。

特级商场比联合商店还要大，综合了超级市场、折扣和仓储零售的经营方针，其花色品种超出了日常用品，包括家具、大型和小型家用器具、服装和其他许多品种。其基本方法是原装产品陈列，尽量减少商店人员搬运，同时向愿意自行搬运大型家用器具和家具的消费者提供折扣。

6．折扣商店

真正的折扣商店具有下列特点：第一，商店经常以低价销售产品；第二，商店突出销售全国性品牌，因此价格低廉并不说明产品的质量低下；第三，商店在自助式、设备最少的基础上经营；第四，店址趋向于在租金低的地区，要能吸引较远处的消费者。

折扣商店之间、折扣商店与百货商店之间的激烈竞争，导致许多折扣零售商经营品质高、价格贵的产品。它们改善内部装修、增加新的产品线、比如穿戴服饰；增加更多服务，比如支票付现、方便退货；在郊区购物中心开办新的分店。这些措施导致折扣商店成本增加，被迫提价。另外，百货商店经常降价与折扣商店竞争，两者之间的差距日益缩小。折扣零售已经从普通产品发展到专门产品商店，比如折扣体育用品商店、折扣电子产品商店和折扣书店。

7．仓储商店

仓储商店是一种以大批量、低成本、低售价和微利多销的方式经营的连锁式零售企业。仓储商店一般具有以下特点：

(1) 以工薪阶层和机关团体为主要服务对象。它旨在满足一般居民的日常性消费，同时满足机关、企业办公性和福利性消费的需要。

(2) 价格低廉。它从厂家直接进货，省略中间环节，尽可能降低经营成本。

(3) 精选正牌畅销产品。它从所有产品门类中挑选最畅销的产品大类，再从中精选畅销的品牌，并在经营中不断筛选，根据销售季节等因素随时调整，以使仓储式连锁商场内销售的产品有较高的市场占有率，同时保证产品的调整流转。

(4) 实行会员制。它注意发展会员和会员服务，加强与会员之间的联谊，以会员制为基本的销售和服务方式。

(5) 低经营成本。它运用各种可能的手段降低经营成本，比如仓库式货架陈设产品，选址在次商业区或居民住宅区，产品以大包装形式供货和销售，不做一般性商业广告，往往仓店合一。

（6）采用先进的计算机管理系统。它及时记录分析各店销售情况，不断更新经营品种，既为商场提供现代化管理手段，也减少了人工费用。

8．产品陈列室推销店

这类商店将产品目录推销和折扣原则用于品种繁多、加成高、周转快和知名品牌的产品。这些产品包括珠宝首饰、动力工具、提包、照相机及照相器材。这些商店已经成为零售业最热门的形式之一，甚至对传统的折扣商店构成威胁。产品陈列室推销店散发彩色印刷的目录，每本长达数百页，此外还增发季节性的小型增补版，上面标有每一项产品的定价和折扣价，消费者可以电话订货，由店方送货上门，消费者支付运费。当然，消费者也可以开车来商店亲自验货提货。

【案例 9-8】　　　　　　　　春兰与中间商的密切合作

江苏春兰集团的受控代理制为渠道合作提供了范例。所谓受控代理制是指代理商要进货，必须提前将货款以入股方式先交春兰公司，然后按全国规定，提走货物。这一高明的市场营销战术，有效地稳固了销售网络，加快了资金周转，大大提高了工作效率。当一些同行被"互相拖欠"拖得精疲力竭的时候，春兰却没有一分钱拖欠，几十亿流动资金运转自如。目前，春兰公司已在全国建立了 13 个销售分公司，同时还有 2000 多家经销商与春兰建立了直接代理关系，二级批发，三级批发，加上零售商，销售大军已达 10 万之众。春兰的成功并非单纯地靠预付货款，更重要的是靠质量、价格与服务。春兰空调的质量，不仅在全国同行首屈一指，而且可以同国际上最先进的同类产品媲美。其次，无论是代理商还是零售商，都从销售中获得理想的效益，赔本交易谁也不会干。而质量第一流的春兰没有忘记给中间商更多的实惠，公司给代理商大幅度让利，有时甚至高达售价的 30%，年末还给予奖励。这一点，许多企业都难以做到。有的产品稍有点"名气"就轮番提价，想把几年的利润在一个早晨就全部赚回来，根本不考虑代理商和经销商的实际利益。这种见利忘义的做法，把许多中间商都吓跑了。再次是服务。空调买回去如何装？出了毛病找谁？春兰为了免除 10 万中间商的后顾之忧，专门建立了一支庞大的近万人的安装、调试、维修等售后服务队伍。他们实行 24 小时全天候服务。消费者在任何地方购买了春兰空调，都能就近得到一流的售后服务。春兰正是靠这些良好的信誉与中间商密切合作的。10 万中间商也给了春兰优厚的回报：他们使春兰空调在国内市场上的占有率达到 40%，在同行各企业中遥遥领先。

第四节　物流系统管理

一、物流概念

物流指的是在分销渠道中产品实体从供应者向需要者的物理移动，包括运输(配送)、仓储保管、包装、装卸、流通加工及物流信息处理等多项基本活动。物流概念中的"流"，是产品实体的定向移动，既包括其空间移动，又包括其时间上的延续，其实质就是一种经营活动。物流强调产品实体运动过程的系统化、整体化，"重商流、轻物流"会严重影响分销渠道的整体效益。建立合理、高效的物流体系，不仅能够保证产品最终实现价值，而且还会大大提高社会效益。

二、物流系统管理

物流系统管理的要素一般认为有包装、装卸、运输、保管、流通加工、配送、物流信息等，如果从物流活动的实际工作环节来考查，物流由上述七项具体工作构成。换而言之，物流能实现以上七项功能。

(一) 包装功能要素

其包括产品的出厂包装、生产过程中在制品、半成品的包装以及在物流过程中换装、分装、再包装等活动，对包装活动的管理，根据物流方式和销售要求来确定。以商业包装为主，还是以工业包装为主，要全面考虑包装对产品的保护作用、促进销售作用、提高装运率的作用、包拆装的便利性以及废包装的回收及处理等因素。包装管理还要根据全物流过程的经济效果，具体决定包装材料、强度、尺寸及包装方式。

(二) 装卸功能要素

其包括对输送、保管、包装、流通加工等物流活动进行衔接活动，以及在保管等活动中为进行检验、维护、保养所进行的装卸活动。伴随装卸活动的小搬运，一般也包括在这一活动中。在全物流活动中，装卸活动是频繁发生的，因而也是产品损坏的重要原因。对装卸活动的管理，主要是确定最恰当的装卸方式，力求减少装卸次数，合理配置及使用装卸机具，以做到节能、省力、减少损失、加快速度，获得较好的经济效果。

(三) 运输功能要素

其包括供应及销售物流中的车、船、飞机等方式的运输，生产物流中的管道、传送带等方式的运输。对运输活动的管理，要求选择技术经济效果最好的运输方式及联运方式，合理确定运输路线，以实现安全、迅速、准时、价廉的要求。

(四) 保管功能要素

其包括堆存、保管、保养、维护等活动。对保管活动的管理，要求正确确定库存数量，明确仓库以流通为主还是以储备为主，合理确定保管制度和流程，对库存物品采取有区别的管理方式，力求提高保管效率，降低损耗，加速物资和资金的周转。

(五) 流通加工功能要素

这一功能又称为流通过程的辅助加工活动。这种加工活动不仅存在于社会流通过程，也存在于企业内部的流通过程中，因此实际上是在物流过程中进行的辅助加工活动。企业、物资部门、商业部门为了弥补生产过程中加工程度的不足，更有效地满足用户或本企业的需求，更好地衔接产需，往往需要进行这种加工活动。

(六) 配送功能要素

配送是物流进入最终阶段，以配送、送货形式最终完成社会物流并最终实现资源配置的活动。配送活动一直被看成运输活动中的一个组成部分，看成是一种运输形式。所以，过去未将其独立作为物流系统实现的功能，未看成是独立的功能要素，而是将其作为运输中的末端运输对待。但是，配送作为一种现代流通方式，集经营、服务、社会集中库存、分拣、装卸搬运于一身，已不再是单单一种送货运输所能包含的，所以将其作为独立功能要素。

(七) 物流情报功能要素

其包括进行与上述各项活动有关的计划、预测、动态(运量、收、发、存数)的情报及有关的费用情报、生产情报、市场情报活动。对物流情报活动的管理，要求建立情报系统和情报渠道，正确选定情报科目和情报的收集、汇总、统计、使用方式，以保证其可靠性和及时性。

上述功能要素中，运输及保管分别解决了供给者及需要者之间场所和时间的分离，分别是物流创造"场所效用"及"时间效用"的主要功能要素，因而在物流系统中处于主要功能要素的地位。

三、现代物流管理发展趋势

随着信息技术的普及应用和电子商务的发展，我国现代物流越来越显示出其在社会经济发展中的重要作用和战略地位，其发展趋势主要表现在以下几个方面：

(1) 完善的物流网络是现代高效物流系统的基础条件，地区性物流网络、全国性物流网络、全球性物流网络是现代物流系统不可缺少的资源。物流信息已经从"点"发展到"面"，以网络方式将物流企业的各部门、各物流企业、物流企业与生产企业等连在一起，实现了社会性的各部门、各企业之间低成本的数据高速共享。从平面应用发展到立体应用，企业物流不仅以较低的成本提供高质量的物流服务，而且还要求物流服务向多样化、综合化、网络化发展。

(2) 物流现代管理是应用现代信息技术改变传统企业物流管理，实现物流管理信息化。没有物流的信息化，任何先进的技术都无法应用于物流领域。信息收集采用条形码技术，通过 EDI(Electronic Data Interchange)和互联网进行数据交换，在 GPS(Global Positioning System)、GIS(Geographic Information System)技术基础上实现产品跟踪，利用计算机管理系统来处理和控制物流信息，为客户提供全方位的信息服务，减少物流环节，提高物流服务系统的快速反应性能。

(3) 互联网技术的出现以及电子商务的发展，加速了全球经济的一体化进程，使企业的发展趋向多国化、全球化，促进了国际物流的发展，物流网络的规模越来越大，运营越来越复杂。为了实现资源和商品在国际间的高效流动与交换，各国物流系统相互"接轨"，促进区域经济的发展和全球资源优化配置的要求，物流运作必须向全球化的方向发展，以最低的费用和最小的风险、最佳的方式与路径为国际贸易和跨国经营提供服务。

(4) 我国物流产业的总体规模目前还比较小，发展水平也比较低。这一方面是由我国经济发展的水平和阶段所决定的，另一方面，也是更为重要的是在物流领域还存在着许多影响和制约信息技术应用的因素。

(5) 经过多年发展，我国物流信息技术的应用取得了长足发展。现代包装技术和机械化、自动化货物搬运技术在我国已有比较广泛的应用，在一定程度上改善了我国物流活动中的货物运输的散乱状况和人背肩扛的手工搬运方式。但由于以信息技术为代表的高新技术的迅猛发展，现代物流企业正在向信息密集型发展，而条形码、EDI、网络这些用以处理大量信息的技术和手段，尽管在我国企业中开展得较早，但普及程度还远远不够：条形码仅局限于大中型企业，零售企业并没有完全实现条码化；EDI 的应用范围相对集中在进出口企业与海关、商检等管理部门，网络技术还处于起步探索过程。由此可见，现代物流信息技术的落后已成为我国物流企业急需解决的问题。

(6) 近年来，从企业到政府部门对物流信息化重要性的认识不断提高，各类企业积极开发物流信息平台、应用综合性或专业化物流管理信息系统，各级政府也把物流信息化作为一项基础建设纳入发展规划之中，进一步加大了对物流信息化的投资力度。但我们不得不承认，与国际先进水平相比，仍处于起步阶段。信息化对企业运营生产环节的渗入层次还较低，即使在信息化水平较高的大中型物流企业，其企业网站的功能仍然以企业形象宣传等基础应用为主，作为电子商务平台的比例相对较少，大约占 16.67%。同时，已建信息化系统的功能主要集中在仓储管理、财务管理、运输管理和订单管理，而关系到物流企业生存发展的有关客户关系管理的应用所占比例却很小，这已成为制约中国物流业发展和竞争能力提高的技术瓶颈。

(7) 从总体上讲，目前国内物流人才匮乏，技术研发力量严重不足，无法和国际同行竞争，理论研究和实际运作比较滞后，缺乏拥有自主知识产权的主流信息技术，导致技术应用成本普遍过高。与此同时，在应用环境方面，我国物流业存在标准化程度不高，标准化适用范围有限和实施力度不足，立法力度不够，缺乏配套的法律法规，各地区、各行业的管理制度与管理办法可操作性差，相互冲突等问题。物流服务体系建设落后，物流技术领域缺乏具有宏观指导能力和促进技术交流的权威机构，我国物流赖以发展的环境大大落后于物流发展形势的要求。在现代物流核心活动的各个层次中，高效率的物流活动有赖于信息技术的全方位支持。从物流设备的自动化到物流进程优化乃至整个供应链各项资源的可视化，信息技术成为贯穿所有物流活动的关键要素。

(8) 物流管理信息系统是利用信息技术，通过信息流，将各种物流活动与某一个一体化过程连接在一起的通道。它可以同时完成对物流的确认、跟踪和控制，不仅使企业自身的决策反应快、灵活机动，对市场的应变能力强，而且增强了和客户的联系沟通，能最大可能地满足客户的需要，从而大大增强了企业的竞争优势。物流信息系统的引进和完善有效地为物流企业解决了单点管理和网络化业务之间的矛盾，成本和客户服务质量之间的矛盾，在有限的静态资源和动态市场之间的矛盾，现在和未来预测之间的矛盾。

✦✦✦✦✦ 本 章 小 结 ✦✦✦✦✦

分销渠道是指某种货物和劳务从生产者向消费者移动时取得这种货物和劳务的所有权或帮助转移其所有权的所有企业和个人。它主要包括中间商及处于渠道起点和终点的生产商与消费者。分销渠道作用主要有：节约了社会总成本；完成产品从生产者到消费者的转移；给消费者带来了时间上的便利，给消费者带来了空间上的便利；带来了品种上的便利；分销渠道加速了再生产过程；分销渠道是重要的信息来源。可以依据不同的视角对分销渠道类型进行划分。分销渠道模式包括生活消费资料分销渠道模式和生产资料分销渠道模式。

影响分销渠道设计的因素主要有：产品因素、市场因素、企业自身因素、中间商因素、环境因素。分销渠道设计是指建立以前从未存在过的分销渠道或对已经存在的渠道进行变更的营销活动。设计分销渠道一般包括分析服务产出水平、确定渠道目标、确定渠道结构方案和评估主要渠道方案四个方面。

渠道冲突是指同一渠道中不同环节以及同一环节中不同成员之间的矛盾。同一渠道中不同环节成员之间的矛盾被称为纵向渠道冲突；同一渠道中同一环节的不同成员之间的矛盾被称为横向渠道冲突。

批发商是指向生产企业购进产品，然后转售给零售商、产业用户或各种非营利组织，不直接服务于个人消费者的商业机构，位于商品流通的中间环节。批发商职能包括：购买、分销、运输、储存、资金融通、风险负担、服务。批发商类型主要有：自营批发商、专营批发商、代理商、经纪人。零售商是指将商品直接销售给最终消费者的中间商，是相对于生产商和批发商而言的，处于商品流通的最终阶段。零售商职能主要包括：提高销售活动的效率、储存和分销产品、监督检查产品、传递信息。零售商类型主要有：专用品商店；百货商店；超级市场；方便商店；超级商店、联合商店和特级商场；折扣商店；仓储商店；产品陈列室推销店。

物流指的是在分销渠道中产品实体从供应者向需要者的物理移动，包括包装、装卸、运输、保管、流通加工、配送及物流信息处理等多项基本活动。物流系统管理主要包括：包装功能要素、装卸功能要素、运输功能要素、保管功能要素、流通加工功能要素、配送功能要素以及物流情报功能要素。

◆◆◆◆◆ 课 后 习 题 ◆◆◆◆◆

一、单项选择题

1. 向最终消费者直接销售产品和服务，用于个人及非商业性用途的活动属于(　　)。
   - A．零售
   - B．批发
   - C．代理
   - D．直销

2. 分销渠道的每个层次使用同种类型中间商数目的多少，被称之为分销渠道的(　　)。
   - A．深度
   - B．宽度
   - C．长度
   - D．关联度

3. 工业分销商主要向(　　)销售产品。
   - A．零售商
   - B．制造商
   - C．供应商
   - D．消费者

4. 物流的主要职能是将产品由其生产地转移到消费地，从而创造(　　)。
   - A．形式效应
   - B．时间效应
   - C．空间效应
   - D．占有效应

5. 生产消费品中的便利品的企业通常采取(　　)策略。
   - A．选择性分销
   - B．密集性分销

C. 独家分销　　　　　　　　　　D. 直销

6. 如果目标消费者人数较多时，生产商在渠道策略选择上倾向于采用(　　)。
　　A. 短渠道　　　　　　　　　　B. 直接渠道
　　C. 窄渠道　　　　　　　　　　D. 长而宽的渠道

7. 非标准化产品或者单位价值较高的产品，一般采取(　　)。
　　A. 密集性分销　　　　　　　　B. 直销
　　C. 自动售货　　　　　　　　　D. 广泛分配路线

8. 在以下几种类型的零售商店中，产品线最深而长的是(　　)。
　　A. 百货商店　　　　　　　　　B. 超级市场
　　C. 折扣商店　　　　　　　　　D. 专业商店

9. 工业品中的标准化、通用化程度较高的产品，一般适合采用(　　)形式。
　　A. 密集性分销　　　　　　　　B. 选择性分销
　　C. 垄断性分销　　　　　　　　D. 独家分销

10. 产品单价高低影响渠道长短的选择，一般来说，产品单价如果较低，选择的渠道宜(　　)。
　　A. 长　　　　　　　　　　　　B. 短
　　C. 窄　　　　　　　　　　　　D. 无所谓

11. (　　)宜采用最短的分销渠道。
　　A. 生产集中、消费分散的产品　B. 技术性强、价格昂贵的产品
　　C. 单价低、体积小的日常用品　D. 处在成熟期的产品

12. 产品的重量和体积较大，其分销渠道宜(　　)。
　　A. 长　　　　　　　　　　　　B. 短
　　C. 宽　　　　　　　　　　　　D. 无所谓

13. 长渠道主要的优点是(　　)。
　　A. 信息反馈通畅　　　　　　　B. 企业能够集中精力组织生产
　　C. 价格加成小　　　　　　　　D. 生产商易于控制中间商

14. 当生产量大且超过企业自销能力许可时，其渠道策略应为(　　)。
　　A. 专营渠道　　　　　　　　　B. 直接渠道
　　C. 间接渠道　　　　　　　　　D. 垂直渠道

15. 中间商处于(　　)。
　　A. 生产商与生产商之间　　　　B. 消费者与消费者之间
　　C. 生产商与消费者之间　　　　D. 批发商与零售商之间

16. 某车站在站前广场增设多个广场售票点，这属于(　　)分销渠道。
　　A. 延长　　　　　　　　　　　B. 缩短
　　C. 拓宽　　　　　　　　　　　D. 缩窄

17. 短渠道的优点主要是(　　)。
　　A. 信息通畅　　　　　　　　　B. 企业能集中精力组织生产
　　C. 与中间商关系密切　　　　　D. 分销数量大

18. 密集性分销的特点不包括(   )。
    A. 辐射范围广　　　　　　　　　　B. 中间商相互竞争
    C. 产品能更快进入目标市场　　　　D. 分销成本低

19. 以下不属于分销渠道设计影响因素中产品因素的是(   )。
    A. 消费的季节性　　　　　　　　　B. 体积与体重
    C. 时尚性　　　　　　　　　　　　D. 价值

20. 以下不属于生活消费资料分销渠道模式的是(   )。
    A. 生产商 → 零售商 → 消费者
    B. 生产商 → 代理商 → 消费者
    C. 生产商 → 代理商 → 零售商 → 消费者
    D. 生产商 → 批发商 → 零售商 → 消费者

二、多项选择题

1. 下列可采用密集性分销的产品是(   )。
    A. 消费品中的选购品　　B. 消费品中的便利品　　C. 消费品中的特殊品
    D. 工业品中的标准件　　E. 工业品中的通用小工具

2. 下列适宜采取密集性分销的是(   )。
    A. 产品潜在的消费者或用户分布面广　　B. 产品价值低
    C. 产品技术性强　　　　　　　　　　　D. 产品体积大
    E. 产品易腐易损，需求时效性强

3. 具备下列哪些条件时，企业可选择直接渠道？(   )
    A. 市场集中　　　　　　　　B. 消费者或用户一次需求批量大
    C. 中间商实力强、信誉高　　D. 产品易腐易损，需求时效性强
    E. 产品技术性强

4. 可供选择的渠道宽度策略有(   )。
    A. 密集分销　　　　　　B. 垂直分销　　　　　　C. 选择分销
    D. 独家分销　　　　　　E. 联合分销

5. 企业在经营哪种产品情况下最好选择较短的分销渠道？(   )
    A. 鲜活易腐产品　　　　B. 技术性强的产品
    C. 体积大、重量大的产品　　D. 成熟期的产品
    E. 产品价值较低的

6. 影响渠道服务产出水平的因素有(   )。
    A. 购买批量　　　　　B. 等候时间　　　　　C. 便利程度
    D. 选择范围　　　　　E. 售后服务

7. 下列关于购买行为因素对渠道长度影响的描述，正确的是(   )。
    A. 消费者购买数量越大，适合使用较长的渠道
    B. 消费者购买频率越高，适合使用较长的渠道
    C. 消费者购买季节性越强，适合使用较长的渠道
    D. 消费者购买探索度越高，适合使用较长的渠道
    E. 消费者购买的随意性越大，适合使用较长的渠道

8. 下列对产品因素对渠道宽度设计的影响描述正确的是( )。

    A. 产品越重，渠道越窄

    B. 产品价值越大，渠道越窄

    C. 产品越是非规格化，渠道越宽

    D. 产品生命周期越长，渠道越宽

    E. 产品体积越大，渠道越宽

9. 影响分销渠道设计的因素主要有( )。

    A. 产品因素　　　　　　B. 市场因素　　　　　　C. 中间商因素

    D. 环境因素　　　　　　E. 企业自身因素

10. 以下属于零售商的是( )。

    A. 经纪人　　　　　　　B. 百货商店　　　　　　C. 方便商店

    D. 代理商　　　　　　　E. 超级商店

三、名词解释

分销渠道　　　　批发商　　　　零售商　　　　直接渠道　　　　间接渠道

密集性分销　　　选择性分销　　独家分销　　　物流　　　　　　分销渠道设计

四、简答题

1. 分销渠道和营销渠道有何区别？

2. 简述分销渠道主要的作用。

3. 简述影响分销渠道设计的因素。

4. 分销渠道设计包括哪些内容？

5. 生活消费资料分销渠道模式主要有哪些？

五、论述题

1. 论述批发商与零售商各自的职能。

2. 论述物流系统管理的主要要素。

六、案例分析

奥普浴霸渠道策略

澳大利亚奥普卫浴电器(杭州)有限公司是专业从事卫浴电器研发、生产和营销的国际化现代企业。其代表产品"奥普浴霸"(浴室取暖设备)在国内外颇受欢迎，仅此一项奥普公司在中国地区的年销售额便超过了2亿元，在中国市场，奥普公司靠"奥普浴霸"系列产品而成名，"浴霸"(浴霸两个字变成了浴室取暖设备的代名词)因奥普公司在中国内地的引进和发展而成为一个行业。7年前，当中国人"随时在家洗个热水澡"的梦想因热水器的大量上市而变成现实时，人们又感觉到，洗浴时浴室的温度太低(尤其是在冬季北方一些地区，此问题更加突出)。正当无奈之际，"奥普浴霸"在中国杭州生产的产品就已经下线了。产品在中国部分城市上市后，立即引起强烈的反响，产品在许多销售点供不应求。7年后的今天，奥普浴霸在中国内地市场已拥有近300万用户，用户群对产品的理解已经开始从奢侈品转变为大众适用商品，继而成为家庭浴室的必备用品。

产品一旦旺销，立即就会引来许多行业的跟进者，据不完全统计，目前国内生产浴霸产品的厂家至少有上百家。作为行业的开拓者和领先者，奥普公司是相当成功的，其独特的市场营销策略和先进的内部管理方式非常值得研究。2000年2月，本报记者在杭州奥普总部进行了实地采访，在企业的配合下，对奥普公司的产品策略、合作策略、价格策略、广告策略以及防止窜货的经验、合作竞争理念、内部绩效考评等进行了总结分析。

奥普的代理商制度是奥普公司在行业中领先的又一大法宝。奥普公司认为，代理商是奥普公司的自家人，市场的繁荣、品牌的构建是厂、商共同努力的结果。奥普在与代理商的合作中，不仅给了他们合理的利润空间，同时，也将他们视为企业的一员。奥普与代理商的合作过程，是一方吸纳另一方融入的过程，建立彼此信任、理解、同舟共济的关系。奥普选择代理商有其独到的方法，他们把志向一致、目标相同、条件相仿的代理商纳入到奥普的利益共同体系中来。

目前有这样一种现象：一些企业选择代理制销售，是因为市场拓展难，所以难做的事情让别人去做，自己放弃营销工作。等到网点铺开了，市场做大了，就以各种形式取缔代理商。而奥普公司在市场导入期总是自己先去开拓市场，从最基础的工作做起，等到市场已经打开，产品销路畅通时，就把市场交给合适的代理商操作，公司则以在当地开设办事处来协助代理商做好产品销售和品牌维护。在工作中，办事处会主动协助代理商做好通路建设、导购培训等基础管理工作。对新产品的信息、存货情况、企业经营动向、广告诉求方向等方面都会定期主动与他们沟通，使他们感到："我就是奥普的一员。"产生这种归属感之后，代理商就下定了决心，放开手脚去做市场拓展、铺货等工作了。奥普的许多"合作伙伴"都是与奥普一起发展壮大起来的。

奥普公司为了搞好当地售前、售中、售后服务和工作细致化，设定所有代理均为城市代理，以服务半径作为市场划分的标准，不搞以行政区域为标准的"圈地"，也就是在奥普公司没有所谓的省级、地市级代理，这样就避免了代理商专注于搞大批发而忽视了终端管理、售后服务、品牌维护等基础工作。同时，奥普建立了代理商模型，每个模型都设计了发展的方向。对于不同特点的代理商，公司在模型中设定了不同的工作侧重点，以便工作的有效开展，统一执行。

公司对代理商的科学管理也是奥普公司成功的原因之一。奥普公司有一整套建立商务代理的文件，其中《代理商素质描述文本》中全面约定了代理商应具备的素质条件，把《代理合同》作为双方的工作说明书。记者在奥普公司的《代理商素质描述文本》中看到这样一段话："区域营销代理商是奥普公司持久发展的战略伙伴，是奥普营销系统的最重要的组成部分，奥普公司与代理商是利益共同体。奥普公司与代理商的共同利益应通过双方在代理区域共同构建奥普品牌的影响力和扩大奥普市场容量后公平获取。任何一方的短期行为都会成为双方合作的羁绊。合作双方均应具备：现代的诚信理念、科学的营销理念、发展的市场理念、朴素的双赢理念、良好的沟通理念、相互的学习理念。双方应达成这样的共识：双方追求的均是利润最大化。实现追求的唯一合理方式是塑造强势品牌，品牌的持久力发展是双方盈利的根本保障。奥普品牌的区域营销代理商前提是对奥普理念的认可和赞同。奥普应通过其良好的企业文化和科学的管理技术思想影响合作者，并从对方汲取所长，共同进步。"

奥普现任 CEO 马悦就是原奥普公司西安地区的代理商，从中就可以看出，奥普的代理商制度并不是说说而已。

案例思考题：

1. 什么是分销渠道？分销渠道具有哪些功能？
2. 什么是中间商？中间商分为哪些类型？
3. 奥普公司的分销渠道建设如何？你认为还有哪些地方可以改进？

促 销 策 略

/////////////////////////////

知识目标 ✎

掌握促销的含义、特点及其作用；掌握促销组合及影响促销组合的相关因素；掌握人员推销的含义与程序；掌握广告的含义、分类与策略；掌握营业推广、公共关系的主要内容。

能力目标 🗐

掌握促销的基本理论和技巧；学会运用促销理论进行促销策划和设计，在满足消费者或用户需要的基础上最终实现产品的价值，树立企业良好形象，为企业持续发展创造条件。

关键术语 📖

促销、促销组合、人员推销、广告、营业推广、公共关系。

导入案例 ✒

奥巴马的胜利是营销传播的胜利

奥巴马作为一个来自肯尼亚的黑人父亲和堪萨斯州的白人母亲的后代，没有任何政治背景、财团的支持，依靠草根和网络的力量成功登上世界最耀眼的政治舞台，成为美国第一任黑人总统。奥巴马的成功，从营销的角度看就是一个成功的营销传播案例。

(1) 品牌形象定位与目标受众精确对接。奥巴马就像一个新品牌，一开始就选择了一个变革、打破传统的定位，树立起"年轻、时尚、创新、突破"的个人形象，鲜明地区别于竞争对手麦凯恩保守、守旧的传统形象，确保了其年轻时尚的改革家形象出现在选民面前，为他带来了一大批文化精英追捧者。

(2) 新媒体环境下的品牌传播策略。奥巴马年轻化品牌定位下，要在青春活力、充满斗志、年轻时尚、创新的草根中进行有效传播，新媒体是最佳的选择。奥巴马利用年轻、强势的新媒体，通过这种开放、民主的媒介形式，在新媒体传播策略中，重点运用新媒体技术，通过互联网、视频、博客、彩铃、搜索引擎、手机短信、电子图书等全面推广，不断拉近与年轻人的距离，获得年轻人支持。其政治形象也很好地利用了平民心态，吻合了平民、草根们的心理。

(3) 整合营销传播手段，塑造品牌形象。在大选过程中，奥巴马运用了个人网站的品牌建立到视频、博客，再到网络广告、搜索引擎进行全面推广，且执行到位，力度精准。从品牌形象到效果传播，从头到尾完成了一个成功的网络整合营销传播案例。

第一节 促销组合

一、促销概念

促销，即促进商品销售的简称。从市场营销角度看，促销是企业通过人员和非人员的方式，沟通企业与消费者之间的信息，引发、刺激消费者的购买欲望，使其产生购买行为的活动。具体而言，促销是企业市场营销活动中的关键环节，企业通过广告、公共关系、人员推销和营业推广等促销手段把企业的产品或服务信息传递给消费者或用户，以影响和促进消费者或用户的购买行为，或使消费者或用户对企业及其产品或服务产生好感和信任。因此，促销本质上是一种告知、说服和沟通的过程，即沟通者有意识地安排信息，选择促销媒体，进而对特定沟通对象的行为与态度施加影响。

【案例 10-1】 玫瑰卡促销

台湾台新银行针对女性消费者发行的信用卡——玫瑰卡，在上市的短短一年半时间里发卡量突破了 10 万张，并以独特的诉求建立了其女性的、认真的品牌个性，一跃成为台湾女性信用卡的领导品牌。

玫瑰卡定位是"最女人的信用卡"，清楚地表达了玫瑰卡的属性。品牌个性一经设定，所有的促销活动便围绕其展开。同时，通过业务员在台湾省人流集中处，比如百货公司、电影院等门前摆摊位，直接与目标对象接触。台新银行又针对不同的女性进行了一系列有针对性的促销活动，例如，针对应届毕业的大专女学生，寄发 DM，可以年费 6.6 折优惠申请，并获得免费的 SPA 试用卡；针对女性杂志订户，寄发 DM，可以年费 6.6 折优惠申请，并获得免费的纪梵希保养卡；针对 50 000 名高使用率的玫瑰卡会员，鼓励她们推荐自己的亲朋好友，申请台新银行信用卡。此外，辅以成功的事件营销运作，与女人最爱的"情人节"紧密结合，1998 年台新银行推出"玫瑰、真情、拍立得"活动，在全省新光三越百货设点，免费替情侣拍照，留下情人节的见证；2000 年又推出"玫瑰七夕，瓶传爱意"活动。

由于一系列的卓越策划，台新银行玫瑰卡成功地在信用卡市场绽放，成为女性信用卡第一品牌，"认真的女人最美丽"更成为广告流行语，被人们广泛引用，成为台新银行玫瑰卡最重要的品牌资产。

促销是企业向消费者或用户传递信息并影响其行为的过程，从其概念不难看出，具有以下几个方面的特点：

（1）促销的核心或精髓是信息沟通。促销的实质是企业与消费者或用户的信息沟通与传递。信息沟通是企业进行促销活动的基本要求，只有先将产品信息传播给消费者或用户，企业才能进一步进行深层次的说服工作。

（2）促销的任务是向消费者或用户通告产品的存在及性能特点。促销沟通什么信息？就是广告主产品或服务的信息。通过信息传递，让消费者或用户知晓产品的存在，以及产品的性能等，认识到产品的使用价值或其核心效用，这样才能打动消费者或用户的购买之心。

（3）促销的目的是转变消费者或用户的态度，激发消费者或用户的购买行为。促销不仅仅是传递信息，更重要的是引起消费者的兴趣，刺激消费者的欲望并促使其采取购买行动。因此，促销的目的是诱导需求，激发购买欲望，以扩大市场占有率。

（4）促销的方式包括人员推销和非人员推销两种。概括起来，企业促销的手段，包括人员推销和非人员推销两类。人员推销即企业运用销售人员向消费者或用户直接推销产品，这种方式适合于工业产品、大宗产品的促销，其优点是信息沟通灵活、及时，但成本较高。非人员推销是企业通过一定的渠道或手段传递企业、产品信息，以促使消费者或用户购买，包括广告、公共关系和营业推广。一般来说，人员促销针对性较强，但影响面较窄；而非人员促销影响面较宽，但针对性较差。企业进行促销活动时，只有将两者有机结合并加以运用，才能发挥其理想的促销效果。

二、促销作用

随着现代市场营销观念的建立以及逐渐被社会所接受，促销的范围已远远超过以往。它已不仅仅是单纯地促成商品所有权转移的商业行为，通过促销活动还能够创造消费者的需求，进而促使整个社会生产的发展和繁荣，维持一定的生活水平。从这个意义上说，促销不仅仅是一种"推销"，而且还是一种"沟通"，所以促销活动还包括商品售出后为消费者提供真诚而周到的服务，并通过市场调研活动及时掌握消费者需求和爱好的信息，以便将来更好地满足其需要。由此可见，可以将促销的作用概括为以下几个方面：

（一）传递信息

传递信息是促销的核心要求。及时、有效的信息传播可以加快产品进入市场的进程。因为消费者对产品不了解，只有通过一些必要的促销措施，向消费者告知产品的各类信息，诸如产品的功能、用途、价格等，才能刺激消费者对产品的兴趣与反应。当然，信息传递有单向和双向两种。单向信息传递是一方发出信息，另一方接收信息，是一种间接促销。双向信息传递是双方都是信息的发出者和接收者，具有直接促销的作用。广告、营业推广就是单向信息沟通，而人员推销、公共关系则属于双向信息沟通。

（二）诱导购买

在买方市场态势下，企业面临众多竞争者，且同类产品很多，其质量、功能差异又小，消费者往往很难辨别。通过促销手段则可以将产品信息，及产品优于竞争对手的信息展示出来，并让消费者知晓，从而达到诱导其购买的目的。

(三) 指导消费

通过各种形式的沟通，让消费者不仅了解产品的一般功能特性，而且更深入地了解产品最基本的操作、使用、维护方法，对消费者起到一定的指导作用，使消费者或用户能够合理消费、科学消费，避免不必要的浪费。

(四) 促进销售

不断的促销可以强化消费者对某个品牌、某个企业产品的认识、理解和认同，从而产生对某个品牌、某个产品的信任感，起到扩大销售的作用。

三、促销组合概念

企业促销方式与手段多种多样，主要有广告、人员推销、公共关系、营业推广，但这些促销方式各有特点，因此，企业在运用促销工具时，应该针对实际的市场环境合理使用。可单独使用，也可以将各种促销方式组合在一起以达到最佳的促销效果，在未来越来越激烈的竞争环境下，企业往往将多种促销方式综合运用，即促销组合。所谓促销组合，是指企业根据产品特点和营销目标，综合各种影响因素，对广告、公共关系、人员推销和营业推广的综合运用，即促销手段的综合运用，又称促销组合策略。

四、促销组合策略

(一) 推式策略

推式策略是以人员推销为主，主要针对以中间商为主的销售促进，兼顾消费者的销售促进，把商品推向市场的促销策略(见图 10-1)。其目的是说服中间商与消费者购买企业产品，并层层渗透，最后到达消费者手中。它主要包括人员推销、营业推广两种形式。

图 10-1 推式策略

(二) 拉式策略

拉式策略是指企业针对最终消费者，花费大量的资金开展广告及消费者促销活动(见图 10-2)，其通过新创意、高投入、大规模的广告轰炸，直接诱发消费者的购买欲望，由消费者向零售商、零售商向批发商、批发商向制造商求购，由下至上，层层拉动购买。广告、公共关系是拉式策略的两种主要形式。

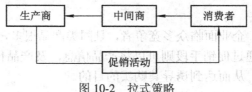

图 10-2 拉式策略

(三) 推拉结合策略

在通常情况下，企业也可以把上述两种策略配合起来运用，在向中间商进行大力促销的同时，通过广告刺激市场需求(见图10-3)。

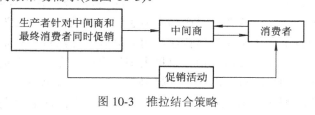

图 10-3 推拉结合策略

【案例10-2】　　　　　　　**奇正公司的拉式促销**

奇正炎痛贴上市时，由于知名度低乏人问津，生产厂家奇正公司在集团董事长雷菊芳的带领下，运用免费送药的办法来打开市场。从兰州、西安到北京，从女排、男排、乒乓球队、体操队到普通百姓，三个月内送出了几万贴，价值几十万元，时间不长，全国数十家媒体蜂拥而至，几乎每天都有奇正炎痛贴的报道，来自雪域高原的藏药，有非常神奇的疗效，口口相传引来媒体聚焦，奇正藏药的知名度以出人意料的速度传遍全国。求购者很快从四面八方涌来，三个月断药四次，很快打开了市场。

五、影响促销组合的因素

人员推销、广告、公共关系和营业推广各有所长，各有所短，对于不同的企业、不同的产品和不同的环境下应该采用不同的促销组合。企业在编配和选择促销组合时应考虑以下几个因素：

(一) 促销目标

促销目标是企业从事促销活动所要达到的目的。企业在不同的发展阶段以及企业外部环境的变化下，有不同的促销目标。比如，企业如果想通过促销活动来提高企业的品牌形象和产品形象，则应采用广告和公共关系；而如果想加强对销售终端的控制，则应采用人员推销；要想在短期内促进销售、提高企业的经济效益，营业推广则是一个很好的选择。因此，促销组合和促销策略的制定，要符合企业的促销目标，根据不同的促销目标，采用不同的促销组合和促销策略。

(二) 产品因素

(1) 产品类型。按产品类型划分，可以把产品划分为工业品和消费品。不同类型的产品，购买者和购买目的不相同，因此，也应采用不同的促销组合和促销策略。一般说来，消费品的市场范围较广，消费者分布比较广泛、人数众多，宜更多地采用拉式策略，以使用广告为主，辅之以营业推广、人员推销和公共关系；工业品的购买者较集中，购买批量较大，一次购买的产品价值也较高，因此宜更多地采用推式策略，以人员推销为主，辅之以营业推广、广告和公共关系。

(2) 产品价值。一般来说，产品技术性能复杂，价格较高，应以人员推销为主，辅以其他促销方式；价格较低的一般产品，应以广告为主，辅以其他的促销方式。

（3）产品的市场生命周期。在产品市场生命周期的不同阶段，有不同的促销目标，因而应采取不同的促销组合策略。在产品导入期阶段，新产品首次打入市场，应以广告为主，重点宣传产品的性质、品牌、功能、服务等，以引起消费者对新产品的注意。在产品成长期阶段，市场发生了变化，消费者已对产品有所了解，促销仍以广告为主，但广告宣传应从一般介绍产品转而着重宣传企业产品特色，树立品牌，使消费者对企业产品形成偏好。这时应增加促销费用，并配合人员推销，以扩大销售渠道。在产品成熟期阶段，产品已全部打入市场，销售增长到最高点转而呈下降趋势。此时，广告仍不失为一种重要的促销方式，但其他沟通方式应配套使用，尤其应重视营业推广。在产品衰退期阶段，同行竞争已经到了白热化程度，替代产品已出现，消费者的兴趣已转移，此时企业应该削减原有产品的促销费用，少量采用提示性广告，对于一些老用户，营业推广仍要保持。

（三）市场因素

市场也存在一些影响促销组合与促销策略的因素，比如市场的地理范围大小、市场集中程度、市场的竞争状况等。从市场地理范围大小看，小规模本地市场，应以人员推销为主；而对大规模的全国市场或全球市场，则应以广告为主。从市场集中程度看，如消费对象集中，可采用人员推销，反之宜选择广告、营业推广等。从市场竞争状况来看，市场竞争激烈时，企业需要投入较多的促销预算，并且应根据竞争对手的促销组合策略来调整并确定自己的促销组合。

（四）促销预算

不同的促销方式所需要的费用也是不一样的，比如电视广告，尤其是在中央电视台黄金时段播出的广告，费用开支非常大；而一些报纸、广播、POP 广告、直接邮寄广告等，所需的费用则相对要少很多。企业应根据促销预算，在有限的财力范围内来确定适当的促销组合策略。

第二节　人员推销策略

一、人员推销概念

人员推销是企业运用推销人员直接向顾客推销商品和劳务的一种促销活动，在人员推销活动中，推销人员、推销对象和推销品是三个基本要素，其中，前者是推销活动的主体，后者是推销活动的客体。通过推销人员与推销对象之间的接触、洽谈，将推销品卖给推销对象，从而达成交易。

企业的人员推销形式可以有两种：一种是建立自己的推销组织，使用本企业的销售人员来推销产品。推销组织中的人员可称为推销员、业务员、销售代表、业务经理、销售工程师等。这种推销人员又可分为两部分：一部分是内部推销人员，一般在办公室用电话联系、洽谈业务，并接待购买者的来访；另一部分是外勤推销人员，他们外出推销、上门访问顾客。另一种人员推销形式是使用合同推销组织，如制造商的代理商、销售代理商、经纪人等，按照其代理销售金额付给佣金。

【案例10-3】 **原一平的推销秘谈**

在中国也许有很多人不知道原一平是谁，但在日本寿险业，他却是一个声名显赫的人物。日本有近百万的寿险从业人员，其中很多人不知道全日本20家寿险公司总经理的姓名，却没有一个人不认识原一平。他的一生充满传奇，从被乡里公认为无可救药的"小太保"，最后成为日本保险业连续15年全国业绩第一的"推销之神"，并被著名作家奥格·曼狄诺誉为"世界上最伟大的推销员"。最穷的时候，原一平连坐公车的钱都没有，可是最后，他终于凭借自己的毅力，成就了自己的事业。

原一平的心血结晶：成功的同时，要使该客户成为你的朋友。

二、人员推销特点

与其他促销形式相比，人员推销的独特性体现在：

(1) 亲切感强。满足顾客需要是保证销售达成的关键，推销人员总愿意在许多方面为顾客提供服务，帮助他们解决问题，因此，推销人员通过同顾客面对面交流，可以帮助顾客消除疑惑，加强相互间的沟通。同时，双方在交流过程中可以建立起信任和友谊关系。

(2) 具有较大的灵活性。销售人员在访问推销的过程中可以亲眼观察到顾客对推销陈述和推销方法的反应，并揣摩其购买心理变化过程，因而能迅速根据顾客情绪及心理的变化酌情改进推销陈述和推销方法，以适应不同顾客的行为和需要，促进最终交易的达成。

(3) 针对性强。与广告相比，人员推销针对性强，无效劳动较少。广告所面对的受众十分广泛，其中有些根本不可能成为企业的客户。人员推销则带有一定的倾向性去访问顾客，目标明确，往往可以直达顾客，因而无效劳动较少。各个推销人员之间很容易产生相互间的竞争，在一定物质利益机制驱动下，会促使这一工作做得更好。

(4) 有利于企业了解市场，提高决策水平。销售人员承担工厂"信息员"和"顾问"的双重角色。人员推销是一个双向沟通的过程，销售人员在向顾客提供服务和信息的同时，也为企业收集到可靠的市场信息；另外，销售人员处于第一线，经常与顾客打交道，他们最了解市场状况和顾客的反应，因而也最有资格为企业的营销决策提供意见和建议。

(5) 具有长效性。推销人员与顾客直接见面，长期接触，可以促使买卖双方建立友谊，加强企业与顾客之间的关系，易使顾客对企业产品产生偏爱。因此，在长期保持友谊的基础上开展推销活动，有助于建立长期的买卖协作关系，稳定产品的销售渠道。

人员推销成本费用较高，在市场范围广泛而买主又较分散的情况下，显然不宜采用；相反，市场密集度高，买主集中(比如有些生产资料市场)，人员推销则可扮演重要的角色。由于人员推销可以提供较详细的资料，还可以配合顾客需求情况，提供其他相应服务，所以最适于推销那些技术性较强的产品或新产品，而一般标准化产品则不必利用人员推销，以免增加不必要的支出。

【案例10-4】 乔·吉拉德销售秘诀

乔·吉拉德因售出13 000多辆汽车创造了商品销售最高纪录而被载入吉尼斯大全。他曾经连续15年成为世界上售出新汽车最多的人，被誉为"最伟大的推销员"。销售是需要智慧和策略的事业，乔·吉拉德的秘诀主要有以下几点：

(1) 250定律：不得罪一个顾客。在每位顾客的背后，都大约站着250个人，这是与他关系比较亲近的人：同事、邻居、亲戚、朋友。乔·吉拉德说得好："你只要赶走一个顾客，就等于赶走了潜在的250个顾客。"

(2) 名片满天飞：向每一个人推销，每一个人都使用名片。乔·吉拉德的做法：到处递送名片。乔·吉拉德认为，每一位推销员都应设法让更多的人知道他是干什么的，销售的是什么商品。

(3) 建立顾客档案：更多地了解顾客。乔·吉拉德说："不论你推销的是任何东西，最有效的办法就是让顾客相信，真心相信你喜欢他、关心他。"要使顾客相信你喜欢他、关心他，那你就必须了解顾客，搜集顾客的各种有关资料。

(4) 猎犬计划：让顾客帮助你寻找顾客。乔·吉拉德认为，干推销这一行，需要别人的帮助。乔·吉拉德的很多生意都是由"猎犬"(指那些会让别人到他那里买东西的顾客)帮助的结果。乔·吉拉德的一句名言就是"买过我汽车的顾客都会帮我推销"。

(5) 推销产品的味道：让产品吸引顾客。每一种产品都有自己的味道，乔·吉拉德特别善于推销产品的味道，与"请勿触摸"的做法不同，乔·吉拉德在和顾客接触时总是想方设法让顾客先"闻一闻"新车的味道。他让顾客坐进驾驶室，握住方向盘，自己触摸操作一番。根据乔·吉拉德本人的经验，凡是坐进驾驶室把车开上一段距离的顾客，没有不买他的车的。即使当即不买，不久后也会来买。

(6) 诚实：推销的最佳策略。诚实，是推销的最佳策略，而且是唯一的策略。但绝对的诚实却是愚蠢的、推销容许谎言，这就是推销中的"善意谎言"原则，乔·吉拉德对此认识深刻，推销过程中有时需要说实话，一是一，二是二。说实话：往往对推销员有好处，尤其是推销员所说的，顾客事后可以查证的事。乔·吉拉德还善于把握诚实与奉承的关系，少许几句赞美，可以使气氛变得更愉快，没有敌意，推销也就更容易成功。

(7) 每月一卡：真正的销售始于售后。乔·吉拉德有一句名言："我相信推销活动真正的开始在成交之后，而不是之前。"推销员在成交之后继续关心顾客，将会既赢得老顾客，又能吸引新顾客，使生意越做越大，客户越来越多。乔·吉拉德每月要给他的1万多名顾客寄去一张贺卡。凡是在乔·吉拉德那里买了汽车的人，都收到了乔·吉拉德的贺卡，也就记住了乔·吉拉德。

三、人员推销基本类型

(一) 上门推销

上门推销是最常见的人员推销形式。它是由推销人员携带样品、说明书和订单等去走访潜在顾客，针对顾客的需求进行积极主动地有效服务。此种推销方式是一种最积极主动的人员推销方式，在工业品推销中比较多用；而在消费品推销中，越来越受到消费者的排斥和反感。

(二) 柜台推销

柜台推销，又称为门市销售，是指企业在合适的地点设置产品销售的门面，由推销人员接待主动进门的顾客并向其推销产品。柜台推销事实上是一种被动推销，实现的前提是必须有顾客主动上门，是一种等客上门的推销方式。门市里的产品一般陈列较多，能满足顾客多方面的需求，顾客可尽情挑选和试用，因而是顾客较容易接受的推销方式。柜台推销一般适用于零星小商品、贵重商品以及容易损坏的商品。

(三) 会议推销

会议推销是指推销人员利用各种会议向顾客介绍、宣传和推销商品，例如，在订货会、交易会、展览会、博览会等会议上推销产品均属于会议推销。这种推销方式能在短时间内集中大量的潜在顾客，可以同时向多个推销对象推销产品，成交金额大、效果比较好。这种推销方式已经超越了销售产品的范畴，融合了电话营销、体验营销、顾问营销、一对一营销、专卖店营销、数据库营销等多种营销的精华，被视为服务营销的代表性作品。会议推销可划分为以下几种类型：

1. 科普营销

科普营销是指企业以关爱健康、普及健康知识以及提供体验服务等为主旨，以讲座的形式来销售产品的一种营销活动。通过科普讲座可以销售产品，又可以获取顾客的详细数据，比如姓名、地址、电话等个人及家庭详细资料。

2. 旅游营销

旅游营销是指企业通过以健康旅游为借口，用车辆将目标顾客送到事先安排好的旅游景点游玩，在游玩的过程中，培养营销人员与顾客之间的感情，然后通过健康讨论、咨询等形式来达到销售产品的一种营销活动。

3. 联谊会营销

联谊会营销是指企业以举办联谊会为手段，在丰富多彩的节目表演中穿插健康知识讲座以达到销售产品的一种营销活动。

4. 餐饮营销

餐饮营销是指企业通过给顾客提供以健康饮食为主题的活动，运用健康知识、产品讲座、检测咨询等方式进行营销的一种活动。这种方式的营销活动不仅可以吸引较多人参加，而且还能起到较好的销售效果。

5. 爱心营销

所谓的爱心营销就是企业通过一系列的爱心体验活动，在公众心中树立起企业良好、健康、热心社会等形象，从而让品牌深入人心的一种营销活动。

6. 顾客答谢会

顾客答谢会是指企业为了答谢广大客户长期以来对公司的支持与厚爱，用会议做载体，以回报社会、回报顾客为宗旨，通过抽奖、有奖问答等系列活动来促销产品的一种销售活动。

7. 数据库营销

广义的数据库营销是指企业或专业机构利用基于 IT、因特网技术的数据库平台，利用 CRM(客户关系管理)软件分析系统对自身积累的客户信息资源、消费者数据库、潜在市场目标人群资料进行相关市场营销分析，同时借助于因特网技术，通过电子刊物发送、产品与服务信息传递、用户满意调研、在线销售服务等多种方式来销售企业产品的一种推广手段。数据库营销运用几乎不受任何行业的限制，目前运用最为广泛的是 IT、电信、电子商务、航空服务、房地产、旅游品、化妆品以及保健品行业等。

本教材中所说的数据库营销是指狭义的市场营销手段，主要是指企业通过传统媒介、企业提供的服务、人员的公关手段等方式来收集目标顾客群体资料，并对所收集的目标顾客进行本企业产品营销的一种活动。

四、人员推销基本策略

人员推销具有很强的灵活性。在面对面的交谈中，有经验的推销人员善于审时度势，即根据当时的推销环境、交谈气氛，针对推销对象的特点和推销品的性质灵活而巧妙地运用推销策略，促成推销的成功。在人员推销的环境及推销三要素基本相同的情况下，运用不同的推销策略，推销效果的差别是很大的。在人员推销工作中，常用的推销策略主要有以下几种：

(一) 试探性策略

推销人员用试探性问话等方法刺激顾客做出购买反应。在推销人员不十分了解顾客具体要求的情况下，这种策略比较适用。推销人员应事先准备好几套试探顾客需求、刺激顾客欲望的谈话方案。在与顾客接触时，推销人员要小心谨慎地运用各种话题加以试探，仔细观察顾客的不同反应。然后选择最能吸引顾客并使之做出积极反应的话题深入下去，同时配合使用一些推销措施。比如，要引起顾客兴趣时，很自然地出示产品图片、演示使用操作；在顾客提出疑问时，适时地说明产品性能可靠、质量优良；顾客对价格有异议时，灵活地给予一些优惠等。总之，这个策略是用试探加刺激的方法，不断引起顾客的积极反应，最终达到成交的目的。

(二) 针对性策略

推销人员用事先准备好的有针对性的话题与顾客交谈，说服顾客，达成交易。这种策略适用于推销人员事先已基本掌握了顾客的某些需求。在这种情况下，无须投石问路，其工作的重心自然就转到有针对性的话题上。推销人员在与顾客接触前须做好充分的准备；搜集大量有针对性的材料、信息；熟悉产品满足顾客要求的性能；设计好推销语言和措施。与顾客交谈时，一定要站在替顾客排忧解难的角度，实事求是、以理服人、言语诚恳，真心实意地为顾客服务，当好顾客的参谋。这样才能获得顾客的信任，在满足顾客需要的同时促成销售。

(三) 诱导性策略

顾客在与推销人员交谈前并未感到或没有强烈意识到某种需求，推销人员运用适当的方法和手段唤起顾客的需求，诱导顾客通过购买满足其需求。这是一种"创造性推销"，要求推销人员有很高的推销技巧：首先，要求推销人员根据顾客档案以及其他信息资料，正确地判断不同的顾客都有哪些可以被诱发的需要。其次，推销人员要能够巧妙地设计出诱惑性的推销建议，诱发顾客产生某方面的需求，激起顾客强烈的购买欲望。最后，被诱发的需求应该是推销品可以很好地满足，这样推销人员才能不失时机地把商品"推"向顾客。

以上三种策略各有其特点和特定的适应性。销售人员要从实际出发，灵活运用。另外，在应用这些策略时要耐心、诚恳，切忌急于求成、硬性推销。一旦时机成熟，就应该抓住时机，立即成交。

五、人员推销的技巧

人员推销是一种对象各异、环境多变的促销形式，随机性较强，因此推销人员的推销技巧对推销活动的成败有很大的影响。推销是一种艺术，其技巧变幻无穷。这里简单介绍一下作为合格的推销人员所应掌握的一些基本技巧。

(1) 把握时机。推销人员应能准确地把握推销的时机，因人、因时、因地制宜地开展推销活动。一般而言推销的最佳时机应选择在对方比较空暇，乐意同人交谈或正好有所需求的时候，比如社交场合、旅行途中、茶余饭后或参观游览的时候，都是进行推销的较好时机；而应当避免在对方比较繁忙或心情不好时开展推销。有时候，环境的变化往往会给某些企业和产品带来有利的推销时机，推销人员应及时抓住这些时机，不能使其失之交臂。

(2) 善于辞令。语言是推销人员最基本的推销工具，推销人员必须熟练掌握各种语言技巧，充分发挥语言对顾客的影响力。具体来讲，一是要在各种场合下寻找到便于接近对方的话题；二是在谈话中要能牢牢把握交谈的方向并使之逐渐转入推销活动的正题；三是善于运用适当的词句和语调使对方感到亲切自然；四是对顾客的不同意见不轻易反驳，而是在鼓励顾客发表意见的同时耐心地进行说服诱导。

(3) 注意形象。推销人员在推销过程中同时扮演着两种角色：一方面是企业的代表，另一方面是顾客的朋友。因此，推销人员必须十分重视自身的形象把握，在同顾客的接触中，应做到言必信，行必果，守信重诺，以维护自身和企业的声誉，努力营造亲密、信任的推销环境。

(4) 培养感情。推销人员应重视发展同顾客之间的感情沟通，设法同一些主要的顾客群体建立长期关系，可超越买卖关系建立起同他们之间的个人友情，形成一批稳定的顾客群。要做到这点，推销人员往往不能局限于站在企业的立场上同顾客发生联系，而应学会站在顾客的立场上帮其出主意、当参谋，指导其消费，甚至可以向其推荐一些非本企业的产品，以强化推销活动中的"自己人效应"。

六、人员推销的程序

虽然没有两个完全相似的推销情境，也没有两个推销员会按完全相同的方法去完成自己的推销任务，然而具体推销过程还是有一定的规律可循的。

(1) 确定目标。人员推销的第一个步骤就是要先研究潜在的消费者，选择极可能成为顾客的人，即潜在顾客。这些潜在顾客可直接通过对消费者、产业会员调研，以及公共档案、电话号码簿、工商会员名单、公司档案等途径获得。

(2) 接近潜在顾客。接近潜在顾客时首先要给对方一个良好的第一印象。推销人员与潜在顾客的第一次接触往往是能否成功推销产品的关键。至于具体的途径，最好的方法就是要立足于对潜在顾客的了解。凡是能了解每个顾客特殊情况的推销人员，大都能创造良好的第一印象，进而促成交易。

(3) 推销介绍。在很多情况下，推销介绍除了对产品进行实际推销介绍外，还包括产品的展示。在这一过程中，推销人员应指出产品的特点和利益，以及它们如何优于竞争者的产品，有时甚至也可指出本产品的某些不足，或可能出现的问题及如何减免和防范。在展示产品时，推销人员还可提请潜在顾客亲自演练试用展示品。这种展示和试用，必须把重点放在推销介绍时所指出的特点上。

(4) 回答异议。潜在顾客任何时候都可能提出异议或问题，这就给推销人员提供了机会去消除可能影响销售的那些反对意见，并进一步指出产品的其他特点，或提示公司能提供的特别服务。

(5) 促成交易。一旦对潜在顾客所提异议作答后，推销人员就要准备达到最重要的目标，那就是成交，也就是要使顾客同意购买自己推销的产品。此时推销人员必须确保在成交前再没有遗留重要的问题，而且推销人员不应与顾客再发生争议。许多有经验的推销人员，还往往会以顾客已打算购买的假设为据，向顾客提出"您希望什么时候送货？""您要买标准型还是豪华型？"等问题。这就可以使犹豫不决的潜在顾客立即做出购买决定，而不会再说"我将要购买这个产品"。

(6) 追踪。对贵重或重要商品的购买，商品售出后，推销人员必须予以追踪，以确保产品按时、保质送达顾客手中，并确保能处于正常的使用状态。这种追踪能给顾客留下一个好印象，并为未来推销铺平道路，因此它是推销过程的重要一环。总之，推销人员的职责并不随销售工作的结束而结束，它将随着推销人员与顾客之间保持良好、有效的相互关系而延续下去。

七、推销人员管理

(一) 优秀推销人员必备的素质

(1) 感同力。感同力就是推销人员感染对方、同化对方的能力。推销人员首先要具有高度的事业心和责任感，热爱推销工作，积极进取，不畏困难，坚持不懈地努力做好销售工作，才能感染对方、同化对方。

(2) 自我驱动力。由于工作的性质，销售人员需要较强的心理素质和身体素质。销售人员要适应各种市场环境，以平和的心态面对困难，并且要有一个健康的体魄，只有这样，才能适应变化多端、业务繁重的销售工作。销售人员要有信心、耐心、毅力，坚持不懈地去完成推销任务。

(3) 形象力。作为一名销售人员，给顾客留下的第一印象是至关重要的，其往往决定着销售的成败。因此，销售人员应十分注意仪表、形象，衣着、打扮都应符合一定的商务礼仪规范。另一方面，销售人员也应具备良好的语言表达能力，要做到语言亲切、简练、清晰。同时销售人员要做到谦虚谨慎，善于聆听他人的发言。

(4) 应变力。销售人员面对复杂的市场环境需要具备灵活的反应力，并善于把握时机，迅速行动。这就要求销售人员还要有娴熟的工作技巧，能对不同的市场环境采用适当的推销方法。

(5) 知识力。丰富的知识是销售人员成功推销的有利条件。优秀的销售人员需要具备过硬的专业知识，要对企业和产品有深刻的认识，熟练掌握相关的企业、产品知识；同时，还要有丰富的社会学、心理学知识，善于与顾客沟通，建立良好、长期的商务关系。除此之外，优秀的销售人员也应该不断学习，提高自身的知识水平。

(二) 推销人员的聘选与培训

1．推销人员的选聘

(1) 内部选聘。其优点是对企业、产品等非常了解，但市场、推销知识缺乏。

(2) 外部选聘。其优点是市场、推销等知识丰富，但企业知识缺乏。

2．选聘程序

企业不管通过何种渠道选聘，都要对应聘者进行筛选。一般而言，筛选过程包括：填写申请表、笔试、面试、签约录用等，其中面试环节最为关键。

3．推销人员的培训

(1) 讲授培训。它通过聘请教授、专家、优秀推销人员等为学员上课等形式进行培训。

(2) 模拟培训。由学员在某一场合手拿产品对专家、教授等进行推销。

(3) 实践培训。它是对销售人员的推销技巧的培训，包括寻找新顾客的技能、与顾客联系的技能、介绍产品的技能、如何处理顾客异议、成交的方法与策略、如何收款等。

(4) 综合培训。一般企业很少采用一种方法进行培训，而将上述 3 种方法结合进行。先讲授，再模拟，后实践，达到全面提高推销人员素质的目的。

【案例 10-5】　　　　　　　　　　**把锤子交给顾客**

有一个销售玻璃的公司，年底公司颁奖的时候，有个业务员得了第一名，公司内的很多人都纷纷为他喝彩，并向他请教销售经验。

他说："我向顾客介绍说我们的玻璃很好，砸都砸不破，顾客不相信，我就拿铁锤砸给他们看，果然真的砸不破，这样一来顾客自然就信服地买下了。"

第二年颁奖大会，又是这个业务员得第一名，大家就觉得很奇怪：我们都学习了他的经验，可为什么还是他的业绩最好？这个业务员又向大家介绍说："以前都是我亲自砸玻璃来演示给顾客看，今年到那边去，我就把锤子交给顾客，让他们自己砸。"

(三) 推销人员的分派

1．按区域分派

按地理区域分派销售人员，每一位销售人员负责一定的区域，在此区域内负责企业产品在该地区的销售工作。这种配置方法适合于产品差异不大，市场比较成熟的情况。其优点是：销售人员的责任明确，有利于销售人员与当地消费者建立长期的联系，提高推销效果，并可以减少销售人员的费用。

2. 按产品分派

按产品类型配置分派销售人员，销售人员负责某一种或某一类产品的销售工作。当企业产品类型多，而且各产品之间的关联性不大时，可以采用这种方法。这样，销售人员可以熟悉其产品，更好地向消费者介绍产品。但缺点是会产生重复推销，造成浪费，也容易使消费者产生混淆。

3. 按用户分派

按客户的类型分派销售人员，每位销售人员负责某一家或某几家类型的消费者或用户，通常是按客户行业或为大用户单独配置销售人员等。这种方法的优点是销售人员能深入了解消费者，更好地满足消费者的需求。但如果同类的消费者过于分散，则会增加销售人员的费用。

(四) 推销人员的激励

1. 薪金制

薪金制是指在一定时间内，无论销售业绩多少，销售人员获得固定数额报酬的形式。具体来说，包括职务工资、岗位工资、工龄工资、津贴等。薪金制的优点是易于操作、计算简单，其缺点是难以调动销售人员的积极性。

2. 佣金制

佣金制，也称之为提成制，企业根据销售额或利润额的大小给予销售人员一定比例的报酬，还可以根据产品、工作性质的不同给予销售人员不同的佣金。佣金制能鼓励销售人员尽最大努力工作，并使销售费用与现期收益紧密结合起来。但是佣金制也存在着管理费用较高、容易导致销售人员短期行为等不足。

3. 混合奖励制

混合奖励制，也就是薪金制加提成制，其克服了薪金制和佣金制的缺点，又体现了薪金制和佣金制的优点。

4. 精神奖励制

精神激励主要是根据推销人员的工作表现给予精神奖励。精神激励的方式很多，如给予荣誉称号、传播典型事迹等，企业应根据实际需要加以选择。

(五) 考核与评价

1. 资料搜集

情报资料的主要来源是销售报告，包括销售人员的工作计划和访问报告。企业可以通过工作计划掌握销售人员的未来活动安排，了解销售人员规划工作以及执行规划的能力，从而为企业衡量销售人员的计划与成就提供依据，同时也可以通过访问报告掌握销售人员以往的活动、顾客账户状况、消费者调查以及其他销售人员的看法等。企业应尽可能从多个方面了解销售人员的工作绩效，对销售人员进行客观、全面的评价。

2. 标准建立

评估指标要基本上能反映销售人员的销售绩效。评估指标主要有：

(1) 销售增长率、定额百分比、毛利。

(2) 每天平均访问次数、每次访问的平均时间、每次访问的平均费用、每次访问收到订单的百分比、销售费用及其占总销售额的百分比。

(3) 平均客户数、新增顾客数、失去的顾客数等。为了使评估工作具有科学性，在评估时还应注意影响销售效果的一些客观条件，如销售区域的潜力、地理状况、交通条件等。

3. 实施评价

(1) 整体销售人员的绩效进行比较。进行销售绩效比较时，应建立在各区域市场销售潜力、工作量、竞争环境、企业促销组合等大致相同的基础上，比较的内容也应该是多方面的，除销售额外，销售人员的销售组合、销售费用、对净利润所做的贡献也要纳入比较的范围。

(2) 销售人员个人绩效同过去的绩效相比较。这种比较方式可以完整了解销售人员的长期销售业绩，既有助于全面客观地评价过去，也有助于更好地规划未来。

第三节 广 告 策 略

一、广告概念

广告(advertise)源于拉丁语，有"注意""诱导""大喊大叫"和"广而告之"之意。随着商品经济的高度发展，广告成为传播经济信息和促进商品销售的重要手段，尤其是在信息化程度越来越高的现代化社会中，广告日益成为一种最有效、最常见的促销手段，它在传递信息、沟通产销、激发需求、指导消费、扩大销售、增加效益、美化生活、促进文明等方面，都起着其他促销方式无法比拟的作用。美国市场营销协会定义委员会(AMA)对广告的定义是："广告是由明确的发起者以公开付费的形式、以非人员的任何形式，对产品、服务或某项行动的意见和想法等的介绍和推广。"广告作为一种传递信息的活动，是企业在促销中普遍重视且应用最广的促销方式。所谓广告，是指以盈利为目的的广告主，选择一定的媒体，以支付费用方式向目标市场传播产品或服务信息的有说服力的信息传播活动。

一个典型的广告活动由五个要素构成：① 广告主。这是发布广告的单位和个人，对其发出的信息真伪负有法律责任。② 广告媒体。这是指广告传递信息的载体。③ 广告费用。这是指广告主开展广告活动所必须支付的各种费用，包括广告调研费、设计制作费、广告媒体费、广告机构办公费，以及工作人员的相关费用支出等。④ 广告受众。这是广告的对象，即接受广告信息的人。⑤ 广告信息。这是指广告的具体内容。

二、广告功能

(一) 促销功能

广告的目的在于促销。俗话说得好："广告一响，黄金万两。"广告通过信息沟通，能够改变消费者对企业及其产品的看法或态度，从而达到促销效果。

(二) 便利功能

广告通过各种信息传递工具，为消费者提供了极为方便的收集信息途径。闭门家中坐，信息天上来。消费者足不出户，即可收集到各种各样的商品信息，为购买产品做出决策创造了极为便利的条件。

(三) 诱导功能

强大的广告信息传播，会诱导消费者改变态度，从而做出对企业有利的购买决策。在郑州商界，1989 年以前，外地客人到郑州，会直奔"郑州市百货大楼"；1989 年后，则直奔"亚细亚商场"；后来又改到了"丹尼斯"，现在跑到"大商"的则越来越多了。这就是广告的诱导功能，它能够改变消费者的购买决策。

(四) 教育功能

广告是借助文化传播媒体进行的信息传递，广告内容的好坏就会对社会产生一定的教育影响。有目共睹的就是现在中小学生写错别字的越来越多了，其中原因之一就是现在广告中的错别字太多造成的。比如，"咳(刻)不容缓""默默无蚊(闻)""步步糕(高)升""随心所浴(欲)"等。

【案例 10-6】   **王老吉的广告策略**

2002 年以前，从表面看，红色罐装王老吉(以下简称"红罐王老吉")是一个很不错的品牌，在广东、浙南地区销量稳定，盈利状况良好，有比较固定的消费群体，但是却无法走向全国市场。为了提高王老吉的知名度，企业经过调查，为红罐王老吉确定了推广主题"怕上火，喝王老吉"，在传播上尽量凸显红罐王老吉作为饮料的性质。在第一阶段的广告宣传中，红罐王老吉都以轻松、欢快、健康的形象出现，避免出现对症下药式的负面诉求，从而把红罐王老吉和"传统凉茶"区分开来。

为更好地唤起消费者的需求，其电视广告选用了消费者认为日常生活中最易上火的五个场景：吃火锅、通宵看球、吃薯条、烧烤和夏日日光浴，画面中人们在开心享受上述活动的同时，纷纷畅饮红罐王老吉；结合时尚、动感十足的广告歌反复吟唱"不用害怕什么，尽情享受生活，怕上火，喝王老吉"，促使消费者在吃火锅、烧烤时，自然联想到红罐王老吉，从而促成购买。红罐王老吉的电视媒体选择主要锁定覆盖全国的中央电视台，并结合原有销售区域(广东、浙南)的强势地方媒体，在 2003 年短短几个月，一举投入 4000 多万元广告费，销量立竿见影，得到迅速提升。同年 11 月，企业乘胜追击，再斥巨资购买了中央电视台 2004 年黄金广告时段。正是这种疾风骤雨式的投放方式保证了红罐王老吉在短期内迅速进入人们的头脑，给人们一个深刻的印象，并迅速红遍大江南北。

三、广告类型

广告可以根据多种不同的标准进行分类，但最具实际意义的则是按广告目标所进行的分类。据此，可将广告分为以下三大类型：

(一) 信息性广告

这种广告主要用于大类产品的市场开拓阶段。此时的目标是重点建立消费者对该类产品的原始需求或基本需求，而不在于建立该类产品中某一特定品牌的需求，即告知消费者现在新出现了某类新产品，以便促进整类商品的销售。比如，我国的乳酸产业在发展之初，就只着重向消费者介绍乳酸饮品的营养价值及多种用途，而不是专门介绍伊利或光明等个别品牌的特色和优点。

(二) 说服性广告

这种广告主要用于进入竞争阶段的产品。此时公司的目标是为特定的品牌培植选择性需求。市场上大多数的广告都属于这种类型，生产者利用这种品牌导向的广告，试图说服消费者购买他们所生产的产品。

(三) 提醒性广告

这种广告主要用于进入成熟期的产品。此时公司的目标不是通知或说服消费者购买某一人所共知的产品，而是提醒消费者不要忘记购买这一特定品牌的产品。为了使这种提醒的作用更广，通常还会辅以另一种相关形式的企业广告，其目的在于增强公司的形象和声誉，而不是直接刺激销售。

四、广告媒体分类

广告媒体是指传递广告信息的载体。常见的广告媒体主要有报纸、杂志、电视、广播等，被称为四大媒体。此外还有一些广告媒体，比如户外广告、网络广告、直接邮寄广告等。接下来对一些主要的广告媒体进行介绍：

(一) 报纸广告

报纸是现代传播广告信息的重要手段，是最古老也是最主要的广告媒体之一，它与杂志、电视、广播等同被看作是传播广告信息的最佳媒体。

我国的报纸有中央级，也有省级及地方性的；有综合性报纸，也有专业性报纸；有日报、周报，也有晨报、晚报等。由于各类报纸的读者对象不同，发行数量和范围不同，其广告效果也不尽相同。因此，企业必须有选择性地刊登广告。报纸的影响比较广泛，传播也比较迅速，制作方便，在报纸上刊登广告的费用较低，且在我国，报纸在消费者心目中的可信度较高，同时方便保存。但报纸的印刷效果相对来说比较差，内容分散庞杂，消费者看过之后就会丢弃，不会再重复看第二遍，因此广告的时效相对就比较短。

1. 报纸广告的优势

(1) 定位准确。报纸广告最主要的优点，就是可以准确地定位目标消费者群体。由于绝大多数报纸都是覆盖某一地区或某一类型消费者群，所以报纸广告可以针对某一地区或类型的消费者集中开展促销活动。

(2) 时效性强。报纸广告发行周期短，传播广告信息迅速，报纸广告1～2天就可以刊出，因此对时机性、季节性需要快速反应的产品，报纸广告尤其适用。

(3) 信息容量大。报纸广告版面多且大，可以对产品进行详细的介绍，可以刊登照片和插图。

(4) 便于收集保存。消费者可以把收集的广告信息认真分析、比较，进而选择合适的产品，而这一点是电视、广播广告无法做到的。这对于购买高档产品的消费者来说，是相当重要的。

(5) 权威性强。借助于报纸的威信，可以提高广告的可信度。

(6) 广告制作费用低。比如《大河报》工作日头版题花版位的价格是 1800 元，而河南卫视晚间《新闻联播》前每 30 秒广告费用就达到 15 000 元。

2. 报纸广告的缺点

(1) 有效时间短，重复性差，只能维持当期的效果。

(2) 注目率低。因报纸刊登内容庞杂，易分散消费者对广告的注意力，使其印象不深刻。

(3) 印刷效果差，吸引力低，感染力不强。在表现产品外表、颜色、色泽等方面效果较差，此种媒体适宜为工业品做广告。

(二) 杂志广告

杂志是以刊载各种专门知识为主，是各类专业产品良好的广告媒体。杂志是一种比较受欢迎的读物，读者众多。不同杂志有不同的特点、不同的读者以及不同的发行范围。因此，杂志的针对性较强，可以根据目标消费群体的特点来选择相应的杂志。相较于报纸来说，杂志一般都采用铜版纸进行印刷，效果比较精美，易保存，读者阅读的时间比较长。但杂志的发行周期较短，及时性比较差，覆盖的消费群体也比较有限。因此，企业在选择杂志做广告媒体时必须对其认真研究和比较。

1. 杂志广告的优点

(1) 针对性强。杂志的发行均有特定的对象。比如选择医学类杂志做医疗器械广告，选择美术杂志做绘画用品的广告等。

(2) 留存性好，并且易于保管。

(3) 形象逼真，传播效果佳，有较强的吸引力，特别适合通过产品外观、色泽来吸引消费者的广告，如化妆品、服装、珠宝首饰等。

(4) 传阅性强，可以长期在读者中间传阅。

2. 杂志广告的缺点

(1) 发行周期长，传播信息慢。

(2) 灵活性较差。

(3) 读者较少，传播不广泛，不适合做提高产品知名度的广告。杂志媒体适用于对专业性、技术性强的工业品和生活日用品做广告，如名牌化妆品、名牌服饰适合选择时尚杂志做广告，而电脑软硬件产品就可以选择专业刊物(计算机世界)等。

(三) 电视广告

电视是一种声形兼备、视听结合的广告媒体。因其表现力强，能充分利用语言、声音、动作等各种艺术表现手法全面传播产品信息，受到广告客户的青睐。电视是声、像两用媒介，它传递广告信息速度快、生动亲切，进而缩短了企业与消费者之间的距离。电视对市场的覆盖率也较高，艺术性较强，弥补了报纸和杂志的缺点。但电视广告的制作复杂，从而导致其费用较高。电视是当下最有效的广告媒体之一。

1. 电视广告的优点

(1) 媒介受众数量多。电视已经成为人们文化生活的重要组成部分，收视率高，因此影响面广。有资料显示，中央电视台一套播出的广告能同时被 3 亿观众接收，而发行量最大的《人民日报》一天也只能发行 500 多万份。

(2) 电视广告集图像、色彩、声音、文字等表现手段为一体，使广告形象、生动、逼真、感染力强。

(3) 时效快。电视广告通常能使一个不知名的产品在几天、十几天内家喻户晓，人人皆知。比如，当时的波导手机就是利用电视广告"地毯式轰炸"，从而在短短的几个月之内一举成名，近 1 亿元的电视广告费用打造了一个全新的国产手机品牌。

2. 电视广告的缺点

(1) 时间短、广告内容转瞬即逝，不宜存查。

(2) 制作复杂，费用较高。一般情况下，无论是广告的播出费用还是制作费用都较为昂贵，中小企业往往无力负担。如 2004 年中央电视台《新闻联播》前 30 秒电视广告费用就高达 998 万元。

由于电视广告的播出时间短，不能对产品性能、特点进行详细的介绍，因此，在实际中，电视广告常常用来作为一种告知性广告媒介，而不像报纸、杂志是一种可以对产品详细说明的媒介。

(四) 广播广告

广播也是传递广告信息最迅速的工具之一，是一种通过听觉产生效果的广告媒体。广播广告的最大优点是及时性较强，费用较低，听众非常广泛。广播广告的最大缺点就在于其有声无形，无法给消费者留下深刻印象。

1. 广播广告的优点

(1) 传播迅速、及时，适合作为时机性广告。

(2) 安排灵活。

(3) 制作简便，费用低廉。广播广告的收费标准在四大传统传播媒介中是最低的。中央人民广播电台黄金时段的广告费用仅为每 30 秒 1000 元。另外，广播广告的制作费用也较低。

(4) 针对性较强，对一些特定的消费者群体效果较好。比如农民、司机、军人、老人、家庭主妇等，都是经常收听广播的群体。

2. 广播广告的缺点

时间短、转瞬即逝、有声无形，消费者看不到产品，印象不深，不便于记忆。这就大大降低了广播广告的实际效果。在实际中，广播通常作为一种配合性广告媒介使用，很少作为主打媒介。

(五) 户外广告

户外广告，又称作"阳光能照射到的广告"，它是路牌、霓虹灯等设置在露天场所的各类广告的统称。这种媒体形式的地理选择性好，位置优越、巨大醒目，以鲜明的色彩和独特的形式给消费者以刺激；持续时间长，而且灵活性好，但受到周边环境和自身条件的限制，不易为观众提供仔细浏览的机会，因此尽管巨大醒目，但都力求简单，有时甚至只有品牌名称。如果没有其他广告媒体的配合使用，其效率往往大打折扣。

(六) 网络广告

近年来，随着数字技术、网络和多媒体技术的飞跃发展，网络以其高速度、大容量、互动式等特点迅速成为新的广告传播媒体，并对传统旧媒体广告形成了强大的冲击。

网络广告的主要优势体现在：① 成本低。与其他媒体广告相比网络广告成本较低。② 易统计、易反馈。网络广告在统计方面具有较大的优势。网络广告的主要缺点是：接触率低，观众往往会存在一定的抵触心理。

(七) 直接邮寄广告

直接邮寄广告，简称 DM 广告，是通过邮局寄给目标消费者广告宣传品，如产品说明书、产品试用装等。

直接邮寄广告的优点：① 针对性强，可以准确地选择目标消费者。② 反馈信息准确，可以掌握真实的市场情况。③ 形式灵活，往往不受篇幅限制，内容可以自由掌握。④ 在同类产品竞争中不易被竞争者察觉。

直接邮寄广告的缺点：覆盖的目标消费者数量较少，不适宜促销大众日用消费品。另外，其广告成本较高。

五、广告设计原则

(1) 要服从广告目标的要求。广告创作不同于一般的艺术创作，它是为市场营销服务的，所以必须在广告目标的引导下进行创作与设计，从而体现出商业艺术的本质性。

(2) 要锐意出新、不落俗套。市场上有大量的同类产品，这些产品也都推出大量的广告来争取消费者。因此，本企业产品的广告要想引人注意，从而产生预期的效果，就必须与众不同，也就是说，必须使消费者有新鲜感，才能达到目的。

(3) 要充分调动各种艺术手段，提高广告的艺术性。由于选择的广告媒体不同，广告创作的具体形式也有所不同。但广告之所以与其他的信息传播方式不同，就在于它对信息必须进行艺术加工，使之成为艺术化的广告作品，从而提高它的信息传播效果。因此，要充分发挥广告的这一长处，巧妙综合各种艺术手段，提高广告效果。

六、广告策略

广告是企业进行产品促销的重要手段之一。美国历史学家大卫·波特指出："现在广告的社会影响力可以与具有悠久历史传统的教会及学校相匹敌。广告主宰着促销工具，它在公众标准形成中起着巨大作用。"著名广告学者赫伯·鲁特在谈到广告的作用时说："办企业不做广告，如同黑暗中向女人递送秋波。"因此，广告在促进产品销售及树立产品形象乃至企业形象方面起着日益重要的作用。在商品经济社会中，广告是企业成功的关键。虽然广告不一定能使产品成为名牌，但没有广告，新产品肯定不会成为名牌。

广告策略，是实现、实施广告战略的各种具体手段与方法，是战略的细分与措施。

(一) 确定广告机会与广告任务

在企业的市场营销活动中，有效的广告机会与市场机会和产品定位决策密切相关。例如，生产彩电的甲企业把产品定位于高档市场，乙企业把产品定位于大众市场上。这两家彩电企业不同的产品定位决策，其广告的任务就完全不同。前者广告的宣传应更多地注重产品的消费与消费者财富、地位和名誉相联系，后者广告宣传应更多地注重产品的价格合理，消费该产品能够得到的附加利益。企业应努力寻找自身的市场机会，准确进行产品定位，在此基础上确定企业的广告机会和广告任务。

(二) 确定广告目标

广告目标是指企业通过广告宣传所需达到的目的。企业做广告的最终目标一般都是增加销售量和利润，但利润的实现是企业营销策略组合作用的结果，广告只是其中一个重要因素。因此，企业做广告还要根据企业的市场实际状况提出广告自身的具体目标，比如：单纯促销；为新产品开路；提高企业和产品的知名度；建立需求偏好；提高市场占有率，对付竞争对手；维持企业和产品的形象等。到底选择以上目标中的哪一个，都应以设计广告时的情势而定。广告目标的确定必须注意以下两个问题：广告宣传的诉求对象应与企业总体目标市场相适应；广告媒体的选择必须符合实际。

(三) 注意广告宣传的艺术性，提高广告宣传的效果

(1) 广告的语言，应该做到准确、简洁、鲜明、生动。广告的语言必须忠于事实，不能夸大其词，更不应弄虚作假，不使用"最大""最佳""最好"之类的形容词。广告的语言应刻意求精，言简意赅，切忌冗长繁杂。广告的语言应鲜明具体，使人看后或听后能抓住中心，诱发需求，促进购买的功效，切忌含糊其辞，或有歧义。

(2) 广告的画面应该做到主题鲜明突出，画面简洁明快，色彩柔和适中，亲切感人，新颖奇特，和谐统一，健康脱俗。广告画面主题应使读者一目了然，促使其产生购买欲望。广告构图色彩应与产品相协调。

(3) 广告的音乐应优美动人，切忌嘈杂刺耳，使人感到烦躁不安。音乐配用应协调和谐，使人感到亲切舒服，百听不厌。

【案例 10-7】　　　　精准广告——不让广告费浪费一半

在经济危机时期，开源、节流是企业的两大过冬策略。但越是在市场情况艰难的时候，传播的作用与需求越是重要。因此，在营销费用缩减的情况下，精准广告就受到了广告主们的青睐。精准广告是相对于大众传播的，凡是能精准地找到目标用户的广告都是精准广告。

精准广告三部曲：

(1) 目标人群精准锁定：搜索引擎不仅拥有庞大的流量，还通过对网民的搜索行为形

成了数据庞大的网民意识数据库，在这种源自搜索平台的海量用户覆盖和网民数据库的基础上，搜索引擎可以利用尖端分析技术，从搜索、浏览、发言等网上行为来分析判断网民的信息需求点，进而实现对网民的精准细分。

(2) 个性化广告推送：当目标人群筛选工作完成以后，搜索引擎将会对这部分锁定的人群进行单独的广告跟踪投放，也就是说，被锁定的网民与没有被锁定的网民在搜索同一个内容页面时看到的广告却不一样——被锁定的目标受众看到的是广告主的广告，而没有被锁定的网民看到的则是其他广告内容。在广告投放上，广告主可以采用通栏、按钮、文字链等丰富的广告形式，实现精准基础上的广泛覆盖。

(3) 深度影响消费者：由于精准广告已经对受众进行了准确的筛选和细分，即广告只给最需要的人观看，所以所投放的广告很容易吸引目标受众的关注，在受众逐渐细分和媒体传播碎片化的背景下，广告主借助精准广告这类新传播技术与目标消费者之间一对一的沟通就显得越来越重要。

第四节　营业推广策略

一、营业推广概念

营业推广，又称之为销售促进，是指以激发消费者购买和促进经销商的经营效率为目的，采取的诸如陈列、展览、表演等非常规的、非经常性的，不同于人员推销、广告和公共关系的促销活动。

近年来，由于品牌数目增多，产品日趋类似，竞争对手经常使用营业推广。营业推广具有产品与市场针对性强、短期沟通效果明显、可供选择的沟通手段灵活多样等优点。营业推广是与人员推销、广告、公共关系相并列的四种促销方式之一，是构成促销组合的一个重要方面。

二、营业推广特点

营业推广是人员推销、广告和公共关系以外的能刺激需求、扩大销售的各种促销活动。营业推广的目的是在短期内迅速刺激需求，取得立竿见影效果的一种促销方式。它具有如下特点：

(1) 刺激需求即期效果显著。为了实现一时一事的推销成功，营业推广攻势强烈，似乎以"机不可失，时不再来"的较强吸引力给消费者提供了一个特殊的购买机会，打破了消费者购买某一种商品的惰性，因此能花费较小的费用，在局部市场取得较大收益。

(2) 营业推广是一种辅助性促销方式。营业推广虽然能在短期内取得明显效果，但由于多数营业推广方式是非正规性和非经常性的，一般不能单独使用，常常是配合广告、人员推销、公共关系等常规性促销方式使用的。

(3) 营业推广有贬低产品或品牌之意。由于企业运用营业推广力图短期内实现销售目的，所以许多的营业推广方式一方面表现出迫使消费者产生"过了这个村，就没有这个店"

的紧迫感，另一方面也表现出卖者有急于抛售商品的意图。如果频繁使用或使用不当，往往会使消费者对产品质量、价格等产生怀疑，有损企业或商品的形象，导致不良的促销结果。因此，营业推广只适用于一定时期、一定商品，而且推广手法需审慎选择，注意选择适当的方式方法。

【案例10-8】　　　　"可口可乐"妙趣红包，吃喝玩乐在其中

"可口可乐"曾选择春节的大好时机全面出击，利用春节这一中华民族的传统节日在人们心目中的地位，营造一种节日喜悦的气氛，为上海的"可口可乐"消费者提供新年礼物，并展开了一次特大型多重组合营业推广活动。

消费者只要购买可口可乐公司旗下饮料至规定数量，即可获赠红包一个及贺年礼品一份。礼品包括"奇巧"巧克力、"酷极"糖果、"台丰"花生或瓜子。红包中印有幸运号码，可参加每周连环大抽奖，赢取现金压岁钱，最高为5000元。另外，在此红包中至少还有7张优惠券，涵盖吃、穿、玩、乐等多种休闲娱乐项目，比如卡丁车游戏券、四驱车游戏券、游乐园票、电影票、服装优惠券、保健品优惠券、麦当劳快餐优惠券、新年糖果优惠券等。随后，促销活动进一步举行，主题改为"吃喝玩乐送不停"，并且购买标准降低一半，兑奖凭证由收集外箱包装、礼品内容改为轻便像架、记事本或彩绘玻璃杯，红包内优惠券由原来的至少7张改为4张，凭红包号码可以继续抽奖。

三、营业推广方式

(一) 面向消费者的营业推广方式

可以鼓励老用户继续使用，促进新用户使用，动员消费者购买新产品或更新设备，引导消费者改变购买习惯，或培养消费者对本企业的偏爱行为等。可以采用以下几种方式：

1．赠送样品

向消费者赠送样品，可以挨户赠送，在商店或闹市区散发，在其他商品中附送，也可以公开广告赠送。赠送样品是介绍一种新商品最有效的方法，费用也最高。

2．发放优惠券

给持有人一个证明，证明他在购买某种商品时可以免付一定金额。

3．推出廉价包装

在商品包装或招贴上注明，比通常包装减价若干。它可以是一种商品单独装，也可以把几件商品包装在一起。

4．奖励

可以凭奖励券购买一种低价出售的商品，或者凭券免费以示鼓励，或者凭券购买某种商品时享受一定优惠，各种摸奖抽奖活动也属此类。

5．现场示范

企业派人将自己的产品在销售现场当场进行使用示范表演，把一些技术性较强产品的使用方法介绍给消费者。

6. 组织展销

企业将一些能显示企业优势和特征的产品集中陈列，边展边销。

(二) 面向中间商的营业推广方式

面向中间商的营业推广方式的目的是鼓励批发商大量购买，吸引零售商扩大经营，动员有关中间商积极购存或推销某些产品。可以采用以下几种方式：

1. 给予批发回扣

企业为争取批发商或零售商多购进自己的产品，在某一时期内可给予购买一定数量本企业产品的批发商以一定的回扣。

2. 支付推广津贴

企业为促使中间商购进企业产品并帮助企业推销产品，还可以支付给中间商一定的推广津贴。

3. 开展销售竞赛

根据各个中间商销售本企业产品的实绩，分别给优胜者以不同的奖励，如现金奖、实物奖、免费旅游、度假奖等。

4. 召开交易会或博览会、业务会议

某个企业或多个企业联合召开商品展销和洽谈会，向与会中间商推销产品。

5. 工商联营

企业分担一定的市场营销费用，如广告费用、摊位费用，以建立稳定的购销关系。

【案例 10-9】 赠 券 促 销

在北京某大型高档小区内，一家刚开业的上海 SPA 美体俱乐部大派优惠券，优惠券上标明，凡持优惠券的消费者只需花费 98 元，即可体验价值分别为 280 元和 380 元的面部芳香美容护理和背部芳香美容护理各一次。由于新店装修豪华，且周边居住的消费者具有较高的消费能力，在促销的三个月当中共发放优惠券 4000 余张，结果有近 100 个人使用优惠券进行了消费，并有 20 余人成为该店的会员。

四、营业推广实施过程

一个公司在进行营业推广时，必须确定目标，选择工具，制订方案并试验、实施和控制方案及评价结果。

(一) 确定营业推广目标

就消费者而言，营业推广的目标包括鼓励消费者更多地使用商品和促进大批量购买；争取未使用者试用，吸引竞争者品牌的使用者。就零售商而言，目标包括吸引零售商们经营新的商品品目和维持较高水平的存货，鼓励他们购买时令商品，贮存相关商品，抵消各种竞争性的促销影响，建立零售商的品牌忠诚和获得进入新的零售网点的机会。就销售队伍而言，目标包括鼓励他们支持一种新产品或新型号，激励他们寻找更多的潜在消费者和刺激他们推销时令商品。

(二) 选择营业推广工具

可以在上述各种方式中，灵活有效地选择使用。

(三) 制订营业推广方案

营业推广方案应该包括这样几个要素：

(1) 费用。营销人员必须决定准备拿出多少费用进行刺激。

(2) 参加者的条件。刺激可以提供给任何人，或选择出来的一部分人。

(3) 营业推广措施的分配途径。营销人员必须确定怎样去促销和分发促销方案。

(4) 营业推广时间。调查显示，最佳的频率是每季有三周的促销活动，最佳持续时间是产品平均购买周期的长度。

(5) 营业推广的总预算。公司进行整个营业推广所需的费用总和就是营销推广的总预算。

(四) 方案试验

面向消费者市场的营业推广能轻易地进行预试，可邀请消费者对几种不同的、可能的优惠办法做出评价和分析等，也可以在有限的地区进行试用性测试。

(五) 实施和控制营业推广方案

实施的期限包括前置时间和销售延续时间。前置时间是开始实施这种方案前所必需的准备时间。它包括最初的计划工作、设计工作，以及包装修改的批准或者材料的邮寄或者分送到家；配合广告的准备工作和销售点材料；通知现场推销人员，为个别分店建立地区的配额；购买或印刷特别赠品或包装材料预期存货的生产；存放到分配中心准备在特定的日期发放。销售延续时间是指从开始实施到大约95%的采取此促销办法的商品已经在消费者手里所经历的时间。

(六) 评价营业推广结果

对营业推广方案的评价很少受到注意，最普通的一种方法是把推广前、推广中和推广后的销售进行比较。

【案例10-10】　　　　名人效应非同寻常

据说美国有位出版商，手头上积压了一批滞销书，久久不能脱手，情急之下想出了一个非常绝妙的主意：给总统送去一本样书，并三番五次地征求他的意见。总统当然很忙，根本就不愿与他多纠缠，便随便说了一句："这书不错。"于是这位出版商便大做文章，打出了"总统喜爱的书"的广告，这些书自然很快就被一抢而空。不久，这位出版商又有书卖不出去，于是又送了两本给总统。总统上了一回当，便想奚落他，就说道："这本书糟透了。"出版商脑子一转，又打出了"总统讨厌的书"的旗号，结果又有不少人出于好奇争相购买。第三次，出版商又将书送给总统，总统接受了前两次教训，没做任何答复。聪明的出版商却大做广告："现有令总统难以下结论的书，欲购从速。"书居然又被一抢而空。总统被搞得哭笑不得，而这位商人则大发其财，大出风头。

第五节 公共关系策略

一、公共关系概念

公共关系是指组织为改善与社会公众的关系，增进公众对企业的认识、理解和支持，树立良好的组织形象，采用非付费方式而进行的一系列信息传播活动。

公共关系不是广告。不可否认，广告可以是特定的公共关系计划的一部分内容，或者说公共关系能够支持广告传播活动。但是，公共关系并不等同于广告。首先，广告需要购买媒体的时间或空间并使用其传递企业想要传递的品牌、产品等信息；而公共关系则无须为媒体的报道支付酬金。企业公关活动是通过新闻发布等手段来吸引媒体给予报道，至于媒体报道什么内容将由媒体决定。也就是说，广告要支付费用、控制广告传播内容；而公共关系不支付费用，也不能控制媒体报道内容。

公共关系不以具体产品或服务为导向。一般而言，公共关系关注的是企业及品牌形象，公关活动的目的是力图为企业营造对企业信任的公共环境(包括舆论氛围等)，而不是为具体的企业产品或服务创造需求。当然，这并不是意味着企业的公共关系活动就不能激活或创造产品或服务的需求。事实上，成功的公关活动为激活需求、扩大产品或服务销售积累了人脉资源。

【案例 10-11】 雅士利乳业的危机公关

2006 年 9 月，国家工商总局报出雅士利乳业 2006 年 3 月 8 日生产的一种中老年奶粉中维生素 B1 标签项目不合格。第二天雅士利公司即做出反应：召回问题奶粉，将市场上所有系列、所有批次和规格的中老年奶粉下架，等待相关部门的处理，这一动作在两天时间完成。2006 年 9 月 7 日，国家工商总局在北京出面辟谣，称前段时间曝光的雅士利中老年奶粉不合格原因是其标签问题，产品质量没有问题，可恢复正常的生产与销售。

一个漂亮的危机公关案例，雅士利没有急着找国家工商总局理论，也没有找媒体去发布消息，更没有我行我素继续销售产品来对抗，而是采取最负责任的态度与方式，把产品全部下架封存等待工商局的处理意见。这样的态度与结果不仅未对雅士利品牌及销售造成任何影响，更证明了其是一家负责任的企业。

二、公共关系特征

公共关系是社会关系的一种表现形态，但又不同于一般的社会关系，也不同于人际关系，有其独特的性质，了解这些特征有助于加深对公共关系概念的理解。

(1) 情感性。公共关系是一种创造美好形象的艺术，它强调的是成功的人和环境、和谐的人事气氛、最佳的社会舆论，以赢得社会各界的了解、信任、好感与合作。我国古人办事讲究"天时、地利、人和"，把"人和"作为事业成功的重要条件。公共关系就是要追求"人和"的境界，为组织的生存、发展或个人的活动创造最佳的软环境。

(2) 双向性。公共关系是以真实为基础的双向沟通，而不是通过单向的公众传达对公众舆论进行调查、监控，它是主体与公众之间的双向信息系统。组织一方面要吸取人情民意以调整决策，改善自身；另一方面又要对外传播，使公众认识和了解自己，达成有效的双向意见沟通。

(3) 广泛性。公共关系的广泛性包含两层意思：首先，公共关系存在于主体的任何行为和过程中，即公共关系无处不在，无时不在，贯穿于主体的整个生存和发展过程中；其次，是其公众的广泛性。因为公共关系的对象可以是任何个人、群体和组织，既可以是已经与主体发生关系的任何公众，也可以是将要或有可能发生关系的任何暂时无关的人们。

(4) 整体性。公共关系的宗旨是使公众全面地了解企业，从而建立起企业自身的声誉和知名度。它侧重于组织机构或个人在社会中的竞争地位和整体形象，以使人们对自己产生整体性的认识，它并不是单纯地传递信息，宣传自己的地位和社会威望，而是要使人们对自己各方面都有所了解。

(5) 长期性。公共关系的实践告诉我们，不能把公共关系人员当作"救火队"，而应把他们当作"常备军"，公共关系的管理职能应该是经常性与计划性的，这就是说公共关系不是水龙头，想开就开，想关就关，它是一种长期性的工作。

三、公共关系模式(活动方式)

(一) 宣传型公共关系

宣传型公共关系，就是利用各种宣传途径、各种宣传方式向外宣传自己，提高本组织的知名度，从而形成有利的社会舆论。宣传型公共关系的特点是：利用一定媒介进行自我宣传，其主导性、时效性极强。其具体表现在以下三点：第一，运用公关广告形式，按照本组织的意图在报纸、杂志、电视、广播等新闻媒介上宣传自己、树立形象，争取有关公众的好感。第二，策划专题活动要"制造新闻"，吸引新闻界报道。这是一种不支付费用的宣传方式，在效果上比广告更有说服力和吸引力，更有利于提高本组织的知名度。第三，利用举办各种纪念会、庆祝典礼，或利用名人、明星等特殊人物的声望，达到提高组织知名度的效果。

(二) 交际型公共关系

交际型公共关系，就是指不借助其他媒介，而只在人际交往中开展公关活动，直接接触，建立感情，达到建立良好关系的目的。交际型公共关系是一种有效的公关方式，它使沟通进入情感阶段，具有直接性、灵活性和较多的感情色彩。实施交际型公共关系必须注意以下三点：第一，完善自我形象，掌握交际的礼貌礼仪和交际艺术，善于运用有声语言和无声语言与人打交道。第二，经常保持联系，注意平时的感情投资，"有事要登三宝殿，无事也要登三宝殿。"保持经常的接触与联络，可以缩短人际交往的心理距离，密切相互之间的感情联系，长期保持彼此之间的良好关系。第三，团体交际形式。通过各式各样的招待会、工作餐、宴会、茶会、舞会、慰问等进行人际交往，增进双方的感情。

(三) 社会型公共关系

社会型公共关系，就是组织利用举办各种社会性、公益性、赞助性活动开展公关的模式。它是以各种有组织的社会活动为主要手段的公共关系活动方式。社会型公共关系通过举办社会活动，如各种纪念会、庆祝典礼、社会赞助等，来尽量扩大本组织的社会影响，具有公益性、文化性特征，影响面大。其活动范围可大可小、可简可繁，采用的是综合性传播手段(人际、实物、印刷、大众传播)。其公益性特别容易赢得公众的好感，与社会公益事业极其相似。社会型公共关系不拘泥于眼前效益，重点在于树立组织形象、追求长远利益。第一，善于运用各种时机来灵活策划各种公关活动，以期引起新闻界和公众的兴趣与重视，通过大众传播达到扬名在外的目的。第二，坚持利他原则，特别是尊重公众利益，重视社会整体效益。北京某餐厅本无名气，一次举行"支援非洲，义卖 3 天"的活动，引起新闻界的极大兴趣，为其做了专题报道，知名度迅速提高。

【案例 10-12】　　　　西安杨森公益性质的学术推广

西安杨森公司一系列社会活动表明：学术推广，为西安杨森铺开了一条成功营销的坦途。西安杨森所赞助的一系列重大的学术会议、活动，充分反映了其决策层在建立企业文化、树立企业形象上的长远眼光和博大气派。

特别值得一提的是卫生部、国家食品药品监督管理局和强生公司的战略合作伙伴计划和西安杨森捐资 200 万元与国家卫生部设立的"吴杨奖"。所谓战略合作伙伴计划，是为响应我国政府对世界卫生组织"2000 年人人享有卫生保健"的承诺和努力。1995 年，以西安杨森为重要成员的强生中国集团与卫生部及原国家医药管理局签署为期 5 年的"战略合作伙伴计划"，该公司出资 850 万美元，在医药继续教育、政策法规、公共卫生、新药研究与开发等领域开展了 50 多个项目的合作，取得了较好的成果。第二个为期 5 年的"战略合作伙伴计划"协议于 2000 年 10 月签署。2001 年，西安杨森积极配合卫生部和国家食品药品监督管理局，成功举办了"欧洲药品法规及药品管理高级研修班""新加坡国立大学高级医院管理研讨会""杭州 GCP/GLP 培训研讨会""新加坡 PSB 国际管理学院高级政府行政管理研讨会"等一系列活动，收到了良好的社会效果。

"吴杨奖"的全称是吴阶平医学研究奖和保罗·杨森药学研究奖，于 1994 年设立。1995 年西安杨森又增资 200 万元扩大这一奖项，截至 2000 年，"吴杨奖"已颁奖 6 届，共有 26 个学科的 217 名青年医药专家获得奖励。也许，这一系列的学术推广活动并不能收到立竿见影的效果，但是，谁又能说西安杨森强劲的销售势头与此没有关系呢？当"西安杨森"的品牌伴随着学术研究的推进和大众科普教育的深入，市场的竞争者们或许会慢慢发觉：学术推广，其实是一种更高层次的医药营销手段。

(四) 服务型公共关系

服务型公共关系，就是一种以提供各种优良服务为主要手段的公共关系活动模式，以自己的优质服务赢得社会公众的好感。服务型公共关系的特点是依靠本身实际行动做好工作，其特点是服务，而不是依靠宣传。所以，它基本上仍是人际的直接传播形式。传播形式多种多样，人情味十足，反馈灵敏，调整迅速。搞好服务型公共关系的具体做法是：第一，完善服务措施，加强售后服务。完善服务可以赢得广大公众的信任和支持，树立良好形象。第二，把出售商品和其他文化娱乐等活动相结合，可方便顾客，使顾客一举多得。

(五) 维系型公共关系

维系型公共关系，就是通过各种传播媒介，比较平淡地持续传递信息，使社会组织在长时期中对有限公众起到潜移默化的作用。维系型公共关系主要用于稳定、巩固原有的良好关系。其特点是通过优惠服务和感情联络来维持观状，不求大的突进，但也不中断，通过不间断的宣传和工作，维持良好关系。其具体方法较多，比如：可以让长期顾客享有低价优惠；可以在节假日向老顾客赠送小礼品；可以邀请参加活动以加强感情联络等。日本有一家公司每天在门口向过路顾客赠送印有公司名号的香水巾，迅速扩大了知名度。

(六) 建设型公共关系

建设型公共关系，就是指社会组织为开创新局面而在公共关系上不断努力，使有限公众对该组织及其产品、服务产生一种新的兴趣，以直接推动本组织事业的发展。一般来说，建设型公共关系适用于社会组织初创时或新产品首次推出时，其特点在于创新、开拓，能大大提高本组织的知名度。1986 年，上海国棉三十厂引进了德国一台花色圈圈绒线机。该厂为扩大圈圈绒的影响与销路，举办了一次圈圈绒毛衣千人编织竞赛，从获奖作品中择优供编织行业投入批量生产。消息传出，报名者竟然达到 3000 人！此举使该厂的三石牌圈圈绒销量大增。新闻记者也登门采访，刊发了"千人巧结圈圈线"的特写与消息。建设型公共关系的其他方法还很多，诸如开业典礼、新产品展销、免费试用、招待参观、开业折价酬宾、赠送宣传品等。

(七) 进攻型公共关系

进攻型公共关系，就是在社会组织与外部环境发生某种冲突时，以守为攻，改变旧环境，创造新局面。进攻型公共关系的特点是：内容形式新颖，能迅速吸引公众的注意和兴趣，可以迅速提高本组织的信誉度与知名度。

(八) 征询型公共关系

征询型公共关系，就是以提供信息服务为主的公共关系模式。其通过新闻监测、民意测验、社会调查等方式了解、掌握信息和社会动态，为组织决策提供参考。征询型公共关系的特点是长期性、复杂性、艰巨性。在一般情况下，必须设立专门的信息渠道，由专人负责，如厂长信箱、市长专用电话、人民来信来访办公室等。只有坚持广泛搜集、综合处理，才能收到理想的效果。做好征询型公共关系的具体方式是：第一，设立信息渠道，广泛搜集信息。如广州市市政府曾举办"假如我是广州市市长"的征文活动，开设"市长专用电话""市长专邮"，以此沟通与市民间的联系，帮助市长了解民情。其中"市长专邮"一年中就收到 6000 多封来信。第二，开展各种咨询业务，设立监督电话，处理举报和投诉等。

(九) 防御型公共关系

防御型公共关系，就是在社会组织出现潜在危机(或不协调)时为防止自身公共关系失调而采取的一种公共关系模式。防御型公共关系的特点是：采取防御和引导相结合、以防御为主的策略，敏锐地发现本组织公共关系失调的症状和前兆，及时采取措施调整自身的政策和行为，促使其向有利于良好公共关系方面转化。防御型公共关系的方法主要是：采用调查及预测手段，了解潜在危机，提出改进方案。

(十) 矫正型公共关系

矫正型公共关系，又称之为危机公关，是在企业出现严重危机时，为挽回企业声誉进行的公关。所谓矫正型公共关系，就是采取措施来纠正因主客观原因给本组织带来的不良影响(风险或严重失调)，恢复本组织被损害的良好形象和信誉的公共关系方式。矫正型公共关系的特点是：及时发现，及时采取应付措施，妥善处理，以挽回损失，重新确立起组织的形象和声誉。组织的形象与声誉遭受损害的情况有两种：一种是由于外界的某种误解，甚至是人为的破坏；另一种是由于组织内部不完善或有过失。对前者，公关部门应迅速查清原因，公布真相，澄清事实，采取措施来消除损害组织形象的因素。对后者，应迅速采取行动，与新闻界联系，控制影响面，平息风波。只有内部及时纠正、弥补，才能有效避免危机的发生，因为危机常常源于媒体和受众对事实的误解和企业的不透明。企业无论犯错与否，都需要一个正确的心态，增加透明度，及时向公众做出坦诚的解释。危机发生时企业对媒体及公众的态度要沉着、冷静，企业应该注意以下两点：一是表示出对媒体的尊重，第一时间主动与之进行直接的、面对面地沟通。媒体是舆论的传播者，要想影响受众，必先争取传播者的理解。真诚的姿态，更容易使媒体感觉到"尊重"，沟通也会更加有效。二是对公众态度要坦诚，传达的信息必须准确、清晰，争取公众的理解。

四、公共关系步骤

作为一个完整的工作过程，公共关系的一般过程可以分为四个步骤：

(一) 调查研究

公共关系中的调查研究，是公共关系部门和公共关系咨询公司的专业技能之一。运用定量分析和定性分析相结合的方法，科学、准确地调查研究企事业单位的公共关系现状和历史、预测公共关系发展、检验公共关系活动的效果，其目的是了解公众意见、社会趋势，分析研究公众的社会需求，寻求建立信誉、协调企业经济效益与社会整体效益的途径。

(二) 制订计划

把调查研究搜集来的信息进行分析整理之后，就要确定问题，针对需要解决的问题着手制订公共关系活动计划。一般来说，制订公共关系计划包括确立公共关系活动目标、确定目标公众、制订具体行动方案、选择传播渠道、起草书面报告等工作。

(三) 实施计划

公共关系计划的制订，是为了实施。再好的计划，如果制订之后就束之高阁，不去实施，也是没有意义的。况且，目标确定得是否科学、是否反映了客观事物发展的规律还有待在实施计划中检验。由于人的认识只能大致地而不能完全地同客观相一致，因而所制订的计划在实施过程中不可避免地要根据信息的反馈来调整、修改甚至改变。所以，公共关系计划的实施构成整个公共关系活动的中心环节，而计划的实施就是运用各种传播手段，把预期的信息传达给对象公众，联络公众的感情，改变公众对组织的态度和行为，从而创造对组织有利的舆论环境。

(四) 评价结果

评价结果这一项工作的主要功能是指以数量和质量的标准来衡量公共关系活动的结果，并对结果进行分析，然后向决策部门报告分析结果，以便把分析结果用于决策。公共关系活动计划实施的结果究竟如何，直接关系到组织的总目标和总任务的完成情况。一般来说，对公共关系活动结果的评价可来自三个方面：一是公共关系工作人员的自我评价，二是公共关系顾问的评价，三是公众的评价。公众评价包括的人员也是比较广泛的，比如，请外部专家对公共关系工作结果进行衡量和评价，还可就未来活动提出建议和咨询。

【案例 10-13】　　　　　　肯德基的昏招

开展促销活动，无不是为了吸引消费者的注意力，激发他们的购买欲望。然而，由于事前考虑不周或是规划欠佳，一些哗众取宠的促销表面上看来似乎能为企业带来销量，实际上却往往是赔钱赚吆喝，有违促销的初衷。有时候甚至因为"幸福"到来得过于猛烈，最终演变为一场销售的灾难。

肯德基就因为一次受到消费者热捧的促销活动而陷入危机。当美国著名的脱口秀主持人奥普拉同意将自己的名字与肯德基网站上的优惠券联系在一起，宣布在奥普拉·温弗瑞的脱口秀节目及其官网上都可以得到肯德基的折扣券时，肯德基的营销梦魇就开始了。

据美国八卦网站 Gawker 有些夸张的"报道"描述：某天，一群"暴徒"潮水般地席卷了位于曼哈顿城区的肯德基"卖场"。事实上，奥普拉所带来的促销效应的确大大超出了肯德基的预期，大量的客户冲进肯德基的门店，却由于晚到而未能得到肯德基的那一套含两块免费炸鸡的餐点，这让他们大为恼火。

像肯德基这类快餐连锁店，限时特价或是限量促销是最常用且最有效的，公司几乎能够驾轻就熟地使用这一促销手法，然而，这一次的情况却是肯德基始料未及的，消费者的过分捧场，让肯德基不得不提前中止这项疯狂的促销。肯德基的总裁罗杰·伊顿(Roger Eaton)为此对那些还在涌向奥普拉网站下找免费优惠券的人们公开致歉道："由于消费者对我们免费炸鸡套餐的喜爱过于热烈，我们不得不从现在起停止相关折扣券的使用。对此带来的不便，我们表示万分抱歉。"同时，他还保证向那些已经获得了折扣券的消费者换发一张赠送一杯可乐的优惠券。

对于肯德基的"失策"，营销专家们都表示颇为费解。首先，作为美国平民偶像的奥普拉常常在节目中派发免费礼物，无不令观众疯狂争抢，而奥普拉也因为这种"收买人心"的做法，受到不少非议。也许肯德基原本是希望借助奥普拉的号召力，但他们明显低估了埋藏在人们内心深处对免费食品的疯狂。一位危机公关专家点评道："显然肯德基没有意识到，免费食品加上奥普拉效应带来的会是一场营销海啸。"

就这样，这场营销海啸吞没了肯德基促销的本意，赔上了超量的免费炸鸡块和可乐不说，还打乱了门店原有的秩序，大大提升了管理成本。而这样的促销灾难，不仅是由于促销计划考虑不周，效果与初衷相去甚远，更重要的是，选择奥普拉作为促销代言人，是对双方都造成伤害的合作。

肯德基的主要供应商泰森食品是一个一直因恶劣的饲养环境和残忍的屠宰方式被动物保护主义者所抵制的公司。要知道，一向以动物爱心人士自居的奥普拉，经常公开批评集约化养殖方式，还一度因为在节目中敦促人们少吃汉堡而遭到肉制品企业的抨击。允许肯德基在他们的促销栏上贴上自己的名字，奥普拉在这场肯德基的营销活动中扮演了一个极不相称的角色，有违她标榜的个人形象。

奥普拉善变的价值观投射在这次事件中，更"彰显"了肯德基的"言而无信"，因为提前中止促销意味着收回承诺，这些加在一起都让肯德基的声誉蒙上了阴影。

其实，类似的情况在中国屡见不鲜。

每逢节假日，各大商场、卖场中"一元起售""免费赠送"的标语随处可见，但这只能换来消费者对某一超低价产品的热衷，白白浪费了卖场的销售资源。例如，国美与苏宁，每到节假日留给消费者印象最深刻的就是卖场内能看到众多"触目惊心"的特大价格标签，"跟踪对手、连环降价"一度是两家公司常用的促销手法，结果却将双方都带进了价格的"车轮战"，成了不得不做的赔钱赚吆喝的防御工事。

同样，名人也是中国企业在促销时最喜欢借势的资源，但常有企业将代言人的选择重点放到名人当下的"名气"对销售带来的热效应上，而忽略了对品牌理念和产品定位深层次匹配的需求。一个典型的例子就是丁俊晖曾经代言蒙牛的事件。被誉为"台球神童"的丁俊晖，在台球比赛中屡创佳绩，成为媒体关注的焦点。蒙牛正是希望借助丁俊晖的名气来提升品牌知名度，重金聘其为代言人。但问题是，台球在西方一向被视为绅士运动，台球运动员代言的一般是与成熟男性客户相关的产品，比如知名的洋酒品牌等。而战衣胸前挂着蒙牛标识的丁俊晖看起来似乎有些滑稽，会给人以还未断奶的联想。

所以说，肯德基的失误对于那些热衷于各类"促销"技法的中国企业来说，是一个很好的警示。

◆◆◆◆ 本 章 小 结 ◆◆◆◆

促销是企业市场营销活动中的关键环节，企业通过广告、公共关系、人员推销和营业推广等促销手段把企业的产品或服务信息传递给消费者或用户，以影响和促进消费者或用户的购买行为，或使消费者或用户对企业及其产品或服务产生好感和信任。促销的实质是生产者与消费者之间的信息沟通。广告、人员推销、营业推广和公共关系是现代企业进行促销活动的主要方式和手段。所谓促销组合，是指企业根据产品特点和营销目标，综合各种影响因素，对广告、公共关系、人员推销和营业推广的综合运用，即促销手段的综合运用，又称促销组合策略。

人员推销是企业运用推销人员直接向消费者推销商品和劳务的一种促销活动，在人员推销活动中，推销人员、推销对象和推销品是三个基本要素，其中，前者是推销活动的主体，后者是推销活动的客体。通过推销人员与推销对象之间的接触、洽谈，将推销品卖给推销对象，从而达成交易。人员推销基本类型：上门推销、柜台推销、会议推销。

广告是指以盈利为目的的广告主，选择一定的媒体，以支付费用方式向目标市场传播产品或服务信息的有说服力的信息传播活动。一个典型的广告活动由五个要素构成：广告主、广告媒体、广告费用、广告受众、广告信息。广告类型包括：信息性广告、说服性广告、提醒性广告。常见的广告媒体主要有报纸、杂志、电视、广播等，被称为四大媒体。此外还有一些广告媒体，比如户外广告、网络广告、直接邮寄广告等。

营业推广，又称之为销售促进，是指以激发消费者购买和促进经销商的经营效率为目的，采取的诸如陈列、展览、表演等非常规的、非经常性的，不同于人员推销、广告和公共关系的促销活动。面向消费者的营业推广方式：赠送样品，发放优惠券，推出廉价包装，奖励，现场示范，组织展销。面向中间商的营业推广方式：给予批发回扣，支付推广津贴，开展销售竞赛，召开交易会或博览会、业务会议，工商联营等。

公共关系是指组织为改善与社会公众的关系，增进公众对企业的认识、理解和支持，树立良好的组织形象，采用非付费方式而进行的一系列信息传播活动。公共关系模式(活动方式)主要有：宣传型公共关系、交际型公共关系、社会型公共关系、服务型公共关系、维系型公共关系、建设型公共关系、进攻型公共关系、征询型公共关系、防御型公共关系、矫正型公共关系。

✦✦✦✦✦ 课 后 习 题 ✦✦✦✦✦

一、单项选择题

1. 促销的核心是( )。
   A. 沟通信息   B. 寻找顾客
   C. 出售商品   D. 建立良好关系

2. 促销的目的是引发、刺激消费者产生( )。
   A. 购买行为   B. 购买兴趣
   C. 购买决定   D. 购买倾向

3. 日用消费品在市场导入阶段，效果最佳的促销方式是( )。
   A. 广告促销   B. 人员推销
   C. 营业推广   D. 公共关系

4. 以下各要素中，不属于人员推销基本要素的是( )。
   A. 推销人员   B. 推销对象
   C. 推销条件   D. 推销品

5. 公共关系，相对于其他促销方式，是一种( )的促销方式。
   A. 一次性   B. 偶然性
   C. 短期性   D. 长期性

6. 对于单位价值较高、性能相对复杂、需要做示范的产品，通常采用( )促销组合策略。
   A. 推式策略   B. 推拉结合
   C. 拉式策略   D. 广告

7. "拉式"策略的主要促销对象是( )。
   A. 批发商   B. 零售商
   C. 消费者   D. 中间商

8. 营业推广是一种( )的促销方式。
    A. 常规性
    B. 辅助性
    C. 经常性
    D. 连续性

9. 一般而言，在下列各类营业推广活动中，对消费者较为适宜的是( )。
    A. 赠送样品和优惠券
    B. 展销会和推销竞赛
    C. 有奖销售和批量折扣
    D. 经销津贴和红利提成

10. 以下促销方式，影响最广泛、费用最高的是( )。
    A. 人员推销
    B. 营业推广
    C. 公共关系
    D. 广告

11. 人员推销的缺点主要体现在( )。
    A. 成本低、顾客量大
    B. 成本低、顾客有限
    C. 成本高、顾客量大
    D. 成本高、顾客有限

12. 在产品生命周期的导入期，消费品的促销目标主要是宣传介绍产品，刺激购买欲望的产生，因而主要应该采用( )的促销方式。
    A. 广告
    B. 营业推广
    C. 人员推销
    D. 公共关系

13. 在产品的成长期采用广告策略的目的主要是( )。
    A. 增加消费者的偏爱和信任
    B. 提高商品的知晓率
    C. 提高商品的认知率
    D. 提高商品的知名度和美誉度

14. 人员推销活动的主体是( )。
    A. 推销市场
    B. 推销人员
    C. 推销品
    D. 推销条件

15. 公关活动的主体是( )。
    A. 顾客
    B. 一定的组织
    C. 推销员
    D. 政府官员

16. 公共关系是一种( )。
    A. 需要大量费用的促销活动
    B. 直接推销产品
    C. 有利于树立企业形象的信息传播活动
    D. 短期促销战略

17. 企业为了实现自己的目标而向某些活动提供资金支持的行为，称之为( )。
    A. 人员推销
    B. 营业推广
    C. 公共关系
    D. 广告

18. 一般来说，人员推销主要有上门推销、柜台推销和( )三种形式。
    A. 会议推销
    B. 宣传推销
    C. 协作推销
    D. 节假日推销

19. 人员推销中，常采用"刺激-反应"策略，也就是( )。
    A. 针对性策略
    B. 诱导性策略
    C. 试探性策略
    D. 等待性策略

20. 开展公共关系工作的基础和起点是( )。
    A. 调查研究
    B. 制订计划

C．实施计划   D．策略选择

二、多项选择题

1．人员推销活动中的三要素是指( )。

    A．需求   B．推销人员   C．推销对象

    D．推销品   E．购买力

2．常用的对推销人员进行绩效考核的指标有( )。

    A．销售量和毛利   B．访问率和访问成功率   C．销售费用和费用率

    D．订单数目   E．新客户数目

3．广播媒体的优越性主要体现在( )。

    A．传播迅速、及时   B．制作简单、费用较低   C．听众广泛

    D．较高的灵活性   E．针对性强、有的放矢

4．人员推销与非人员推销相比，具有如下特点( )。

    A．信息传递的双向性   B．满足需求的多样性   C．推销目的的双重性

    D．推销过程的灵活性   E．信息传递的广泛性

5．以下关于营业推广的理解正确的是( )。

    A．营业推广对在短时间内争取消费者、扩大购买具有特殊的作用，因此营业推广占促销预算的比例越来越高

    B．由于消费者对不同推广方式的反应不同，为引起消费者兴趣，在一次营业推广活动中，应尽量选择较多推广方式

    C．由于营业推广是企业在特定目标市场上，为迅速起到刺激需求作用而采取的促销措施，因此，营业推广在实施过程中不需要和其他营销沟通工具结合在一起，也往往能起到较好的作用

    D．有奖销售，利用人们的侥幸心理，对购买者刺激性较大，有利于在较大范围内迅速促成购买行为，因此奖励应尽可能大

    E．营业推广的影响常常是短期的，对建立长期的品牌偏好作用不是很大

6．广告常用的媒体包括( )。

    A．报纸   B．杂志   C．广播

    D．电视   E．电影

7．企业促销活动的基本策略有( )。

    A．试探性策略   B．针对性策略   C．诱导性策略

    D．推式策略   E．拉式策略

8．以下营业推广形式中，适合中间商的有( )。

    A．批量折扣   B．现金折扣   C．现场演示

    D．订货会或展销会   E．发放优惠券

9．以下营业推广形式中，适合消费者的有( )。

    A．赠送样品   B．发放优惠券   C．现场演示

    D．订货会或展销会   E．组织展销

10. 在广告促销中，常用的四大媒体广告是( )。

A. 电视广告   B. 广播广告   C. 杂志广告

D. 报纸广告   E. 互联网广告

三、名词解释

促销   人员推销   公共关系   营业推广

广告   推式策略   拉式策略   试探性策略

诱导性策略   促销组合

四、简答题

1. 促销有哪些作用？

2. 影响促销组合的因素有哪些？

3. 人员推销的特点有哪些？

4. 会议推销的类型主要包括哪些？

5. 面向消费者的营业推广方式主要有哪些？

五、论述题

1. 阐述不同促销组合策略间的差异。

2. 论述电视广告的优缺点。

3. 论述常见的公共关系模式。

六、案例分析

为了能够让消费者在情感上有更好的认同，农夫山泉的品牌识别一直与体育有关，赞助国家乒乓球队，2000年悉尼奥运会中国代表团训练比赛专用水，中国奥委会合作伙伴，赞助2000～2002年度CBA联赛等。可以说，通过体育与消费者的沟通来传达品牌形象是农夫山泉与其他瓶装水企业的最大不同之处。这样的品牌识别其实是农夫山泉的广告宣传、产品信息传播、新闻公关的一元化整合。

2001年，在支持北京申奥大潮中，农夫山泉与北京奥申委联合举办了"一分钱一个心愿，一分钱一份力量"的活动，从2001年1月1日起到7月31日，农夫山泉每销售一瓶水都提取一分钱代表消费者赞助北京申奥，企业不以个体的名义而是代表消费群体的利益来支持北京申奥，这在所有支持北京申奥的企业中是一个创举。

在此基础上，2002年4月，农夫山泉又推出了面向贫困地区中小学体育基础教育的阳光工程。"阳光工程"计划从2002年起到2008年奥运会开幕，为期7年。从2002年起农夫山泉公司将累计购买价值500万元左右的体育器械用于捐献。全国有23个省份的395所基础体育器材缺乏的学校得到捐助，这次活动也是以消费者的名义"买一瓶水捐一分钱"的形式进行的。

上述活动和纯广告、纯促销的宣传形式的不同之处就在于前者与消费者有更多的沟通，有利于树立产品品牌在消费者心目中的地位，从而建立较为长久的互动关系。

案例思考题：

1. 成功的公共宣传活动能够达到哪些目的？

2. 企业可采取的广告策略主要有哪些？

参考文献

[1] 许莹. 市场营销学[M]. 杭州：浙江大学出版社，2015.

[2] 何永祺，傅汉章. 市场学原理[M]. 2版. 广州：中山大学出版社，1997.

[3] 冯丽云. 现代市场营销学[M]. 北京：经济管理出版社，2008.

[4] 连漪. 市场营销学理论与实务[M]. 北京：北京理工大学出版社，2012.

[5] 梁东，刘建堤. 市场营销学[M]. 北京：清华大学出版社，2006.

[6] 李文同，王富祥，史建军. 市场营销学[M]. 成都：西南财经大学出版社，2008.

[7] 冯光明，郑俊生. 市场营销学[M]. 北京：经济管理出版社，2012.

[8] 李先国. 市场营销学[M]. 大连：东北财经大学出版社，2011.

[9] 段淑梅，方平. 市场营销学[M]. 北京：机械工业出版社，2011.

[10] 张鸿. 市场营销学[M]. 北京：科学出版社，2009.

[11] 姚小远，康善招. 市场营销学[M]. 广州：华南理工大学出版社，2015.

[12] 王学军，许云斐，曹比旺. 市场营销学[M]. 北京：经济科学出版社，2011.

[13] 殷博益. 市场营销学[M]. 南京：东南大学出版社，2012.

[14] 张新彦. 市场营销学[M]. 北京：科学出版社，2012.

[15] 梁文玲. 市场营销学[M]. 北京：中国人民大学出版社，2010.

[16] 何永祺，张传忠，蔡新春. 市场营销学[M]. 大连：东北财经大学出版社，2011.

[17] 张蕾. 市场营销：基本理论与案例分析[M]. 北京：中国人民大学出版社，2012.

[18] 蔡开莉. 市场营销学[M]. 大连：东北财经大学出版社，2009.

[19] 徐大佑，吕萍. 市场营销学[M]. 北京：科学出版社，2011.

[20] 李海廷，华吉鹏. 市场营销学[M]. 北京：机械工业出版社，2014.

[21] 王中亮. 市场营销学[M]. 上海：立信会计出版社，2011.

[22] 夏洪胜，张世贤. 市场营销管理[M]. 北京：经济管理出版社，2013.

[23] 卢玮. 市场营销学[M]. 北京：经济科学出版社，2014.

[24] 魏文静. 市场营销学[M]. 上海：上海财经大学出版社，2012.

[25] 郭锦墉. 市场营销学[M]. 上海：上海财经大学出版社，2010.

[26] 朱雪芹. 市场营销学[M]. 河南：河南科学技术出版社，2010.

[27] 王惠杰. 市场营销学[M]. 北京：中国物资出版社，2011.

[28] 张理，高学争. 市场营销学[M]. 北京：清华大学出版社，北京交通大学出版社，2012.

[29] 张黎明. 市场营销学[M]. 四川：四川大学出版社，2012.

[30] 雷亮，苏云. 市场营销学[M]. 甘肃：兰州大学出版社，2012.

[31] 万后芬. 市场营销学[M]. 湖北：华中科技大学出版社，2011.

[32] 严宗光. 市场营销学：理论、案例与实务[M]. 科学出版社，2011.

[33] 王瑜. 市场营销学[M]. 南京：东南大学出版社，2011.

[34]　张扬. 市场营销学[M]. 杭州：浙江大学出版社，2013.

[35]　[美]菲利普·科特勒. 营销管理[M]. 13 版. 王永贵，译. 上海：格致出版社、上海人民出版社.

[36]　秦燕，庄美男，赵玉欣. 市场营销实用教程[M]. 大连：大连理工大学出版社，2012.

[37]　马清梅. 市场营销学[M]. 2 版. 北京：清华大学出版社，2010.

[38]　李林. 市场营销学[M]. 北京：北京大学出版社、中国农业大学出版社，2010.

[39]　万华，卢晶. 市场营销学[M]. 北京：国防工业出版社，2014.

[40]　王学军. 市场营销学[M]. 北京：经济科学出版社，2012.

[41]　何永祺. 市场营销学[M]. 3 版. 大连：东北财经大学，2008.

[42]　李宏. 市场营销学[M]. 北京：北京理工大学出版社，2012.

[43]　颜军梅. 市场营销学[M]. 南京：南京大学出版社，2014.

[44]　李海延. 市场营销学[M]. 北京：机械工业出版社，2014.

[45]　王天春. 市场营销案例评析[M]. 2 版. 大连：东北财经大学出版社，2013.

[46]　鲍丽娜. 市场营销学习题与案例[M]. 大连：东北财经大学出版社，2009.

[47]　王彦长，王亮. 市场营销学[M]. 安徽：中国科学技术大学出版社，2011.